DER WAGEN | 1997/98

DAS ERSCHEINEN DIESES JAHRBUCHES WIRD DURCH DIE UNEIGENNÜTZIGE ARBEIT SEINER AUTOREN UND DIE TÄTIGE HILFE SEINER GROSSZÜGIGEN FREUNDE, INSBESONDERE DER POSSEHL-STIFTUNG, GEWÄHRLEISTET

DER WAGEN
EIN LÜBECKISCHES JAHRBUCH

BEGRÜNDET VON
PAUL BROCKHAUS

HERAUSGEGEBEN IM AUFTRAGE DER GESELLSCHAFT
ZUR BEFÖRDERUNG GEMEINNÜTZIGER TÄTIGKEIT VON
ROLF SALTZWEDEL

MIT 126 ABBILDUNGEN

HANSISCHES VERLAGSKONTOR · LÜBECK

1997/98

ISSN 0933-484 X ISBN 3-87302-089-0

Alle Rechte, auch die des Nachdrucks, der Wiedergabe in jeder Form und der Übersetzung behalten sich Urheber und Verleger vor. Es ist ohne schriftliche Genehmigung des Verlages nicht erlaubt, das Buch oder Teile daraus auf fotomechanischem Wege zu vervielfältigen und unter Verwendung elektronischer bzw. mechanischer Systeme zu speichern, systematisch auszuwerten oder zu verbreiten.

© **Hansisches Verlagskontor Lübeck 1997**

Druck: Max Schmidt-Römhild, Lübeck
Gestaltung: Atelier Schmidt-Römhild
Einbandentwurf: Georg Dose

DER WAGEN 1997 / 1998
IST DER STADTBIBLIOTHEK LÜBECK
ZU IHREM 375JÄHRIGEN BESTEHEN
IN DANKBARKEIT GEWIDMET.

800 JAHRE RAT UND SENAT IN LÜBECK
ABSCHIED VON EINER INSTITUTION

Jürgen Harder

(Als Vortrag gehalten bei der Verabschiedung des Lübecker Senats
am 19. Dezember 1996 im Audienzsaal des Rathauses)

I. Änderung der Gemeindeordnung, Abschaffung des Magistrats, Einführung der Bürgermeisterverfassung

Am 1. Januar 1997 ist eine vom Landtag am 22. Dezember 1995 beschlossene bedeutende Änderung der Gemeindeordnung des Landes Schleswig-Holstein in Kraft getreten: In den Städten ist der Magistrat weggefallen. Hieß es in der Gemeindeordnung bislang, daß der Magistrat die Verwaltung der Stadt leitet, so heißt es in dem neugefaßten § 60 nunmehr: Die Verwaltung der Stadt wird von einer hauptamtlichen Bürgermeisterin oder einem hauptamtlichen Bürgermeister geleitet. Diese sind nicht mehr nur Vorsitzende des Magistrats, in Lübeck Senat genannt, der bisher das eigentliche Leitungsorgan der Stadt darstellte; vielmehr leitet fortan die Bürgermei-

Die bei der Verabschiedung des Senats am 19. Dezember 1996 mit der Senatsplakette ausgezeichneten ehrenamtlichen Senatorinnen und Senatoren: (von links) Hans-Jürgen Schubert, Anke Horn, Dietrich Szameit, Gabriela Schröder, Peter Fick, Gabriele Hiller-Ohm, Prof. Dr. Otfried Strubelt und Gunhild Duske

Foto: Wolfgang Maxwitat

sterin oder der Bürgermeister die Stadt nach § 65 der Gemeindeordnung in *eigener* Zuständigkeit. Gebunden ist sie oder er nur an die Grundsätze und Ziele der Stadtvertretung, hier der Bürgerschaft, im Rahmen der von ihr bereitgestellten Mittel. Ihre neue Stellung wird weiter dadurch verstärkt, daß sie nicht mehr von der Gemeindevertretung, in Lübeck der Bürgerschaft, sondern nach § 57 der Gemeindeordnung unmittelbar von den Bürgerinnen und Bürgern der Stadt gewählt werden.

Ehrenamtliche Senatoren gibt es nicht mehr, sondern nur noch *hauptamtliche Stadträte*. Diese werden in Lübeck nach der neuen Hauptsatzung zwar auch künftig *Senatoren* heißen. Sie handeln aber nicht mehr selbständig im Rahmen der Beschlüsse des Kollegiums, sondern haben ihr Amt nach den Weisungen der Bürgermeisterin oder des Bürgermeisters zu leiten, die ihnen ihre Sachgebiete zuweisen. So verlieren auch die hauptamtlichen Lübecker Senatoren ihre ursprüngliche, herausgehobene Stellung. Sie haben nicht mehr gleiche Stimme und gleiche Befugnisse wie der Bürgermeister. Sie gehören überhaupt nicht mehr einem Kollegium an, das dem alten Rat oder Senat der Hansestadt Lübeck entspräche. Denn diesen wird es nicht mehr geben.

Mit dem S.P.Q.L., dem Senatus Populusque Lubecensis, wie es am Lübecker Holstentor steht, ist es zur einen Hälfte vorbei. Damit findet am Ausgang des 20. Jahrhunderts eine Institution in Lübeck ihr Ende, die es als Rat von der Gründung der Stadt an bis jetzt acht Jahrhunderte lang gegeben hat. Bis in unsere Tage galt uns der Senat als Erbe des Ehrbaren Rats der Kaiserlichen Freien Reichsstadt Lübeck, auch wenn er an Glanz und Bedeutung schon seit langem Einbußen hinnehmen mußte, zuletzt vor allem 1933/34 mit der Gleichschaltung durch den Nationalsozialismus und 1937 mit der Beseitigung der Eigenstaatlichkeit Lübecks.

Die Änderung der Kommunalverfassung ist Anlaß, sich vom Rat bzw. Senat mit einem kurzen Rückblick auf seine Geschichte zu verabschieden, als Reverenz an seine einstige Größe und Bedeutung in der Geschichte Nordeuropas – mit einem gewissen Stolz, aber auch mit ein bißchen Wehmut. Der Rückblick kann wegen der gebotenen Kürze nur aus Streiflichtern bestehen. Er soll kein bloßer chronologischer Abriß sein, sondern ein anschauliches Bild vom Wirken und Leben des Rats und seiner Mitglieder vermitteln. Es gibt eine Fülle von Veröffentlichungen zu dem einen oder anderen Aspekt unseres Themas. Zu nennen sind vor allem die Arbeiten von Friedrich Bruns und Ashaver von Brandt. Diese Arbeiten und weitere Literatur sind am Ende aufgeführt. Eine Gesamtdarstellung und -würdigung des Lübecker Rats sucht noch einen Autor.

II. 800 Jahre Kollegialverfassung

Im Hinblick auf die Einführung der Bürgermeisterverfassung soll zunächst herausgestellt werden, daß der Rat zu Lübeck immer ein kollegiales Gremium war und früher aus 20 bis 30 Ratsherren bestand, die im Prinzip gleichberechtigt waren und gleiche Stimme hatten. Der Rat hat sich immer als überindividuelles Corpus angesehen.

Nicht einzelne Ratsmitglieder, sondern der Rat als Ganzes hat entschieden und sah sich als Gesamtheit für das Regiment über die Stadt verantwortlich. „Ok en went van unser stat wegen nenerle dinck gedan, it sy mit vulbort (Zustimmung) unde witschop des gantzen rades" heißt es in einer Erklärung des Rats von 1406. Über alle wichtigen Dinge wurde beraten und abgestimmt. Der Rat also war die Obrigkeit, nicht der oder die Bürgermeister.

Natürlich erzwang die Vielfalt der Aufgaben von Anfang an, daß die Regierungs- und Verwaltungsgeschäfte auf die einzelnen *Ratmannen* verteilt und von ihnen geleitet oder beaufsichtigt wurden. So gab es in der Stadt schon früh *zahlreiche Ämter*, darunter fünf große:

1) Die Kämmerei war das wichtigste Amt. Der Kämmerer wurde bereits 1227 ausdrücklich genannt als camerarius civitatis Lubecensis. Er verwaltete das Vermögen der Stadt.

2) Die (zwei) Weinherren beaufsichtigten die Pflege des im Ratskeller gelagerten Weins.

3) Die Gerichtsherren standen dem Niedergericht vor. Ursprünglich waren sie ratmännische Beisitzer des königlichen Vogts, später lösten sie ihn ab. Richter waren sie nicht. Sie leiteten nur die Verhandlung und fanden nicht das Urteil; sie konnten aber ein von den Urteilsfindern gesprochenes Urteil zurückweisen. Im Obergericht, identisch mit dem Rat, sprachen die Ratsherren selbst Recht.

4) Die Weddeherren beaufsichtigten als eine Art Gewerbe- und Polizeiamt das Handels- und Handwerkswesen und hatten auf Ordnung und Sitte zu achten; sie konnten kleinere Polizeistrafen verhängen.

5) Die Marstallherren verwahrten anfangs die Waffen der Reiter und Bürger; ihnen unterstand auch das Gefängnis. Ferner oblag ihnen der zeremonielle Empfang auswärtiger hoher Gäste.

Einen Kanzler gab es nur gelegentlich, später gar nicht mehr, dafür aber rechtsgelehrte Syndici, die den zweiten Rang hinter den Bürgermeistern genossen.

Den kleinen Ämtern oblagen die vielen weiteren Aufgaben des Gemeinwesens. Die Schoßherren waren zuständig für den Schoß, eine Steuer, die schon im 13. Jahrhundert zu entrichten war. Die Acciseherren hatten die seit dem 15. Jahrhundert erhobenen Abgaben auf Lebensmittel zu verwalten. Die Bierherren hatten das Bier zu prüfen. Den Bauhof und den Ziegelhof leiteten Bauherren. Besonders bei Teuerungen waren Brotschneideherren gefragt. Lastadieherren verwalteten das nach Lasten, d. h. nach Tragfähigkeit der Schiffe berechnete Lastadiegeld. In späterer Zeit waren Waisenherren gewissermaßen die Vorgänger des Vormundschaftsgerichts. Wallherren hatten sich um den Wall, Waldherren um den Wald, Breitlingsherren um das Fahrwasser, Wachtherren um die Nachtwächter zu kümmern. Ein erster Vorläufer des Gesundheitssenators war der Herr „zu den Unsinnigen", der aufzupassen hatte, daß in die

„dulle kisten zu St. Georg", d. h. in das Irrenhaus St. Jürgen niemand ohne einen Bürgen eingeliefert wurde, der für die Kosten aufkam, und daß keiner ohne ihre Zustimmung wieder entlassen wurde. Einen Kriegskommissar gab es vom 30jährigen Krieg an. Bis zum Ende der Franzosenzeit wuchs die Zahl der Ämter noch weiter an. Unausbleiblich war es deshalb, daß die Ratsherren jeweils mehrere Ämter versorgen mußten, zumal da die älteren bei Nachlassen der Kräfte von diesen Aufgaben entbunden wurden.

Sein Amt verwaltete der Ratsherr in eigener Verantwortung und mit eigener Autorität. Doch hatte das Kollegium den Vorrang. Wenn ein Mehrheitsbeschluß gefaßt war, hatte jeder Ratsherr in seiner Behörde entsprechend diesem Beschluß zu verfahren, mochte er selbst auch eine andere Meinung im Rat vertreten haben. Auch in den Ämtern galt also letztlich der Wille des Kollegiums allein. Nach zwei Jahren hatte jeder Ratsherr und mit ihm ein Drittel der Ratsherren ein Ruhejahr. Die übrigen, aktiven zwei Drittel bildeten den „Sitzenden Rat".

Die Bürgermeister waren nicht Vorgesetzte der Ratsherren; sie hatten im Rat lediglich den Vorsitz inne und leiteten seine Sitzung. Durchweg führte ein Bürgermeister das Wort am Vormittag und ein anderer am Nachmittag. Seit dem 16. Jahrhundert war der jüngste Bürgermeister zugleich mit der Leitung der Kämmerei betraut. Der vierte hatte sein Ruhejahr, doch wurde das nicht immer eingehalten und war abhängig von seinem Gesundheitszustand und dem der anderen.

Die Ämter, d. h. die Geschäfte wurden vom ganzen Rat verteilt. Diese sogenannte Umsetzung des Rats erfolgte, nachdem die Beratung vorausgegangen war, zu Petri Stuhlfeier am 22. Februar, und zwar in einer umständlichen Prozedur, mit Kirchgang und Ein- und Auszügen und mit einem ausgiebigen Weingelage. Mit der Bekanntgabe der neuen Ratssetzung waren die öffentliche Rechnungslegung und die Bursprake verbunden, später Bürgersprache genannt, in der den Bürgern wichtige Mitteilungen bekanntgemacht wurden. Diese Tradition wurde bis zur Franzosenzeit beibehalten.

Die Amtsführung der Ratsherren und besonders die der Bürgermeister erforderte einen großen Arbeitsaufwand. Sie wurde gleichwohl als *Ehrenamt ohne feste Vergütung* geleistet. Nur begüterte Bürger wurden in den Rat gewählt. Erst seit dem Anfang des 16. Jahrhunderts wurde den Bürgermeistern und Kämmereiherren ein sogenanntes (bescheidenes) Quartalgeld von jährlich 219 Mark gezahlt. Eine Entschädigung erhielten sie aber durch eine Fülle von Naturalleistungen (an Wild, Geflügel, Schlachtvieh, Fischen, Holz, Wachs, Lebensmitteln, Wein u. a.) und durch Anteile an Gebühren für verschiedene Amtshandlungen – bis diese durch den Kassarezeß von 1665 und den Bürgerrezeß von 1669 weitgehend abgeschafft und durch *Zahlung einer festen „Ratskompetenz"* ersetzt wurden. Bis zum Jahre 1799 bezogen die beiden wortführenden Bürgermeister jährlich je 3.000 Mark, die beiden anderen je 2.400 Mark, die Kämmereiherren je 1.900 Mark und die übrigen Ratsherren je 1.600 bis 1.000 Mark. Im 19. Jahrhundert wurden auch die letzten „Emolumente" (Nebeneinnahmen, Naturalien) beseitigt und die Kompetenzgelder nach und nach kräftig erhöht, wobei höhere Beträge, später Honorare genannt, insbesondere den *gelehrten* Bürgermeistern und Senatoren zugestanden wurden. Als nach der Revolution von 1918 die Beschränkung der Senatsfähigkeit auf Gelehrte und Kaufleute entfallen und die Zahl der Senatsmitglieder auf zwölf vermindert war, wurde zwischen hauptamtlichen und nebenamtlichen Senatoren unterschieden. Die erstgenannten bezogen nun ein Gehalt nach einer Besoldungsordnung, die nebenamtlichen ein Viertel davon als Aufwandsentschädigung. Die Nationalsozialisten erließen 1933 neben einem Beamtengesetz ein eigenes Senatorengesetz, welches das Amtsgehalt der (allein noch vorhandenen) hauptamtlichen Senatoren auf 12.000 RM jährlich festsetzte. Nach dem Zweiten Weltkrieg galt dann für die hauptamtlichen Mitglieder des Senats das Besoldungsrecht von Bund und Land. Die ehrenamtlichen erhielten Aufwandsentschädigungen nach Landesrecht und Satzung.

Bekanntlich kann in jedem Gremium der Vorsitzende durch die Verhandlungsleitung und die Fragestellung bei der Abstimmung die Entscheidung maßgeblich beeinflussen. Diese Möglichkeiten wurden in den *Sitzungen des Lübecker Rats* durch den Beratungs- und Abstimmungsmodus noch verstärkt. Der Vorsitzende gab als erster sein Votum ab. Jeder konnte Änderungen vorschlagen und frei stimmen. Für das Jahr 1603 ist überliefert, daß nach den Bürgermeistern zuerst die jüngsten Ratsherren ihre Stimme abgaben. Auch die Syndici hatten Sitz und Stimme im Rat. Die Mehrheit entschied. Eine eigentliche Beratung war aber nicht vorgesehen, und das einmal abgegebene Votum konnte nicht zurückgenommen werden. Wie das vor sich ging, und wie streng auf diese Ordnung gesehen wurde, zeigt ein Dekret von 1670: „Es sol kein Consul oder Herr des Rahts dem Herrn Directori (d. h. dem wortführenden Bürgermeister) oder anderm Hrn. Consuli, Herrn des Rahts oder Syndico in sein votum fallen, sondern es sollen allein diejenige reden, an welchen die Ordnung des Votirens ist, und die andern inmittels stillschweigend zuhören, biß die Ordnung des Votirens an Sie komt; wer dawieder thut, sol zum erstenmahl 50 Rthl. zum andernmahl 100 Rthl. Straffe geben, und zum drittenmahl seines Ehrenstandes entsetzet werden. Imgleichen sol auch ein Jeder Herr in seinem voto sich der Kürze befleißigen und keine weitläuffige praeloquia oder recapitulationes facti machen, sondern alßbald ad rem gehen und seine Meinung cum rationibus kurtz eröffnen." Dem Ratsherrn Dr. Schomerus wurden, weil er den Bürgermeister „gantz ungebührlich und anzüglich angefahren", im Jahre 1689 sogar 100 Dukaten Strafe auferlegt mit der Aufforderung, sich künftig solchen Benehmens zu enthalten sub poena remotionis ex senatu, d. h. bei Strafe der Entfernung aus dem Senat. Ebenso ernst wurde die Pflicht zur Verschwiegenheit genommen. Am 7. März 1668 beschloß der Senat: „Item decretum, das, dafern Jemand von diesem consilio auß dem Rahte nachschwatzen und nicht silentium praestiren sollte, derselbe nicht eine Stunde im Rahte solle gelitten werden."

Der Rat tagte in voller Besetzung häufig und ausgedehnt, und zwar als Gericht am Mittwoch, Freitag und Sonnabend, als Behörde an den übrigen Tagen. Zu den

Öffentliche Sitzung des Rats im Audienzsaal des Rathauses im Jahre 1625, Gemälde von Hans van Hemßen

Foto: Museum für Kunst und Kulturgeschichte der Hansestadt Lübeck

Sitzungen wurde durch die Ratsglocke gerufen. Man versammelte sich in der Marienkirche, wo die Bürgermeister Anliegen der Bürger entgegennahmen, um dann geschlossen und feierlich in das Rathaus zu ziehen. Die Sitzungen begannen im Sommer morgens um 7 Uhr, im Winter um 8 Uhr, nachmittags um 1/2 3 Uhr. Die Vormittagssitzungen sollten zügig zu Ende gebracht werden, damit die Ratsämter von den Ratsherren ab 1 Uhr wahrgenommen werden konnten. Unpünktliches Erscheinen löste Strafen aus. Am 1. Mai wurde im Rathaus zuletzt geheizt und nach altem Brauch Gras gestreut, und das Haus wurde mit Maien geschmückt. Dazu gab es Rheinwein und Hippokras, einen gewürzten Rotwein, dann nach einigen Geschäften nochmals Rheinwein und zweimal Hippokras, worauf der in Deeckes Sagen überlieferte Spruch hinweist: „Dat letzte Für, dat erste Gras, da drinken de Heren den Hippokras."

Die Amtssprache war niederdeutsch, bis sich im Laufe des 16. Jahrhunderts, nicht zuletzt unter dem Einfluß von Reformation und Humanismus, das Hochdeutsche als Schriftsprache in Lübeck durchsetzte. Von etwa 1600 an bedienten sich die Ratsherren der hochdeutschen Sprache auch mündlich, wodurch der gesellschaftliche Abstand zu der bis ins 19. und 20. Jahrhundert plattdeutsch sprechenden Bevölkerung weiter wuchs und befestigt wurde, auch wenn die Senatoren natürlich das Plattdeutsche beherrschten und mit den „einfachen Leuten" plattdeutsch redeten, wie in dem Roman „Buddenbrooks" nachzulesen ist.

III. Die Entstehung und Entwicklung des Rats

Die Anfänge des Rats liegen im Dunkel der Frühgeschichte der Stadt. Die Ansichten über seine Entstehung gehen auseinander. Die Slawenchronik des Helmold von Bosau nennt noch keinen Rat zu Lübeck. Nach Helmold sind es nicht die Ratsherren, sondern „die Kaufleute und übrigen Einwohner", die nach der Feuersbrunst von 1147 Herzog Heinrich um die Gründung einer neuen Stadt baten. Auch als dieser dem Grafen Adolf die alte Siedlung auf dem Hügel Buku abgenommen hatte und der Stadt iura civitatis honestissima, also höchst ansehnliche Rechte verliehen hatte, wird der Rat noch nicht erwähnt.

Ursprünglich hat vielleicht eine allgemeine Bürgerversammlung die wichtigen Beschlüsse gefaßt. Daneben könnte ein Gremium der Kaufleute gewirkt haben, das, vom Grafen oder Herzog ermächtigt, den Boden verteilte und Anordnungen für die Stadt traf. Vielleicht führten „legitimierte Wortführer" (Walther) nötige Verhandlungen. Aber schon am Ende des 12. Jahrhunderts gab es neben dem Vogt, dem stadtherrlichen Beamten des Herzogs, ein stadteigenes Leitungsorgan, das das Gemeinwesen verwaltete. In dem kaiserlichen Freibrief von 1188, dem sogenannten, später umformulierten (manche sagen: gefälschten) Barbarossa-Privileg, wird dieser Behörde die Befugnis verliehen, das Recht zu „bessern", was wohl bedeutet, das überkommene Recht, hier das Sachsenrecht, den neuen, vor allem den veränderten städtischen und wirtschaftlichen Verhältnissen anzupassen und es zu ergänzen. Das ist der Ausgangspunkt des lübischen Rechts. Das Leitungsorgan der Stadt wird ferner ermächtigt, über alle eigenen Dekrete selbst zu urteilen. Das alles setzt die Existenz des Rats voraus. 1201 kommt in Anlehnung an das römische Recht für den Rat bzw. die Ratsherren dann zum ersten Mal die Bezeichnung „consules" vor. Der Vogt, der den Herzog, später den Kaiser vertrat und zunächst der Gerichtsherr der Stadt war (und vielleicht am Koberg gewohnt hat), verschwand Mitte des 13. Jahrhunderts aus dem (Rechts-)Leben Lübecks. Seitdem war der Rat für Jahrhunderte alleiniges Regierungsorgan und zugleich oberstes Gericht in einem.

Wer die *ersten Ratsmitglieder bestellt* hat und wieviele es ursprünglich waren, ist unbekannt. Die ersten werden zum Teil von auswärts in die Kolonisationsstadt Lübeck eingewandert sein. Auch in der Folgezeit kamen die Ratsherren gelegentlich noch aus Westfalen oder Niedersachsen. Später stammten sie durchweg aus Lübeck selbst. Der Umfang des Rats wechselte. Im Jahre 1301 hatte er 32, nach den Pestjahren 1350, 1367, 1388, 1391, 1406 nur 17 bzw. 19 Mitglieder. Das Amt des Ratmannes war lebenslänglich. Die kürzere Lebenszeit wird aber für einen häufigen Wechsel gesorgt haben. Im Pestjahr 1350 soll der schwarze Tod nach Deeckes Sagen nur fünf bis sechs Ratsherren verschont haben. Dem Rat standen zu Anfang ursprünglich zwei Bürgermeister vor. Nach 1300 erhöhte sich ihre Zahl auf vier.

Fest steht, daß *der Rat sich* seit der ersten Hälfte des 13. Jahrhunderts *selbst ergänzt* hat. Grundlage dafür war für Jahrhunderte die sogenannte Ratswahlordnung Heinrichs des Löwen, die aber nicht von ihm herrührt, sondern aus der Autonomie des Rats erwachsen ist und erstmals schriftlich als Anhängsel eines Kodex lübischen Rechts aus dem Jahre 1294 auftaucht (Kodex des Kanzlers Albrecht von Bardewik von 1294). Weitere Vorschriften für den Rat enthält das lübische Recht, das u. a. bestimmte, daß nahe Verwandte, Vater, Sohn und Geschwister, nicht gemeinsam dem Rat angehören und „Rathmannen" bei Angelegenheiten Verwandter nicht mitwirken sollten. Bedeutsam war auch die Bestimmung, daß niemand zum Rat gekoren werden soll, der ein Amt oder Lehen von dem Rate hat. Ursprünglich hatte der Artikel von dem „lehen von heren" gesprochen, womit wohl gemeint war, daß der Ratmann nicht in den Diensten eines stadtfremden Herrn stehen durfte. Später wurden mit dieser Vorschrift alle rechtlich, wirtschaftlich oder sozial Abhängigen von der Wahl in den Rat ausgeschlossen. Handwerker waren nicht zugelassen. Hausbesitz in der Stadt war Voraussetzung. So waren Ratsmitglieder entweder Kaufleute oder Rentner, d. h. solche, die von ihrem Vermögen lebten, und Bürger, die außerhalb der Stadt gelegene Güter besaßen. Schon früh bildeten sich bestimmte Gruppierungen, die maßgeblichen Einfluß auf die Auswahl der Ratsmitglieder erlangten, vor allem die Zirkelgesellschaft, so genannt nach dem Abzeichen des Zirkels, der die Dreieinigkeit symbolisierte, ferner die Kaufleute-Kompanie und die Greveraden-Kompanie. Zwischen 1350 und 1530 stammten 60% aller Ratsmitglieder aus Familien, die in der Zirkelgesellschaft vertreten waren.

Über den *Gang der Wahl* liegen Aufzeichnungen erst aus dem 17. und 18. Jahrhundert vor. In den Kirchen der Stadt wurde an drei Sonntagen Fürbitte getan. Zur Wahl zogen die Ratsmitglieder von der Marienkirche zum Langen Haus. Der vorsitzende Bürgermeister schlug den Kandidaten vor. Über den Vorschlag wurde mündlich, d. h. offen abgestimmt. Erst später ging man zu Stimmzetteln über. Der gewählte Ratsherr wurde sofort benachrichtigt und hatte sich (bei Strafandrohung!) zu Hause aufzuhalten, bis er vom Ratsschreiber mit der Staatskutsche zum Rathaus abgeholt wurde. Der Bürgermeister begrüßte den Neugewählten mit einer Ansprache. Dieser pflegte kurz zu erwidern. Dann wurde er vereidigt. Den Amtseid hatte er auf eine sogenannte Eideskapelle abzulegen, die in der Franzosenzeit an den französischen Präfekten abgeliefert werden mußte und verschollen ist. Sie ähnelte der im St. Annen-Museum ausgestellten Eideskapelle des Niedergerichts. Am Nachmittag folgte eine Art Einsegnung in der Marienkirche. Dann begannen ausgedehnte Feierlichkeiten, die der Gewählte in seinem Hause zu geben hatte. Alle Welt kam zu gratulieren, nicht zuletzt deshalb, um die Geschenke entgegenzunehmen, die bei dieser Gelegenheit verteilt wurden. So bekamen die Diener der Honoratioren, aber auch die Pastoren, Musiker usw. ansehnliche Geldgeschenke. Deshalb war die Wahl trotz der ebenfalls üblichen

Geschenke an den neuen Ratsherrn eine kostspielige Angelegenheit, die man immer wieder einzuschränken suchte, die aber erst 1848 abgeschafft wurde. Hinrich Brockes (Bürgermeister von 1609-1623) berichtet darüber in seinen Lebenserinnerungen: „Meine Ratsherren-Koste oder Gastungen kosteten mich aus meinem Beutel 300 Mark. Es wurden mir aber von guten Herren, Freunden und Bürgern fast viele Verehrungen gesandt, welche sich bei 700 Mark thäten belaufen und alle in drei Wochen, da ich zu Hause war, verzehrt wurden". Die Gesamtkosten von 1000 Mark mögen damals dem Jahresgehalt des ersten Syndikus der Stadt entsprochen haben. Die Feiern dauerten zwei bis drei Wochen; in dieser Zeit war der neue Ratsherr von seinen Pflichten im Rat noch befreit.

Ausgeschieden sind die Ratsherren ganz überwiegend erst durch Tod, bei Gebrechlichkeit wurden sie meist nur beurlaubt. Nur in wenigen Ausnahmefällen wurden Ratsherren vom Rat abgesetzt. Doch kam es einige Male vor, daß ein Ratsherr wegen Vermögensverfalls freiwillig aus dem Amt schied, so z. B. der Bürgermeister Matthäus Rodde. Rodde hatte sein persönliches Vermögen in der Franzosenzeit nicht zuletzt für die Stadt geopfert. Geköpft wurde (abgesehen von der Hinrichtung Wullenwevers in Wolfenbüttel) ein Bürgermeister nur in einem Fall: Bürgermeister Wittenborg wurde wegen unverantwortlichen Verlustes der hansischen Flotte vor Helsingborg auf dem Markt hingerichtet. Aber die Niederlage war vielleicht nicht der eigentliche Grund

Hinrichtung des Bürgermeisters Johann Wittenborg auf dem Marktplatz zu Lübeck, 1363; nach einer Abbildung in Rehbeins Chronik (etwa 1620)

Foto: Archiv der Hansestadt Lübeck

für das harte Urteil, meint doch der Chronist Corner, daß das Urteil auch ergangen sei „propter alias causas, quae (civitas) cum eo specialiter haberet", d. h. wegen anderer Dinge, die ihm die Stadt vorwarf.

Ahasver von Brandt, Lübecker Archivdirektor und Historiker von Rang, hat darauf hingewiesen, daß in der Geschichte Lübecks, wie im Bereich der Hanse überhaupt, das Individuum, der Einzelne, hinter der Institution zurücktritt, und so der Bürgermeister hinter dem Rat und dieser hinter der Stadt. Dennoch werden bei näherer Betrachtung viele Persönlichkeiten sichtbar, deren ureigene Leistung es war, Lübeck zu der Bedeutung zu verhelfen, die es im Laufe der Jahrhunderte erlangte. Immer wieder *zeichneten sich einzelne Bürgermeister aus* durch geschickte Gestaltung der Außenpolitik, durch erfolgreiche Führung von Flotte und Heer im Kriegsfall oder durch eine kluge, die Eintracht im Hause wahrende Innenpolitik.

Früh tauchen Namen auf, die nicht vergessen werden sollten. Da ist Wilhelm Witte, der im kaiserlichen Bestätigungs-Privileg erwähnt ist. Er muß nach der Abwerfung der Dänenherrschaft unter König Waldemar im Jahre 1226 am Kaiserhof zu Parma in Oberitalien geschickt verhandelt haben, um vom Kaiser die umfassende Reichsfreiheit bestätigt zu bekommen, welche die Stadt dann bis 1937 – über 700 Jahre – bewahren konnte und die ihre Vormachtstellung in Nordeuropa erst ermöglichte. Da ist Brun Warendorp, der als Bürgermeister und Flottenadmiral nach der vernichtenden Niederlage Johann Wittenborgs in einer zweiten Schlacht vor Helsingborg im Jahre 1369 den Dänenkönig besiegte und im Frieden von Stralsund die Hanse 1370 auf den Höhepunkt ihrer Macht führte. Ein bedeutender, kluger Bürgermeister und Diplomat war Hinrich Castorp, der im 15. Jahrhundert sogar zwischen dem Deutschen Orden und Polen vermittelte und im Utrechter Frieden Lübecks alte Rechte in England wiedergewann; auf ihn paßt der Wahlspruch des in seiner Regierungszeit errichteten Holstentors: Concordia domi foris pax. David Gloxin verdient erwähnt zu werden, der im Westfälischen Frieden Lübecks Rechte wahrte und klug genug war, gegen konservativen Widerstand den Bürgerrezeß von 1669 durchzusetzen, der fast 200 Jahre Lübecks Verfassung blieb. Ebenso kann Ferdinand Fehling mit Fug und Recht ein großer Bürgermeister genannt werden, der im November 1918 durch kluges Entgegenkommen der demokratischen Erneuerung in Lübeck ohne revolutionären Umsturz Raum gab. Otto Passarge mag die kurze Reihe der vorgestellten Persönlichkeiten beschließen. Er, Sozialdemokrat schon vor dem I. Weltkrieg und Wortführer der SPD in der Bürgerschaft nach 1920, war Bürgermeister Lübecks nach dem Ende des Zweiten Weltkriegs. Er führte, nicht zuletzt durch geschicktes und entschlossenes Auftreten gegenüber der britischen Besatzungsmacht, das weitgehend zerstörte Lübeck mit seinen vielen Flüchtlingen und Vertriebenen einem politischen und wirtschaftlichen Neuanfang zu.

Zu ihrer Zeit genossen indes alle Mitglieder des Rats hohes Ansehen. In dem Bericht des Lübeckischen Sachwalters beim Hl. Stuhl aus dem Jahre 1366 heißt es: „Die ... Ratmannen sind weise, ehrbare, rechtliche, gerechte und sehr treffliche Männer". Ein anonymer Spötter, vielleicht ein Insider, sieht das im Jahre 1666, dreihundert Jahre später, freilich ganz anders:

„Herr Bürgermeister Dorne ist ein Kindt,
Herr Bürgermeister von Höveln harter den ein flindt,
Herr Bürgermeister von Wickeden gibt gute wort und ist ein foß,
Herr Bürgermeister Marquart ist ein Leinen-Däntzer (also Seiltänzer) und grober den ein Ochs.
Herr Gotthard Brömbse verstehet den Acker (d. h. er kümmere sich hauptsächlich um sein Landgut),
Herr Matthey Rodde ist ein Fickfacker (also ein geschäftiger Nichtstuer),
Herr Hermann Petersen ein Heringpacker.
Herr Heinrich Kirchring will sein woll Edell gebohren (bemühte sich doch mancher Ratsherr eifrig um einen Adelstitel!),
Herr Friedrich Plönnies hat sein gewissen verlohren,
Herr Lucas Stauber hat die Faulheit erkohren …".

IV. Der Rat als Obrigkeit einer Handels- und Kulturmetropole

Als „Regierung" einer großen Freien Reichsstadt hat der Rat kraft der überragenden wirtschaftlichen und militärischen Macht Lübecks die große Politik in Nordeuropa maßgeblich mitbestimmt. In diesem Zusammenhang ist vor allem *die Hanse* zu nennen. Der Rat zu Lübeck hat die Hanse weder erfunden noch gegründet. Ihm ist aber im Laufe der Jahrhunderte eine wichtige Führungsrolle in diesem mächtigen nordeuropäischen Städtebund zugewachsen. Zunächst war die Hanse gar kein Städtebund gewesen, sondern ein genossenschaftlicher Zusammenschluß von Fernkaufleuten, wobei anfangs die gothländische Genossenschaft bestimmend war. Aber je mehr sich der Handel ausweitete und die Geschäfte vom Heimathafen aus betrieben wurden und je mehr der Handel der politischen Sicherung, ja des militärischen Schutzes bedurfte, desto mehr wandelte sich die Hanse zu einer Städtehanse. Im Jahre 1356 forderte der Lübecker Rat die an der Sicherung des Handels mit Flandern interessierten Städte zu gemeinsamer Beratung auf, worauf der erste Hansetag in Lübeck zustande kam. Seit 1418, als die Städte ein vom Bürgermeister Jordan Pleskow verfaßtes Statut annahmen, wurde Lübeck allgemein als Haupt der Hanse angesehen. Und der Rat zu Lübeck war es, der die Geschäfte und die Verhandlungen nach außen führte. Er berief die Hansetage ein, die meistens in Lübeck stattfanden, bis im 16. Jahrhundert mit dem Aufkommen des Westhandels und dem Erstarken der Territorialmächte die Hanse an Bedeutung stark verlor.

Im Mittelalter und in der beginnenden Neuzeit waren *das bürgerliche und das geistliche, kirchliche Leben* aufs engste miteinander verknüpft. Viele Amtshandlungen des Rats begannen und endeten in der Marienkirche. Bittschriften wurden hier übergeben, Verträge geschlossen, Sühneverhandlungen erledigt und Audienzen für Bürger gehalten. Schon der Bau der Marienkirche war eine Gemeinschaftsleistung der Bürger, nicht des Bischofs oder des Kapitels gewesen. Zahlreiche Kunstwerke des Kirchenraums zeugten und zeugen zum Teil heute noch von reichen Stiftungen der Ratsherren. So lag es nahe, daß der Rat früh ein formales Recht zumindest über die Marienkirche, seine Ratskirche, gewinnen wollte. Wenn ihm das im Mittelalter auch nicht voll gelang und die Marienkirche bis zur Reformation eine Pfarre des Domkapitels blieb, so erlangte der Rat doch schon 1286 das Recht, den Hauptgeistlichen zu benennen. *Die Reformation* verband Stadt und Rat einerseits und Kirche und Klöster andererseits vollends miteinander, war doch nun *der Rat zur obersten Kirchenaufsichtsbehörde* avanciert und bis 1918/20 sogenannter summus episcopus (oberster Bischof) im Sinne des protestantischen Kirchenrechts. Die von Bugenhagen entworfene Kirchenordnung Lübecks, die auch Bestimmungen über das Schul- und Armenwesen enthielt, wurde 1531 vom Rat beschlossen und in Kraft gesetzt, und es bleibt für den Verfasser eine persönliche Freude, daß er im Jahre ihres 450jährigen Jubiläums Bürgerschaft und Senat der Stadt für eine festliche Zusammenkunft mit der Kirchenkreissynode und dem Kirchenkreisvorstand im Audienzsaal gewinnen konnte. In seiner neuen kirchenrechtlichen Rolle kamen auf den Rat im 16. Jahrhundert und später wiederholt Entscheidungen sogar über diffizile theologische Fragen zu, für die er sich zwar der Theologen bediente, die er aber mit seinen Syndici in eigener Verantwortung zu lösen hatte, wofür als Beispiel die Konkordienformel zu nennen ist, bei deren Zustandekommen die Stadt Lübeck für unseren Raum eine maßgebliche Rolle spielte. Später hatte der Rat auch zu befinden über die Ausübung des reformierten, katholischen und jüdischen Glaubens.

Aus der Lage Lübecks ergab sich von Anfang an die Ausrichtung aller Aktivitäten der Stadt und des Rats auf den Handel im Ostseeraum. Davon hing der Wohlstand der Stadt und ihrer Bürger ab. War die zwangsläufige Folge ein Krämergeist, ein bloßes Profitstreben in den Köpfen der Lübecker? Überliefert ist ein Gedicht Walthers von der Vogelweide, der nach Meinung Ahasver von Brandts auf den Spuren des Deutschritterordens vielleicht durch Lübeck gekommen sein könnte. In Otto Anthes' Übersetzung lautet es:

„Gewandert bin ich von der Seine zur Mur,
Vom Po zur Trave, und sah allenthalben nur,
wie alles strebt und giert auf Erden,
Sollt ich so tun, mein Rittersinn müßt davon sterben."

Hier prangert der Dichter des frühen Mittelalters das Gewinnstreben der Kaufleute an, wohl auch das der Lübecker. Aber gerade der Kaufmannsgeist, der Sinn für Handel und Wandel, das risikoreiche Unternehmertum waren es, die Lübeck und die Hanse groß gemacht haben und die Grundlagen für das heutige Weltkulturerbe Lübeck schufen. Lübeck hat nicht nur Geschäfte gemacht, sondern *war Jahrhunderte lang Vermittler von Kunst und Kultur für Nordeuropa* und hat im ausgehenden Mittelalter selbst große Kunst hervorgebracht. Man denke z. B. an die Werke von Johannes Junge und Bernt Notke. Im Buchdruck war Lübeck ein halbes Jahrhundert in Nordeuropa sogar führend. Nimmt man die Lübecker Architektur hinzu mit der Marienkirche, welche den Geist der großen Kathedralen Westeuropas in Backstein umsetzte und selbst zum Vorbild großartiger Gotteshäuser der Ostseestädte wurde, dann fällt es nicht schwer, Lübeck nicht nur als Vorort der Hanse, sondern auch als *kulturelle Metropole des niederdeutschen Raumes* zu begreifen.

Auch in späterer Zeit waren die Mitglieder des Lübecker Rats weltoffen, weitgereist, in vielerlei politischen Missionen tätig. Hinrich Brockes war, bevor er in den Rat eintrat, Professor der Rechte in Jena gewesen. Dort hatten im 18. Jahrhundert die meisten der in den Rat gewählten rechtsgelehrten Ratsherren studiert (in den Jahrzehnten 1740-1800 von 22 über die Hälfte). Das macht verständlich, daß im 18. Jahrhundert Beziehungen auf literarischem Gebiet zum geistigen Zentrum in Mitteldeutschland bestanden. Christian Adolf Overbeck, Vater des berühmten Malers, Ratsmitglied seit 1800 und seit 1814 Bürgermeister, war selbst ein Dichter des Sturm und Drang und Mitglied des Hainbunds gewesen. Der Kaufmann und spätere Bürgermeister Johann Mattheus Tesdorpf hatte früh Verbindung zu Goethe, hat ihn in Frankfurt besucht und ist mit ihm Schlittschuh gelaufen. Weniger bekannt ist, daß ein Sohn des Dichters Matthias Claudius dem Lübecker Senat angehört hat, nämlich der 1833 gewählte Friedrich Matthias Jacobus Claudius, der die berühmte sächsische Fürstenschule in Schulpforta besucht hatte wie Klopstock, Fichte und Nietzsche. Er war Jurist geworden, später gerühmt wegen seiner göttlichen Grobheit und seiner liebenswürdigen Gemütlichkeit. Zu nennen sind schließlich die beiden berühmten Dichter

Christian Adolf Overbeck, Bürgermeister 1814 - 1821, Gemälde von R. F. C. Suhrlandt, 1818

Foto: Museum für Kunst und Kulturgeschichte der Hansestadt Lübeck

Lübecks Heinrich und Thomas Mann, deren Vater Thomas Johann 1877 in den Senat gewählt wurde, wie das der Roman „Buddenbrooks" anschaulich schildert.

Ebenso sind im Umkreis des Rats literarische und künstlerische Glanzpunkte auszumachen, z. B. die erste weibliche Doktorin der Philosophie Dorothea Schlözer, Ehefrau des späteren Bürgermeisters Rodde, deren Haus ein geistiger Mittelpunkt Lübecks wurde. Erwähnenswert ist ihre Beziehung zu Charles de Villers, jenes Franzosen, der deutsches Gedankengut den Franzosen vermitteln wollte, z. B. durch eine Übersetzung Kants ins Französische. In der Ratskirche St. Marien fanden die berühmten Abendmusiken des Organisten Dietrich Buxtehude statt. Das Gemälde „Beweinung Christi" von 1846, das heute noch in der Marienkirche hängt, ein Werk des Malers Johann Friedrich Overbeck, Sohn des Bürgermeisters Christian Adolph Overbeck, war d a s künstlerische Ereignis des Sängerfestes und des Germanistentages im Jahr 1847.

Die bedeutendste geistige und kulturelle Leistung Lübecks ist zweifellos *das lübische Recht*, das über fünf Jahrhunderte an der südlichen Ostseeküste und in ihrem Hinterland das Rechtsdenken und -handeln der Menschen prägte. Und gerade diese Leistung geht auf den Lübecker Rat selbst zurück, der in einem langen Prozeß aus kleinsten Anfängen ein ganzes Rechtssystem schuf. Der Lübecker Rat war darüber hinaus das Obergericht für viele Städte, die mit lübischem Recht bewidmet waren. Vor ihm hier in Lübeck suchten und fanden die Bürger und Kaufleute des Ostseeraums ihr Recht. Folgt man dem bedeutenden Lehrer der lübischen Rechtsgeschichte Wilhelm Ebel, so galt überall in den deutschen Städten an der Ostsee der Satz: Quod apud consules Lubecenses impossibilis est error. Zu deutsch: Denn beim Rat zu Lübeck ist ein Irrtum unmöglich.

Erst im 17. und 18. Jahrhundert ging die Zuständigkeit des Rats als Obergericht des lübischen Rechtskreises verloren, weil die erstarkenden Territorialstaaten den Rechtszug an landesfremde Gerichte mit Erfolg unterbanden. Aber das materielle lübische Recht, das im Jahre 1586 in einer umfangreichen Kodifikation des Rats revidiert worden war, galt an vielen Orten Deutschlands in der alten oder in der revidierten Fassung noch bis zum Inkrafttreten des Bürgerlichen Gesetzbuchs am 1. Januar 1900 als Privatrecht fort.

V. Das Ringen der Bürger im ausgehenden Mittelalter und in der beginnenden Neuzeit um Beteiligung am Stadtregiment

Um nicht in romantischer Verklärung vergangener Glorie zu verharren, muß man sich vor Augen halten, daß es neben den führenden Gesellschaftsschichten mit ihren klangvollen Namen wie in allen Städten so auch in Lübeck die große Masse der einfachen Bürger und Einwohner gab, die wirtschaftlich in weit schlechteren und oft genug in ärmlichen Verhältnissen lebte. Das barg zu allen Zeiten sozialen Sprengstoff in sich. Noch 1762 waren die sogenannten Spitzenverdiener nur in 3,2% der Haushalte anzutreffen. Wenn Lübeck auch eine Republik war, was der alte Buddenbrook in Thomas Manns Roman dem Arbeiter Carl Smolt entgegenhält, der 1848 *Revolutschon maaken* will, und wenn auch von Anfang an der Rechtssatz galt: Stadtluft macht frei, d. h. daß ein Einwohner nach Jahr und Tag fremder Leibeigenschaft ledig wurde, so konnte von einer demokratischen Beteiligung der Bürger am Stadtregiment in den ersten Jahrhunderten gar nicht und in den späteren kaum die Rede sein. Der Rat war nicht von den Bürgern legitimiert; er wurde nicht von ihnen gewählt, sondern hat sich stets durch Kooptation ergänzt. Wohl wurde in wichtigen Fragen wie Kriegserklärungen und Vertragsschlüssen oder bei der Festsetzung des Schosses, der Steuer, die Bürgergemeinde befragt. Aber eine den Rat bindende Mitwirkung der Bürgerschaft gab es auch hierbei nicht.

Gegen diese Benachteiligung und Bevormundung haben die Bürger immer wieder aufbegehrt. Schon der erste *Knochenhaueraufstand* von 1380 gegen die Bevormundung der Schlachter bei der Vergabe der Litten, der Verkaufsstände auf dem Markt, war zugleich ein Protest gegen die alten überkommenen Machtverhältnisse. Und der von Hinrich Paternostermaker angezettelte zweite Knochenhaueraufstand von 1384 richtete sich ausdrücklich gegen „den erbaren raad, rike koplude unde de rike von gude weren", d. h. schlicht gegen die Reichen. Nachdem dieser Aufstand vor Ausbruch entdeckt und unterdrückt worden war und die im Jahre 1380 erreichten Zugeständnisse nach der Ausschaltung der Verschwörer wieder verlorengegangen waren, gab es bald neue Proteste, als der Rat wegen hoher Verschuldung in den Jahren nach 1400 die Steuerschraube anzog. Die Bürger wählten 1405 einen Sechziger-Ausschuß und setzten erstmalig durch, daß den Ratsämtern bürgerliche Beisitzer beigeordnet wurden. Unter Androhung der Erstürmung des Rathauses erzwangen die Bürger sogar eine Änderung der Ratswahl. Die fortdauernde Macht einzelner Gruppen und Schichten war ihnen ständig ein Dorn im Auge. Als danach ein Teil des alten Rats aus der Stadt floh und der andere Teil sich weigerte weiterzumachen, wählten Wahlmänner der Bürger schließlich sogar einen „neuen" Rat. Der blieb aber nur wenige Jahre im Amt, bis nach politischen und diplomatischen Verwicklungen, in die deutsche Könige ebenso wie die gesamte Hanse verstrickt waren, im Jahre 1418 mit dem „alten" Rat auch die alten Verhältnisse zurückkehrten.

Neue politische Umbrüche brachte die Bewegung der Reformation mit sich. Als sich die neue Lehre in Lübeck mit evangelischer Predigt und Singekrieg öffentlich bemerkbar machte, witterte der Rat Aufruhr und Ungehorsam; deshalb suchte er die Bewegung zu unterdrücken. Er befand sich aber (wieder einmal) in Geldnöten; das nutzten die Evangelischen aus, um ihm das Zugeständnis abzuringen, evangelische Predigt zuzulassen und der Bildung eines 64köpfigen Bürgerausschusses zuzustimmen, der die Kasse verwalten sollte. Als der Bürgermeister Brömbse versuchte, mit Hilfe des Kaisers gar eine Art Gegenreformation durchzuführen, schlug das ins Gegenteil um: Jetzt wurde nicht nur eine völlige Neuordnung des Kirchenwesens eingeleitet, die am 31. Mai 1531 mit der Verabschiedung der Bugenhagenschen Kirchenordnung abschloß. Die Bürger erreichten nun auch eine weitgehende Beteiligung am Stadtregiment, wobei vorübergehend sogar das Selbstergänzungsrecht des Rats ausgehebelt wurde. Damit wird deutlich, daß die Menschen damals neben der Sorge um die reine Lehre auch das Verlangen nach Befreiung von religiöser, geistiger und politischer Bevormundung trieb.

Das schillernde *Regiment des Volkstribuns Wullenwever* – erst Wortführer der 64er, dann Bürgermeister – wird man freilich kaum als eine demokratische Phase der Stadtgeschichte verbuchen können, auch wenn Wullenwever die alten Machtstrukturen beseitigen wollte. Denn um seine idealistischen, aber realitätsfernen Pläne durchzusetzen, schaltete er nicht nur die Macht der alten Ratsherren, sondern letztlich auch die Bürgerausschüsse aus. Das Scheitern seiner unbesonnenen Außenpolitik, mit der er Lübecks alte Macht behaupten wollte, führte dann dazu, daß die Lübecker sich dem Kaiser und einem Spruch des Reichskammergerichts beugten, die Bürgerausschüsse auflösten und damit die alte Ordnung und die Ratsaristokratie wiederherstellten. Nur die Reformation der Kirche und der Lehre blieb erhalten.

Am Ende des 17. Jahrhunderts entzündeten sich, wie schon um 1600 bei den sogenannten Reiserschen Unruhen, *Verfassungsfragen* wieder einmal am Geld. Die Finanznot nach dem Ende des Dreißigjährigen Krieges und nach den Einbrüchen im Ostseehandel wurde so zum Anlaß für eine größere Reform der Verfassung. Als der Rat Zinsen für Anleihen nicht mehr aufbringen konnte und weitere Abgaben erheben wollte, forderten die Bürger eine Beteiligung an der Kontrolle der Einnahmen und Ausgaben. Bürgerliche Deputierte sollten in allen Ratsämtern mitwirken dürfen. Unzufrieden war man auch damit, daß viele reiche Kaufleute auswärtige Güter besaßen und sich dafür vom Kaiser adeln ließen, daß aber diese Güter bei der Bemessung der Steuern nicht entsprechend dem Wert des Besitzes zugrunde gelegt wurden. Sogar der kaiserliche Hof in Wien wurde eingeschaltet, der schließlich eine Kommission bestellen wollte, um die Lübecker Verhältnisse zu ordnen. Die Kommission brauchte aber nicht mehr einzugreifen, weil man sich im sogenannten *Kassarezeß von 1665* inzwischen auf gewisse Mitwirkungsrechte der Bürgerschaft bei größeren Ausgaben geeinigt hatte.

Die Unruhe war damit aber noch nicht beseitigt. Die Bürger verlangten auch in anderen Dingen und insbesondere bei der Ratswahl größeren Einfluß, was schließlich zum sogenannten *Bürgerrezeß von 1669* führte. Der Rat hatte in Sachen von großer Bedeutung nunmehr von Verfassungs wegen eine Beteiligung der Bürger herbeizuführen (Krieg und Frieden, Abschluß von Bündnissen, Befestigungsanlagen, Verkauf städtischen Bodens und Änderung des – seit 1586 gedruckt vorliegenden – Stadtrechts). Der Rezeß begrenzte ferner die Zahl der Ratsherren auf zwanzig und legte genau fest, wie sich der Rat zusammensetzen sollte. Von vier Bürgermeistern mußten drei Juristen sein; unter den übrigen Ratsherren mußten sich noch zwei Gelehrte befinden. Die Zirkel- und Kaufleutekompanie durften fortan nur noch je drei Ratsherren stellen. Der Rest entfiel auf andere kommerzierende Zünfte. Aber Handwerker oder gar Nichtbürger waren nicht vertreten. So konnte von einer demokratischen Repräsentanz weiterhin keine Rede sein. Denn unangetastet blieb das Recht des Rats auf Selbstergänzung. Der Bürgerrezeß blieb bis 1848, also fast zwei Jahrhunderte in Kraft.

VI. Der Rat im 19. und 20. Jahrhundert

Die Franzosenzeit 1806-1814 hat in Lübeck Elend, Armut, wirtschaftlichen Niedergang und politische Apathie hinterlassen – für Jahrzehnte. Nach Lübecks endgültiger Befreiung von französischer Herrschaft scheiterten so die u. a. von Carl Georg Curtius unternommenen Versuche, die Verfassung zu modernisieren. Parallel zur Restauration in ganz Deutschland blieb alles beim alten. Von den achtzehn Mitgliedern des Rats von 1814 waren sechzehn auch in der französischen Stadtverwaltung tätig gewesen. Dann aber wuchs eine neue Generation heran, später Jung-Lübeck genannt, die alte Zöpfe abschneiden wollte. Ihr gehörten Männer an, die eine geistige Elite bildeten, die Brüder Curtius, der Handelsrechtler Thöl, der junge Geibel, der Diplomat von Schlözer, Deecke u. v. a. m., alle beeinflußt von dem segensreichen Wirken der Gesellschaft zur Beförderung Gemeinnütziger Tätigkeit. Sie gab seit 1835 die neuen Lübeckischen Blätter heraus, die zum Sprachrohr der geistigen Auseinandersetzung wurden. In ihnen wirkte Prof. Dettmar als unermüdlicher Mahner für eine *Lübeckische Verfassungsreform*. Eine von einem Hamburger Bürger namens Wurm der Gemeinnützigen Gesellschaft gewidmete Denkschrift fand ein so großes Echo, daß in den Jahren 1844 und 1846 Verfassungskommissionen tagten und diese schon 1847, also vor dem *Revolutionsjahr 1848*, einen Entwurf vorlegten, der eine bürgerliche Vertretung im Sinne eines Repräsentativ-Systems vorsah. Er trat zwar erst 1848 in Kraft, doch geschah das ohne revolutionären Druck.

Neben dem Bestreben, dem damals von Dänemark im Norden, Westen und Süden eingeschnürten Lübeck ein Zeichen der Solidarität zu geben, trugen gerade diese zukunftsweisenden Reformarbeiten in Lübeck dazu bei, daß Lübeck 1847 zum Tagungsort der Germanistenversammlung bestimmt wurde. Diese Tagung wurde damals als „geistiger Landtag" der Deutschen verstanden, auf dem die fortschrittlichen Ideen des Bürgertums mit großem Widerhall in der deutschen Öffentlichkeit diskutiert wurden. Ganz im Zeichen der ersehnten nationalen und freiheitlichen Erneuerung stand auch das Deutsche Sängerfest im Juni des gleichen Jahres in Lübeck. 1800 Gäste waren angereist. Geibel hatte ein Begrüßungslied gedichtet, das mit folgenden Zeilen endete:

„So sollen unsere Melodien,
ein schallend Festgeleit,
vorauf dem jungen Frühling ziehen,
der neuen deutschen Zeit."

Das war damals freiheitlich-national gemeint und wurde von vielen reaktionären Kräften durchaus als revolutionär empfunden.

Als in Deutschland am 18. März des Jahres 1848 die Unruhen der Bürgerlichen Revolution ausbrachen, konnte der in Lübeck schon vorliegende Entwurf der neuen Verfassung alsbald in Kraft gesetzt werden. So blieb die Anteilnahme der Lübecker an dem revolutionären Geschehen in Deutschland und an den Maßnahmen der provisorischen Regierung zwar wohlwollend, aber doch zurückhaltend. In Lübeck war eben evolutionär, nicht revolutionär eine gewisse Demokratisierung und Modernisierung der Verfassung verwirklicht worden. Als Vertretungsorgan der Bürger wurde eine 120köpfige Bürgerschaft installiert, und bei allen Gesetzen mußten fortan Senat (wie der Rat nunmehr auch offiziell hieß) und Bürgerschaft zusammenwirken. Abgeschafft war auch das Selbstergänzungsrecht. Der Senat und sogenannte Wahlbürger der Bürgerschaft wählten die Senatoren nun gemeinsam.

Nachdem in Lübeck im Jahre 1848 die Weichen in Richtung einer repräsentativen Demokratie gestellt waren, richtete sich der Volksauflauf am 8. Oktober vor der Reformierten Kirche, von dem Thomas Manns Roman „Buddenbrooks" so anschaulich erzählt, in Wirklichkeit nicht gegen den alten Obrigkeitsstaat, sondern nach Meinung Ahasver von Brandts kurioserweise gegen eine zu weite Ausdehnung des Wahlrechts, von der Gewerbetreibende eine Verschlechterung ihres Besitzstandes befürchteten, weil sie darin zutreffend den ersten Schritt zur Gewerbefreiheit sahen, von der viele für sich den wirtschaftlichen Ruin erwarteten.

Eine Verordnung vom 30. Dezember beendete schließlich die ständische Gliederung der Bürgerschaft und führte wenigstens für die Inhaber des Bürgerrechts ein allgemeines Wahlrecht ein; doch blieben Frauen und Abhängige weiterhin ausgeschlossen. Eine weitere Änderung der Verfassung von 1851 führte die überfällige Trennung von Verwaltung und Rechtsprechung herbei, so daß der Senat nunmehr nicht mehr zugleich Lübecks Obergericht war, das schon seit langem nur noch für das Lübeckische Staatsgebiet Recht zu sprechen hatte. Der Senat blieb im übrigen eine Kollegialbehörde. Die Zahl der Senatsmitglieder, von denen mindestens sechs Juristen sein mußten, wurde auf vierzehn herabgesetzt. Die Senatoren wählten für jeweils zwei Jahre einen Bürgermeister (jetzt nur noch einen). Dieser war weder Staatsoberhaupt noch Vorgesetzter der Senatsmitglieder, sondern lediglich primus inter pares – wie von Anfang an.

Im Jahre 1870 wurde das Wahlrecht endlich dahin verbessert, daß nunmehr alle Einwohner gegen Entgelt das Lübecker Bürgerrecht und damit das aktive Wahlrecht erwerben konnten. Als dadurch aber die Stimmen der Sozialdemokratie stark zunahmen und sich um die Jahrhundertwende eine sozialdemokratische Mehrheit abzeichnete, wurde das Wahlrecht beschnitten und im Sinne eines Klassenwahlrechts von der Steuer, d. h. vom Einkommen abhängig gemacht.

So stand es mit der Verfassung in Lübeck, als der verlorene Krieg und die *Novemberrevolution 1918* eine Änderung erzwangen. Aber es ist für Lübeck bezeichnend, daß die Verfassung zunächst in Kraft und der Senat im Amt blieben. Das war den sozialdemokratischen Funktionären ebenso zu verdanken wie dem klugen Verhalten des Bürger-

Ferdinand Fehling, Bürgermeister 1917 - 1920, Gemälde von Leopold Graf Kalckreuth
Foto: Museum für Kunst und Kulturgeschichte der Hansestadt Lübeck

meisters Ferdinand Fehling. Fehling hat die Veränderung der politischen Verhältnisse schnell begriffen und besonnen reagiert, vielleicht weil er als früherer Bundesratsbevollmächtigter die politischen Strömungen in Deutschland kannte. Damit hat er für einen nahtlosen Übergang der Regierungsverhältnisse in Lübeck gesorgt. Er ging von sich aus dem Arbeiter- und Soldatenrat entgegen und ermöglichte ihm sofort die

Teilnahme an den Sitzungen des Senats, worauf der Arbeiter- und Soldatenrat die Erklärung abgab, daß die Verfassung geachtet werden sollte. Fast rührend mutet Fehlings Schreiben vom 13. November 1918 an den Repräsentanten der Sozialdemokraten Mehrlein an, das offenbar auf eine vorangegangene Einigung zurückgeht. Darin ist zunächst und zuallererst davon die Rede, daß der Senat von dem Wunsch beseelt sei, die Selbständigkeit des Lübeckischen Freistaats zu sichern.

Beseitigt wurde durch eine Verordnung vom 11. Dezember 1918 sofort die gegen die Sozialdemokratie gerichtete Einschränkung des Wahlrechts. Das Recht zu wählen wurde nunmehr allen Einwohnern und auch den Frauen uneingeschränkt zugestanden, worauf die Sozialdemokraten von 80 Abgeordneten der Bürgerschaft prompt 42 stellten. Kurz darauf, am 26.3.1919 wurden auch die letzten Reste der Selbstergänzung des Senats beseitigt, der nunmehr von der Bürgerschaft allein gewählt wurde. 1920 folgte die Anpassung an die Reichsverfassung und die Einführung der parlamentarischen Regierungsform. Senatsmitglieder konnten jetzt abgewählt werden, seit 1923 mit einfacher Mehrheit der Mitglieder, bedurften also des fortdauernden Vertrauens der Bürgerschaft. Die Ratssetzung alten Stils lebte aber fort in der Wahl des Bürgermeisters und in der Geschäftsverteilung durch den Senat selbst. Aus früheren Zeiten herübergerettet hat sich auch seine Beteiligung am Gesetzgebungsverfahren. Der Rat traf seine Entscheidungen im übrigen weiterhin als Kollegium.

Wirtschaftliche Misere einerseits und politisches Versagen andererseits bereiteten der Weimarer Republik nach 14 Jahren ein frühes Ende und den Nationalsozialisten den Weg zur Macht, die fast über Nacht die demokratische Verfassung, ja den Rechtsstaat überhaupt beseitigten. Terror, Gewalt und Krieg brachten unendliches Leid auch über Lübeck. Viele Lübecker Mitbürger wurden aus politischen Gründen ermordet oder hingerichtet, unter ihnen bekannte Politiker wie Leber, Solmitz, Stelling. Angesichts dieser tragischen Schicksale mögen Rechtsausführungen vielleicht formal klingen. Dennoch dürfen juristische Anmerkungen nicht fehlen, denn gerade der Form nach legitim erlassene Paragraphen machten das alles erst möglich.

Am 18. Januar 1933 war ein Mißtrauensantrag gegen den Senat in der Bürgerschaft hauchdünn gescheitert. Zwei Stimmen fehlten. Bei der nur noch leidlich freien Reichstagswahl vom 5. März 1933 wählten in Lübeck 42,8 % der Wähler die NSDAP, 38,4 % die SPD. Der „Volksbote", die Parteizeitung der SPD, war zu diesem Zeitpunkt schon verboten. Am Tage nach der Wahl sahen sich, nachdem ihnen Reichsgewalt angedroht worden war, die vier SPD-Senatoren und ein Senator der Demokratischen Partei zum Rücktritt gezwungen, obwohl nach der Verfassung erst die nächste Bürgerschaftswahl eine Änderung des Senats hätte bringen können. Das geschah am 6. März um 14 Uhr. Schon um 16 Uhr fand in der Breiten Straße eine Flaggenparade statt, bei der der soeben ernannte Polizeikommissar Schröder dem aus drei Personen bestehenden Restsenat versicherte, daß er sich „mit ganzer Energie dafür einsetzen werde, daß das marxistische Untermenschentum auch in Lübeck nicht mehr Unheil anrichten wird".

Am 12. März setzte der Innenminister Dr. Frick den Syndikus der Gewerbekammer Dr. Völtzer als Reichskommissar für die Freie Stadt Lübeck ein. Nunmehr hatte auch formell nur noch die NSDAP das Sagen in Lübeck. Kurioserweise erhielt Völtzer von Hitler am 11. Mai die Zusage, Lübeck bleibe selbständig. Als dann die Reichsstatthalter berufen waren, für Mecklenburg und Lübeck der frühere Landarbeiter Hildebrandt, ernannte dieser seinen Stellvertreter, den Zahnarzt Dr. Drechsler am 30. Juni 1933 zum Bürgermeister von Lübeck. Drechsler blieb bis zum Kriegsende im Amt, wurde aber 1941 als Gebietskommissar nach Lettland geschickt. Gleichzeitig mit der Ernennung des Bürgermeisters wurden vom Reichsstatthalter fünf Senatoren „eingesetzt". Sie waren im Sinne des Führerprinzips streng weisungsgebunden. Deputierte Bürger wirkten an der Verwaltung nicht mehr mit. Auch formell wurde die Kollegial-Verfassung des Senats durch Gesetz vom 18. August 1933 aufgehoben. Bis Anfang 1934 blieb der Senat zwar noch Landesregierung. Mit dem 30. Januar 1934 verlor er aber auch diesen Status, da die Länder gleichgeschaltet, d. h. zu bloßen Gebietskörperschaften des Reichs erklärt wurden. Ihre alte Reichsunmittelbarkeit büßte die Stadt dann auch noch ein, als das Groß-Hamburg-Gesetz vom 29. Januar 1937 sie zum bloßen Stadtkreis der preußischen Provinz Schleswig-Holstein herabstufte. Die deutsche Gemeindeordnung machte den ehrenwerten Lübecker Bürgermeister schließlich zum „Oberbürgermeister". Vom Rat und seiner siebenhundertfünfzigjährigen Tradition war damit nichts übrig geblieben.

Die militärische und nationale Katastrophe von 1945 war zugleich Befreiung und demokratischer Neubeginn. Zunächst freilich lag in Lübeck alle Macht bei der britischen Militärregierung, und es gab nur provisorische Regelungen; der frühere Präsident der Landesversicherungsanstalt Helms wurde zum Oberbürgermeister und der frühere Wortführer der Bürgerschaft Otto Passarge wurde zum Polizeipräsidenten ernannt. 1946 beschloß die Bürgerschaft auf britischen Druck eine neue Gemeindeverfassung nach englischem Vorbild. Obwohl es danach einen Rat bzw. Senat nicht mehr gab und ein hauptamtlicher Oberstadtdirektor die Verwaltung leitete, schlug die alte Lübecker Tradition doch so sehr durch, daß de facto der Bürgermeister Otto Passarge und der Senat als Ausschuß schon damals durchaus Einfluß auch auf die Verwaltung gewannen. Seit 1950 galt dann die schleswig-holsteinische Gemeindeordnung, welche die Magistratsverfassung einführte und damit in der Form eines Magistrats den Lübecker Senat wiederherstellte.

VII. Ausblick

Die neue Bürgermeisterverfassung, eingangs erläutert, bricht mit einer Lübecker Tradition, die – von kürzeren Unterbrechungen und Provisorien abgesehen – 800 Jahre lang in Kraft war. Aber sie ist mitnichten eine ganz neue oder gar undemokratische Erfindung. Sie geht auf ältere rheinische und süddeutsche Vorbilder zurück und ist 1930 in den Lübeckischen Blättern sogar schon für Lübeck diskutiert worden. Der Bürgermeister wird im übrigen von den Bürgern unmittelbar auf Zeit gewählt und

Otto Passarge, Bürgermeister 1946 - 1956, Gemälde von Harald Duve 1972

Foto: Museum für Kunst und Kulturgeschichte der Hansestadt Lübeck

leitet die Stadt nach den Zielen und Grundsätzen der Bürgerschaft im Rahmen der von ihr bereitgestellten Mittel. Zweifellos bietet die neue Kommunalverfassung Chancen und Vorzüge, um derentwillen sie eingeführt wurde. Darüber ist viel gesagt und geschrieben worden. Daß ihre Vorzüge zum Vorteil Lübecks genutzt werden, ist der Wunsch der Lübecker Bürger. Nicht auf die Formen, sondern auf den Inhalt und das Ergebnis kommt es an. Allen Beteiligten, Kommunalpolitikern und Bediensteten der Stadt, der Bürgerschaft und dem Bürgermeister, der in Zukunft mit mehr Kompetenz ausgestattet ist und mehr Verantwortung zu tragen hat, sei auch für die neue Form der Stadtverwaltung gutes Gelingen gewünscht. Der gute Geist, der über Jahrhunderte den Lübecker Rat geleitet hat, möge das Rathaus auch in Zukunft nicht verlassen.

Literaturhinweise

Allgemeine Orientierung über die Geschichte Lübecks, auch über den Rat (Senat) und das jeweilige Umfeld bietet die Lübeckische Geschichte, herausgegeben von Antjekathrin Graßmann, Lübeck 1988. Darin u. a.: Erich Hoffmann, Lübeck im Hoch- und Spätmittelalter: Die große Zeit Lübecks, S. 79-339; Wolf-Dieter Hauschild: Frühe Neuzeit und Reformation: Das Ende der Großmachtstellung und die Neuorientierung der Stadtgemeinschaft, S. 341-434; Antjekathrin Graßmann, Lübeck im 17. Jahrhundert: Wahrung des Erreichten, S. 435-490; Franklin Kopitzsch: Das 18. Jahrhundert: Vielseitigkeit und Leben, S. 491-528; Gerhard Ahrens, Von der Franzosenzeit bis zum Ersten Weltkrieg 1806-1914: Anpassung an Forderungen der neuen Zeit, S. 529-678; Gerhard Meyer, Vom Ersten Weltkrieg bis 1985: Lübeck im Kräftefeld rasch wechselnder Verhältnisse, S. 677-731. – Das ausführliche Register des Werks, S. 909-932, erleichtert den Zugang zu allen wichtigen Fragen.

Diesem Aufsatz liegen neben der vorgenannten Lübeckischen Geschichte insbesondere folgende Arbeiten zugrunde:

Ahrens, Gerhard, Vom alten Rat zum neuen Senat, Zeitschrift für Lübeckische Geschichte und Altertumskunde (ZVLGA), Band 65, 1985, S. 223-251.

Asch, Jürgen, Rat und Bürgerschaft in Lübeck 1598-1669, Lübeck 1961 (Veröffentlichungen zur Geschichte der Hansestadt Lübeck, Band 17).

Block, Hermann, Der Freibrief Friedrichs I. für Lübeck und der Ursprung der Ratsverfassung in Deutschland, ZVLGA 16, 1914, S. 1-44.

Von Brandt, Ahasver, Geist und Politik in der Lübeckischen Geschichte, Lübeck 1954. Darin: Lebensläufe der Bürgermeister und Ratsherren Wilhelm Witte, S. 70, Jacob Pleskow, S. 71, Hinrich Brockes, S. 75, David Gloxin, S. 76, Matthäus Rodde, S. 78, Theodor Curtius, S. 79, Emil Ferdinand Fehling, S. 80.

Von Brandt, Ahasver, Sieben Bürgermeister, in: Der Wagen 1940, S. 29-41. Darin auch: Bürgermeister Brun Warendorp, S. 29.

Von Brandt, Ahasver, Bürgerliche Selbstregierung, Lübeckische Blätter 1949, S. 2-5.

Bruns, Friedrich, Der Lübecker Rat. Zusammensetzung, Ergänzung und Geschäftsführung, von den Anfängen bis ins 19. Jahrhundert, ZVLGA 32, 1951, S. 1-69.

Bruns, Friedrich, Die Bezüge der Lübecker Ratsherren, ZVLGA 68, 1988, S. 83-112.

Bruns, Friedrich, Die älteren lübischen Ratslinien, ZVLGA 27, 1953, S. 1-99.

Ebel, Wilhelm, Lübisches Recht, Band 1, Lübeck 1971.

Fehling, Emil Ferdinand, Aus meinem Leben, Lübeck 1929.

Graßmann, Antjekathrin, Die Urkunde, in: Reichsfreiheit und frühe Stadt, Lübeck 1976, S. 9-19.

Hauschild, Wolf-Dieter, Kirchengeschichte Lübecks, Lübeck 1981.

Helmold von Bosau, Slawenchronik (lat. und dt.), neu übertragen und erläutert von Heinz Stoob, Darmstadt 1983.

Helms, Emil, Die neue Gemeindeordnung und die Hansestadt Lübeck, Lübeckische Blätter 1949, S. 110-113.

Hinrichs, Walter, Die lübische Finanzpolitik 1867-1926, Lübeck 1928 (Veröffentlichungen zur Geschichte der Freien und Hansestadt Lübeck, herausgegeben vom Staatsarchiv zu Lübeck, Band 7, Heft 2).

Krabbenhöft, Günter, Verfassungsgeschichte der Hansestadt Lübeck, Lübeck 1969.

Lund, Heinz, Vor 50 Jahren: Wie die demokratischen Traditionen der freien Stadt Lübeck zerschlagen wurden, in: Lübeckische Blätter, Band 143, 1983, S. 203-204.

Zur Nieden, Magistratsverfassung oder Bürgermeisterverfassung (Vortrag), Lübeckische Blätter 1930, S. 751, 765.

Oehlenschläger, Die Lübeckische Verfassungs- und Verwaltungsreform von 1933, Lübeckische Blätter, Band 67, 1934, S. 46-49.

Osterroth, Franz, Chronik der Lübecker Sozialdemokratie 1866-1972, Lübeck 1973.

Rörig, Fritz, Lübeck und der Ursprung der Ratsverfassung, ZVLGA 17, 1915, S. 27-62.

Walther, Helmut G., Kaiser Friedrich Barbarossas Urkunde für Lübeck vom 19. September 1188, ZVLGA 69, 1989, S. 11-48; derselbe, Heinrich der Löwe und Lübeck, ZVLGA 76, 1996, S. 9-25.

Weitere, spezielle Literatur ist verzeichnet in: Lübeck-Schrifttum 1900-1975, bearbeitet von Gerhard Meyer und Antjekathrin Graßmann, München 1976; Lübeck-Schrifttum 1976-1986, zusammengestellt von denselben, Lübeck 1988; jeweils unter Abschnitt V. Recht und Staat, E. Rat (Senat) u. a.

Mit einem Gesamtumschlag von fast 22 Mio. t im Jahr 1996 war der Lübecker Hafen der größte Ostseehafen der Bundesrepublik Deutschland.

AUF WACHSTUM PROGRAMMIERT

DIE ENTWICKLUNG DER LÜBECKER HÄFEN VON 1946 BIS 1996

Hans-Jochen Arndt

In der wirtschaftlichen Entwicklung der Hansestadt Lübeck gibt es nicht viele Branchen und Betriebe, die im vergangenen halben Jahrhundert eine stetige Aufwärtsentwicklung zu verzeichnen hatten. Zu den erfreulichen und positiven Ausnahmen zählt ohne Zweifel der Lübecker Hafen, der eine beeindruckende Aufwärtsentwicklung aufweist.

Dabei war der Start 1946 keineswegs einfach – wie für die gesamte Wirtschaft in der Stadt.

Der Lübecker Hafen kann als Paradigma für die Situation der Wirtschaft und der Stadt angesehen werden. Mit Recht ist das Vorkriegs-Lübeck als Ostseehafen der Elbe bezeichnet worden. Obwohl der Hafen nach dem Kriege weiterhin voll einsatzfähig und der Elbe-Lübeck-Kanal unzerstört waren, konnte Lübeck seine Vorkriegsposition nicht wieder einnehmen. Die Einfuhren von Erz, Holz, Zellulose und Kohlen, die sich 1938 auf 1,4 Mio. Tonnen belaufen hatten, entfielen nach dem Krieg fast völlig. 1946 wurden aus dem Ausland lediglich ca. 18 500 t Heringe und 26 400 t Liebesgabensendungen umgeschlagen. Auch die Ausfuhrzahlen verringerten sich erheblich. 1938 waren 640 707 t deutsche Industrieerzeugnisse über Lübeck ausgeführt worden. Der Export des Jahres 1946 betrug nur noch 356 472 t und setzte sich fast ausschließlich aus Kohle und Holz zusammen, zwei Rohstoffen, die der deutschen Industrie für ihren Neuaufbau entzogen werden mußten, um die lebensnotwendigen Nahrungsmittel aus dem Ausland bezahlen zu können. Lübecks Außenhandel wurde damit nahezu stillgelegt.

Nur sehr langsam konnten nach dem Kriege die Umschläge gesteigert und die vorhandenen Hafenanlagen Lübecks erweitert werden. Auch die ersten Schritte zum Wiederanlaufen eines Liniendienstes erfolgten zögernd. In Anbetracht der darniederliegenden Wirtschaft muß die ab 01. Januar 1948 erfolgte Wiedereinschaltung deutscher Spediteure und Schiffsmakler in den Auslandsverkehr als beachtlicher Erfolg gewertet werden. Bedauerlicherweise ging der Binnenschiffahrtsverkehr auf dem Elbe-Lübeck-Kanal rapide zurück. Bei gleichbleibender Kapazität des Lübecker Hafens betrug er 1 116 053 t im Jahre 1944 und 270 061 t im Jahre 1946.

Bereits 1945 trat Schleswig-Holstein in den Vertrag über die 50 prozentige Beteiligung Preußens an der Lübecker Hafengesellschaft ein. Als Rechtsnachfolgerin Preußens übernahm schließlich die Bundesrepublik Deutschland 1951 den Gesellschafteranteil. Das Bundesverkehrsministerium vertritt heute die Bundesrepublik in der Lübecker Hafengesellschaft (LHG). Die Bundesrepublik Deutschland und die Hansestadt Lübeck sind damit zu gleichen Teilen Gesellschafter der LHG. Bereits heute zeichnet sich ab, daß es hier zu Veränderungen kommen wird.

Im vergangenen halben Jahrhundert hat der Lübecker Hafen entscheidende Wandlungen erfahren. Die inneren Stadthäfen an der nördlichen Wallhalbinsel verloren zunehmend an Bedeutung. Der Vorwerker Hafen und später der Skandinavienkai übernahmen in hohem Umfang den Umschlag. Der Grundstein für die Erweiterung des Vorwerker Hafens wurde 1961 gelegt. Der neue Ro/Ro-Umschlag erforderte neue Umschlagtechniken, deshalb wurde in insgesamt fünf Bauabschnitten die neue Hafenplanung zwischen 1961 und 1966 durchgeführt, u. a. wurde die Ostseite des Hafenbeckens – die Vorwerker Wiesen – einbezogen. Der heute als Nordlandkai bekannte Hafenteil war 1996 mit einem Volumen von 5 603 731 t am Gesamtumschlag des Lübecker Hafens beteiligt.

Eine noch größere Bedeutung für den Umschlag hat der Skandinavienkai in Lübeck-Travemünde, der 1996 mit 13 136 070 t klar an der Spitze der Lübecker Hafenteile lag.

Die gedankliche Geburtsstunde des Skandinavienkais lag im Jahre 1959. Damals machte die Hamburger Reederei Reineke den Vorschlag, in Travemünde eine neue

Mit Trailern werden die Güter im Ro/Ro-Umschlag schnell und damit kostengünstig an Bord der Frachtfähren gebracht.

Art von Schiffsanleger zu bauen. Über eine Rampe sollten die Autos direkt in den Schiffsrumpf rollen. Es ist das große Verdienst von Bürgermeister Max Wartemann, daß er diese Idee aufgriff und die Planungen für den Skandinavienkai vorantrieb. Auf dem Gelände einer ehemaligen Fischersiedlung und einer Pelztierfarm an der Siechenbucht wurde der erste Anleger gebaut, und der Neubau der TT-Linie „Nils Holgerson" startete am 28. März 1962 seinen Dienst als Ro/Ro-Schiff nach Trelleborg. In den nachfolgenden Jahren ist der Skandinavienkai ständig ausgebaut worden. Dies war notwendig, weil Bürgermeister Wartemann, so wurde in Lübeck erzählt, „Fährlinien sammle, wie andere Briefmarken". Sieben Schiffe von sechs Reedereien verkehrten beispielsweise regelmäßig im Sommer 1962 ab Skandinavienkai. Die Eisenbahnära am Skandinavienkai begann mit dem Bau des Gleisanschlusses im Jahre 1972. Es entstand die gut fünf Kilometer lange Bahnstrecke Kücknitz/Skandinavienkai. Dies führte 1973 zur Gründung der Railship GmbH, die einen Eisenbahnfährschiffsdienst zwischen Travemünde und Hanko in Finnland einrichtete.

Die immer größer werdenden Fährschiffe erforderten ständig Anpassungsbaumaßnahmen am Skandinavienkai, der heute mit dem 1991 fertiggestellten Anleger acht seine vorläufig letzte Ausbaustufe erreicht hat.

„Jüngstes Kind" der Kaianlagen im Lübecker Hafen ist der Schlutuper Kai, der seit 1994 einen steigenden Beitrag zum Gesamtumschlag des Lübecker Hafens leistet,

MS „Translubeca" läuft, von Finnland kommend, den Nordlandkai im Lübecker Hafen an. Mit modernen Frachtfähren werden die großen Gütermengen auf der Ostsee befördert.

wurden 1994 erst 311 978 t umgeschlagen, so stieg die Umschlagsleistung am Schlutupkai bis 1996 sprunghaft auf 1 020 400 t.

Der gesamte Güterumschlag in Lübeck belief sich 1996 auf 21 976 578 t. Gegenüber dem Vorjahr ist das eine Steigerung um 5,5 Prozent. Bis zu 30 Fährschiffe verkehrten im Jahre 1996 im regelmäßigen Fahrplanverkehr. Sie beförderten neben den Gütern insgesamt 686 264 Passagiere. Die Anzahl der Lkw und Trailer betrug insgesamt 515 413, eine Steigerung gegenüber dem Vorjahr um 9,5 Prozent. Dies bedeutet, daß pro Tag ca. 1 300 Lkw und Trailer die Lübecker Häfen erreichten. Zuwächse verzeichnete auch der Containerverkehr mit einem Plus von 14,45 Prozent. 78 533 der großen „Transportkisten" wurden in Lübeck umgeschlagen.

Zur Güterstruktur im Lübecker Hafen ist folgendes festzuhalten: Es werden hauptsächlich Papier, Holz und Zellulose südgehend und Obst, Gemüse sowie Fahrzeuge und chemische Erzeugnisse nordgehend umgeschlagen. Eindeutig an der Spitze liegt Papier mit über 2 Mio. t, gefolgt von Holz mit knapp 900 000 t. Die Güter Obst und Gemüse erreichten fast 600 000 t und chemische Erzeugnisse fast 440 000 t.

Diese nackten Umschlagzahlen sagen wenig aus über die wirtschaftliche Bedeutung der Lübecker Häfen für Lübeck insgesamt. Nach entsprechenden Untersuchungen sind in der Hansestadt Lübeck insgesamt rund 4 500 Beschäftigte direkt und indirekt hafenabhängig. In dem sogenannten Aberle-Gutachten aus dem Jahre 1994 wurde

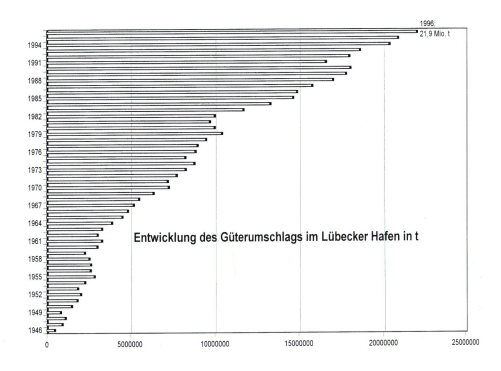

Papier – hier die großen Rollen für den Zeitungsdruck – gehört zu den wichtigsten Gütern, die im Lübecker Hafen umgeschlagen werden.

Zahlreiche schwedische Häfen werden im regelmäßigen Fährschiffsverkehr von Lübeck aus angelaufen.

darüber hinaus ermittelt, daß 5,3 Prozent der sozialversicherungspflichtig Beschäftigten Lübecks 1993 nachweisbar hafenabhängig beschäftigt waren. Im gleichen Jahre flossen der Hansestadt Lübeck aus der Hafenwirtschaft Steuergelder in Höhe von 7,6 Mio. DM zu.

Die Prognosen für den Lübecker Hafen sind außerordentlich positiv. Bis zum Jahr 2010 wird mit 2,4 Mio. Passagieren jährlich und einem Güteraufkommen von 28 Mio. t jährlich gerechnet. In dieser Zahl sind die Eigengewichte der Lademittel nicht enthalten. Das erwartete Wachstum zwingt die Hansestadt Lübeck, weitere Flächen für Hafenanlagen zur Verfügung zu stellen. Glücklicherweise ist die Hansestadt in der Lage, über mehr Flächen zu verfügen, die geeignet sind für weitere Hafenausbauten, als zur Zeit erkennbar notwendig. Die neuen Standorte sind beispielsweise die Teerhofinsel mit rund 51 ha, Flendergelände mit 19 bis 30 ha und Erweiterungsflächen am Skandinavienkai von 46 ha sowie rund 15 ha in Schlutup. Alles in allem besteht ein Flächenpotential von mehr als 150 ha. Bis zum Jahre 2010 werden jedoch nur maximal 100 ha benötigt.

Die Planungs- und Baukosten für die notwendigen Hafenerweiterungen bis zum Jahre 2010 werden mit insgesamt 1,1 Mrd. DM angegeben, wobei 400 Mio. DM von der Stadt zu tragen wären für die generelle Infrastruktur und rund 700 Mio. DM von privaten Investoren für die Suprastruktur.

Die wichtigste Botschaft für Lübecks Hafenkunden lautet: Der Hafen Lübeck kann alle zusätzlichen Verkehre bis zum Jahre 2010 bewältigen, weil genügend Erweite-

Fährverbindungen Lübeck im Jahre 1996

Land	Hafen
Schweden	Trelleborg
	Malmö
	Göteborg
	Södertälje
	Husum/S
	Iggesund
	Oskarshamn
Finnland	Helsinki
	Hanko
	Kotka
	Rauma
	Turku
Rußland	St. Petersburg
	Kaliningrad
Lettland	Riga
Litauen	Klaipeda/Memel

rungsflächen vorhanden sind. Für die Zukunft zeichnen sich deutliche Strukturveränderungen in den Lübecker Häfen ab. Der Hafenumschlag wird zur Zeit überwiegend von der LHG durchgeführt. Daneben gibt es private Hafenbetreiber. Anteilseigner an der LHG sind zu je 50 Prozent der Bund und die Hansestadt Lübeck. Die LHG betreibt im Auftrage der Hansestadt Lübeck die von dieser bereitgestellten Hafeninfrastruktur (Grund und Boden und die dazugehörenden Hafenanlagen). Die LHG erstattete den dafür aufgenommenen Kapitaldienst. Weiter ist die LHG Betreiberin der von ihr selbst finanzierten Hafensuprastruktur (z. B. Hallen, Umschlagsgeräte, Krananlagen).

Wenn die Anteilseigner der LHG, Bund und Hansestadt Lübeck, nunmehr in Überlegungen zu Strukturveränderungen des Hafenplatzes Lübeck eingetreten sind, liegt einer der Gründe hierfür in der Entscheidung des Bundes, mittelfristig aus der Lübecker Hafengesellschaft auszuscheiden. Weitere Gründe liegen in der veränderten Wettbewerbssituation der Lübecker Häfen.

Ziel jeglicher Neuorganisation muß es sein
– die Wirtschaft durch die Hafenwirtschaft zu erhalten bzw. zu verstärken
– die Bindung von Kunden und neuer Partner an den Hafenplan zu stärken
– private Unternehmen stärker am Umschlagsgeschäft und den damit verbundenen Investitionen zu beteiligen

Die Vertreter des Bundes und der Stadt Lübeck haben konkret über zwei Modellvarianten gesprochen. Ein Modell sieht die Beteiligung privater Dritter an der LHG durch Übertragung von Geschäftsanteilen vor. Die zweite Modellvariante geht aus von der möglichen Beteiligung privater Unternehmen an einzelnen Terminalgesellschaften. Diese Modellvariante läßt unterschiedliche Geschäftsanteile an den verschiedenen Terminals zu.

In den Strukturvorschlägen ist die klare Trennung zwischen Suprastruktur (Angelegenheit der Umschlagsgesellschaft) und der Infrastruktur vorgesehen. Für die Bereitstellung der Infrastruktur (Flächen- und Hafenanlagen) wird die Gründung einer eigenen Infrastrukturgesellschaft durch die Hansestadt Lübeck vorgeschlagen.

Die Anteilseigner Bund und Stadt haben sich vorgenommen, die Modellvarianten einer Bewertung zu unterziehen und auf dieser Grundlage eine Entscheidung durch die politischen Gremien vorzubereiten. Die konkrete Ausgestaltung der Modelle bedarf erheblicher Detailarbeiten, u. a. bei der Klärung finanzieller, gesellschaftsrechtlicher, personalwirtschaftlicher und steuerlicher Fragen.

Nur eins darf nicht geschehen, daß der Bund sich aus der LHG verabschiedet und zukünftig seiner Verpflichtung zur finanziellen Unterstützung der Lübecker Häfen nicht im unbedingt notwendigen Maß nachkommt. Der Lübecker Hafen steht in einer neuen Konkurrenzsituation zu weiter östlich gelegenen Häfen, und es muß deshalb alles unternommen werden, um den Kunden des Hafens zu jeder Zeit ein attraktives Angebot für erweiterte Umschlagsleistungen unterbreiten zu können.

Schnelle Hinterlandverbindungen sind wichtig für jeden Hafen. Per Eisenbahn und über die Autobahn ist ein schneller Zu- und Ablauf zum Lübecker Hafen sichergestellt. Darüber hinaus ist der Lübecker Hafen über den Elbe-Lübeck-Kanal an das mitteleuropäische Binnenwasserstraßennetz angeschlossen. Zuwächse verzeichnete auch der Containerverkehr über Lübeck.

ZWEI BEDEUTENDE PRÄSIDES DER INDUSTRIE- UND HANDELSKAMMER ZU LÜBECK

Rolf Saltzwedel

Gegen Ende des Jahres 1995 mußte die Industrie- und Handelskammer zu Lübeck den Tod zweier ihrer großen Persönlichkeiten beklagen: Am 23. November wurde der amtierende Präses, Konsul Klaus Richter, nach kurzer schwerer Krankheit im Alter von 70 Jahren aus einem Leben von Beispiel gebender Aktivität gerissen. Nur wenige Wochen später starb der Präses der Jahre 1957-1958 und 1961-1965, Georg Rieckmann, in seinem 84. Lebensjahr. So verschieden diese beiden herausragenden Kaufleute auch waren, so ähnlich oder vergleichbar waren sie in ihrer offenen und positiven Gesinnung, mit der sie alle Aufgaben und Herausforderungen mutig, ja freudig anpackten und meisterten.

*

Georg Rieckmann wurde am 20. Februar 1912 als Sohn des Kaufmanns Wilhelm Rieckmann und dessen Ehefrau Adelheid in Lübeck geboren. Der Ausgangsort seiner Lebensreise war das Haus in der Uhlandstraße, das auch heute noch als das Zentrum der Familie betrachtet werden darf. Der Vater, der aus einer angesehenen niedersächsischen Sippe in der Lüneburger Heide stammte, gründete 1923 seine erste eigene Firma, ein Mode- und Bekleidungsgeschäft, an ihrem heutigen Platz in der Sandstraße. Sein Sohn Georg – er blieb Einzelkind – hatte schon zwei Jahre vorher die „Vorschule", wie man damals sagte, verlassen und war von den Eltern zum Johanneum geschickt worden. Denn er war begabt und vielseitig interessiert. 1930 bestand er das Abitur.

Augenscheinlich war es für ihn selbstverständlich, daß er das Erbe seines Vaters als Kaufmann anzutreten hatte. Er verließ Lübeck, absolvierte die Kaufmannslehre in Stettin und erweiterte in den folgenden Jahren seine beruflichen Kenntnisse ebenso wie seine allgemeine Bildung. Dabei lernte er eine Reihe recht unterschiedlicher

Städte Deutschlands kennen: Von Stettin führte sein „Fortbildungsweg" nach Stuttgart. Danach sammelte er weitere neue Erfahrungen in München, Halle und Köln. Er muß geahnt haben, daß diese Freizügigkeit zeitlich begrenzt war, daß er die ersten Jahre nutzen mußte, um sein Wissen und seine Kenntnisse auf den Stand zu bringen, der ihn befähigen könnte, die Aufgaben, die er vor sich sah, ehrenvoll zu meistern.

Erst 1935 finden wir ihn wieder in Lübeck, in der Firma des Vaters. Hier gewann er das Profil, das ihm eine erfolgreiche Zukunft verhieß. Aber auch das Glück seines Lebens wurde ihm in diesen Jahren geschenkt. 1937 lernte er eine junge Norwegerin kennen, die Lübeck besuchte: die eben 20jährige Erna Andresen. Schon 1938 heirateten sie; und noch im gleichen Jahr verließen die beiden Lübeck: In Stettin hatte der Vater vor einiger Zeit eine Kleiderfabrik erworben. Das sollte für den Sohn die erste große Bewährungsprobe sein: mit seinen 26 Jahren wurde Georg Rieckmann Geschäftsführer dieses Werks. Eine aussichtsreiche Zeit schien vor ihm und seiner jungen Frau zu liegen.

Da brach der Krieg aus und veränderte ihre Lebenspläne völlig, wenn auch nicht von einem Tag zum anderen. Zuerst durften sie noch hoffen, daß ja auch in Notzeiten eine Kleiderfabrik zu den nützlichsten Industriezweigen gehören müsse. Tatsächlich wurde der junge Unternehmer nur zur Flugzeugabwehr einberufen und blieb in Stettin. Aber die ihm gelieferten Stoffe hatte er vor allem für die Wehrmacht zu verarbeiten. Im Frühjahr 1940 geschah etwas ganz Unfaßbares: Kurz bevor Frau Rieckmann ihr erstes Kind, eine Tochter, zur Welt brachte, wurde ihre Heimat Norwegen von deutschen Truppen überfallen und besetzt.

Die beginnende Katastrophe deutete sich im dritten Kriegsjahr an, als mit dem Luftangriff auf Lübeck 1942 die Zerstörung deutscher Städte einsetzte. Ein großer Teil der Innenstadt wurde vernichtet. Das Geschäft des Vaters in der Sandstraße fiel in Trümmer und brannte aus. Doch es kam noch schlimmer für sie: Auch das Werk in Stettin wurde 1944 von Bomben zerstört. Der Unternehmer und seine Mitarbeiter standen gleichermaßen vor dem nichts. Georg Rieckmann mußte mit seiner Frau und zwei Kindern – 1943 hatten sie einen Sohn bekommen – vor den heranrückenden russischen Truppen aus Stettin flüchten. Am Ende des Krieges waren sie wieder in Lübeck. Die täglich drohende Gefahr wenigstens gab es nun nicht mehr, aber vieles mühsam Errungene war dahin. Man mußte ganz neu anfangen, und der jetzt 33jährige Rieckmann hatte genügend Mut und Vertrauen, um zusammen mit seinem Vater noch einmal zu beginnen und um die Ruinen und Verluste in neuen Besitz umzuwandeln.

Das konnte aber nach seiner Überzeugung nur gelingen, wenn Handel und Industrie gemeinsam alle nur möglichen Anstrengungen aufwendeten, wenn sich also die eigenen Bemühungen mit denen gleichgesinnter Kaufleute verbündeten. Unter diesem Aspekt sah er seine ganz persönlichen Aufgaben untrennbar verknüpft mit den Interessen entsprechender Verbände des städtischen und des überregionalen Gemeinwesens, und er handelte danach. So war es kein Wunder, daß ihn die Lübecker

Kaufmannschaft mit ihrem damaligen Präses, Hermann Eschenburg, schon 1945 in ihren Vorstand wählte. Seit 1937 war die Kaufmannschaft Lübecks nicht mehr direkt der Handelskammer nachgeordnet, auch wenn sie im selben Hause in der Breiten Straße residierte. Die erst nach 1937 bestehende Industrie- und Handelskammer war über die Stadt hinaus kompetent für einen größeren Kammerbezirk. Da Eschenburg aber zugleich auch Präses dieser Institution war, gab es verständlicherweise für Georg Rieckmann die von ihm gewünschten Beziehungen über die Stadt hinaus, und er erweiterte seine Aktivität schnell auf diesen Bereich.

Während er also alle private Initiative benötigte, um beide Schienen des Familienunternehmens neu aufzubauen, die Kleiderfabrikation wie den Einzelhandel, vergaß er doch nicht, sich in allen öffentlichen Bereichen einzubringen, die er als wichtig erkannt hatte. Nicht nur die Kaufmannschaft und die Industrie- und Handelskammer gehörten dazu, sondern auch seine evangelische Domgemeinde und die „Gesellschaft zur Beförderung gemeinnütziger Tätigkeit". Wenn man bedenkt, daß er alle diese Aktivitäten in den ersten beiden Nachkriegsjahren begann, also vor der Währungsreform, als die wirtschaftliche Not so groß war, wie in den Jahren zuvor, wird deutlich, daß das deutsche „Wirtschaftswunder" der beginnenden 50ger Jahre gar nicht so plötzlich geboren wurde, sondern den Mut und den Lebenswillen solcher Menschen wie Georg Rieckmann voraussetzte.

Bevor der Neubau des Geschäfts in der Sandstraße bezogen werden konnte, mietete man einen Laden am Ausgang der Königstraße zur Mühlenstraße. Der Wiederbeginn der Kleiderfabrikation war überhaupt nur deshalb möglich, weil aus dem Stettiner Werk gerade noch rechtzeitig einiges an Maschinen und Gerät durch den Beistand von Mitarbeitern hatte gerettet werden können und weil auch treue Mitarbeiter selbst mit nach Lübeck geflüchtet waren. Zuerst fanden sich Räume dafür in der Lindenstraße, später in der Lachswehrallee.

Ins Jahr 1947 fällt die Erneuerung des großen Sitzungssaals und der Fassade in der Breiten Straße 6, damals – wie erwähnt – gleichzeitig der Sitz der Industrie- und Handelskammer wie auch der Kaufmannschaft zu Lübeck. Noch 45 Jahre später hat Dr. Walter Trautsch in seiner Rede zum 80. Geburtstag Georg Rieckmanns bewundernd darauf hingewiesen, daß dieser Umbau in der damaligen Situation des Mangels „ein schieres Kunststück" war. Als Mitglied des Vorstands der Kaufmannschaft hatte Rieckmann großen Anteil am Zustandekommen dieses Projekts.

Die Industrie- und Handelskammer wählte ihn 1948 zum Mitglied ihrer Vollversammlung und mehrerer Ausschüsse: Dabei spielte der Industrie-Ausschuß, dessen Vorsitz ihm übertragen wurde, eine besondere Rolle, weil sich dieses Gremium vor allem mit dem Wiederaufbau Lübecks beschäftigte. Aber auch im Präsidiums-Ausschuß hatte er Sitz und Stimme. Darüber hinaus übernahm er auch den Vorsitz im Verband der schleswig-holsteinischen Kammern und gelangte aufgrund dieser Stellung in den Vorstand des deutschen Industrie- und Handelstages. – 1950 war ihm eine besondere Freude in seinem Hause beschieden: Frau Rieckmann schenkte ihrem dritten Kind und zweiten Sohn das Leben; sie nannte ihn ihr „Friedenskind" gegenüber den beiden anderen, im Krieg geborenen.

In Lübeck wußte man spätestens jetzt von Georg Rieckmann, daß ihn die wichtigen Angelegenheiten seiner Heimatstadt und darüber hinaus sehr interessierten, ja daß er sich auch, wo es nötig war, mit seinem Rat und mit der wenigen Zeit, die ihm täglich blieb, gern zur Verfügung stellte. Als sich 1951 ein Kreis respektabler Herren zur Gründung eines ersten Rotary Clubs in Lübeck zusammenfand, gehörte Georg Rieckmann zu dessen Gründungsmitgliedern.

Drei Jahre später mußten sie den Firmengründer Wilhelm Rieckmann zu Grabe tragen. Er hatte nach den argen Verlusten seines Besitzes im Kriege schließlich nicht nur noch das Ende des Mordens und der Bombenangriffe erleben dürfen, sondern sogar den verheißungsvollen Anfang zur Wiederherstellung seines Lebenswerks und die Aussicht auf ein solides Wachsen zweier Firmen in seiner Familie. Für Georg Rieckmann begann danach mit der Übernahme der Betriebe eine Epoche stärkster Verantwortung, in der er aber zugleich auch seiner Erfolge wegen tiefe Befriedigung erfahren durfte. Nach Hermann Eschenburgs Tod wurde 1954 Felix Boie Präses der Industrie- und Handelskammer, und Rieckmann wurde Mitglied des Präsidiums.

Mit 45 Jahren wurde er 1957 zum jüngsten Präses in der Bundesrepublik Deutschland in das höchste Amt der IHK gewählt und betrieb noch im gleichen Jahr den Erweiterungsbau des Kammer-Gebäudes in der Breiten Straße 6-8. Aber auch im

Am Tage der Einweihung des Kammergebäudes 1960: Hans Peter Boye, Bankier Münchmeyer und Georg Rieckmann (v.l.)

Geschäftsbereich gab er mit neuen Ideen Impulse, deren Ergebnis sich nicht nur auf die eigene Firma auswirkte: Auf seine Initiative schlossen sich sieben führende Herrenkleider-Fabriken zum EURO-7-Club zusammen mit dem Ziel, durch überbetriebliche Kooperation ihre Möglichkeiten besser zu nutzen. Dabei handelte es sich nicht etwa um eine Fusion, sondern nur um eine Absprache, deren Nutzen allen Beteiligten zugute kam. Mit dem Schluß des Jahres 1958 endete seine erste Amtszeit als Präses der IHK. Das bedeutete für ihn aber durchaus kein Ende seiner Mitwirkung in den verschiedenen Ausschüssen und Gremien, weder in der Kammer noch in der Kaufmannschaft.

Fast gleichzeitig mit der Wiedervollendung des zweiten der beiden Domtürme wurde 1960 die „Stiftung Dom zu Lübeck" gegründet. Als gläubiger Christ, der sich stets seiner Gemeinde verbunden fühlte, war Georg Rieckmann einer ihrer Mitbegründer und dann für viele Jahre ihr Vorsitzender. Die Stiftung strebte nach der völligen Wiederherstellung des ältesten der großen Lübecker Gotteshäuser, insbesondere der Rettung des schon aufgegebenen Ostchors, der Restaurierung des Triumphkreuzes und dem Wiedererstehen des Paradieses, der Vorhalle im Norden des Querschiffs. Das Erreichen dieser drei Ziele hat Rieckmann zu seiner großen Freude erleben dürfen. Aber in der Überzeugung, daß an einer solchen Kathedrale immer weiter gebaut werden muß, hat er auch danach der weiterbestehenden „Stiftung Dom zu Lübeck" die Treue gehalten.

Parallel mit seinen Bemühungen um die Rettung und den Wiederaufbau des Doms nahm er ebenso aktiven Anteil an der karitativen Arbeit der evangelischen Johanniter. Nachdem er deren Rechtsritter geworden war, beteiligte er sich maßgeblich am Aufbau der Johanniter-Unfallhilfe in Lübeck. Er sah in den Regeln des Ordens eine noch engere Einbindung in seinen Glauben, als die Landeskirche sie ihm zu leisten schien. Seine in diesem Sinne strenge Glaubensrichtung hat er bis zu seinem Tode eingehalten.

1961 wählte ihn die IHK zum zweiten Mal zu ihrem Präses, während er gleichzeitig mit umfangreichen eigenen Plänen an der Erweiterung seiner Kleiderfabrik beschäftigt war. Im darauffolgenden Jahr konnte der Grundstein für die neue Fabrik in der Kronsforder Allee 130 gelegt werden. Schon ein Jahr später bekam zur Eröffnung durch den Namen RIKSON die Firma auch nach außen ein modernes Gesicht. Der Betrieb selbst wuchs schnell in der Zahl der dort Beschäftigten. Natürlich legte Rieckmann auch weiterhin großen Wert auf die Übereinstimmung mit den führenden Herrenkleiderwerken des EURO-7-Clubs. In den eigenen Firmen wie in seiner Funktion als Kammerpräses wurde ihm deutlich, daß sich erst jetzt und allmählich das neue Bild des Unternehmers der Nachkriegszeit in der Bundesrepublik abzeichnete. Als er am 7. Januar 1966 sein Amt an den neuen Präses der IHK, Senator a. D. Evers, weitergab, betonte er mitten in einer Zeit wirtschaftlichen Aufschwungs, daß eine Bewährungsprobe bevorstehe, die nur der sachverständige und verantwortungsbereite Unternehmer meistern könne.

Präses Rieckmann im August 1962

Gleichzeitig mit der Vergrößerung und Verbesserung der Fabrikation in der Kronsforder Allee vergrößerte und verbesserte sich auch das Angebot im Einzelhandelsgeschäft „Herrenmoden Rieckmann" in der Sandstraße. In den folgenden Jahren konnte der Betrieb in drei Ausbaustufen großzügig erweitert werden. Rieckmann übernahm die alteingesessene Firma „Jung Lübeck" für Kinderbekleidung und gliederte sie als Sonderabteilung an den bisherigen Fachbereich. Dazu kam 1970 der Erwerb des Bekleidungsgeschäfts L. Knüppelholz in Bad Oldesloe, eines dort seit 75 Jahren ansässigen Unternehmens. Noch im selben Jahr schloß sich Georg Rieckmann den „International Partners" an, einem Verband führender Bekleidungshäuser, um – wie es in einer Pressedarstellung anläßlich seines 60. Geburtstages heißt – „seinen Fachgeschäften durch eine große nationale Gemeinschaft ein marktgerechtes und für den Verbraucher attraktives Auftreten zu ermöglichen" – natürlich unter Wahrung der eigenen Selbständigkeit. Als Mitglied dieses Verbandes wurde er offizieller Ausstatter der deutschen Olympia-Mannschaft für die Olympischen Spiele in München und Kiel, ein Beweis für die große Leistungsfähigkeit des Unternehmens.

In eben diesen Jahren bekleidete er das Amt des Vizepräses in der IHK, war Mitglied im Präsidialausschuß und wurde 1970 zum Präses der Lübecker Kaufmannschaft gewählt. Auch in diesem Amt versäumte er nicht die Gelegenheit, sich für die wichtigsten Aufgaben im allgemeinen Interesse Lübecks einzusetzen, also seine Dienste nicht nur der Kaufmannschaft im engeren Sinne zu widmen. Als 1972 das „Lübeck Forum" gegründet wurde, eine Vereinigung, die sich die Förderung der Denkmalpflege, der Erhaltung und Wiederherstellung wichtiger Bauten der Stadt zur Aufgabe machte, übernahm Georg Rieckmann auch hier den Vorsitz und wirkte engagiert und erfolgreich in dieser Aufgabe, die ihm Herzensbedürfnis war. Aufgrund seiner außerordentlichen Verdienste in vielen Ehrenämtern wurde ihm 1973 vom Bundespräsidenten das Große Verdienstkreuz der Bundesrepublik Deutschland ver-

Empfang in der IHK anläßlich Georg Rieckmanns 60. Geburtstag: Stellvertretender Präses Dr. Paul Grewe, Segeberg, überreicht nach seiner Ansprache Blumen an Frau Rieckmann.

liehen. Er erhielt es am 23. August in Kiel aus der Hand des damaligen Ministerpräsidenten, Dr. Stoltenberg.

Noch zwei weitere außergewöhnliche Ehrungen konnte Rieckmann während seiner Amtszeit als Präses der Kaufmannschaft entgegennehmen: Die IHK verlieh ihm 1975 nach seinem von ihm selbst beantragten Ausscheiden aus dem Präsidium der Kammer ihre Goldene Ehrendenkmünze. Für seine Verdienste, die er sich in der entscheidenden Zeit des Wiederaufbaus seiner Heimatstadt erworben hatte, wurde er ein Jahr später mit der Freiherr-vom-Stein-Medaille ausgezeichnet. Sie wurde ihm durch Stadtpräsident Gaul und Bürgermeister Dr. Knüppel überreicht. Es war sein letztes Jahr als Präses der Kaufmannschaft. Von nun an war er für die nächsten fünf Jahre Vizepräses und konnte als solcher die neue Geschäftsstelle in der Mengstraße 25 miteinweihen. Das Gebäude war schon 1966 umgebaut worden, und zwar damals zunächst zum „Haus der Kaufmannsjugend".

Im Jahr seines 70. Geburtstages gab er die Geschäftsführung der Firma RIKSON in die Hände seines Sohnes Hans Georg, der inzwischen längst zur tatkräftigsten Stütze seines Vater, besonders in der Fabrik, geworden war. Zum Geburtstage selbst gaben die Kaufmannschaft und die Industrie- und Handelskammer in ihren historischen Räumen in der Breiten Straße einen festlichen Empfang. In seiner Laudatio erinnerte IHK-Präses Klaus Richter an Ehrenämter Georg Rieckmanns, die in der hier

Die Firma Herrenmoden Rieckmann in der Sandstraße (Foto aus dem Jahre 1986)

präsentierten Darstellung noch nicht gewürdigt worden sind, die aber nicht unerwähnt bleiben dürfen. Deshalb soll dieser Teil der Rede im Wortlaut folgen.

Präses Richter sagte: „Sie waren nahezu 20 Jahre Vorsitzender der Arbeitsgemeinschaft der Norddeutschen Bekleidungsindustrie, Mitbegründer und langjähriger Vorsitzender der Gemeinschaftswerbung Herrenfertigkleidung, lange Jahre Aufsichtsratsmitglied der ursprünglich in Stettin beheimateten Nationalversicherungsgesellschaft, und nach deren Fusion mit der Colonia-Versicherungs-AG wurden Sie in den Beirat gewählt. Die Commerzbank AG berief Sie schon frühzeitig in ihren Landesbeirat. Darüber hinaus wurden Sie in den Vorstand der Deutschen Auslandsgesellschaft berufen, und Ihre Heimatstadt Lübeck hat Ihnen zu danken für die aktive Mitwirkung bei der Stadtentwicklung und -sanierung."

Von hier aus gesehen konnte der Jubilar auf ein breites Feld beruflicher wie ehrenamtlicher Tätigkeit zurückschauen, das ihm eine von kaum jemand beneidete Ernte schenkte. Das beglückte ihn, ohne daß es seine Bescheidenheit beeinträchtigte. Wenn aber in der lokalen Presse zu lesen war, daß es ihm „stets selbstverständliche Verpflichtung war, für das Gemeinwohl seiner Vaterstadt tätig zu sein", klang das ein bißchen so, als ob von einem Abschluß zu sprechen sei. Doch gerade für die außerberufliche und ehrenamtliche Tätigkeit fand und fühlte er sich keineswegs zu alt, und es gab ja auch viele, die weiter auf sein Engagement hofften. Dazu gehörten nicht zuletzt die neu in der Kammer Verantwortlichen.

Zum 75. Geburtstag brachten sowohl Präses Richter wie Vizepräses Dr. Schulz und Hauptgeschäftsführer Dr. Pratje außer ihren Glückwünschen ihren Dank für seine „bewährte Mitarbeit in den Gremien unserer Kammer, für die Sie sich immer besonders verantwortlich gefühlt haben." Präses Richter wünschte ihm darüber hinaus, „daß Sie auch weiterhin die Kraft haben, Ihre umfangreichen Aktivitäten im geschäftlichen und ehrenamtlichen Bereich wahrzunehmen". – Die Hansestadt nahm die Vollendung des 75. Lebensjahres zum Anlaß, Georg Rieckmann mit der Ehrenplakette des Senats auszuzeichnen „für seine Verdienste aufgrund vielfältiger ehrenamtlicher Tätigkeiten im Bereich von Wirtschaft, Kultur und Sozialpflege". Bürgermeister Dr. Knüppel bezeichnete ihn in seiner Ansprache im Rathaus als „eine der profiliertesten Unternehmerpersönlichkeiten der Stadt".

In der Vollversammlung der IHK am 6. Januar 1989 stellte sich der nun fast 77jährige nicht wieder zur Wahl. Nach eigener Aussage verband er seine Entscheidung mit dem Zweck, „einem Jüngeren die Möglichkeit zur Mitarbeit in diesem Gremium zu geben". Den Ausscheidenden ehrte Präses Richter mit Worten des Dankes, in denen seine 40jährige Vollmitgliedschaft in der Kammer und seine 30jährige Tätigkeit als Vorsitzender des Industrie-Ausschusses neben der Fülle der sonstigen ehrenamtlichen Aktivitäten besondere Würdigung fanden. Den Schluß der Laudatio bildete die Ernennung des vielfach Ausgezeichneten zum Ehrenmitglied der Industrie- und Handelskammer zu Lübeck. Rieckmann gab nach seinem Dank einen Überblick über die Jahrzehnte seines Wirkens in der IHK seit der Gründung der Bundesrepublik Deutschland, erinnerte an die Jahre des wirtschaftlichen Aufschwungs, warnte aber auch vor blinder Euphorie. Er beendete seine Rede mit den Worten: „Der Blick auf diese Wände und deren Bilder hat uns immer wieder bewußt werden lassen, wie klein doch manchmal unsere täglichen Sorgen sind und wie sehr es darauf ankommt, bei neuen politischen Konstellationen mit Wagemut an die neuen Aufgaben heranzugehen im Sinne des alten hansischen Ausspruchs: <Wi staht davör, wi möt dadör>."

Aus Anlaß seines 80. Geburtstages luden das Präsidium der Kammer und der Vorstand der Kaufmannschaft zu einem großen Empfang in das „neue" Schabbelhaus, das die Kaufmannschaft in den fünfziger Jahren für das im Krieg zerstörte „alte" hatte umbauen, einrichten und später ausbauen lassen. Es war ein den Jubilar besonders ehrender Ort, da er in den Jahren des Um- und des Ausbaus dem Vorstand der Vereinigung angehört hatte. Dr. Walter Trautsch als ihr Präses und Hans-Hinrich Treiber, der Vizepräses der IHK, würdigten die großen Verdienste Rieckmanns und sein noch immer ungebrochenes Engagement für seine Stadt und seine Heimat, ihre Menschen und ihre Kulturgüter. Außer vielen schon früher erwähnten Aktivitäten gedachten die Redner besonders seines Wirkens in der „Stiftung Altenhilfe Rodolfo Groth" und seines Einsatzes für die vom Rotary Club begonnene Königsberg-Hilfe.

Zur Restaurierung der Lübecker Stadtansicht von Johann Willinges aus dem Jahre 1596 stiftete Georg Rieckmann aus Anlaß seines 80. Geburtstages einen namhaften Betrag.

Rieckmann dankte in bewegenden Worten dem Präsidium der IHK und dem Vorstand der Kaufmannschaft für die ungewöhnliche Ehrung. In seinen Dank bezog er dann aber auch sein Geschick ein, das ihm einen so vorbildlichen und mutigen Vater und danach eine so verständnisvolle und geduldige liebe Frau geschenkt habe. Seine ganze Rede rundet sein Bild als eines ebenso zielbewußten wie bescheidenen Mannes, der das Ethos des ehrsamen Kaufmanns über alles Gewinnstreben stellt und der sein Christentum in diesem Sinne täglich zu beweisen bereit ist. So war es auch nicht verwunderlich, daß er – was er in seiner Rede mit keinem Wort erwähnte – seine Dankbarkeit durch ein persönliches Geschenk erweisen wollte: Er spendete aus Anlaß dieses Tages „einen namhaften Betrag" für die Restaurierung der Lübeck-Ansicht von Johann Willinges aus dem Jahre 1596, ein Juwel im Gebäude der IHK. Schon in jungen Jahren waren ihm ja bildende Kunst und Musik mehr als nur eine Zugabe zum Leben gewesen. Niemals hat er – wie es häufig geschieht – Kaufmann und Kunstfreund als Gegensätze verstanden. So durfte und darf man auch dieses späte Geschenk

als eine Huldigung für die Kultur seiner Heimat und seiner Vaterstadt betrachten, die er so sehr liebte.

Georg Rieckman starb wenige Wochen vor seinem 84. Geburtstage, am 30. Dezember 1995. Die große und schlichte Todesanzeige seiner Angehörigen unterstrich seinen Namen mit zwei Untertiteln: „Kaufmann zu Lübeck" und „Rechtsritter des Johanniter-Ordens". Zur Trauerfeier versammelte sich am 4. Januar im Dom eine zahlreiche Gemeinde. Mitglieder des Vorstandes des Kaufmannschaft und der Kammer, das Kuratorium der Stiftung Dom zu Lübeck, seine Freunde vom Rotary Club gaben ihm neben vielen anderen die letzte Ehre. Neben dem Sarg hielten die Ritter des Johanniter-Ordens die Ehrenwache. Die Predigt hielt Dompastor Wolfgang Grusnick über den Trauspruch des Ehepaars Rieckmann, ihr Vertrauen in Gott: „Denn seine Barmherzigkeit währet von Geschlecht zu Geschlecht bei denen, die ihn fürchten." –

Dieses Vertrauen hat ihn und seine Familie geprägt und verbunden. Georg Rieckmanns Einsicht in Realität und Maßhalten, sein Festhalten am hohen Ethos des ehrbaren Kaufmanns ist zum Leitbild der nachfolgenden Generation geworden.

*

Senator a. D. Hans Joachim Evers, der 1966 Georg Rieckmann als Präses der IHK ablöste und das hohe Ehrenamt mit Erfolg weiterführte, wurde in den folgenden Jahren immer wieder darin bestätigt. Während seiner Amtszeit ging im Schabbelhaus der Kaufmannschaft ein Wunsch der jetzt in Lübeck beheimateten vier Danziger Artus-Brüderschaften, der sogenannten „Danziger Banken", in Erfüllung: die Einrichtung einer „Danziger Etage". Die Haupt-Initiatoren wurden später (1976) zu Ehrensenioren jeweils einer der Banken ernannt. Es waren Georg Rieckmann und Klaus Richter, der bis 1966 im Juniorenkreis der Kammer gewirkt hatte und seitdem neben Evers das Amt des Vizepräses innehatte. – Für 1973 stellte sich H. J. Evers nicht erneut als Kandidat zur Verfügung, so daß die Vollversammlung der Kammer zu einer Neuwahl zusammentreten mußte. Am 12. Januar wurde bei dieser „Wachablösung" der Kaufmann Klaus Richter gewählt.

Mit Richters Amtsführung vollzog sich ein grundlegender Wandel in der Art persönlichen Eingreifens und Wirkens des Präses und in seiner gezielten Aufgabe, repräsentativ für die ganze Kammer zu fungieren. Während er in seiner Hingabe und Liebe seiner Heimat gegenüber mit seinen Vorgängern wetteiferte, waren seine Interessen und Bestrebungen stark konzentriert auf die Leistungsprinzipien seines Kaufmannsberufs und auf deren Verwirklichung in Wirtschaft und Politik.

Klaus Richter wurde am 20. Juni 1925 als Sohn des Ehepaares Hans und Dorothee Richter in Lübeck geboren. Der aus Bergedorf stammende Vater war im Ersten Weltkrieg schwer verwundet worden, kam 1916 nach Lübeck und wurde Mitinhaber einer Baustoff- und Kohlengroßhandlung. Ein Jahr nach der Geburt seines Sohnes Klaus machte er sich selbständig mit einem Baumaterialien-Großhandel. Die Familie wohnte damals in der Hüxtertor-Allee; dort war anfangs auch das Firmen-Kontor. Das Baustofflager des kleinen Unternehmens, das zuerst in der Kanalstraße eingerichtet war, wurde schon bald in die Falkenstraße 19 verlegt, also ebenfalls in der Nähe der Wohnung. So war Klaus Richter seit frühester Jugend von der Sachwelt umgeben, die ihn sein ganzes Leben in ständig wachsendem Maße beschäftigt hat. Die ersten Schuljahre besuchte er die August-Hermann-Francke-Schule in der Schildstraße, danach das Johanneum. Für die wachsende Familie – neben Klaus wuchsen zwei Brüder und drei Schwestern auf – erwarb der Vater ein Haus in der Travemünder Allee. Gleichzeitig mit dem Schulwechsel wurde Klaus Richter, wie alle seine Altersgenossen, in die Hitlerjugend aufgenommen. Seine ungewöhnliche Tatkraft, sein gutes Auffassungsvermögen und seine Fähigkeit, andere zu begeistern, ließen ihn sogar bald unter den gleichaltrigen Jungen eine führende Stellung einnehmen. Er schloß die Schulzeit ab, als schon der Zweite Weltkrieg tobte, und trat in eine Lehre als Holzkaufmann bei der Firma Gossmann & Jürgens. Zum Militärdienst meldete er sich freiwillig, wurde aber 1943 zunächst zum Reichsarbeitsdienst und erst danach zur Wehrmacht eingezogen. Die schlimmsten Kriegsjahre verbrachte er als Offiziersanwärter auf der Kriegsschule oder im Fronteinsatz. Zweimal schwer verwundet in den Kämpfen um Kurland, wurde er 1945 als Leutnant entlassen und konnte sich nach mehr als zwei Jahren im Sommer wieder seiner beruflichen Laufbahn widmen.

Die Firma „Hans Richter, Baustoffe" in der Falkenstraße 19

Wer nicht persönlich und sehr bewußt die ersten Nachkriegsjahre in dem besiegten und besetzten Deutschland erlebt hat, kann sich aus heutiger Sicht kaum vorstellen, wie die Menschen diese Notzeit, den Hunger und den Mangel an fast allen lebenswichtigen Dingen überstehen konnten. In den Betrieben und Lagern fehlten Rohstoffe und Produkte. Klaus Richter versuchte trotzdem in dieser schwierigen Situation nicht, sich an die Firma des Vaters zu klammern. Er wollte vielmehr seine Fachkenntnisse erweitern, um sich später wirklich sattelfest fühlen zu können, und so trat er als junger Kaufmannsgehilfe in eine Fliesenfachhandlung ein. Ein helles Licht in diesen dunklen Tagen wurde seine herzliche Beziehung zu der jungen Liselotte Joost, deren Eltern in Lübeck einen sehr bekannten Fleschereibetrieb besaßen. Die beiden jungen Leute waren schnell davon überzeugt, daß ihr künftiges Leben denselben Weg gehen müsse. Es kam schon 1945 zur heimlichen Verlobung. 1947 folgte die Heirat, und die beiden Richters zogen in eine Mietwohnung in der Uhlandstraße, die sie zuvor selbst ausgebaut hatten. Gewissermaßen im Widerspruch zu den allgemeinen Verhältnissen blieb ihr Glück dauerhaft: Im Jahr darauf wurden ihnen Zwillinge geschenkt, zwei Söhne.

Das Ehepaar Klaus und Lise-Lotte Richter kurz nach ihrer Hochzeit im Jahre 1947
Foto: Thora Thomsen

Dieses Jahr 1948 war auch beruflich besonders wichtig für sie: Klaus Richter verließ den Fliesenhandel und wechselte am 1. Juni über zur Firma seines Vaters, also zu seinem eigentlichen Ziel, der Baustoff-Branche. Kaum drei Wochen später, am 20. Juni, also genau an seinem 23. Geburtstag, begann mit der Währungsreform in den Westzonen Deutschlands ein ganz neues Kapitel der Wirtschaftsgeschichte. Aufgrund der festeren Währung nahm bald die Produktion aller Waren, sofern nur schon die Rohstoffe dafür zur Verfügung standen, einen beinahe täglich größeren Aufschwung. Man konnte sich kaum einen günstigeren Beginn der Zusammenarbeit zwischen Vater und Sohn Richter vorstellen. Gegenüber der bisherigen Mangelverwaltung lagen jetzt schwer zu bewältigende Aufgaben vor ihnen, und die doppelte Kraft brachte den Anfang eines dauernden Anstiegs. Beinahe das ganze sich anschließende Jahrzehnt waren Vater und Sohn fast ausschließlich mit dem Wiederaufbau des Unternehmens beschäftigt, vor allem mit der Wiedergewinnung eines Kundenstammes, der aufgrund der Trennung des Landes in Ost und West zum großen Teil verlorengegangen war. So schwierig das für beide war, so beglückend war für sie doch ihr einträchtiges Vorgehen. Während sich der Vater in der Rolle des Kaufmanns mit überkommenen und festen Methoden wohlfühlte, brachte der aktive Unternehmergeist des Sohnes mit neuen Ideen die notwendige Bewegung in ihr Geschäft. Daß sich der künftige Weg der Firma nur dann zu einer festen Straße entwickeln konnte, wenn auch außerhalb des Betriebes Kontakte persönlicher, fachlicher, kommerzieller und kommunalpolitischer Art geschlossen wurden, das ahnte Klaus Richter wohl schon in dieser Aufbauphase, aber das Ziel schon ins Visier zu nehmen, dazu fehlte vorerst einfach die Zeit.

1956 wurde ihnen ein dritter Sohn geboren und 1960 noch ein vierter, so daß Frau Richter schon damals viel mehr darstellen mußte als nur die Gattin an der Seite ihres Mannes. Ja, bei der erstaunlichen Aktivität Klaus Richters blieb schon während dieser Jahre die Erziehung der Kinder fast ausschließlich ihre Aufgabe, weil der junge Unternehmer seine ganze Aufmerksamkeit der Firma widmete. Aus dem „Baumaterialienhandel Hans Richter" war inzwischen die einprägsamere Firmierung „Richter Baustoffe" geworden, und der Junior-Chef war bestrebt, neben dem Großhandel auch den Einzelhandel aufzubauen. Am Ende der fünfziger Jahre hatten Vater und Sohn mit vereinten Kräften ihr Geschäft nicht nur auf die Höhe der Vorkriegszeit gebracht, sondern in den Betrieb alle modernen Erzeugnisse ihrer Branche eingeführt und das Marketing verbessert.

In den letzten beiden Jahren dieses Zeitraums begann Klaus Richters Mitarbeit im Juniorenkreis der Industrie- und Handelskammer. Schon in der eigenen Firma war sein Blick über Lübeck hinausgegangen. Jetzt zog ihn auch die ehrenamtliche Tätigkeit in das größere Feld des ganzen Kammerbezirks. Schon 1960 wurde er zum Vorsitzenden des Juniorenkreises gewählt, da man sehr schnell seinen Einfallsreichtum und seinen Unternehmermut als hochwillkommen bemerkte und anerkannte. Als neuer Vorsitzender wurde er außerdem Bundesbeauftragter der Juniorenkreise der deutschen Unternehmerschaft und konnte in dieser Eigenschaft 1962 an einer Reise nach Israel teilnehmen – in dieser Zeit ein gewiß aufregendes Erlebnis, weil die Erinnerung an den Holokaust der Juden im nationalsozialistischen Deutschland ein neues Vertrauensverhältnis der Israelis zu den Deutschen höchstens in Ansätzen zuließ.

Richters Stellung im Juniorenkreis der IHK zog wie selbstverständlich sein aktives Mitwirken und Mitgestalten in der Arbeit der Kammer nach sich, so daß er 1963 zum Mitglied der Vollversammlung gewählt wurde. Daß die Kammer in ihm ein wahres Zugpferd gewonnen hatte, wurde schnell bekannt, weil er Gemeinsinn, Gemeinschaft und Zusammenschluß anstrebte, wo immer sie sich erreichen ließen. Schon 1964 wurde das im Bereich seiner eigenen Branche deutlich, als sich – im wesentlichen auf seine Initiative hin – 35 Baustoffhändler der Bundesrepublik Deutschland in Lübeck durch die Gründung der „hagebau" zu einer Handelsgesellschaft für Baustoffe mit Sitz in Soltau zusammenschlossen. So nahm Richter in den Folgejahren die Position eines von drei Geschäftsführern dieser Gesellschaft ein und wechselte drei Jahre später in ihren Aufsichtsrat. Unter dem Motto „Leistung durch Gemeinschaft" sorgte er für den Ausbau und die Zukunftssicherung dieser mittelständischen Vereinigung, deren Mitgliederzahl sich schon bald nach der Gründung stark vergrößerte.

Zu derselben Zeit weitete er aber auch die eigene Firma aus, deren Raum in der Falkenstraße 19 zu eng geworden war für Kontor und Lager. Nicht nur deren Vergrößerung lag in den Bestrebungen der Richters, sondern vor allem die Standort-

Alternative, weil die allzu stadtnahe Position des Betriebes ein räumliches Expandieren damals auszuschließen schien. Neues Terrain bot sich gerade im Gebiet nahe der Walkmühle zwischen Geniner Straße und Kronsforder Alle, also vom Stadtkern nur mäßig weit entfernt und für Kunden insofern besser erreichbar, als die hier entstehenden Straßen von Anfang an nicht für Wohnungen vorgesehen waren und deshalb dem Autoverkehr größere Bewegungsfreiheit ließen. Als neues und sehr günstiges Gelände erwies sich ein Grundstück in der Straße Hinter den Kirschkaten 75, das vorerst als Ausweichlager zur Hauptstelle in der Falkenstraße geplant war, bald allerdings eine ähnlich wichtige Bedeutung erhielt wie das Stammgeschäft.

Der nun vierzigjährige Klaus Richter pflegte private und geschäftliche Beziehungen zu mehreren Mitgliedern des neun Jahre alten „Lions Clubs Lübeck". Die Clubangehörigen hatten Anfang der sechziger Jahre die Überzeugung gewonnen, daß in Lübeck seit der Gründung ihres Clubs ein beachtlicher Kreis von Persönlichkeiten „nachgewachsen" sei, der die Gründung eines zweiten Lübecker Lions Clubs empfehlenswert mache. Unter den dafür besonders geeigneten Herren war auch Klaus Richter. Der 1965 vom Lions Club Lübeck „gecharterte" neue Kreis, dem etwa 20 Herren angehörten, erhielt den Namen „Lions Club Lübeck-Holstentor". Daß dessen Mitglieder nicht lange brauchten, um zu einem echten Freundeskreis zusammenzuwachsen, lag an der großen Aufgeschlossenheit der hier versammelten Männer. Nach dem Gründungspräsidenten G. Erich Riese wurde schon für das zweite Jahr 1966/67 in dieses jährlich wechselnde Amt Klaus Richter gewählt. – Ehrenvoll für ihn war ein Jahr nach dieser Präsidentschaft auch seine Wahl in den Vorstand der Possehl-Stiftung, der von Emil Possehl eingesetzten Universal-Erbin seines Vermögens.

Das Baustofflager Hinter den Kirschkaten erwies sich schnell als recht gute Adresse. Das brachte Klaus Richter 1967 auf den Gedanken – natürlich wieder im Einvernehmen mit seinem Vater als dem Senior-Chef –, die dort eingerichtete Lagermeister-Wohnung aufzugeben und stattdessen alle Büros hierher zu verlegen und, da noch ein Nachbargrundstück dazuerworben werden konnte, auch den Einzelhandel in dieser Filiale unterzubringen. Das erforderte neben der Waren-Aufteilung einen beträchtlichen Umbau. Aber die Aussicht auf ein erweitertes Angebot mit einer größeren Fläche als bisher beflügelte Pläne und Ausführung. Am 12. September 1970 konnte der neue Baumarkt einer großen Anzahl von geladenen Gästen präsentiert werden. Die großzügige Anlage wurde allgemein bewundert.

Zwei Jahre später gab es einen neuen „Junior", als der Sohn Hartmut in die Firma eintrat – für den bisherigen Junior-Chef wieder einmal eine Veränderung zum gerade richtigen Augenblick. Denn der Anfang des Jahres 1973 machte aus dem Vizepräses der IHK Richter den hauptverantwortlichen Präses, und das bedeutete für einen Menschen wie ihn, daß er damit einen neuen Hauptberuf – einen ehrenamtlichen – zu erfüllen hatte. Reisen und Veranstaltungen, Vereinbarungen und Gespräche mit führenden Kaufleuten und Industriellen sowie die Mitwirkung im allgemein politischen Bereich standen von nun an in wachsendem Umfang auf seinem Terminkalen-

Drei Generationen Richter: in der Mitte der Firmengründer Hans Richter, rechts sein Sohn Klaus, links der Enkel Hartmut

der. Gleichzeitig wurde er darüber hinaus noch in den Aufsichtsrat der Firma L. Possehl & Co. mbH. gewählt. Hatte er bisher im privaten Bereich Hindernisse als Herausforderungen betrachtet, so übertrug er nun seinen Unternehmergeist auch auf die Interessen seines Berufsstandes und seiner Heimat.

Die Verlagerung seines Einsatzes von Aktivitäten bedeutete für Klaus Richter aber keineswegs, daß er von nun an die eigenen Geschäfte dem Sohn ganz überließ. In wichtigen Plänen und Veränderungen behielt er sich die Entscheidung vor, da er ja auch noch seines Vaters Wünsche zu beachten hatte. Eine ganz neue Situation ergab sich 1976, als die Holzhandlung Krüger in der Falkenstraße 31 zum Verkauf stand. Die Möglichkeit, den stadtnahen Teil der Firma auf ein viel größeres Grundstück zu verlegen, war zu verlockend und günstig, als daß man sich diese Gelegenheit entgehen lassen durfte. Die Firma Baustoff Richter übernahm also die Krügersche Holzhandlung, um auf beträchtlichem Areal einen modernen Baumarkt einzurichten, und brachte mit diesem Schritt die Hauptadresse zurück in die Falkenstraße, jetzt allerdings etwas weiter nördlich in Richtung zur Burgtorbrücke. Da 1974 auch im Zentrum Bad Schwartaus eine Filiale entstanden war, konnte man nun auf einer verlängerten, aber stabilen Nord-Süd-Achse von Genin bis Ostholstein die Kunden schnell beliefern. Seit Anfang des Jahres 1978 trug die Firma, an deren Spitze nun auch der Sohn Hartmut neben seinem Vater und seinem Großvater stand, den Namen „RICHTER Baustoffe – Haus und Garten".

Doch immer mehr drängte sich jetzt die ehrenamtliche Tätigkeit, also die Verbandsarbeit Klaus Richters, in den Vordergrund, da seine Erfolge auf diesem Felde so augenfällig geworden waren und da seine Entscheidungen ganz offensichtlich für die Kammer den richtigen Weg wiesen. 1978 wurde er im Bundesverband des Deutschen Groß- und Außenhandels (BGA), dem er schon kraft Amtes als Präses der IHK angehörte, zum Mitglied des Präsidiums gewählt und zum Vorsitzenden des Verkehrsausschusses. Noch im selben Jahr wählte man ihn in den Aufsichtsrat der Lübeck Linie AG, Lübeck, und in den Aufsichtsrat der Hüttenwerke Kayser AG, Lünen.

Seit seiner Arbeit als Vizepräses der IHK und mehr noch als Präses hatte sich sein Reiseprogramm von Jahr zu Jahr verdichtet, zumal da ihm deutlich geworden war, einen wie großen Wert Kontakte und Informationen für die Kammer und für die Kaufmannschaft der Stadt haben konnten. So fuhr er mehrmals zur Messe nach Posen. Überhaupt wuchs in den 70ger Jahren der Handel mit den östlichen Nachbarn in einem Maße, wie man es sich kurze Zeit vorher noch nicht hatte ausmalen können. 1973 fuhr Richter mit einer Delegation der IHK nach Moskau mit einem Abstecher nach St. Petersburg, das damals noch Leningrad hieß. 1974 folgte eine Informationsreise nach Lettland (Riga) und 1975 nach Estland (Tallinn <Reval>). Noch viel weiter entfernt waren die Ziele 1979, als Klaus Richter an einer Reise nach Fernost teilnahm, die ihn nach Japan, Korea, Hongkong und Indien führte. Überall interessierten ihn vor allem die verschiedenen Arten von Handel und Markt, und er erweiterte seine Kenntnisse auf dem Sektor industrieller Entwicklung.

Am Ende des Jahres 1979 erhielt Klaus Richter die Berufung zum Honorarkonsul der Republik Südafrika für Schleswig Holstein. In der damaligen Situation des Landes, dessen Verfassung noch die Apartheid vorschrieb, war die Würde eines Konsuls dieser Republik keineswegs unangefochten. Die Kritik an der Übernahme des Amtes reichte vielmehr bis in Richters Bekannten- und Freundeskreis; ja sogar innerhalb der Familie wurden Bedenken geäußert. Aber Richters Einstellung war von Anfang an so, daß er auch hier wieder seine Aufgabe als Herausforderung ansah, und er glaubte, er werde imstande sein, Schwierigkeiten zwischen Südafrika und der Bundesrepublik Deutschland überbrücken zu helfen. Denn von hier aus ein Land verurteilen zu dürfen, in dem die Verhältnisse eine ganz andere Vorgeschichte hatten als bei uns, hielt er nicht für gerechtfertigt. Schon nach einer ersten Reise in die Südafrikanische Republik fühlte er sich in seinen Grundsätzen bestätigt und vertrat die Ansicht, daß das Problem der Rassentrennung durch behutsame Politik im Lande selbst zu lösen sei. In Anerkennung seines Eintretens für eine freundschaftliche Beziehung unseres Landes zu Südafrika wurde ihm 1983 die Kommandeursstufe des Ordens der Guten Hoffnung der Republik Südafrika verliehen. Mehr als ein Jahrzehnt später durfte er noch erleben, daß die Südafrikaner den friedlichen Weg zur Überwindung der Apartheid wählten.

Mit dem Jahr 1979 ist noch ein anderes Ereignis verbunden, das Richters ganzen Einsatz ebenso in Anspruch nahm wie seine Geduld und die Großzügigkeit aller Beteiligten: Für Seminare und Ausbildungsveranstaltungen hatte die Kammer das

Präses Konsul Klaus Richter 1980
Foto: Atelier Thora Thomsen

Haus Koberg 2 erworben, von dem damals nur bekannt war, daß es in seiner Grundsubstanz sehr alt sein mußte.

Anläßlich des Eigentumswechsels kam daher vom städtischen Amt für Vor- und Frühgeschichte die Forderung, das Haus vor der geplanten Veränderung baugeschichtlich zu untersuchen. Zugleich wurde aber auch die Bitte ausgesprochen, im Interesse der stadtgeschichtlichen Forschung außer der dafür notwendigen Zeit auch finanzielle Hilfe zu leisten. Die Einsicht, daß ein solches Forschungsprojekt nur vor dem Umbau überhaupt möglich war, und die Hoffnung, in den Besitz eines vielleicht sehr wertvollen Gebäudes gelangt zu sein, gaben für die IHK den Ausschlag.

Da man so gut wie verpflichtet war, wenigstens die Zeit zur Verfügung zu stellen, unterstützte der Präses den Wunsch der Wissenschaftler, die Arbeiten auch durch Zuwendungen zu fördern, zumal weil sich vielleicht dadurch eine Verkürzung der Untersuchungszeit erreichen ließ.

Die Ergebnisse dieser Bemühungen, die einerseits vom Amt für Vor- und Frühgeschichte, andererseits im Rahmen des Forschungsprojekts „Der Profanbau der Innenstadt Lübeck – Geschichtliche Zusammenhänge von Baustruktur und Nutzung" vom Institut für Bau- und Kunstgeschichte der Universität Hannover durchgeführt wurden, können hier nicht im einzelnen dargestellt werden. Schon vor dem Beginn des Umbaus war ermittelt worden, daß es sich um das – soweit bekannt – älteste Steinhaus mindestens der Stadt Lübeck handelte. Seine Geschichte beginnt um das Jahr 1200, vielleicht als Sitz des kaiserlichen Vogts. Mit dem ersten großen Umbau zu Anfang des 14. Jahrhunderts bekam es nach den Schriftquellen den Namen „dat Hoghehus", den ihm die IHK bei der Wieder-Einweihung zurückgegeben hat.

Da während des Umbaus aber noch weitere Veränderungen festgestellt wurden, wenn auch nicht in der Grundsubstanz, so doch an Fußböden, Fenstern, Decken, Paneelen und Wandschmuck, mußten die Bauarbeiten immer wieder unterbrochen werden, weil baugeschichtlich Einmaliges dokumentiert oder gar im Bestand zu sichern und zu erhalten war. Die Geduld der Kammer und ihres Präses wurden ebenso wie ihre

Konsul Klaus Richter in Südafrika, Blick vom Tafelberg auf das Kap der Guten Hoffnung

Foto: Rüdiger Ott

Bereitschaft, das Anwachsen der Baukosten mitzutragen, auf eine harte Probe gestellt. Am 6. Juni 1984 konnte endlich das Haus seiner neuen Bestimmung übergeben werden, wobei darauf hingewiesen werden durfte, daß die Restaurierung als Geschenk des gesamten Kammerbezirks an die Hansestadt Lübeck zu verstehen sei. Ein erstes Fest erlebte das „Hoghehus" durch den Besuch des Bundespräsidenten Richard v. Weizsäcker am 27. April 1985.

Die Reisen des Kammerpräses in dem Jahrfünft der Restaurierung des „Hoghehus" können hier nur beiläufig erwähnt werden. Sie machen aber deutlich, daß Richter die ihm so wichtigen Kontakte und Informationen auch dann nicht außer acht ließ, wenn ihm nur wenig Zeit dafür blieb. Im November 1980 nahm er an einer Reise nach Fernost teil, die ihn nach Malaysia, Indonesien und Singapur führte. 1982 war er an der Baltic Konferenz der Ostsee-Anrainerstaaten im Baltikum beteiligt. 1983 kam es auf seine Initiative hin zu einer Reise der IHK Lübeck nach Südafrika.

Im Bundesverband des Deutschen Groß- und Außenhandels (BGA), dessen Präsidium Richter seit 1978 angehörte und in dem er gleichzeitig auch als Vorsitzender des Verkehrsausschusses fungierte, wurde er 1983 Vizepräsident und 1984 Präsident, in dieser Eigenschaft im gleichen Jahr auch Vizepräsident des Europäischen Groß- und Außenhandelsverbandes in Brüssel FEWITA (= Federation of European Wholesale and International Trade Association) und ebenso Vorstandsmitglied des Instituts der Deutschen Wirtschaft, Köln. Darüber hinaus wurde er Mitglied einer ganzen Reihe von Verbänden, Kuratorien oder Stiftungen, die ihm außer damit verbundener Ehre auch neue Belastung brachten. An seinem sechzigsten Geburtstag verlieh ihm die IHK Lübeck seiner außergewöhnlichen Verdienste wegen ihre höchste Auszeichnung: die goldene Ehrendenkmünze.

Die Tatsache, daß die industrielle Basis im Kammerbezirk von 1960 bis zur Mitte der achtziger Jahre wesentlich schmaler geworden war, gab den Anlaß für Überlegungen, wie man zukunftweisende technisch orientierte Unternehmen in der Aufbauphase unterstützen und damit für den Wirtschaftsraum Lübeck erhalten oder gewinnen könne. Die IHK entschloß sich, nach einem schwedischen Vorbild das Projekt ausschließlich auf privater Ebene und mit privaten Mitteln zu versuchen. Präses Richter förderte die Idee für ein „Technikzentrum Lübeck" ganz besonders. Er wurde Aufsichtsratsvorsitzender der Technikzentrum-Fördergesellschaft, die schon bei ihrer Gründung 36 Gesellschafter zählte. Ein Konstruktionsgebäude auf dem Gelände der Flenderwerft wurde zum Standort des Zentrums gewählt. Am 12. Dezember 1986 wurde es dort eingeweiht. Seither steht das Technikzentrum Lübeck mit seinem Geschäftsführer Dr. Raimund Mildner für technische Lösungen praxisbezogener Anwendungen jungen Unternehmen zur Verfügung.

In seinem Amt als Kammerpräses gehörte Richter seit 1977 mehrmals dem Vorstand des Deutschen Industrie- und Handelstages (DIHT) für Schleswig-Holstein an. 1983 wählte man ihn zum stellvertretenden Vorsitzenden des Handelsausschusses in diesem Bundesverband. 1986 wurde er außerdem Mitglied der Ludwig-Erhard-Stiftung, Bonn. Im gleichen Jahr nahm er an einer China-Reise mit dem damaligen schleswig-holsteinischen Ministerpräsidenten Barschel teil. 1987 fuhr er mit einer Delegation der Lübecker Kammer zur 100 Jahrfeier des deutsch-schwedischen Vereins und zur Hauptversammlung der schwedischen Handelskammern nach Schweden,

Bundespräsident Richard v. Weizsäcker wird bei seinem Besuch im Hoghehus am 27.4.1985 von Präses Konsul Richter begrüßt.

noch im selben Jahr mit Bundeskanzler Kohl und Wirtschaftsexperten nach Kenia. Im darauf folgenden Jahr war er Mitglied einer Handelsdelegation, die Moskau besuchte und dabei auch mit Präsident Gorbatschow zusammentraf.

Der Fall der Mauer und die Wiedervereinigung brachten 1989/90 Mecklenburg nach 44 Jahren zurück in die wirtschaftliche Nähe Lübecks und Schleswig-Holsteins. Klaus Richter hatte nie die Hoffnung auf eine Öffnung der Grenze aufgegeben, war aber – wie die meisten – von dem in dieser Schnelligkeit nicht erwarteten Ablauf der Ereignisse überrascht. Zu der großen Belastung, die er gerade in den Jahren zuvor durch die Übernahme von Ehrenämtern zu bewältigen hatte, kam nun die Notwendigkeit, auch an die veränderte Situation der eigenen Firma zu denken. Aber zum Glück stand er nicht allein vor der neuen Herausforderung, weil sein Sohn im Laufe der letzten Jahre immer mehr in die eigene Rolle hineingewachsen war und für den Vater vor allem beim Aufbau neuer Filialen einen wichtigen Teil der Arbeit leistete. Zuerst verlegten sie den Baumarkt in Bad Schwartau aus seiner allzu zentralen und daher verkehrsungünstigen Lage an einen besser erreichbaren Platz in der Lübecker Straße. Die folgenden Jahre waren der Ausweitung nach Mecklenburg gewidmet, wo sie in Wismar, Hagenow und Rostock Filialen einrichteten. Doch auch in Lübeck erwarben sie in der Falkenstraße ein weiteres Grundstück und erweiterten und verbesserten durch An- und Umbau den Stammsitz ganz erheblich.

In der politischen Situation nach 1989 nahm Richter für die Kammer einen Gedanken auf, der 1964 mit der Gründung der „hagebau" so großen Nutzen gebracht hatte: Er regte an, daß sich die Kammern in Schleswig-Holstein und Hamburg mit den niedersächsischen in Lüneburg-Wolfsburg und Stade und den drei Kammern in Mecklenburg-Vorpommern zu einer „Initiative Wirtschaft Nordost" (IWNO) zusammenschließen sollten, um dem Süd-Nord-Gefälle besser zu begegnen. Nach der Gründung 1991 kam es zu einer Wirtschaftskonferenz in Schwerin, ein Förderungsprogramm für Mecklenburg-Vorpommern wurde erarbeitet und eine Broschüre mit dem Titel „Wir wachsen zusammen" über den neuen Wirtschaftsraum vorgelegt.

Zu Beginn des Jahres 1992 schied Konsul Richter auf eigenen Wunsch nach acht Jahren aus seinem Amt als Präsident des Bundesverbandes des Deutschen Groß- und Außenhandels. In Anerkennung seiner erfolgreichen und zukunftweisenden Amtsführung wurde er bei seinem Ausscheiden zum Ehrenpräsidenten des BGA gewählt. – Seine außerordentlichen Verdienste im regionalen wie im überregionalen Bereich, seine Einsatzbereitschaft in der Fülle seiner Ehrenämter und sein großer Ideenreichtum hatten ihm mittlerweile überall in den wichtigsten Wirtschaftsgremien des Landes und des Bundes den Ruf einer bedeutenden Unternehmerpersönlichkeit eingetragen. Die neue hohe Auszeichnung, die ihn erwartete, war deshalb als eine wohlverdiente Ehrung anzusehen: 1992 wurde ihm von Bundespräsident Richard v. Weizsäcker das Große Verdienstkreuz mit Stern des Verdienstordens der Bundesrepublik Deutschland verliehen. Am 11. März nahm er es im Bonner Bundeskanzleramt aus der Hand von Bundeskanzler Helmut Kohl entgegen.

Die Republik Österreich ehrte sein großes Engagement für die langjährigen besonders guten Wirtschaftsbeziehungen zu Österreich, indem es ihn im Mai 1994 mit ihrem „Großen Goldenen Ehrenzeichen" auszeichnete. Für den so Geehrten war die Auszeichnung auch zugleich wieder Ansporn: Noch im folgenden Jahr übernahm er zusätzlich in der neugegründeten hagebau-Österreich das Amt des stellvertretenden Vorsitzenden.

Die erste Hälfte des nächsten Jahres war wieder von wichtigen Reisen bestimmt: Für den Januar hatte die Südafrikanische Republik offiziell Konsul Richter zu einem Besuch eingeladen. Bei diesem seinem dritten Aufenthalt standen verständlicherweise erneut Wirtschaftsgespräche mit Politikern und Unternehmern im Vordergrund. Daneben aber konnte er wieder die Schönheit der Landschaft bewundern. – Im Februar flog er mit einer Delegation von Wirtschaftsfachleuten der Possehl-Gruppe nach Südamerika. – Eine „Reise" ganz besonderer Art fiel gerade auf seinen 70. Geburtstag am 20. Juni 1995: Das Segelschulschiff „Gorch Fock" fuhr mit Bundespräsident Herzog, der Ministerpräsidentin des Landes Schleswig-Holstein und Mitgliedern ihrer Regierung durch den Nordostsee-Kanal. Konsul Richter war dazu eingeladen worden und nahm an der Reise von Rendsburg aus teil.

Die Industrie- und Handelskammer zu Lübeck lud 1995 aus Anlaß des 70. Geburtstages ihres Präses zu einem Empfang am 21. Juni in das „Hoghehus". Allein der Festvortrag, den der Präsident des Deutschen Industrie- und Handelstages, Hans Peter Stihl hielt, machte diesen Empfang zu einem herausragenden Ereignis. Nach der Begrüßungsansprache durch Vizepräses Dr. Schulz überbrachte der Stellvertretende Ministerpräsident Claus Möller die Glückwünsche der Landesregierung.
In würdigenden Grußworten schlossen sich ihm an: der Bürgermeister der Hansestadt Lübeck, Michael Bouteiller, Dr. Knüppel als Vorsitzender der Possehl-Stiftung und der Hauptgeschäftsführer der IHK, Dr. Hans Rüdiger Asche. In seinen Dankesworten brachte Richter seine große Freude über die Ehrungen zum Ausdruck. Er verbarg nicht seinen Stolz auf das Erreichte, ließ aber zugleich daneben deutlich erkennen, daß ihm die eigene Leistung keinen Anlaß zum Übermut gebe. Er werde weiterhin nach Kräften aktiv sein. – Nur wenige Tage später, im Juli, fuhr Richter mit einer Wirtschaftsdelegation des Landes Schleswig-Holstein unter Leitung der Ministerpräsidentin nach China und Hongkong.

Bis hierher war Klaus Richters Leben ein fast ununterbrochener Weg zu immer höheren Zielen gewesen. Schon seit seiner Wahl zum Präses der IHK hatte sich sein weiterer Aufstieg immer mehr an Schnelligkeit gesteigert, so daß dieses Tempo vielen als atemberaubend erschien. Aber er selbst stellte sich noch als siebzigjähriger Kaufmann nicht nur den Anforderungen seines Berufs im weitesten Sinne, sondern gab weiterhin Anregungen, die für die Stadt, das Land, die Bundesrepublik oder sogar darüber hinaus vorteilhaft waren. Niemand ahnte, daß ihm nach der Feier seines 70. Geburtstages nicht mehr als fünf Monate vergönnt blieben.

Im September verbrachte er zusammen mit seinen vier Söhnen, von denen selbst der jüngste inzwischen 35 Jahre alt war, eine knappe Woche auf der Insel Vlieland. Es war für ihn eine große Freude, sie alle wieder in ernsten, zukunftorientierten Gesprächen oder in fröhlicher Heiterkeit um sich haben zu können. – Mitte Oktober besuchte das Ehepaar Richter den Deutschen Industrie- und Handelstag in Erfurt. Danach flogen sie zu einer vom Tourismus weniger besuchten Gegend der Insel Mallorca, um sich nach so viel Anspannung und Vordringlichkeiten endlich einmal gemeinsam zu erholen. Fast vierzehn Tage konnten sie die Ruhe und die Landschaft genießen.

Da bekam Klaus Richter Ende Oktober einen Anfall von unstillbarem Schluckauf, so daß ärztliche Hilfe geboten schien. Der spanische Arzt, den sie konsultierten, vermutete ein Magengeschwür und verschrieb ihm etwas gegen die Beschwerden. So konnten sie ihren Urlaub beenden. Am 2. November flogen sie zurück nach Lübeck. Unmittelbar nach der Rückkehr suchte Richter seinen Hausarzt auf. In einer eingehenden Untersuchung stellte der Arzt eine bösartige Geschwulst am Magen fest. Man hoffte, den Tumor operativ entfernen zu können. Bei der Operation ergab sich, daß auch benachbarte Organe befallen waren. Der Onkologe meinte, er solle sich zu Hause erst einmal erholen. Anfang des nächsten Jahres werde man neu überlegen. Diese Auskunft des Arztes machte ihm Mut, und Frau Richter war dankbar, ihren Mann mit nach Hause nehmen zu können. Aber noch in dieser Nacht, am 23. November, wurde Klaus Richter durch einen sanften Tod erlöst. Ein langes Siechtum sollte ihm erspart bleiben.

Die Bestürzung über seinen so raschen Tod war allgemein. Das Lob über sein Wirken war in allen Anzeigen und Nachrufen zu lesen. Eine große Gemeinde – an ihrer Spitze die Ministerpräsidentin des Landes – gab ihm am 29. November bei der Trauerfeier im Dom die letzte Ehre.

SEIT 375 JAHREN IM DIENSTE DER LÜBECKER BÜRGER.
ZUM JUBILÄUM DER LÜBECKER STADTBIBLIOTHEK

Jörg Fligge

1. Von der Gründung bis 1879

Bibliotheksgründung zu Beginn des Dreißigjährigen Krieges

Martin Luther forderte bereits 1524 von den Ratsherren der deutschen Städte, daß sie Schulen und Bibliotheken einrichten sollten. Der Lübecker Reformator Johann Bugenhagen griff diese Forderung in seiner Kirchenordnung von 1531 auf. Daher ist es schon verwunderlich, daß es bis 1616 dauerte, bis man an die Umsetzung dieser Empfehlungen ging, in Lübeck eine öffentliche Bibliothek einzurichten. Innenpolitische Wirren, kriegerische Verwicklungen, auch religiöse Streitigkeiten nach Luthers Tod trugen zu einer gewissen Lähmung bei. Jedenfalls waren es der Superintendent Georg Stampelius (Amtszeit 1613-1623) und der Rektor des Katharineums Johann Kirchmann (Amtszeit 1616-1643), die das Projekt der Stadtbibliothek zwei Jahre vor Beginn des Dreißigjährigen Krieges aufgriffen. Dabei wurden sie von

Himmelsglobus von 1616, hergestellt von Willem Janszoon Blaeu
Foto: Schleswig-Holsteinisches Landesmuseum Schloß Gottorf 1996

Ratsmitgliedern, dem Vorsteher von St. Katharinen, Jürgen Pavels (Ritter Paulsen von Weissenow), und dem Ältesten Bürgermeister, Alexander Lüneburg (Bürgermeister von 1599-1627), unterstützt. Die in Holz geschnitzten Namen der Regalanlage belegen, daß der schriftlich nicht überlieferte Ratsbeschluß alle maßgeblichen Vertreter von Rat, Kirche und Schule bewog, die Bibliotheksgründung zu unterstützen.

Als Grundbestand führte man die Bestände der Marienkirche, der Jakobikirche, der Petrikirche und der Ägidienkirche zusammen und fügte die Bibliothek des Rates, der Katharinenkirche und der Lateinschule hinzu. So kamen 927 gedruckte Werke und 219 Handschriften zusammen ohne die Bücher der Schule, die der Rektor Otto Gualtperius um 1600 erworben hatte. Später, 1804, steuerten der Dom noch einmal 130 Handschriften und 500 Drucke, 1806 das Waisenhaus mit der Bibliothek des Michaeliskonvents und des Johannisklosters weitere Werke des alten Lübecks hinzu. Vor allem ging der mittelalterliche und spätmittelalterliche Buchbesitz sowie der im 16. Jahrhundert erworbene an die Stadtbibliothek, die seitdem eine unverzichtbare Sammelstätte schriftlicher, vor allem gedruckter kultureller Überlieferung Lübecks darstellt. Immer wieder wurden durch Nachlässe, Schenkungen und Ankäufe Werke und Manuskripte der Lübecker Buchdrucker, Gelehrten und Büchersammler hinzugefügt. Die kriegsbedingten Auslagerungen von 1942 stellen daher, gerade weil sie all diese Werke betreffen, einen unersetzbaren Verlust für die Kulturgeschichte Lübecks dar. Nur ein kleiner Teil davon konnte bisher zurückerlangt werden.

Einrichtung, erster Bestandskatalog und erste Benutzungsordnung

Im säkularisierten Katharinenkloster wurde der ehemalige Schlafsaal der Mönche (dormitorium) für die Bibliothek hergerichtet. Seit 1620 arbeitete Kirchmann an einem Katalog des Bestandes nach Provenienzen (Herkunft der Bestände). Dieser Katalog, eigentlich ein Zugangsverzeichnis, bot für die Benutzer eine erste Übersicht über die Bestände. Heute stellt er eine einzigartige Quelle auch für die Teilbestände etwa im Rathaus oder in der Marienkirche dar. Diese Erstfassung des Katalogs war wohl 1622 fertiggestellt und wurde seitdem für Neuzugänge ergänzt. So kann man davon ausgehen, daß die Bibliothek etwa 1622 der Öffentlichkeit zur Verfügung stand, nachdem ein erster Katalognachweis verfügbar war. Das Eröffnungsdatum läßt sich aber nicht genauer nachweisen. Etwa um 1620 entstand die erste Benutzungsordnung, die von den Kuratoren der Bibliothek, den Bürgermeistern Alexander Lüneburg und Heinrich Brockes sowie einem weiteren Ratsmitglied, erlassen wurde. Sie war undatiert und per Hand in Latein ausgefertigt. Im Begrüßungswort heißt es dort – aktuell bis heute –, daß nicht alle Wissensdurstigen so gestellt seien, daß sie sich alle Bücher kaufen könnten, die zur Allgemeinbildung und Fachkenntnis in einem bestimmten Gebiet nach Meinung der Gelehrten notwendig seien. „So hat ein hoher Rat dieser Freien Reichsstadt schon vor mehreren Jahren den Beschluß gefaßt, eine öffentliche Bibliothek einzurichten, jährlich zu vermehren und mit den... notwendigen Büchern auszustatten..." Diese Öffentliche Bibliothek (Bibliotheca publica) sollte allen Bürgern Lübecks zur Verfügung stehen – und so ist es bis heute geblieben. Mit dem Erwerbungsetat stand es aber lange Zeit nicht zum Besten: Seit 1679 durften gewisse Strafgelder aus Ehesachen und Anteile der Erlöse aus Bücherauktionen zugunsten der Bibliothek verwendet werden.

Pflichtexemplar, Hinrich Scharbaus Vermächtnis und die Bibliotheksleiter des 19. Jahrhunderts

1756 wurde eine neue Benutzungsordnung herausgegeben, die nicht in allen Punkten vorteilhafter war. Andererseits wurde festgelegt, daß Pflichtexemplare aus dem lübeckischen Staatswesen an die Stadtbibliothek abzuliefern seien. 1759 gewann die Bibliothek durch das Vermächtnis Hinrich Scharbaus dessen Handbibliothek von 6.000 Bänden und ein zu verzinsendes Kapital von 16.000 Mark, das dem Bestandsaufbau zugute kam. Seine Bibliothek mußte separat aufgestellt und katalogisiert werden. Diese speziellen Bandkataloge sind noch heute vorhanden. Erst um 1900 wurde diese Bibliothek mit den übrigen Beständen systematisch vereinigt. Das Stiftungsvermögen nützte der Bibliothek bis in die Zeit nach dem Ersten Weltkrieg. Erst die Inflation führte zu einer Auflösung der Stiftung.

Von den Bibliotheksleitern des 19. Jahrhunderts sind zunächst folgende der Erwähnung wert: Wilhelm August Ackermann (1833-1847) leitete die ersten Schritte zu einer modernen Gebrauchsbibliothek ein; Ernst Deecke (1847-1862) wurde bekannt

Der Scharbausaal, erbaut Mitte des 14. Jh., eingerichtet 1616 - 1622

durch seine Tätigkeit bei der Frankfurter Paulskirche (1848/49), wo er Lübeck vertrat. Außerdem machte er sich als Sammler und Erzähler lübeckischer Geschichten und Sagen einen Namen. Friedrich Wilhelm Mantels (1862-1879), Hanseforscher, Lehrer am Katharineum wie alle damals nebenamtlichen Bibliotheksleiter, konnte die Bibliothek erweitern, indem er ihr den später nach ihm benannten Mantelssaal angliederte: Er setzte einen Anbau an den Bau des Katharinenklosters durch, der im unteren Bereich seiner Schule, im oberen der Stadtbibliothek die notwendige Erweiterungsfläche verschaffte. Außerdem konnte er den damaligen Staatszuschuß für die Bibliothek von 4.000 auf 5.000 Mark anheben. Mit der Gründung des Hansischen Geschichtsvereins 1870, seiner Wirksamkeit für den Verein für Lübeckische Geschichte und Altertumskunde, der Herausgabe ihrer Zeitschriften und durch Quelleneditionen, wie dem Lübeckischen Urkundenbuch, setzte er Maßstäbe an Fleiß, Forscherdrang und wissenschaftlichem Organisationstalent.

2. Von der Kaiserzeit bis zum Zweiten Weltkrieg
Carl Curtius und die Entwicklung zur Archivbibliothek

In das Vorfeld der modernen Entwicklung treten wir mit der Tätigkeit von Carl Curtius (1879-1919). Curtius wirkte ebenfalls als Gymnasialprofessor am Katharineum, erreichte aber, daß er seit 1903 nur noch für die Stadtbibliothek tätig sein konnte. Die Bibliothek war gewachsen, der Arbeitsaufwand hatte enorm zugenommen. Curtius erstellte auf Anregung seiner Behörde Jahresberichte, die uns über den Fortgang der Bibliotheksgeschäfte, vor allem der wichtigen Neuerwerbungen, genau informieren. Er konnte den Staatszuschuß ebenfalls um 1.000 Mark auf 6.000 Mark anheben. Der Realkatalog wurde von ihm neu angelegt und die Scharbausche Bibliothek integriert. Curtius löste die Auflage der separaten Aufstellung so, daß er die Fachgebiete Theologie, klassische Philologie, Altertumskunde und Philosophie nur noch im Rahmen der Scharbauschen Bibliothek führte, also die Bestände der Stadtbibliothek mit diesen vereinigte. Auf diese Weise gab es die um Neuerwerbungen vermehrte Scharbaubibliothek innerhalb des Gesamtsystems, aber nicht mehr zwei Bestände für dasselbe Fachgebiet. Die Öffnungszeiten der Bibliothek wurden von acht auf immerhin 18 Stunden pro Woche erhöht. Benutzer waren damals überwiegend die gebildeten Stände wie Ärzte, Apotheker, Juristen und Theologen, Beamte und Kaufleute. Dennoch meldeten bereits Schülerinnen und Schüler, Gewerbetreibende, Handwerker und Techniker ihre Präsenz an. Der Bestand war auf ihre wachsenden Bedürfnisse noch nicht genügend abgestimmt. Die künftige Entwicklung korrigierte hier Einseitigkeiten und weitete das Aufgabenspektrum der Bibliothek aus. Besonders verdienstvoll waren Einwerbungen an Geschenken, Übernahme von nicht mehr benötigten Beständen aus Behörden, Kirchen, Firmen, Gesellschaften, Vereinen. Die Stadtbibliothek fungierte als die Archivbibliothek Lübecks und pflegte umfangreiche Kontakte. Dadurch ergab sich ein beachtlicher Bestand, der allerdings dem aktuellen Bedarf oft ein wenig hinterherhinkte. Das Resultat aber war ein

Der Mantelssaal (Teilaufnahme), gebaut 1877, renoviert 1993/94, eingeweiht 1995

Foto: Krause, Soest

beachtliches Forschungsvolumen. Die Lübecker Büchersammlungen wurden letztlich in die Stadtbibliothek integriert. Der längerfristige Gewinn dieser Politik lag auf der Hand. Da die Stadtbibliothek relativ arm war, mußte sie gerade auf dem Felde der Zeitschriften Abkommen mit dem Historischen Verein, später dem Verein für Lübeckische Geschichte und Altertumskunde, dem Juristischen Leseverein, dem Theologischen Bibliotheksverein, der Geographischen Gesellschaft und anderen abschließen, die garantierten, daß die nicht mehr aktuellen Zeitschriftenbestände an die Stadtbibliothek abgeliefert wurden. In einigen Fällen unterstützte die Stadtbibliothek mit Teilbeträgen deren Erwerbung. Auch in diesem Falle konnten zunächst die Mitglieder der Gesellschaften die Zeitschriften lesen, während die sonstigen Bibliotheksbenutzer erst später dazu Zugang hatten. Andererseits konnte zumindest mittelfristig ein breiterer Zeitschriftenbestand aufgebaut werden als es sonst möglich gewesen wäre. Dieses System wurde unter dem Nachfolger Willy Pieth fortgeführt.

Ein neuer Bibliothekstyp entsteht

Dr. Willy Pieth war der erste Berufsbibliothekar, der seit 1919 die Geschäfte der Bibliothek übernahm und weitreichende organisatorische und bauliche Neuerungen durchsetzen konnte. Voraussetzung für seine Bestrebungen war die Entstehung eines neuen Bibliothekstyps, der aufgrund der gesellschaftlichen Entwicklung notwendig geworden war: die Öffentliche Bücherhalle oder Volksbibliothek. Die Stadtbibliothek war von je her für alle Lübecker zugänglich, und sie war auch für alle Bildungshungrigen gedacht. Als im 19. Jahrhundert die moderne Großstadt entstand, wuchs auch das Bedürfnis der breiten Bevölkerung nach Bildung und Lektüre. Hierfür war die Stadtbibliothek von ihrem Bestand her wenig geeignet. Zugleich gab es Bestrebungen seitens des gebildeten Bürgertums, sich für die Volksbildung zu engagieren und seichten Romanen und minderwertiger Literatur ein gehobenes Angebot entgegenzusetzen. Diese Benutzerkreise wollten keine lateinische Ovidausgabe studieren oder eine historische Abhandlung zur mittelalterlichen Geschichte, sie suchten Lektüre, aber auch etwas zur Verbesserung ihrer Bildung, viele auch Information oder verständliche Belehrung im naturwissenschaftlich-technischen Bereich. Die Gesellschaft zur Beförderung gemeinnütziger Tätigkeit unterstützte das Vorhaben. Am 11. November 1879 kam es zur Gründung der Volksbibliothek. 1886 konnte man 3.631 Bände ausleihen und auch ein erstes Bücherverzeichnis veröffentlichen. 1896 verfügte man über 4.841 Bände, bei etwa 4.200 Ausleihen. 1897 kam es zu einem Streit mit der „Gemeinnützigen", die bisher das finanzielle Fundament weitgehend ermöglicht hatte. Es ging um die Forderung der Leser nach politischen Tageszeitungen, die gerade die männlichen Besucher erwarteten. Das eingesetzte Gremium votierte letztlich dagegen, so daß der Büchereivorstand sich mit der Idee einer Trennung von der Gesellschaft befassen mußte. Zu diesem Zweck wurde eine Vereinssatzung entworfen. Die Gesellschaft zur Beförderung gemeinnütziger Tätigkeit unterstützte diesen Plan, indem sie die bisherige Einrichtung und den Bestand, kurz das Vermögen, auf den Verein übertrug und auch für diesen Zweck weiterhin eine Summe zur Unterstützung gewähren wollte.

Der Vorstand der „Öffentlichen Bücher- und Lesehalle" stand nun, seit 1899, vor schwierigen und letztlich unlösbaren Aufgaben: Er mußte für Zuwendungen sorgen, Gebühren einnehmen, um den Betrieb der „Öffentlichen Bücher- und Lesehalle" aufrecht zu erhalten, ja möglichst weiterzuentwickeln. Der Verein konnte 1900 bereits 200 Mitglieder zählen. Als erste Tat wurde ein Zeitungsangebot aufgebaut. Bald konnte man 60 Zeitungen anbieten, was auch für heutige Verhältnisse erstaunlich ist, zudem 117 Zeitschriften. Allein diese Maßnahme stellte einen beachtlichen gesellschaftlichen Fortschritt dar, einen Schritt zugunsten einer demokratischen Entwicklung. Der Buchbestand wuchs bald auf 11.000 Bände und der eingerichtete Lesesaal, „Lesehalle" genannt, konnte 17.961 Besucher im Jahr registrieren. Der Wunsch nach Stadtteilbibliotheken in St. Lorenz, St. Jürgen und St. Gertrud war unübersehbar und wurde durch eigene Vereine ins Werk gesetzt. Seit 1902 konnte der

Senat nicht umhin, diese neue öffentliche Einrichtung zu beachten und mit einem ersten Zuschuß zu stützen. Er stellte auch verschiedene Amtsdrucksachen regelmäßig zur Verfügung. Wenn 1905 63.256 Entleihungen zu melden waren, so waren das imponierende Zahlen, die zu einem Staatszuschuß von 5.000 Mark führten. Die „Gemeinnützige" trug 1.600 Mark bei. Dem damaligen Vorsitzenden Dr. Link gelang es, die Bibliothekarin Bennata Otten (1882-1955) als Leiterin anzuwerben. Sie erwies sich als sehr aktiv und auch fachlich kompetent, so daß sie bald Ansehen bei den damals noch ausschließlich männlichen Bibliotheksleitern gewann und die Lübecker Einrichtung über die Stadtgrenzen bekanntmachen konnte. Dazu trugen ihre Publikationen bei. Besonders in den Jahren des Ersten Weltkriegs leistete sie mit ihrem Team Herausragendes, indem sie nicht nur zur Aufmunterung der Bevölkerung ihren Beitrag leistete, sondern auch für Soldaten im Feld, auch für Gefangene, spezielle Büchersendungen zusammenstellte, und das alles in Zeiten einer schlimmen Mangelwirtschaft.

Das Hauptproblem blieb jedoch die Vereinsstruktur, die dem wachsenden Bedarf nicht den finanziellen Rahmen bieten konnte. 1909 betrug das Budget ca. 17.900 Mark und konnte sogar zu einem Ausgleich mit den Ausgaben gebracht werden. Etwa 1911 klappte das nicht mehr. Inzwischen gab es 120.000 Ausleihen, die weiterhin anstiegen. Dafür bot der Etatrahmen kaum noch die Möglichkeiten. 1912 schien eine echte Perspektive die Bücherhalle voranzubringen: Senator Possehl beabsichtigte, ein Kaiser-Wilhelm-Volkshaus zu bauen, in dem die Öffentliche Bücherhalle ein erstmals professionelles Domizil erhalten sollte. Der Krieg machte diese Pläne zunichte. Der Betrieb der Bücherhalle konnte nur noch durch erhöhte Staatszuschüsse aufrecht erhalten werden. Das Etatvolumen lag jetzt bei etwa 56.000 Mark, der Bestand umfaßte 21.886 Bände, bei 189.000 Ausleihen. Daher standen Überlegungen an, die Bücherhalle in die staatliche Obhut zu übernehmen.

Zusammenführung von Stadtbibliothek und Öffentlicher Bücherhalle

In dieser Situation wurde Dr. Willy Pieth berufen, der ein Bibliothekskonzept vorlegte, das letztlich einen organisatorischen Verbund von Stadtbibliothek, Öffentlicher Bücher- und Lesehalle mit ihren Außenstellen und den Aufbau eines ländlichen Bücherservice (Wanderbücherei) unter einer Direktion vorsah. Das Konzept wurde in Stufen realisiert, lief aber darauf hinaus, die Bücherhalle Pieths Direktion zu unterstellen. Seit 1921 hatte der Staat bereits die Gehaltszahlungen der Mitarbeiter der Bücherhalle übernommen, und damit war eine Vorentscheidung aufgrund der Zwänge schon getroffen. In einer dramatischen Bürgerschaftssitzung wurde am 19.3.1923 für die Verstaatlichung der Bücherhalle gestimmt. Da sich Bennata Otten Pieth nicht unterordnen wollte, kündigte sie. Als Nachfolgerin wurde Dr. Meta Corssen gewonnen.

Für die Öffentliche Bücher- und Lesehalle war diese Entscheidung das Beste, was geschehen konnte. Pieth stand auch inhaltlich zu dieser Aufgabe, da er der Idee der

„Bildungspflege" nahestand und sich für diese auch im Rahmen der Volkshochschule und der Volksbühne einsetzte. 41% des Etats standen der Bücherhalle und der Wanderbücherei zu. Letztere benötigte nur einen sehr geringen Betrag. Daher konnte die Bücherhalle über ein erheblich verbessertes finanzielles Fundament verfügen, das sich auch bei der Verzahnung der Benutzerpotentiale auswirkte. Die Bücherhalle erreichte jetzt auch die Arbeiterschaft, Handwerker und Gewerbetreibende ohnehin, andererseits aber zusätzlich die gebildeten Kreise mit ihrem gut ausgebauten Angebot an belletristischer Literatur. Zum System gehörten – seit 1927 – eine Kinder- und Jugendlesehalle sowie drei Zweigstellen (St. Gertrud, weitergeführt als Marli-Bücherei, St. Lorenz und St. Jürgen).

Der Neubau der Stadtbibliothek als Höhepunkt der Amtszeit Willy Pieths und der nachfolgende Niedergang des Lübecker Bibliothekswesens

Auch die Stadtbibliothek konnte Erfolge verzeichnen. Das größte Ereignis stellte der 1926 vollendete Neubau (heute „Altbau" genannt) dar, der für wesentlich bessere Arbeitsbedingungen sorgte. Eine „Gesellschaft von Freunden der Stadtbibliothek" hatte sich gegründet und sorgte im Lesesaal für die künstlerische Ausgestaltung. Pfingsten 1930 konnte Pieth sein Werk anläßlich des 26. Deutschen Bibliothekartages in Lübeck vorstellen.

Nach der Machtübernahme der Nationalsozialisten wurde Pieth am 13. März 1933 vom Dienst beurlaubt und am 1. Juli 1933 vom NS-Reichsstatthalter entlassen. Er starb 1934. Unter seinem linientreuen Nachfolger, Dr. Gustav Struck, begann für das Lübecker Bibliothekssystem die Stagnation, letztlich der Niedergang, weil sich das Interesse der neuen Machthaber lediglich auf die Aussonderung einiger mißliebiger Autoren und Titel beschränkte. Schwerwiegend war die – aus damaliger Sicht – richtige Entscheidung, nach dem Angriff von 1942 die wertvollsten Stücke der Stadtbibliothek auszulagern. Etwa 28.000 Bände und Schriften wurden nach Sachsen-Anhalt gebracht, darunter ca. 10.600 Einheiten Kleinschriften (viele Personal- und Gelegenheitsschriften wie Leichenpredigten, Hochzeitsgedichte u. a.), 650 Inkunabelbände (über 1000 Titel), 2477 Handschriften und Manuskripte, 6670 wertvolle Drucke (Rara), 5.800 Bände Lübeck-Literatur sowie 1575 Mappen- und 1850 Kapselschriften zu Lübeck (d. h. jeweils diverse Stücke von Kleinschrifttum bzw. Gelegenheitsschriften, die in Mappen oder Pappbehältern archiviert wurden, oft thematisch zusammengefaßt). Es bedarf keiner Ausführungen, daß die 1946 in die UdSSR transportierten Schätze und Lubecensien einen unersetzlichen Verlust für die Lübecker Kulturgeschichte bedeuten. Die Rückkehr von 4.626 Kleinschriften und insgesamt 1.436 Handschriften und Manuskripten sowie 1996/97 von etwa 1200 Büchern aus Georgien kann diesen Substanzverlust nicht wettmachen.

3. Von der Nachkriegszeit bis heute

Aufbau neuer Bestände

Die Entwicklung der Lübecker Bibliotheken in der Nachkriegszeit war zunächst einmal von Armut und großen Anlaufschwierigkeiten gekennzeichnet. Prinzipiell waren aber die englischen Militärbehörden an einer raschen Betriebsaufnahme der Bibliotheken interessiert und förderten sie. Allerdings mußten aufgrund eines alliierten Kontrollratsbeschlusses alle NS-verdächtigen Schriften und Bücher aus dem Bestand entfernt werden. Dabei ergaben sich vor allem für die wissenschaftliche Stadtbibliothek Probleme. Denn es war sachlich schwer, die Grenze zwischen NS-Ideologie und nur indirekt beeinflußten Schriften zu ziehen, bei historischen und militärgeschichtlichen Werken gab es erhebliche Probleme, sollten doch auch Bücher zum Ersten Weltkrieg und Klassiker wie Bismarck und Clausewitz entfernt werden. Die Stadtbibliothek als Archivbibliothek mußte aber Wert darauf legen, daß die schlimme Zeit historisch aufgearbeitet werden konnte. Wie sollte eine Wende zur Demokratie vollzogen werden, wenn man nicht die NS-Werke kritisch studieren konnte? Dr. Peter Karstedt, Direktor 1945-1971, war in vielen Einzelschritten bemüht, den Besatzern den Unterschied zwischen einer öffentlichen Gebrauchsbibliothek und einer wissenschaftlichen Archivbibliothek deutlich zu machen. Dieser ist in solcher Schärfe im angelsächsischen Raum unbekannt. Es gelang Karstedt schließlich, die Stadtbibliothek als eine die Universitätsbibliothek in Kiel unterstützende Bibliothek anerkannt zu bekommen. Auf diese Weise konnten viele Bücher bei der Stadtbibliothek verbleiben oder auch in diese zurückkehren. Natürlich wurden reine NS-Schriften magaziniert und ihre Benutzung an Vorschriften gebunden. Andererseits durften jetzt wieder Thomas und Heinrich Mann und viele verfemte Schriftsteller gelesen werden.

Karstedts Bemühungen, die verlorenen Bestände aus dem sowjetischen Machtbereich zurückzuerhalten, waren von keinem Erfolg gekrönt. Daher begann die Stadtbibliothek mit dem Aufbau neuer Bestände, auch zur Lübecker Buchdruckgeschichte. Natürlich konnten nur einzelne, herausragende Musterstücke erworben werden. Auch mit einer Sammlung zu Thomas Mann wurde begonnen. Beispiele solcher Erwerbungen: 1949 Erwerb der Bugenhagenbibel des Lübecker Druckers Ludwig Dietz (1534); 1961 Erwerb des Rudimentum novitiorum (1475) des Lübecker Druckers Lukas Brandis; 1964 Erwerb der Lübecker Bilderbibel von 1494, gedruckt von Steffen Arndes. Das Sondersammelgebiet Osteuropa/ Ostseeraum wurde als „Ostliteratur" aufgenommen; dabei ging es vordringlich um die Kultur der verlorenen Ostgebiete. Diese Aufgaben wurden durch Bundesmittel über mehrere Jahre hin unterstützt.

Die beengten Verhältnisse in der Stadtbibliothek führten in diesen Jahren zu Planungen für einen Erweiterungsbau. Karstedt gelang es, alle unangemessenen Pläne, die man für die Stadtbibliothek erdachte, abzuwehren. Er erreichte beim Wissenschaftsrat 1964 und 1971 bei der deutschen Forschungsgemeinschaft Unterstützung und Anerkennung für den wissenschaftlichen Rang und die überregionale Bedeutung der Lübecker Stadtbibliothek. Allein diese beiden Erfolge ermöglichten später die Bundesunterstützung für den Neubau. Ebenso stellten sich Kultur- und Organisationsamt 1968 im Rahmen weiterer Diskussionen hinter die Bibliothek und wiesen Modelle, die vorwiegend geistes- und gesellschaftswissenschaftlich ausgerichtete Stadtbibliothek in Verbindung mit der Medizinischen Akademie zu bringen, entschieden zurück.

Trennung und erneute Zusammenlegung von Stadtbibliothek und Öffentlicher Bücherei

Bei der Öffentlichen Bücherei gelang es Dr. Ewald Niemann, der diese seit 1950 (bis 1974) wieder als unabhängige Bibliothek führte, die Zentrale in der Königstr. auszubauen und ein Netz von Zweigstellen zu errichten. Überwiegend gefördert aus dem Zonenrandprogramm, entstanden mit der Zeit in verschiedenen Stadtteilen

Bibliothekshalle mit Katalogen im Neubau von 1979

Neubauten. Niemanns Erfolge wurden möglich, weil sich die damalige Kultursenatorin Dr. Luise Klinsmann (bis 1964) mit Nachdruck für den Ausbau des Bibliothekswesens insgesamt politisch einsetzte. Nach dem Ausscheiden Dr. Niemanns in den Ruhestand übernahm Dr. Klaus Bock, seit 1971 bereits als Berater für die Stadtbibliothek tätig, die Leitung beider Bibliotheken, um sie nach Vorgabe der städtischen Gremien zu einer Einheitsbibliothek, einer Public Library, umzugestalten. Hierzu war der Neubau die Voraussetzung schlechthin. Aufbauend auf Karstedts Vorarbeit, gelang es, diesen mit Bundes- und Landesunterstützung zu errichten und 1979 zu beziehen. Nun konnten auch die neueren wissenschaftlichen Fachbestände in Freihand aufgestellt und mit der Sachliteratur der Öffentlichen Bücherei zu einem breiten Angebot zusammengeführt werden. Erstmals gab es in Lübeck eine große Stadtbibliothek, die in ihrer Zentrale für alle Bevölkerungskreise und Fachinteressen einheitlich tätig war. Hohe Ausleihen und starke Nutzung, auch bei den Präsenzangeboten, zeigten jedermann, daß die Bibliothek eine von der Bevölkerung akzeptierte und gebrauchte Einrichtung war. Vor allem Schüler und Studenten griffen auf sie zurück. Ohne die Stadtbibliothek ist das Lübecker Bildungswesen nicht denkbar.

Der seit August 1990 tätige neue Leiter der Stadtbibliothek, Dr. Jörg Fligge, legte im Zusammenwirken mit dem Senator für Kultur, Bildung, Jugend und Sport Ulrich Meyenborg und der Leiterin des Kulturamtes, Dr. Ada Kadelbach, im Mai 1992 einen Bibliotheksentwicklungsplan vor, der von den städtischen Gremien gebilligt wurde. Im Zuge dieses Planes sollen die wissenschaftlichen Belange der Bibliothek – im Sinne des kulturellen Erbes und der Traditionen Lübecks – künftig sorgfältiger beachtet, zugleich aber der Ausbau zu einer modernen Informationsbibliothek weiter vorangetrieben werden. Eine Reihe von Fortschritten konnte trotz schwieriger Haushaltslage realisiert werden:

1991 Renovierung der Musikbibliothek

Neugestaltung der Eingangszone der Zentralbibliothek

Abschluß der Neugestaltung der Zweigstelle Moisling

Rückkehr eines Teilkontingents von Handschriften und Drucken aus der UdSSR (1989 eines Teils aus der DDR); Beginn eines Restaurierungsprogramms

Schaffung eines Etats für Öffentlichkeitsarbeit. Beginn der Öffentlichkeitsarbeit

1992 Abgabe der Medizinhistorischen Bestände an das Institut für Medizin- und Wissenschaftsgeschichte aufgrund früherer Vereinbarungen als Dauerleihgabe

Lesesaalrenovierung (Lesesaal von 1926)

1. Symposium „Bibliotheca Baltica" in der Lübecker Stadtbibliothek (Publikation 1994)

CD-Ausleihe in der Musikbibliothek

Gründung des „Vereins der Freunde der Stadtbibliothek Lübeck e.V.", Erneuerung der früheren Bibliotheksgesellschaft, die 1937 eingestellt werden mußte

Fortsetzung der Handschriftenrestaurierungen

1993 Mantelssaalrenovierung beginnt

Berufung des Direktors in die deutsch-russische Expertenkommission zur Restitution von Kulturgut und Kooperation

Rückgewinnung zweier Lübecker Inkunabeln und einer Marienhandschrift

1994 Abschluß der Renovierung des Mantelssaals am 6.12.1994

Mitarbeit beim Wolfenbütteler Arbeitskreis für Bibliotheksgeschichte beim Thema „Stadt und Bibliothek"

Erwerb eines Ablaßbriefes von Raymundus Peraudi, 1502; eines Lukas-Brandis-Drucks (Flavius Josephus) von: um 1476; von Geibel-Autographen

Erwerb der Musikernachlässe Hugo Distler, Bruno Grusnik, Walter Kraft, Erwin Zillinger, Wilhelm Stahl; Erwerb eines Pachelbel-Drucks aus vermutlich Buxtehudes Besitz

1995 Benennung des Lesesaals nach Dr. Willy Pieth

Einführung „Die klingende Bibliothek", ein Konzertprogramm mit alten und wiederentdeckten Musikalien aus dem Bestand der Stadtbibliothek (Fortführung bis heute)

25.6.1995: Einweihung des Mantelssaals durch die Ministerin für Wissenschaft, Forschung und Kultur des Landes Schleswig-Holstein Marianne Tidick

Erwerb eines Roenisch-Flügels

1996 Senator Meyenborg stellt der Presse den neuen, behindertengerechten Fahrstuhl im Altbau vor

Überarbeitung des kleinen neogotischen Schlözersaals

Mikroverfilmung des Katalogs 1926-1995

Rückgabe von verschleppten Teilbeständen aus Georgien

Erwerbung von Künstlerbriefen aus dem Freundeskreis Linde – Munch – Liebermann

Aufnahme des „Vereins der Freunde der Stadtbibliothek Lübeck e.V." als 22. Tochterverein der Gesellschaft zur Beförderung gemeinnütziger Tätigkeit (Lübeckische Blätter Jg. 161 (H. 20). 1996. S. 306.)

Beschluß der Bürgerschaft, Stadtarchiv und Stadtbibliothek einen Betrag zur Rettung wertvollen Kulturguts, das auf säurehaltigem Papier gedruckt wurde und somit akut gefährdet ist, zur Verfügung zu stellen

Beginn mit dem Aufbau eines EDV-Systems

4. Konzeptionelle Überlegungen für die Zukunft. Das neue Szenario

Die Entstehung der Informationsgesellschaft

Seit dem Erscheinen des Bibliotheksentwicklungsplanes (= BEP) 1992 ist einige Zeit vergangen, und in dieser Zeit hat sich nicht nur die Situation in der Stadt, sondern in der Bundesrepublik insgesamt finanziell zum Schlechteren verändert. Die technische Entwicklung auf dem Sektor des Informationswesens schreitet dagegen unaufhaltsam voran: ISDN-Netze in den privaten Haushalten, Internet mit weltweitem Datenaustausch sind nun auch für viele Privathaushalte kein Problem mehr. Der Benutzer möchte sich von zu Hause aus elektronisch in seine örtliche Bibliothek einwählen. In die Kataloge der großen Bibliotheken kann er bereits ohne Mühe einsteigen und dort recherchieren. Viele deutsche Universitätsbibliotheken, auch ausländische Bibliotheken bis nach Washington sind erreichbar. Benutzung von morgen wird über viele andere Kanäle abgewickelt werden, als das bisher der Fall war. Die Bücherflut wuchs und wächst weiter an, und die Preise für Fachbücher steigen. Der Literaturbedarf wird also nicht weniger werden, sondern weiterhin eine große Rolle spielen. Ein Teil davon – hier aber primär die Titelnachweise und noch keineswegs die Bücher selbst – wird jedoch elektronisch erreichbar sein. In dieser Situation kommt alles darauf an, die örtliche Bibliothek fit zu machen für die Zukunft. Hierfür sind Qualifikation und Bereitschaft zum ständigen Weiterlernen gefragt.

Erhalt des kulturellen Erbes

Bevor diese Gedanken hier einmal entfaltet werden sollen, sei jedoch eines festgehalten: der Wert einer Bibliothek wird auch weiterhin – und zwar im nationalen und internationalen Wertmaßstab – zu einem großen Teil auf ihren Beständen beruhen, auch den älteren, den wertvollen, den speziellen Sammlungen, dem „kulturellen Erbe". Eine stärkere Nutzung wird sich aus der einmal weitgehend vollständigen elektronischen Erschließung ergeben. Diese Benutzung wird zu einem guten Teil überregional sein, so wie jede Bibliothek vor Ort zunehmend auf den überregionalen Buchspeicher zurückgreifen muß, da sie ihren Lesern nur eine Grundausstattung an Neuerscheinungen beschaffen, aber einen riesigen Literaturspeicher elektronisch wird nachweisen können. Das wird schon durch eine später einmal angebotene Nutzung des Göttinger Verbundkataloges für den gesamten Norddeutschen Raum möglich sein. Angesichts der Papiererhaltungsprobleme (säurehaltige Papiere seit Mitte des 19. Jhs) wird der Schwerpunkt für die älteren Bestände vor allem auf ihre Erhaltung zu richten sein. Daher sind für die Stadtbibliothek nicht nur Maßnahmen der Papierentsäuerung (jährlich fortlaufend), sondern die Einrichtung einer Fotostelle und einer Restaurierungswerkstatt vordringlich. Die Fotostelle ermöglicht, daß sensible Bestände nicht nur sicherheitsverfilmt werden können. Sie sollen im Regelfall nur noch mit dem Ersatzmedium benutzt werden. Beschädigte Bestände sollten vor Ort fachgerecht restauriert werden können, da dabei die Kosten voll durchschaubar bleiben. Die Sammlungen sollen zwar weiterhin behutsam, vor allem unter dem Gesichtspunkt der Lübecker Interessen, ergänzt werden, aber der Schwerpunkt muß auf dem Erhalt des Bestandes liegen. Man kann übrigens von Rußland lernen, wie hoch dort alte Bestände für den Rang einer Bibliothek, ja des Staates, bewertet werden. Das ist auch ein wesentlicher Grund, weshalb man sich von solchen Beständen nicht trennen will, selbst wenn sie ihre dubiose „Erwerbungsgeschichte" haben.

Servicezentrum für Information und Bildung

Andererseits wird der Wert einer Bibliothek künftig von ihren Dienstleistungen abhängen. Dabei ist eine aktuelle Grundausstattung an Fachliteratur, wichtigen Zeitschriften und anderen Mediendiensten vor Ort nötig, außerdem ein guter Service beim Nachweis nicht vorhandener Literatur und Möglichkeiten ihrer Beschaffung. Der Service ist weitgehend abhängig vom hervorragend ausgebildeten Bibliothekar oder Bibliotheksassistenten. Während die Bibliothek in den siebziger, achtziger Jahren gern mit einem Supermarkt verglichen wurde, wo „Kassiererinnen" an der Theke den Massenumsatz besorgten, sieht es heute ganz anders aus. Der durch diverse Schulungen fortgebildete Bibliothekar und Bibliotheksspezialist wird zunehmend zur Beratung und Informationsvermittlung erforderlich. Die Ausleihe kann künftig weitgehend vollautomatisch über Selbstbedienungsgeräte ablaufen. Für verschiedene Sonderfälle wird fachkundiges Personal weiter benötigt. Dieses muß die Raffinessen des Ausleihsystems und des Gesamtsystems beherrschen. Abgesehen von den in Bibliotheken immer anfallenden manuellen Tätigkeiten wie Buchpflege oder Bücher einstellen, wird die Arbeit für alle anderen erheblich anspruchsvoller. Dementsprechend müssen für Spitzenkräfte Aufstiegschancen im Stellenplan und vor allem Weiterbildungsmittel vorgesehen werden. Die Bibliothekare haben auch in Zukunft die Aufgabe, allen, die sich nicht im Privathaushalt mit Technologie ausrüsten können oder die Probleme haben, damit umzugehen, hilfreich zur Seite zu stehen. Sie haben mitzuhelfen, daß Information nicht das Geschäft weniger Privilegierter wird. Dabei ist der Begriff „privilegiert" ideologiefrei gemeint. Auch der clevere Schüler ist aufgrund seiner wachen jungen Intelligenz und seines leichten Zugangs zu den neuen Technologien „privilegiert" im Gegensatz zum Älteren.

Das Bibliothekspersonal stellt sich seit 1996 der schwierigen Aufgabe, ohne bisher erfolgte Personalaufstockung die Bibliothek auf EDV umzustellen und den Zugang zum Norddeutschen Verbund in Göttingen zu erreichen. Dabei geht es einmal um die Umstellung des laufenden Betriebes auf EDV (bisher der Katalogisierung und seit

1997 auch der Erwerbung). Bereits hier sind Neulernen, Improvisation und das wiederholte Verkraften von Pannen und Rückschlägen gefragt. Dazu sollen aber auch noch hunderttausende von Titeln des bisherigen Bestandes in das System gebracht werden, um den elektronischen Katalog aufzubauen und die spätere Ausleihverbuchung mit Titelangaben bei den Mahnungen zu ermöglichen. Keine Bibliothek der Welt schafft diese zusätzliche Rückerfassung ohne zusätzliches, sicher zeitlich befristetes Personal. Da unsere Bibliothek bislang praktisch kein solches Zusatzpersonal erhielt, die Besetzung freier Stellen verzögert wird, liegt sie auch bei der Erfassung der Titel stark hinter unseren Erwartungen zurück. Auf diesem Feld hat uns unsere Nachbarstadt Kiel deutlich überholt, da dort von vornherein sechs zusätzliche, zeitlich befristete Kräfte bereitgestellt wurden. Aufgrund diverser technischer Probleme konnte der Zugang zum Göttinger Verbund noch nicht realisiert werden, u. a. weil ein Breitbandnetz für alle wissenschaftlichen Einrichtungen in Lübeck eine neue, erst zu lösende, auch finanzielle Herausforderung darstellt. Die Stadtbibliothek arbeitet mit der MUL und speziell ihrem Rechenzentrum zusammen, das die zentrale Funktion für Lübeck wahrnimmt. Der Online-Zugang zur Göttinger Datenbank unter Nutzung des Wissenschaftsnetzes ermöglicht aber die Übernahme der Titelaufnahmen in mindestens 60-70 % der Fälle auch für ältere Titel. Für neue Titel werden schon jetzt fast ausschließlich die elektronischen Daten der Deutschen Bibliothek übernommen. Rationelles Arbeiten ist also bereits in einem Maße gegeben, wie es vorher nicht möglich war. In diesem Zusammenhang geht es aber auch um ein Zukunftsprojekt ersten Ranges: Es wird möglich sein, die Literatur in allen Lübecker Hochschulbibliotheken und der Stadtbibliothek zu recherchieren. Sollte sich die Hansestadt Lübeck generell am Breitbandnetz beteiligen, so könnte auch ein Citynetz innerhalb der Stadtverwaltung aufgebaut werden. Internet und Datenbanken könnten leicht genutzt werden. Haushaltsprobleme und Spardebatten dürfen nicht die Sicht dafür verlegen, daß wir uns auch in Deutschland auf dem Weg in die Informations- und Dienstleistungsgesellschaft befinden. Unter diesem Aspekt ist das Informationsnetz eine der wichtigen Zukunftsinvestitionen. Denn es besteht so die Möglichkeit, nicht nur außerhalb der Stadt Informationen zu nutzen, sondern auch das Zusammenspiel aller Einrichtungen und die Nutzung aller Ressourcen innerhalb der Hansestadt Lübeck zu ermöglichen. Was wäre nicht naheliegender, als die Kräfte einer Stadt zu bündeln?

Die Bibliothek als Betrieb

Die Betriebsdaten der Stadtbibliothek zeigen uns heute einen Teufelskreis zwischen viel zu geringen Erwerbungsmitteln bei teurem Fachbuchangebot (1996 konnte die Stadtbibliothek nur noch ca. 16.000 Bücher und Medien erwerben, 1990 waren es noch ca. 30.000 Einheiten). 1997 stehen weitere Etatreduzierungen ins Haus, die unsere Leistungsfähigkeit weiter herunterfahren werden. Diese Daten sagen mehr als lange Erklärungen, an welchem Punkt die Stadtbibliothek heute steht. Während also das Angebot an moderner Literatur zurückgeht, werden ansteigend Benutzungsgebühren erhoben. Aus vermindertem Angebot und Gebühren ergeben sich Konsequenzen für die Ausleihzahlen. Dazu kommt ein wachsendes Angebot an teuren Informationsmitteln, von denen eine große Bibliothek wenigstens das Wichtigste vorhalten muß, um als Informationszentrum der Stadt fungieren zu können. Daher muß nachdrücklich darauf hingewiesen werden, daß Ausleihzahlen als Vorzeigezahlen für Politiker von relativem Wert sind, solange sie eine respektable Größe behalten.

Die Lübecker Stadtbibliothek nimmt zunächst einige charakteristische und unverzichtbare Aufgaben wahr, die ihr Selbstverständnis und ihre Tradition insgesamt (wissenschaftliche Stadtbibliothek, Öffentliche Bücherhalle) widerspiegeln. Dazu gehören die Pflege der Sondersammelgebiete Lübeck, Hanse und Ostseeraum, die überregional bedeutende Musikabteilung, die Zentrale Information mit Enzyklopädien, Bibliographien und CD-ROM-Datenbanken, Zeitschriften und anderen Informationsdiensten, die zentrale Kinder- und Jugendbibliothek, die Literaturpflege (Romane und Belletristik). Zu diesen Bereichen tritt die zentrale Aufgabe, Informations-, Ausbildungs- und Bildungsbibliothek zu sein: Schüler und Auszubildende, aber auch Studenten, Berufstätige, wissenschaftlich Arbeitende müssen auf einen aktuellen Fachbuchbestand zurückgreifen können. Kommt man diesen Aufgaben nach, so bleibt nach unserem Verständnis als Public Library und auch dem Konzept des Bibliotheksentwicklungsplanes noch das Ziel, auch die Bevölkerungskreise im Blick zu behalten, für die die Bibliothek Angebote zur Freizeit- und Lebensgestaltung, für Bildung und Information auf populärer, mehr allgemeinverständlicher Schwierigkeitsstufe vorhält. In Zeiten zunehmender Verarmung und rapide steigender Arbeitslosigkeit bilden Arbeitslose und Sozialhilfeempfänger eine zu beachtende Benutzergruppe. Sollen wir Angebote für diese Bürger ausklammern? In keinem Fall aber reichen die Anschaffungsmittel der Stadtbibliothek aus, um den genannten Aufgaben wirkungsvoll nachzukommen. Auf die Tatsache, daß wir im Vergleich zu 1990 inzwischen nur noch die Hälfte, also ca. 16.000 Bücher und Medien kaufen konnten, wurde schon hingewiesen. Außerdem muß der besondere Charakter der Lübecker Stadtbibliothek, angesiedelt zwischen wissenschaftlicher und Öffentlicher Bibliothek, akzeptiert werden. Die Lübecker Stadtbibliothek gehört zu den wenigen Beispielen in Deutschland (es wären sonst nur Nürnberg und Berlin zu nennen), die einen in Deutschland sonst nicht vertretenen interessanten Bibliothekstyp repräsentieren, eben eine deutsche Variante zur angelsächsischen Public Library in den großen Großstädten. Daher sind auch Etatvergleiche etwa mit der Stadtbücherei in Kiel sachlich falsch. Hier wie in ähnlichen Stadtbibliotheken gibt es keine Sondersammelgebiete, keine Pflichtexemplaraufgabe gem. Gesetz und keine ständigen Restaurierungsaufgaben und Papiererhaltungsprobleme für einen in Norddeutschland wichtigen Altbestand; das sind Probleme, wie wir sie mit großen wissenschaftlichen Bibliotheken gemeinsam haben.

Lenken wir unseren Blick noch einmal auf die Ausleihzahlen: Wenn eine besonders leistungsfähige Bibliothek wie die Göttinger Staats- und Universitätsbibliothek mit ausgebauter Universität „nur" ähnlich viele Ausleihen erzielt wie die Lübecker Stadtbibliothek (SuUB Göttingen 1995 1.031.596 Ausleihen, StB Lübeck 1996 1.049.300 Ausleihen; für Göttingen und München sind Zahlen aus 1996 noch nicht verfügbar) , so sagt das über die bundesweit herausragende Leistungsfähigkeit dieser wissenschaftlichen Bibliothek kaum etwas aus, da diese Bibliothek mindestens ebenso eine Stätte der Arbeit ist, wo man sich aufhält und diverse Präsenzangebote nutzt. Auf die Spitze getrieben wird das, wenn die Bayerische Staatsbibliothek, eine der Nationalbibliotheken Deutschlands, mit ihren 6,7 Mio. Bänden 1995 671.453 Ausleihen nachweist. Ebenso ist es logisch, daß die Kieler Stadtbücherei mit kleinerem, modernem, populärem Gebrauchsbestand – ohne landeskundliche Aufgaben (Lübeck, Ostseeraum, Pflichtexemplarrecht) und ohne wissenschaftliche Ausstattung (z. B. die großen Enzyklopädien und Fachenzyklopädien vorzuhalten) derzeit etwas höhere Ausleihzahlen nachweist als die StB Lübeck. In Kiel befinden sich die großen Nachschlagewerke in der UB, der Landesbibliothek und ggf. auch noch in der großen Bundesbibliothek des Weltwirtschaftsarchivs, in Lübeck aber auf dem Feld der Geistes- und Gesellschaftswissenschaften vorwiegend in der Stadtbibliothek. Man sollte daher nicht Birnen mit Äpfeln vergleichen. Leistungsmessungen müssen sich also auf wirklich Vergleichbares beziehen und Wertmaßstäbe berücksichtigen. Zum Glück wurde in den bisherigen Diskussionen zur Lübecker Verwaltungsreform durchaus deutlich, daß man auch den Qualitätsgesichtspunkt im Auge behalten wird. Die Bibliotheken müssen allerdings versuchen, ihre Präsenzleistungen besser zu dokumentieren und , soweit machbar, auch mit Zahlen belegen. Aber auch hier weiß jeder aus der Praxis, daß „Auskunft" nicht gleich „Auskunft" ist. Diese kann ausführlich, aufwendig oder knapp sein, ebenso steht es bei schriftlichen Anfragebeantwortungen. Zahlen besagen über die Qualität und den Aufwand wenig. Da liegen einige der Schwierigkeiten für die zahlenmäßige Messung dieser Dienstleistungen.

Dezentrale Dienstleistungen

Es ist klar, daß die Pflege der Literatur im weitesten Sinne – auch Thomas Mann schrieb „Romane" – eine bleibende Aufgabe der Bibliothek in der Zukunft sein muß, und der Service für Kinder und Jugendliche muß gerade für die Gestaltung der Zukunft erhalten werden. Hier wird es neue Verfahren geben, etwa den Elektronischen Kinderkatalog, die das neue Zeitalter widerspiegeln. Denn die Leseförderung und das Heranführen an die Bibliothek und das Informationswesen ist eine Grundvoraussetzung, die Zukunft zu bestehen. Im Mittelpunkt muß jedoch – auch der neueren Tradition der Lübecker Stadtbibliothek entsprechend – die Fachliteratur stehen. Die Lübecker Zweigstellen wurden schon in den sechziger Jahren – zu Zeiten Dr. Niemanns – im Bundesvergleich als viel zu klein beurteilt. Und seitdem hat sich – bis auf den späteren Bau in Kücknitz, der größer ausfiel, und die moderne Bibliothek in Moisling – gar nichts getan. 1997 haben wir noch immer diese zu kleinen Zweigstellen, mit denen wir voraussichtlich ins Jahr 2000 gehen. Es ist im Prinzip durchaus sinnvoll, Zweigstellen auch in der Zukunft zu betreiben, denn sie werden in absehbarer Zeit an das im Aufbau befindliche EDV-System der Stadtbibliothek angeschlossen. Es ist denkbar, daß im Laufe der Zeit elektronische Dienste der Zentralbibliothek auch dezentral nutzbar sind, soweit die Linzenzen finanziert werden können. Was technisch machbar ist, ist nicht unbedingt bezahlbar. Auch Kultur- und Stadtinformationen könnten hier elektronisch bereitgestellt werden. Insofern wäre es töricht, diese Infrastruktur zu reduzieren, bevor überhaupt dieser moderne Aspekt ausprobiert werden konnte. Wichtig bleibt, daß die Zweigstellen in Übereinstimmung mit den Feststellungen des Bibliotheksentwicklungsplanes über einen eigenen Bibliothekar verfügen. Denn die fachkundige Beratung ist der entscheidende Service. Allein diese hebt die Bibliothek von rein technisierten Angeboten ab. Die Pflege von Stadtteilkulturarbeit sollte zu einer Zweigstelle unbedingt dazugehören. Leider setzten hier die zu starke zeitliche Belastung des Personals und zu geringe Mittel für Veranstaltungen schon immer Grenzen, aber es gab in den letzten Jahren Beispiele, die ermutigend waren. Wenig sinnvoll ist es, durch verminderte Öffnungszeiten, reduzierte oder abgebaute bibliothekarische Betreuung angeschlagene Zweigstellen als Fassaden stehen zu lassen. Das, was man tut oder anbietet, sollte mit Qualität getan werden oder gar nicht. In den Zweigstellen fehlen Angebote von CDs, Computersoftware, CD-ROMs, Videos, ausreichend viele Zeitschriften, Benutzercomputer. All das ist derzeit nicht finanzierbar. Sie stellen in gewisser Weise „Denkmäler der Veraltung" dar und sind daher gerade für Jugendliche nicht so attraktiv, wie sie es sein könnten.

Die Zentralbibliothek als Zentrum der Dienstleistungen

Die Zentralbibliothek muß jedoch weiterhin gewährleisten, daß anspruchsvolle Fachliteratur, *die* Literatur und ein gewisses wissenschaftliches Informationsinstrumentarium in Lübeck arbeitsfähig erhalten bleibt. Denn es ist unzumutbar, für viele zeitlich nicht durchführbar und auch nicht bezahlbar, daß man wiederholt nach Hamburg oder Kiel fahren müßte, um ein Referat vorzubereiten oder andere fachliche Arbeiten vor Ort zu leisten. Gerade das ist die Aufgabe einer modernen Stadtbibliothek, die auf dem Sektor der Geistes- und Gesellschaftswissenschaften nach wie vor auch wissenschaftliche Stadtbibliothek sein muß. In Kiel oder Hamburg und manchen anderen Städten stellt sich das anders dar, da dort Volluniversitäten und Universitäts-, Staats- oder Landesbibliotheken oder für die Bürger zugängliche Spezialbibliotheken wie die des Weltwirtschaftsarchivs in Kiel zusätzlich bestehen.

Die obigen Ausführungen wollten für die Zukunft einige Merkpunkte herausheben. Sie nannten auch Schwachpunkte. Nach wie vor stellt die große und insgesamt imponierende Zentralbibliothek das Hauptkapital Lübecks auf dem Felde des Bibliothekswesens dar. Sie ist auch der Pfeiler, der nach der Fusion Lübeck überhaupt *objektiv* eine bundesweit beachtete Stellung unter den Stadtbibliotheken verschafft hat. Ihre Leistungsfähigkeit muß primär erhalten bleiben. Schließlich ist unumstritten, daß Bibliotheken auch weiterhin Orte der Kommunikation und Begegnung bleiben müssen: Veranstaltungen vielfältiger Art, Ausstellungen und Konzerte machen erlebbar, daß Bibliotheken eben keine Supermärkte sind , sondern auch Orte, in denen man gerne einen privaten Abend verbringt und mit Anregungen versehen, vielleicht am nächsten Tag versucht, das besprochene Buch auszuleihen, Klavierauszüge und Partituren zu studieren oder sich gründlicher zu einem Thema zu informieren. Diese humane Komponente muß weiterhin gepflegt werden. Denn so wichtig die Entwicklung des Informationswesens ist – man spricht mit Recht davon, daß wir uns zur Informations- und Dienstleistungsgesellschaft entwickeln –, ein rein technisierter Ort, wo man auf eine Schar von Informationsbrokern trifft, – das kann es nicht sein, was wir als Bibliothek auch in der Zukunft sein wollen. Hier bewahrt uns ganz besonders die präsente Geschichte der Lübecker Stadtbibliothek. Der Scharbausaal, der Mantelssaal, der Lesesaal zeigen uns aus verschiedenen Epochen den geistig-kulturellen, den humanistischen Zusammenhang, dem unsere Bibliothek verpflichtet ist. Lübeck kann überregional stolz darauf sein, daß diese Bibliothek mit ihrer Bürgerkonzeption 1622 ihren Service für die Lübecker Bürger aufnahm, dankbar sein, daß die Kriege sie nicht zerstört haben und daß moderne benutzerorientierte Traditionen aufgebaut wurden, die den Mitarbeitern die Kraft geben, das Alte zu bewahren und für Gegenwart und Zukunft das Bestmögliche zu tun. So wie bei der Gründung der Rat der Stadt und die anderen Mitbegründer erst die Voraussetzungen schufen, so ist die Bibliothek nach wie vor „Bibliotheca publica" – und das heißt eine öffentliche Angelegenheit, die der Fürsorge des Unterhaltsträgers auch in schwierigen Zeiten bedarf.

AUS DEM ALLTAG EINER ALTEN BIBLIOTHEK

ERWERBUNGEN UND ENTDECKUNGEN IN DER ABTEILUNG „SAMMLUNGEN UND ALTE BESTÄNDE" DER STADTBIBLIOTHEK LÜBECK

Robert Schweitzer

Anton de Groot in memoriam
(s. Fußnote 10)

Als es Peter Karstedt, von 1945-1971 Direktor der Stadtbibliothek Lübeck, gelungen war, für 1957 den 47. Deutschen Bibliothekartag nach Lübeck zu holen, gab er in den Lübeckischen Blättern unter dem Titel „Das ‚museale Moment' in der Stadtbibliothek"[1)] einen Überblick über die Erwerbungen interessanter wertvoller alter Bücher, die der Bibliothek nach den dezimierenden Kriegsverlusten gelungen waren.

Wenn 1997 das 375jährige Gründungsjubiläum der Stadtbibliothek zu begehen ist, so mag dies Anlaß genug sein, wieder einmal innezuhalten zu einem vergleichbaren Rückblick. Denn in gewissem Sinne steht die Bibliothek – zumindest was ihre wertvollen Altbestände angeht – seit 1990 in einer neuerlichen Aufbauphase.

Nachdem die Bibliothek der Hansestadt Lübeck 1989 aus der damaligen DDR und 1990 aus der ehemaligen Sowjetunion im Zweiten Weltkrieg ausgelagertes und später verschlepptes Bibliotheksgut zurückerhalten hatte, konnte sie sich zur Freude der Fachwelt im Kreise der bedeutenden Altbestandsbibliotheken zurückmelden.[2)] Es wird dabei leicht vergessen, daß diese Bestände zahlenmäßig nur einen geringen Teil des nach dem Krieg verschollenen Gutes ausmachen – ja, daß die Rückführungen eine zufällige Auswahl aufgrund zufälliger Umstände darstellten. Die DDR hatte zurückgegeben, was ihr seit den fünfziger Jahren – ohne erkennbares Auswahlprinzip – von sowjetischer Seite sowohl an Archive wie an die Staatsbibliothek Unter den Linden überstellt worden war. Was aus der Sowjetunion direkt zurückkam, war dort in die Obhut des Archivwesens gelangt und eigentlich als „Beilast" mit dem Austausch der Archive der Hansestädte gegen das Stadtarchiv von Reval/Tallinn (Estland) übergeben worden.[3)] Die Verhandlungen über die Rückgabe des eigentlichen Bibliotheksgutes, unter dem sich – um nur ein Beispiel zu nennen – noch 975 der ehemals 1031 Inkunabeln der Stadtbibliothek befinden, und bei denen die Stadtbibliothek durch ihren Direktor, Dr. Jörg Fligge, unmittelbar in der Deutsch-

---

[1)] Lübeckische Blätter 117 (1957), S. 121-126.

[2)] Vgl. dazu Jörg Fligge: Bibliotheksentwicklungsplan für die Stadtbibliothek Lübeck. Lübeck: Amt für Kultur, 1992, S. 52-55, 76-82.

[3)] Ausführlich hierzu Robert Schweitzer: „Die alten und wertvollen Bestände der Stadtbibliothek: Entstehung der Sammlung, Geschichte der Auslagerung, Bedeutung der Rückkehr" in: Der Wagen (1992), S. 73-105, 264-278.

russischen Fachgruppe Bibliotheken beteiligt ist, sind noch im Gange, ohne daß schon jetzt ein Ergebnis absehbar wäre. Immerhin konnte Dr. Fligge 170 Lübecker Inkunabeln in der Russischen Nationalbibliothek St. Petersburg identifizieren.

Für Außenstehende eher überraschend kam im Februar 1996 die Ankündigung der Republik Georgien, ihre Beutebestände geschlossen zurückzugeben. Für die Stadtbibliothek war jedoch vor dem ersten Augenschein klar, daß auch eine geringe Menge Bücher von gewichtiger Bedeutung sein würde – hatte sie doch 1944 wegen Mangel an Kapazität nur ihre besten Stücke ausgelagert! In der Tat sind nach jetzigen Erkenntnissen unter den 1878 zurückgekehrten Bänden[4] mindestens 8 Handschriften und 6 Rarissima sowie 6 Inkunabeln, 4 Postinkunabeln, 15 zu Lebzeiten des Reformators erschienene Luther-Drucke; von den 900 zurückgegebenen Lubecensien sind drei Viertel Stücke, die nach 1945 nicht mehr neu beschafft werden konnten.

Nach den jüngsten, schon sehr genauen Schätzungen vermißt die Bibliothek noch immer 1033 der ehemals 2477 Handschriften, die o. g. Inkunabeln, 4903 ihrer ehemals 5820 gebundenen Lubecensien sowie 5990 der 10573 Lübeck betreffenden Kleinschriften und 6293 der ausgelagerten 6670 allgemeinen Werke von Seltenheit und bedeutendem Wert. Trotzdem hat seit der ersten Rückkehr 1989 in der Stadtbibliothek der „Arbeitsalltag" im Umgang mit den alten Beständen seinen Einzug gehalten. Wichtigstes Anliegen war – neben der Dokumentation des Zurückgekehrten für die Forschung und des noch Fehlenden für die Verhandlungen – die Restaurierung und Sicherungsverfilmung. Beides konnte mit Hilfe vom Bund, dem Lande Schleswig-Holstein und der Possehl-Stiftung weit vorangetrieben werden, wobei die arbeitsintensive Abwicklung eine umfangreiche Eigenleistung der Stadt und ihrer Bibliothek darstellt.[5] Zugleich aber gelingt es nun aber immer häufiger, den Bestand auszubauen – von außen her durch gezielte Erwerbung wertvoller Stücke, von innen durch bessere Erschließung und neue Entdeckungen. Darüber soll dieser „Werkstattbericht" informieren.

1. Eine Erwerbung im Sinne Bugenhagens: Der Ablaßbrief Alexanders VI.[6]

Als am 26. Januar 1994 im Beisein des Vorstandes des Förderungswerkes der Loge zur Weltkugel, dem Hauptsponsor des Erwerbs, der Verein der Freunde der Stadtbibliothek einen unscheinbaren Einblattdruck überreichte, hätte mancher Außenstehende

---

[4] Zusammen mit den Beständen der Stadtbibliothek und des Stadtarchivs waren auch ca. 1650 Bände der Butendach-Bibliothek der Evangelisch-reformierten Gemeinde Lübeck ausgelagert worden; von ihnen wurden 517 restituiert.

[5] Vgl. den Erfahrungsbericht von Robert Schweitzer: „Einige Hinweise zur Zusammenarbeit zwischen Bibliothek und freiberuflichem Restaurator bei Restaurierungsprogrammen aus Drittmitteln" in: Auskunft: Mitteilungblatt Hamburger Bibliotheken 16 (1996), S. 384-395).

[6] Ablaßbrief Alexanders VI. [Alexander <Papa, VI.>: Bulla indulgentiarum. S.l. & n.] 1502 (Lübeck: Stefan Arndes) (Signatur: 1989 B 1).

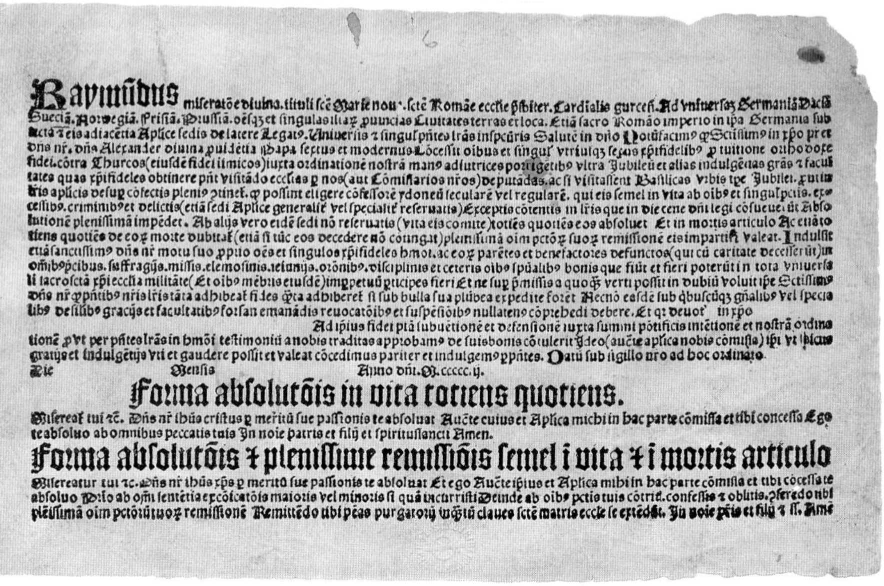

Raymūdus

Forma absolutōis in vita totiens quotiens.

Forma absolutōis et plenissime remissiōis semel i vita et i mortis articulo

Abb. 1. Ablaßbrief Papst Alexanders VI., gedruckt in Lübeck 1502 durch Steffen Arndes im Auftrag des Kardinallegaten Raimundo Peraudi; 1994 durch die Stadtbibliothek mit Hilfe des Förderungswerkes der Loge zur Weltkugel (Lübeck) erworben. Am Ende des drittletzten Absatzes sind die Aussparungen zu erkennen, in die der Name des Begünstigten und das Datum einzutragen waren.

seine Verwunderung äußern können, daß dieses Blatt Papier von 22,5 x 14 cm einen so hohen Preis und Wert haben sollte.[7] Aber schon zu seiner Entstehungszeit war es gewiß sein gutes Geld wert, das, wenn es im Kasten klinge, die Seele in den Himmel springen ließe – wie der Volksmund über die Ablaßbriefe reimte.

In der Tat war der Druck ein Gelegenheitsauftrag – der Drucker (Steffen Arndes) und der Druckort (Lübeck) sind nicht genannt, sondern nur durch die historischen Umstände und den Vergleich mit den von Arndes ansonsten verwendeten Drucktypen ermittelt. Es war aber gerade der Bedarf nach schneller Vervielfältigung von Alltagstexten, von dem die Schöpfer der Druckkunst profitierten – wie dieser Ablaßbrief, Gutenbergs „Türkenkalender", oder auch wieder Arndes' 1989 von der Stadtbibliothek Lübeck über die Kulturstiftung des Landes Schleswig-Holstein erworbener niederdeutscher Kalender mit Gebetbuch von 1501 zeigen.[8] Die Kunst des Drucks mit beweglichen Lettern zielte zwar mit der Gutenberg-Bibel, wie auch mit Arndes' qualitätvoller Lübecker niederdeutscher Bibel von 1494, von Anfang an auf Ver-

[7] Es wurde auf der Auktion Nr. 60 der Berliner Galerie Bassenge am 12. November 1992 als Los Nr. 2406 für 5000 DM ersteigert.

[8] Bedebok. Lübeck, 1501, (Steffen Arndes?), (Borchling/Claußen Nr. 349A; Signatur Theol. pract. 8° 8250)

breitung fehlerloser, identischer Texte bei gleichzeitig höchsten ästhetischen Anforderungen. Andererseits leitete das Drucken aber auch das Zeitalter eines „Massenmediums" ein.

Solche Einblattdrucke wie der Ablaßbrief – inzwischen als Denkmäler der Kultur- und Druckgeschichte geschätzt – waren ursprünglich ebensowenig Sammelgut für Bibliotheken wie heute etwa Bekanntmachungen oder Steuerformulare. Daß ausgerechnet im protestantischen Norden ein Ablaßbrief – Musterbeispiel „papistischen" Mißbrauchs – aufbewahrt werden würde, war kaum zu erwarten. Man zerschnitt dieses Papier genau wie die prächtigen Meßbücher und verarbeitete es zu Bucheinbänden – und in Form von Makulatur haben sich in der Stadtbibliothek zwei Fragmente dieses Drucks erhalten. Erst durch die Erwerbung dieses Stücks gelangte nun endlich ein unversehrtes Exemplar dieses Ablaßbriefes in die Sammlungen.

Dennoch war der jetzige Erwerb wie eine späte Rückbesinnung auf die Forderung Bugenhagens, des Organisators der Reformation in Lübeck. Er dachte der Stadtbibliothek den Auftrag einer Archivbibliothek zu, in der „alle böke gude unde böse" aufzubewahren und jedermann ungehindert zum Studium auszuhändigen seien.[9] Und die Sponsoren sahen darin ihre uralte Forderung nach Toleranz aktiv umgesetzt, wenn sie eine Urkunde derjenigen Kirche erwerben halfen, die die Freimaurer heftig bekämpft hatte.

So mag es doch lohnen, sich den Auftraggeber für den Druck in Erinnerung zu rufen. Es war Raimundo Peraudi, 1435 in Surgères (Südfrankreich) geboren und 1505 in Viterbo gestorben. Zeitlebens war er auf den beiden Feldern aktiv, die er auch 1502 in Lübeck bestellte: er war angesehener und erfolgreicher Diplomat und ein Theoretiker und Praktiker des Ablaßwesens. Dieser Mann, der mit derjenigen Praxis eng verbunden war, die als Stein des Anstoßes für Luthers Reformation wirkte, war paradoxerweise ein reformeifriger Kirchenfürst. Zumindest hat er dafür Sorge getragen, daß die Einnahmen aus dem von ihm in Deutschland verkündeten Ablaß nicht zweckentfremdet wurden.

Seine *Summaria instructio* (nach 1476) wurde wichtig für die katholische Ablaßlehre, seit 1487 war er Generalkollektor für den Türkenkrieg in Deutschland. Seinen erfolgreichen Friedensbemühungen verdankte er sein hohes Ansehen bei den Habsburgerkaisern Friedrich III. und Maximilian I., seine Ernennung zum österreichischen Kanzler und sein Amt als Bischof von Gurk (1491-1501) – daher der Beiname „Gurcensis" in der Titulatur dieses Ablaßbriefes. Die Kardinalswürde trug er seit 1493.

In den Jahren 1501-1504 verkündete er als päpstlicher „Legatus de latere" – dies war die höchste Stufe der Bevollmächtigung und kam einer Anwesenheit des Papstes am

---

[9] Bugenhagen, Johannes: Der keyserliken Stadt Lübeck Christlike Ordeninge tho denst dem hilgen Evangelio christliker lere. Lübeck, 1531 (Joh. Balhorn d.ä.).

Ort rechtlich gleich! – in Deutschland und den Reichen des Nordens den Jubiläumsablaß gegen die Türken. Zugleich vermittelte er u. a. 1503 den Frieden zwischen Lübeck und Dänemark – der würdevolle Einzug des rastlosen, gichtgeplagten frommen Mannes in die Hansestadt und sein Aufenthalt blieben den Zeitgenossen in lebendiger Erinnerung.

Der Text des gedruckten Ablaßbriefes selbst,[10] in den dann der Beauftragte des Kardinals an den ausgesparten Stellen wie in ein modernes Formular die Namen der Nutznießer eintrug und damit ihr Ablaßwerk bestätigte, folgte gängigen Vorbildern. Gemäß der damaligen Lehre sprach die Kirche aus ihrem (unerschöpflichen) Schatz der guten Werke der Heiligen dem Begünstigten gegen seine Geldleistung einen Anteil zu, der die Kirchenstrafen für die von ihm bekannten und ihm vergebenen Sünden aufwog – mit Wirkung nicht nur in der Welt und für ihn selbst, sondern auch für vor ihm Verstorbene im Fegefeuer.

Das las sich damals in gekürzter Übersetzung so:

> Raymundus von Gurk, aus Gottes Erbarmen Titular-Kardinal-Priester der Heiligen Römischen Kirche an der Titularkirche Santa Maria Nuova, Legat des Apostolischen Stuhls mit allen Vollmachten für ganz Deutschland, Dänemark, Schweden, Norwegen, Friesland, Preußen und alle deren einzelne Provinzen, Städte, Gebiete und Orte, und darüber hinaus für die dem Heiligen Römischen Reich in Deutschland unterstehenden und daran angrenzenden Gebiete, wünscht allen, die das vorliegende Schriftstück lesen werden, das Heil im Herrn.
>
> Wir machen bekannt, daß unser Allerheiligster Vater in Christus, Alexander VI., allen Christen insgesamt und einzeln, beiderlei Geschlechts, die ihre hilfreichen Hände zum Schutz des orthodoxen Glaubens gegen die Türken dargereicht haben, gewährt hat, daß sie sich einen eigenen Beichtvater wählen dürfen, der ihnen einmal im Leben von allen Sünden, Übertretungen, Verbrechen und Vergehen insgesamt und im einzelnen vollständigste Absolution erteilen kann.
>
> Außerdem hat unser heiligster Herr gewährt, daß alle diese oben genannten Christen sowie in gleicher Weise auch ihre verstorbenen Eltern und Wohltäter, sofern sie in der Gnade Gottes verschieden sind, aller Fürbitten, Anrufungen der Heiligen um Fürbitte, Messen, Almosen, Fasten, Gebete, fleischloser Tage und der übrigen guten Werke, die in der gesamten allumfassenden allerheiligsten streitbaren Kirche Christi (und durch alle ihre Glieder) geschehen oder zukünftig geschehen können, für alle Zeit teilhaftig werden sollen.
>
> Und weil der/die Getreue Christi [hier war der Name einzusetzen] zur Unterstützung und Verteidigung des Glaubens, wie wir durch das vorliegende Schreiben bestätigen, aus seinen

---

[10] Herrn Anton de Groot (1915-1996), Professor emeritus für Kirchenrecht an der Universität Nijmegen, sei für seine wertvolle Hilfe bei Entzifferung und Interpretation des Textes herzlich gedankt. de Groot, der anläßlich eines Forschungsaufenthaltes 50 theologische und kirchenrechtliche Fragmente aus der Sammlung der Stadtbibliothek identifizierte, konnte auch auf ein im Gemeindearchiv Nijmegen erhaltenes Parallelstück hinweisen (datiert 27.8.1502, mit dem Siegel des Kardinals versehen, aufbewahrt im Gemeindemuseum Nijmegen, gedruckt in: Codex documentorum sacratissimarum indulgentiarum Neerlandicarum, hrsg. von Paul Fredericq. S'Gravenhage 1922 (Rijks geschiedskundige publicatie: Kleine Serie; 21), S. 421-423).

Gütern beigetragen hat, gewähren wir durch dieses Schreiben, daß er/sie die besagten Gunsterweise und Vergebungen genießen und sich ihrer erfreuen möge. Gegeben unter unserem für diesen Zweck bestimmten Siegel am [Datum] 1502.

Es waren dann noch zwei verschiedene Absolutionsformeln abgedruckt. Der gesamte Text ist fast doppelt so umfangreich, aber nicht seine ganze Länge beruht auf feierlichen Umschreibungen wie am Anfang. Es wurde durchaus unterschieden, welche Sünden nicht unter die Kraft des Ablasses fielen. Selbst in diesem Auszug wird noch erkennbar, daß die eigentlichen Bedingungen von Vergebung und Straferlaß – Beichte und Bereuen – nicht hinfällig sein sollten. Um diese Differenzierungen hatte Peraudi gestritten, aber sie waren als Sicherungen gegen den allgemeinen Mißbrauch zu schwach gewesen. So steht dieser bescheidene Einblattdruck in einer Reihe mit dem monumentalen ersten Lübecker Druck, dem „Rudimentum novitiorum" von 1475, einem stupenden Lehrbuch der Weltgeschichte, von dem der Kirchenhistoriker Kaspar Elm gesagt hat: „Der Auftraggeber, der so viel Wissen von angehenden Mönchen verlangte, hatte die Notwendigkeit der Reform längst erkannt." Bugenhagen hat gefordert, diese Dokumente vergeblichen Reformstrebens nicht der Vergessenheit zu opfern…

2. Eine Inkunabel, nach langem Zögern erworben: Der erste Druck eines antiken Autors in Nordeuropa: Die „Geschichte der Juden" des Flavius Josephus[11]

Seitdem mehrfach auf dem Antiquariatsmarkt Stücke aus dem Auslagerungsgut der Stadtbibliothek aufgetaucht sind,[12] müssen Angebote von alten Drucken und Handschriften aus dem Lübecker Umfeld besonders sorgfältig geprüft werden. Bisweilen sind in solchen Fällen die Eigentumszeichen wie etwa der Bibliotheksstempel und die charakteristischen Lübecker Signaturen in dem Band auf irgendeiner Station seines Weges getilgt worden, so daß es gar nicht möglich ist, dem Anbieter nachzuweisen, er habe das Buch nicht in gutem Glauben erworben. Oft hat trotzdem der Nachweis, daß die Stadtbibliothek ursprünglichen Eigentümer war, den Weg für eine Rückgabe unter günstigen Bedingungen geebnet.

Das Angebot des Stockholmer Antiquars Olof Edlund vom Anfang Dezember 1993 betraf mit dem „Lübecker Josephus" eine Inkunabel, die die Stadtbibliothek gleich in zwei Exemplaren besessen – und im Krieg verloren – hatte. Andererseits war ein Erwerb dringend geboten. Die Bibliothek hatte 1961 ja auch das „Rudimentum

---

[11] Flavius Josephus: [Opera] Antiquitatum judaicarum libri XX. De bello judaico libri VII. Lübeck, 1476, (Lucas Brandis) <Hain/Copinger 9450> (Signatur: I.-K. 745ᵃ).

[12] Zwei spektakuläre Fälle seien hier kurz erwähnt. Das Londoner Auktionshaus Christie's zog im November 1992 dankenswerterweise eine Musikhandschrift mit liturgischen Texten aus dem letzten Viertel des 15. Jh. von seiner Auktion zurück. – Langwieriger und abenteuerlicher waren die Verhandlungen von Februar bis September 1993 um zwei Inkunabeln, die sich in der Hand eines Juweliers in Samsun (Türkei) befanden. – Der Verein der Freunde der Stadtbibliothek bzw. die Possehl-Stiftung unterstützten dankenswerterweise die Auslösung der Bücher finanziell.

novitiorum", den ersten in Lübeck und damit in Nordeuropa[13] entstandenen datierten Druck, in einem anderen Exemplar neu erworben, und ebenfalls 1956 die „Lübecker niederdeutsche Bibel", jenen ersten Höhepunkt des mit Holzschnitten illustrierten Buchdrucks in Lübeck[14]. Diese epochemachenden Werke sollten in Lübeck präsent sein, selbst wenn eines fernen Tages wider alle Zweifel die Rückführung der ursprünglich besessenen Exemplare gelingen könnte. Ähnlich lag der Fall hier: Brandis' Unternehmen, neben seinem oben genannten vielseitigen, reich illustrierten Lehrbuch eine große, aber schlichte Gebrauchsausgabe eines antiken Autors herauszubringen, ist ein Meilenstein in der Geistesgeschichte des Nordens – zumal die Inkunabelforscher den „Flavius" sogar für älter als das „Rudimentum" halten.[15]

Schon die schnell übersandten Polaroid-Fotos des angebotenen Objekts zeigten aber zwei gravierende Verdachtsmomente, daß es sich um ein Stück aus verschleppten Beständen handeln könnte. Zum einen fehlte auf dem ersten Blatt genau die Randzone, auf der alle Lübecker Inkunabeln ihre Eigentumsstempel tragen. Zum anderen waren Beschriftungen mit Bleistift zu erkennen, die entweder aus kyrillischen Buchstaben bestanden oder zumindest den typischen Duktus aufwiesen, in dem Menschen russischer Schulbildung lateinische Kursive schreiben. Dies wurde bestätigt, als der Antiquar freundlicherweise das Stück zur Prüfung bei der Königlichen Bibliothek in Stockholm hinterlegte. Es konnte sich also um Bearbeitungsvermerke während der Auslagerung handeln, wie sie die zurückgekehrten Bestände ebenfalls aufweisen. Andererseits traf auch die Angabe des Antiquars zu, daß das Buch keinerlei Rubrizierungen[16] enthielt. Da der Lübecker Katalog dies als Merkmal beider verlorener Stücke festhält, kam Lübeck als Vorbesitzer nicht mehr in Frage – wohl aber immer noch jede andere kriegsgeschädigte Bibliothek.

Gewißheit schuf erst die Bereitschaft des Antiquars, die Inkunabel zur Ansicht nach Lübeck zu schicken. Es stellte sich heraus, daß die kyrillischen Eintragungen den Verfassernamen in russischer Form („Iosif Flav") wiedergaben – und zwar in der in Rußland vor 1917 üblichen alten Orthographie; die Eintragungen waren also entweder uralt oder in der Emigration geschehen, wo sich die alte Orthographie teilweise noch heute hält – keinesfalls aber in einer sowjetischen Bibliothek oder Behörde nach 1945!

---

[13] Damals wurde weder in Hamburg noch in Rostock gedruckt; zuletzt dazu Dieter Lohmeier: „Lucas Brandis" in: Die Lübecker Buchdrucker im 15. und 16. Jahrhundert, hrsg. von Alken Bruns und Dieter Lohmeier. Heide: Boyens, 1994, S. 55-56.

[14] Rudimentum novitiorum. Lübeck, 1475, (Lucas Brandis) (Signatur I.-K. 1147ª); [Biblia, niederdt., mit Glossen nach den Postillen des Nicolaus de Lyra] De Biblie mit vlitigher achtinge recht nach deme latine in dudesck auerghesettet... Lübeck, 1494 (Steffen Arndes) (Signatur I.-K. 254ª).

[15] So zuletzt auch Lohmeier, S. 55, ausführlich Ursula Altmann: Die Leistungen der Drucker mit Namen Brandis im Rahmen der Buchgeschichte des 15. Jh, Phil. Diss. Berlin, Humboldt-Universität, 1974, S. 50. Man stützt sich dabei vor allem auf Untersuchungen des sich erweiternden Repertoires der von Brandis verwendeten Lettern.

[16] Von lat. ruber = rot; mit roter Tinte vorgenommene Heraushebungen der Buchstaben an Satzanfängen oder wichtigen Stellen.

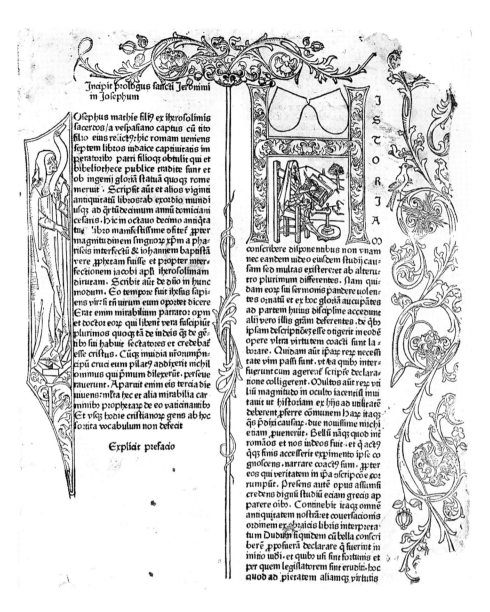

Abb. 2. Erste Seite des ersten in Nordeuropa gedruckten Werkes eines antiken Autors. Dieser Druck der „Antiquitates iudaicae" und des „Bellum iudaicum" von Flavius Josephus, in Lübeck wohl 1476 in der Werkstatt des Lübecker Erstdruckers Lucas Brandis entstanden, ist eine qualitätvolle „Gebrauchsausgabe". Der Buchschmuck beschränkt sich im wesentlichen auf die Titelseite; die von der Stadtbibliothek Lübeck erworbene Ausgabe hat keine Kolorierung. Das Fehlen des unteren Randes von Blatt 1 (jetzt durch Restaurierung ergänzt), wo ein Besitzstempel hätte erwartet werden können, machte eine genaue Prüfung vor dem Kauf notwendig. Das Buch ist als Dauerleihgabe der Kulturstiftung des Landes Schleswig-Holstein seit 1994 in der Stadtbibliothek.

Ein Besuch in der Deutschen Staatsbibliothek in Berlin, wo im Gesamtkatalog der Wiegendrucke (gedruckt von „A" bis „Goswin de Orsoy") die Beschreibungen aller bekannten Exemplare von Inkunabeln hinterlegt sind und zusätzlich zwei Vergleichsexemplare zur Verfügung standen, erwies sich dann als entscheidend. Die auf der Welt bekannten und als nach 1945 noch erhalten gemeldeten 17 Exemplare gehören nämlich zu zwei Gruppen, die sich durch eine charakteristische Konstellation von Druckfehlern und Verbesserungen unterscheiden – aber das angebotene Exemplar gehörte keiner der beiden an. Nicht nur, daß damit keine Bibliothek mehr als geschädigt in Frage kam – es war auch für den Erwerb des Drucks das entscheidende Argument gegeben. Wo sollte ein solches Unikat besser aufbewahrt sein als am Ort seiner Entstehung? Die Kulturstiftung des Landes schloß sich dieser Argumentation an und erwarb das Buch für das Land; es verblieb jedoch sofort als Dauerleihgabe in der Bibliothek der Hansestadt Lübeck.

Mit Spannung erwartet wurde der erste Vergleich mit den bereits aus der Auslagerung zurückgekehrten Fragmenten des gleichen Drucks. Sie waren Bogen mit Druckfehlern, von Buchbindern als Makulatur in Einbänden verarbeitet und in diesem Jahrhundert entdeckt und herausgelöst. Der entsprechende Bogen in dem gebundenen, neu erworbenen Buch weist nun zwar die Verbesserung des auf dem Fragment angestrichenen Satzfehlers auf, aber andererseits stimmt die am oberen Rand mitlaufende Zählung der Bücher nicht, die auf dem fehlerhaften Druckbogen noch korrekt ist. Für endgültige Schlüsse ist es zu früh, aber es liegt auf der Hand, daß diese beiden Stücke Aufschlüsse über die Arbeitsweise der Drucker wie auch die Gepflogenheiten des Handels mit Büchern zutage fördert, zu denen wir sonst keine Quellen haben.[17]

3. Beim Restaurieren aus einem Einband gelöst: Das Fragment eines Hohelied-Kommentars?

An den 1990 zurückgekehrten Handschriften konnte mit Unterstützung von Bund, Land und Possehl-Stiftung ein inzwischen abgeschlossenes Restaurierungsprogramm durchgeführt werden. Das ermöglichte auch, bisher unbekannte Fragmente freizulegen. Schon bei der Besprechung der Restaurierungsarbeiten an der Handschrift Ms. theol. lat. 2° 60 fiel eine reichliche Verwendung verschiedenster Pergamentblätter auf, mit denen das rohe Holz der Einbanddeckel auf ihrer Innenseite kaschiert war

---

[17] Folgende Fragestellungen sind zu verfolgen. Brandis, der im „Rudimentum novitiorum" eine Blattzählung von Hand vorgesehen hatte, druckte hier mitlaufende Kolumnenzählungen ein – offenbar aber nicht im gleichen Arbeitsgang mit dem Druck der Seite; ist an einen weiteren Druckvorgang in der Presse oder ein Stempelverfahren zu denken? Der spätere Eigentümer des Buches hat auf jede weitere Nachbearbeitung (Kolorierung der wenigen Holzschnittranken, Miniaturen, Rubrizierung) verzichtet – was ein Zeichen für geringeren Reichtum sein könnte; ist denkbar, daß Exemplare mit „kleinen Schönheitsfehlern" zu einem geringeren Preis abgegeben wurden? Der Einband (aus der Entstehungszeit des Drucks) weist – wie sich bei seiner Restaurierung herausstellte – unübliche Methoden der Befestigung der Bünde im Buchdeckel auf (Abdeckbrettchen mit Holznägeln statt Verpflockung), sein Dekor ist in dem einschlägigen Tafelwerk (Ilse Schunke: Die Schwenke-Sammlung gotischer Stempel- und Einbanddurchreibungen. 1. Einzelstempel. Berlin: Akademie-Verl., 1979) nicht enthalten; gelangte das Buch eventuell bereits nach seiner Entstehung direkt nach Ostmitteleuropa?

(sog. Vorsatzspiegel). Die Schrift auf den zwei großen Blättern war stark verblaßt, aber darunter klebte aber noch ein gut lesbares kleineres, trapezoidförmiges Fragment von 17,8 cm Höhe und am oberen Rand 14,2 cm sowie unten 15,6 cm Breite. Es trägt in einer Minuskel des 12. Jh. einen Text, dessen erste Zuweisung recht bald gelang. Es ist nämlich die nur minimal beschnittene obere Hälfte einer äußeren Kolumne oder ganzen Seite erhalten, und aufgrund der erhaltenen Nadellöcher für das Linienziehen sind auch Vorder- und Rückseite zu identifizieren. Durch rot markierte Satzanfangsbuchstaben (Rubrizierungen) voneinander geschieden wechseln sich Sätze aus dem Hohelied Salomos und deren Kommentierung ab. Ganz erhalten sind die Verse 1-5 [2-6] des 7. Kapitels.[18] Die Kommentierung stimmt insofern mit bekannten Parallelen überein, als sie die in den Versen durch Metaphern geschilderte körperliche Schönheit der Braut als Sinnbilder für die Heilsgeschichte bzw. die Liebe Gottes und des „Bräutigams" Christus für seine Kirche deutet. Es kann sich jedoch auch um eine Predigt über den Text handeln, da die Sätze vor dem ersten Vers durchgängig Wunschsätze sind, wie sie für ein Gebet, aber auch als rhetorische Steigerungsfigur denkbar sind.[19]

Zur genaueren Identifizierung des Textes sind noch viele Schritte notwendig. Der Vorbesitzer der Handschrift – vielleicht der Auftraggeber des Einbandes – ist zwar namentlich bekannt, der Name aber taucht z. B. im Lübeckischen Urkundenbuch und im Deutschen Biographischen Archiv nicht auf. Die Tatsache, daß so alte Makulatur zum Einband verwendet wurde, weist eher auf eine Entstehung des Bandes südlich des Limes Saxoniae, im Kerngebiet des mittelalterlichen Deutschland hin.

Fragmente können – wie im bekannten Fall des althochdeutschen Hildebrandsliedes, dessen vier bekannte Textstücke sich auf Einbandteilen eines karolingischen Kodex erhalten haben – manchmal die einzigen Zeugen eines verlorenen Textes sein, den man offenbar schon früher nicht (mehr) beachtet hatte. Aber auch weniger spektakuläre Zuweisungen haben ihren Wert. Denn um den maßgeblichen Text eines Werkes zu bestimmen, fertigt man Stammbäume (Stemmata) der erhaltenen Handschriften an. Oft überliefert ein ganzer Zweig voneinander abhängiger Handschriften eine Textstelle in der beim ersten Abschreiben mißverstandenen Form, während von dem „ausgestorbenen" Zweig der korrekten Wiedergabe nur noch ein Fetzen Pergament wie ein „Fossil" aus dem Verborgenen auftaucht. Da die Kommentatoren sich mit diesem sinnenfreudigen, eigentlich weltlichen Stück der Bibel immer etwas schwer getan haben, gibt es viele Schattierungen der Auslegung, von der die o. g. allegorische

---

[18] Z. B. V. 3[4]: „Duo ubera tua sicut duo hinuli gemellae [!] capreae ... Ex his enim uberibus nutriuntur qui originali peccato obnoxi in christo tamquam hinuli renascantur. [Deine Brüste sind wie zwei junge Rehzwillinge (so die Übersetzung nach der Fassung der Vulgata) ... Aus diesen Brüsten werden nämlich die genährt, die – der Erbsünde verfallen – in Christus wie junge Rehe wiedergeboren werden.]"

[19] „Ne misericordes avaritia obdurent ... Ne virgines integritatis decore careant [Mögen die Barmherzigen sich nicht im Geiz verhärten ... Mögen die Jungfrauen nicht die Zierde ihrer Unberührtheit entbehren!]" – Ich danke Herrn Prof. Hartmut Freytag und Frau Dipl. Bibl. Hannelore Kühn für ihre Hilfe bei der Entzifferung des Textes.

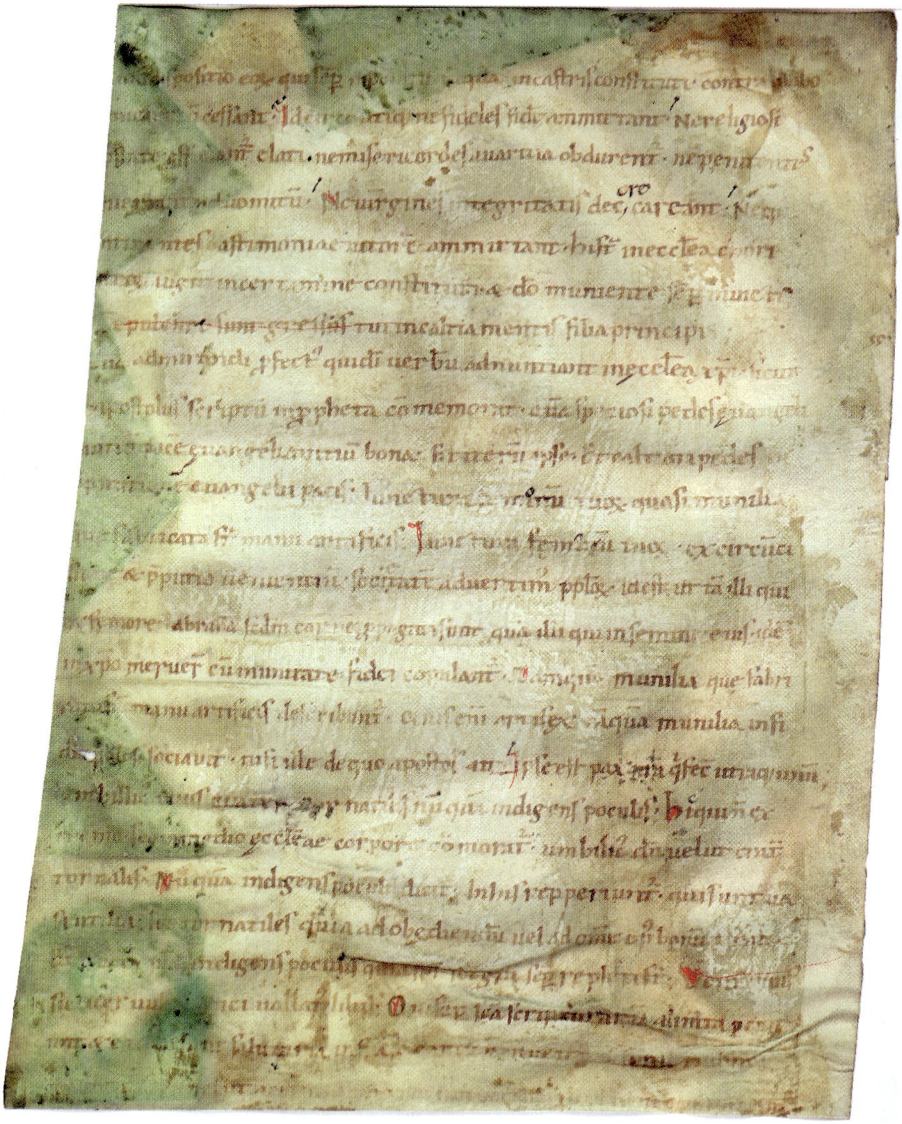

Abb. 3. Pergamentfragment, vom Rückdeckel des Einbands der Handschrift Ms. theol. lat. 2° 60 der Lübecker Stadtbibliothek 1995 bei Restaurierungsarbeiten gelöst. Sätze aus dem Hohelied Salomos mit nachfolgender Kommentierung; die Anm. 18 genannte Textstelle beginnt auf der Rückseite des Blattes in Zeile 3 von oben. Am deutlichsten sind jeweils

in der vierten Zeile jeder Seite Verbesserungen, vielleicht für einen Druck, erkennbar. Die Löcher am Rande des Pergaments rühren vom Linienziehen her und ermöglichen die Identifikation der Vorder- und Rückseite des vorliegenden Blattes.

bzw. „ekklesiologische", die mystische und die auf Maria bezogene die Hauptrichtungen darstellen. Erst im 15. Jh. festigten sich die Interpretationen; unser Fragment ist alt genug, um vielleicht noch Neues zu bieten.

Sein Interesse kann das Fragment aber auch wegen kleiner, sauberer Bearbeitungsvermerke beanspruchen: Textverbesserungen, Auflösung von Abkürzungen, Interpunktionen – wie sie bei einer Drucklegung denkbar wären. Für uns scheint es unglaublich, daß eine mehrere Jahrhunderte alte Handschrift nach dem Druck durch Verkauf an den Buchbinder verwertet wird – aber dies ist allgemein bezeugt. Selbst wenn am Ende der Erforschung sich herausstellen würde, daß der Text auf dem Fragment gut bekannt ist und sein Fund nur einen noch fehlenden Stein in ein gut bekanntes Mosaik einfügt, könnte der Entstehungsort des (Erst?)drucks einen Hinweis darauf geben, woher und wie denn die Handschrift des Johannes Butendorp in die Stadtbibliothek Lübeck gelangte.

4. Zwei mathematische Handschriften – bei Ausstellungsvorbereitungen entdeckt: ein niederdeutsches und ein lateinisches Rechenbuch

Aus vielen Lesebüchern kennt man noch Bürgers Gedicht „Die Schatzgräber": die Erben graben auf der Suche nach dem vom Vater im Sterben erwähnten Schatz die Erde ihres Weinbergs um und steigern so den Ertrag in einer Weise, die einem Schatzfund gleichkommt. Dies Bild läßt sich gut auf die Bibliothek übertragen. An vielen – gerade städtischen – Bibliotheken hat man sich darauf beschränkt, den überkommenen alten Buchbesitz einfach nur zu verwalten, aber nicht mehr in seine Erschließung, Präsentation und Pflege zu investieren; auch in Lübeck ist diese falsche Richtung fast zwanzig Jahre lang gesteuert worden. Aber nichts erschließt den eigentlichen Reichtum einer alten Bibliothek mehr als die aktive Arbeit mit ihren Beständen und die Kommunikation mit deren qualifizierter Benutzerschaft.

Warum kann man aber überhaupt in Bibliotheken auch heute immer noch Handschriften entdecken? Forscher äußern gern die Vorstellung, daß in der Lübecker Stadtbibliothek noch große Mengen unbekannter und unverzeichneter Schriften lagerten. Sie sind fast enttäuscht, wenn man sie auf die über einhundert ehrwürdigen Lederbände verweist, in denen die älteren Schriften vom Beginn des Buchdrucks bis zum Jahre 1971 (Jura und „Cameralia", also Wirtschafts- und Sozialwissenschaften bis 1958) nach alphabetischer und systematischer Ordnung registriert sind. Als diese seit der Jahrhundertwende in kontinuierlicher Arbeit angelegt wurden, schied man erstmals die Handschriften von den Drucken – so entstanden noch einmal 11 Bände Handschriftenkataloge. Bis dahin hatten jedoch die Handschriften zusammen mit den Büchern zum jeweiligen Fachgebiet im Katalog und auch im Regal gestanden. Jacob von Melles berühmte „Beschreibung der freien und Reichsstadt Lübeck" in zwei dicken handgeschriebenen Foliobänden von 1743 wurde genauso selbstverständlich als Nachschlagewerk benutzt wie ihre dritte verbesserte und gekürzte gedruckte

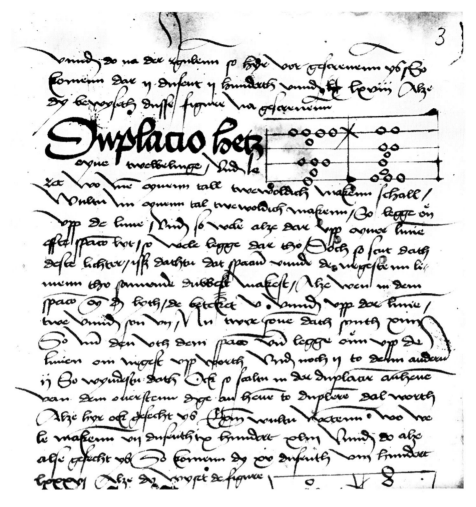

Abb. 4. Blatt 3ʳ eines handschriftlichen niederdeutschen Rechenbuches (1995 bei Ausstellungsvorbereitungen entdeckt; jetzt Ms. math. 4° 23 der Stadtbibliothek Lübeck). Erklärt wird das Rechnen auf den Linien, wobei die Überschrift lateinisch bleibt; damals zählte das hier demonstrierte Verdoppeln („Duplatio") wie das Hälfteln zu den sechs (!) Grundrechenarten. Die Punkte in dem Linienschema markieren Rechenpfennige, die auf der untersten Linie für Einer, im untersten Zwischenraum für „Fünfer", auf der nächsthöheren Linie für „Zehner", darüber für „Fünfziger" usw. standen – entsprechend den römischen Zahlzeichen I, V, X, L (50), C (= 100), D (= 500) M (= 1000). Dargestellt ist von rechts nach links die Verdoppelung von 2268.

Das Linienschema ist z. B. als Tuch o. ä. zu denken, auf dem man die Ausgangszahl durch Rechenpfennige darstellte. Man verdoppelte im ersten Gang die drei Einer, legte sie als einen Einer und einen Fünfer in das Ergebnisfeld und fuhr sinngemäß mit den größeren Werten fort; der Fünfhunderter entstand durch die erneute Bündelung der aus der Verdoppelung des Fünfzigers und der zwei Hunderter hervorgegangenen fünf Hunderter.

Auflage von 1783[20] oder heutzutage das „Lübecker Urkundenbuch" oder die „Bau- und Kunstdenkmäler der freien und Hansestadt Lübeck". Nur ein unscheinbares „Ms." oder „Hdschr." im Katalog bezeichnete – nicht immer – den Unterschied.

Als Paul Hagen, Franz Weber und Peter Karstedt ihre Handschriftenkataloge verfaßten, dienten ihnen diese Angaben als Grundlage; außerdem wurden die ältesten Bände der klassischen Wissenschaftsfächer auf Handschriftliches durchgesehen. So entstand auch eine kleine Reihe „Manuscripta mathematica". Es war aber offenbar nicht vermutet worden, daß auch im Bestand Pädagogik zu allen Wissensgebieten Bücher eingeordnet waren, wenn sie sich mit der Vermittlung dieser Fächer beschäftigten – wobei eine strenge logische Unterscheidung allerdings nicht gelingen konnte. Da Schulbücher in Bibliotheken (leider) schon traditionell als „minder wichtiges Schrifttum" vereinfacht behandelt wurden, nahm man es auch mit der Suche nach möglichen handschriftlichen „Alligaten" im Fach Pädagogik nicht so genau – obwohl man mit solchen beigebundenen Schriften rechnen mußte. Bevor sich nämlich in diesem Jahrhundert das gebunden gelieferte Buch („Verlagseinband") durchsetzte, ließen viele Buchbesitzer aus Kostengründen Schriften zum gleichen Thema in einen Band einbinden (z. B. Buch und Rezension, Schrift und Erwiderung).

Jedenfalls fand sich an ein kleines gedrucktes Rechenlehrbuch aus dem Jahre 1504[21] aus dem Pädagogik-Bestand ein handschriftlicher Anhang angebunden, als man in der Bibliothek im 400. Todesjahr des Lübecker Rechenmeisters Franciscus Brasser gemeinsam mit Prof. Ulrich Reich (Fachhochschule Karlsruhe) und der Fachhochschule Lübeck eine Gedenkausstellung vorbereitete. Bei näherer Betrachtung erwies sich, daß es sich um je ein niederdeutsches und ein lateinisch abgefaßtes Rechenbüchlein handelte. Beide enthalten vor allem die Anfangsgründe des „Rechnens auf den Linien" (s. Bildunterschrift zu Abb. 4). Die Handschriften sind in so klarer Schreibschrift der Zeit um 1500 abgefaßt, daß man sie nicht ohne weiteres einer oder zwei verschiedenen Händen zuordnen kann. Daß ihr Schreiber zugleich die Randbemerkungen in den vorausgehenden Druck schrieb, ist ebenfalls denkbar und zugleich nicht sicher. Da die niederdeutsche Schrift lateinische Überschriften trägt, könnte man vermuten, daß es sich um die Übersetzung eines kleinen Standardwerkes handelt, an dessen Originalüberschriften man sich orientieren wollte. Vielfach sind aber die lateinischen Bezeichnungen auch als Fachausdrücke ins Deutsche eingegangen und begegnen damals noch nicht als „Fremdwörter", sondern in ihrer vollständig lateinischen Schreibweise.

Prof. Reich – dem ich zahlreiche Hinweise zu diesem Abschnitt verdanke – hat die Erforschung der Handschriften aufgenommen und mit aller Vorsicht vom Aufbau der

---

[20] Ms. Lub. 2° 83 und 84 und Jacob v. Melle: Ausführliche Beschreibung der kaiserlichen und ... freien Reichsstadt Lübeck. Dritte ...Aufl., [hrsg. von Hermann Schnobel]: Lübeck: Green, 1783.

[21] Johannes Karl de Landshut: Algoritmus integrorum exacta. Leipzig, 1504 (Martin Lantzberg aus Würzburg) (Signatur: Päd. 4° 6328). Das Buch ist recht selten; weitere Exemplare in der Landesbibliothek Dresden und im Germanischen Nationalmuseum Nürnberg.

Stoffpräsentation her einen Zusammenhang mit einer Erfurter Vorlesung von Gottfried Wolack aus dem Jahre 1476 vermutet. 1488 ist Johann von Landshut in Leipzig immatrikuliert, und er könnte bei Wolack studiert haben. Eine genaue Zuweisung bleibt schwierig: letztlich war der Text eines Kurzlehrbuchs vom Stoff diktiert, und zur Erklärung eines Rechenweges gibt es nicht viele Alternativen.

Was immer das Ergebnis sein wird: mit dem Auffinden einer weiteren niederdeutschen Handschrift baut Lübeck seine Position, die größte Handschriftensammlung in dieser Sprache zu besitzen, noch aus.

Dieses Beispiel ist kein Einzelfall. Auf der Suche nach Ausgaben von Aesops Fabeln in der Stadtbibliothek, die begleitend zu der Präsentation eines prächtigen Faksimiles der ersten deutschen Ausgabe[22] gezeigt werden sollte, tauchte ein Handexemplar des Bibliotheksgründers Johannes Kirchmann auf – es war ihm 1599 (also vor seiner Lübecker Zeit, wohl anläßlich seines Universitätswechsels von Jena nach Straßburg) von seinem Freund, dem Juristen Henning Laubius verehrt worden.[23] Die Ausstellung von reformatorischen Drucken zum Lutherjahr enthüllte, daß die Bibliothek einige höchst seltene Druckvarianten besitzt.[24]

5. Auf Auktionen ersteigert: Künstlerbriefe an die Familie Linde – von Edvard Munch, Max Liebermann, Gotthard Kuehl und anderen

Die Ankündigung der Auktion des Hauses Hauswedell & Nolte, Hamburg, am 14. Mai 1996 war für die Stadtbibliothek wie ein Paukenschlag. Der Katalog enthielt nicht nur unter Los Nr. 2673 4 Briefe und 4 Postkarten des norwegischen Malers Edvard Munch (1863-1944) an den Lübecker Arzt Dr. Max Linde, sondern ferner 19 Briefe und ein Brieffragment des Malers Max Liebermann (1849-1935) (Nr. 2640) sowie 24 Briefe und zwei Postkarten des Kunstkritikers und Mäzens Albert Kollmann (1837-1915) (Nr. 2622) an denselben Adressaten.

Linde gehörte zu den ersten, die das Genie des jungen Norwegers erkannten, und er förderte den Maler u. a. durch Aufträge, die Vermittlung von Kontakten, Gastfreundschaft in Lübeck und stete Sorge um die seelische Verfassung des zu Depressionen und Alkoholexzessen neigenden Künstlers. Leider sah die Hansestadt sich bei Lindes Tod nicht in der Lage, seine Bildersammlung durch ein angemessenes Angebot in Lübeck zu halten, so daß sie zerstreut wurde. Dennoch haben die wenigen Bilder im Behnhaus

---

[22] Aesopus: Vita et fabulae, (bearb. von Heinrich Steinhöwel). Ulm, 1476 (Johannes Zainer). Faksimilie-Ausgabe mit einem Kommentarband von Peter Amelung. Ludwigsburg: Edition Libri illustrie, 1992-1995.

[23] Aesopi phrygi fabulae Graece. Basel: Nicol. Bryling, 1553 (Signatur Philol. 8° 6933). Das Buch kam übrigens erst über die Stiftung des Seniors Hinrich Scharbau 1759 aus dessen Sammlung in die Stadtbibliothek.

[24] Z. B. ein Exemplar der einzige bekannten niederdeutschen Ausgabe von Martin Luther: An den christlichen Adel deutscher Nation (An den christlicken Adel dutscher Nation… Wittenberg: [1520, Halberstadt: Lorenz Stuchs]) sowie eine unbekannte Druckvariante der sog. Schmalkaldischen Artikel (Artikel so da hetten sollen auffs Concilion zu Mantua oder wo es würde sein überantwortet werden. Wittenberg: 1538 (Hans Lufft)).

– u. a. das Gruppenbild der Linde-Söhne – im Bewußtsein der Öffentlichkeit diese Verbindung eingeprägt. Ein Teil des brieflichen Niederschlags dieser Freundschaft konnte 1968 durch die Stadtbibliothek erworben werden und wurde bereits durch eine gedruckte Edition gewürdigt.[25]

Eine Ergänzung durch diese Spitzenstücke mußte unbedingt versucht werden, aber genauso wichtig waren die anderen beiden Briefgruppen, die nun Linde in engem Kontakt mit der Berliner Kunstszene der Jahrhundertwende zeigen. Die Kulturstiftung des Landes sah in ihnen ein sichtbares Zeichen für die Rolle der schleswig-holsteinischen Region bei der Vermittlung skandinavischer Kultur nach Kontinentaleuropa und kaufte für 17 750 DM die Briefe, um sie sogleich der Stadtbibliothek als Leihgabe zur Verfügung zu stellen. Im Vorfeld solcher Auktionskäufe besteht immer eine große Sorge darin, daß die Gebote den gewährten Finanzrahmen sprengen oder sich Sammlungen der öffentlichen Hand gegenseitig konkurrieren. Es bedarf des kollegialen Zusammenwirkens auch über die Grenzen des Bibliotheksbereichs hinaus, um dies abzuwenden. In diesem Fall gelang es mit Hilfe der Kunsthalle Hamburg, das „Terrain zu sichern" und Lübeck durch eine Absprache zu entlasten: die Kunsthalle ersteigerte die Briefe Munchs und Liebermanns für Lübeck und die Kollmann-Briefe für den eigenen Bestand – durch Austausch von Kopien ohne Weitergabe der Reproduktionsrechte stehen nun alle diese Texte an beiden Stellen der norddeutschen Region der Forschung zur Verfügung.

Natürlich bedarf es des kunstgeschichtlichen Sachverstands, um die volle Bedeutung all dieser Briefe zu ermessen, und tatsächlich meldete sich schon kurz nach dem Erwerb ein Doktorand, dem die Stücke bisher nicht zugänglich gewesen waren. Aber zwei Beispiele erhellen jedem biographisch Interessierten, welche Kenntniserweiterung solche neu auftauchenden Briefe bedeuten. Der Brief Munchs aus Berlin an Linde vom 19.12.1902 sei hier wiedergegeben:

Lieber Herr Dr. Linde,

Herzlichsten Dank. Ich schreibe leider sehr schlecht deutsch – sonst hätte ich mehr geschrieben.

Elektricitet in der Luft und Fühlung mit dem Feinde – überall. Kleine elektrische Ausladung bei Felsing mit große Donnerwetter. Ich wollte whol [?] den Flecken aus der Platte „Palmengruppe" wecknehmen. Ausladung von mir nach Donnerwetter von Felsing. Ausgang der Streit noch unsicher. (Ich schreibe darüber mehr vielleicht morgen) Größere Fechtingen heute (lange Abstand und kleine Kaliber) bei Kollmann in seiner Zimmer mit Cassirer. Ich und Cassirer total erschöpfte. Cassirer glaubte ich von der Schlacht ohnmächtig geworden. Kollmann noch stärker und siegreich.

Ich kultiviere wie ein Arzt gefährliche Bakterien in meine Seele noch – obwohl Kollmann sich große Mühe giebt dies zu ausrotten. Es wäre vielleicht möglich daß ich nach Hamburg

---

[25] Edvard Munch – Dr. Max Linde: Briefwechsel 1902-1928, hrsg. von Gustav Lindtke. Lübeck [1974] (Veröffentlichung / Senat der Hansestadt Lübeck: Amt für Kultur; 7)

bevor meine Abreise nach Paris kommen werde – aber als die Ausstellung bei Cassierer am 17ten Januar stattfinden soll[,] kommen Sie wohl erst Mal.

Und besten Gruß zu Ihnen[,] Ihre Frau Gemahlin[,] Kinder und die „Nonne" – und wünsche die Kinder Gesundheit zu Weihnachten. Kollmann hat mir erzählt[,] das Krankheit in Ihre Haus ist.

Ihr sehr ergebener

Edvard Munch

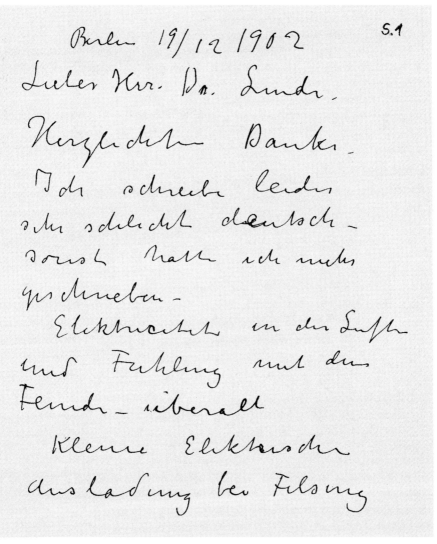

Abb. 5. Brief des norwegischen Malers Edvard Munch an den Lübecker Kunstmäzen Dr. Max Linde vom 19.12.1902 aus Berlin; als Dauerleihgabe der Kulturstiftung des Landes Schleswig-Holstein seit 1996 in der Stadtbibliothek. (Transkription im Text des Aufsatzes)

In drei wichtigen Punkten ergänzt der Brief entscheidend, was wir bisher wissen. Daß Linde mit Hilfe von Kollmann vermittelnd in der krisenhaften Situation um Felsings Änderungswünsche in Munchs Druckgrafik einzugreifen versuchte, war bekannt – nicht aber, wie Munch selbst die Situation erlebte und wer der Beteiligten letztlich den „Sieg" erfocht. Auch wußte man um die Vorwürfe, Munch habe abfällige Äußerungen aus Lindes Familie über Felsing weitergetragen.[26] Hier haben wir die Einzelheiten aus Munchs Sicht (Poststempel Berlin, 25.12.1902, 9-10 Uhr nachm.):

> Lieber Herr Doctor! Ich bin bei den verwundete Löwe gewesen und werde die Cyklus nach Weihnachten weiter ausführen.
> Das Brief Felsings war sehr gut – ich habe mir amusiert.
> Ich habe ubrigens gar nicht Ihnen in die Sache hereingebracht wie Felsing sagt. Ich habe Ihnen nur vorbeigehend erwähnt – „dasz die Stimme könnte Ihnen genieren."
> Auf sein Anfrage, ob Sie Ihnen beklagt haben, habe ich antwortet – <u>dasz ich mich beklagte</u> (Unterstreichung original, R.S.).
> Um Beleidigungen Ihnen gegen über – war keine Rede und um die Leute war nichts gesagt. (…)
> Ich wage mir jetzt nicht mehr aus auf der Glateis des deutschen Sprache.
>
> Alle guten Wünsche (…)

Mehr aber noch sagt uns der Brief über die Ebene seines Inhalts hinaus: es ist keine Schutzbehauptung oder Koketterie, wenn der Maler seine schwachen Deutschkenntnisse für die Mißverständnisse verantwortlich macht – der Kampf mit Orthographie, Grammatik und Lexik, der sich in diesen Zeilen niederschlägt, macht Munchs Entschuldigung absolut glaubwürdig.

Aber das Jahr 1996 brachte gleich ein weiteres für Lübeck wichtiges Angebot, das die bisherigen Erwerbungen zu einer umfangreichen „Briefsammlung Brüder Linde" anwachsen ließen. Schon 1991 hatte die Stadtbibliothek einige Briefe an Max Lindes Bruder Heinrich Eduard Walther Linde, der sich als Maler H. E. Linde-Walther nannte, zur Ergänzung ihres Bestands aus Eigenmitteln erwerben können.

Auf ihrer Auktion Nr. 68 am 1. November 1996 bot nun die Galerie Bassenge (Berlin) 74 Briefe und 10 Briefe/Postkarten deutscher Maler und Bildhauer (u. a. Fritz Behn, Gotthardt Kuehl, Max Liebermann) an die Lübecker Maler-Brüder H. E. Linde-Walther und Hermann Linde sowie ihren jüngeren Bruder, den Kunstmäzen und Präsidialrat im Lübecker Polizeiamt Dr. Adolf Linde, an.

Schon der Blick auf einige Namen zeigt die Bedeutung der angebotenen Stücke: Liebermanns Weltruhm ist unbestritten, Gotthardt Kuehl, in Lübeck geboren, wurde als bedeutender deutscher Impressionist vor wenigen Jahren durch eine Ausstellung des Lübecker Museums für Kunst und Kulturgeschichte gewürdigt, Gerhard Marcks

---

[26] Kollmann hatte diesen Vorwurf dann an Linde übermittelt; vgl. Dr. Max Linde an Edvard Munch (18.12.1902), abgedruckt in: Edvard Munchs brev fra Dr. med. Max Linde (hrsg. von Johan H. Langaard). Oslo: Dreyer, 1954 (Munch-museets skrifter; 3), S. 9-10.

ergänzte kongenial Barlachs Figurenzyklus an der Katharinenkirche. Entscheidende Bedeutung für Lübeck erhalten die Briefe jedoch dadurch, daß sie in ihrer Gesamtheit ein detailliertes Bild von den künstlerischen und biographischen Beziehungen der für die Kunst- und Kulturgeschichte unserer Stadt bedeutsamen Brüder Linde wiedergeben.

Nunmehr war es die Possehl-Stiftung, die sich zur Bereitstellung der Erwerbungsmittel von knapp 12000 DM bereit fand. Es ist bemerkenswert für die Lage auf dem Autographenmarkt, daß die Summe aller Katalogpreise der erworbenen Stücke bei beiden Auktionen unterschritten wurde.

Der Katalog hatte gerade für Liebermann mit langen amüsanten Passagen um einen Stuhl aus Adolf Lindes Besitz geworben, auf den Liebermann ein Auge geworfen hatte und den er schließlich sogar im Original erhielt, obwohl die Lübecker ihm zunächst eine Kopie zugedacht hatten. Ebenfalls bekanntgemacht waren auch die bedrückenden Passagen über antisemitische Angriffe auf Liebermann; er schreibt an Linde-Walther (7.12.1901),

> ...daß ein blutrünstiger Antisemit mich vor kurzem in einer so perfiden Weise angegriffen hat ... da muß man sich immer beeilen, drüber zu lachen, um nicht gezwungen zu sein, drüber zu weinen...: ich hätte den ‚Degas' geschrieben, damit ‚die Bilder dieses Franzosen, die jeder Grazie baar, natürlich in Berlin keinen Käufer fanden', an den Mann gebracht werden sollten.

Bemerkenswert sind aber doch nicht minder die zahlreichen Briefe der weniger berühmten Maler, die einen breiten Einblick in Künstleralltag, Ausstellungsnöte, Auftragssuche geben. Da macht sich Ärger über Lübeck bei dem in München lebenden Güstrower Bildhauer Fritz Behn (1878-1970) Luft, der ihn fast die Logik vergessen läßt:

> Den Lübeckern geschieht's ganz recht, wenn sie täglich [Streichung im Original] sich ihren sonst so beliebten Israelsdorfer Sonntagnachmittagsspaziergang verderben – um die Stadt Lübeck ist's ein Jammer. Kaiserliche Kunst. Der Helmbusch ist die Hauptsache.[27]

Konrad v. Kardorff (1877-1945) hinterbringt Adolf Linde ein vernichtendes Urteil Kollmanns über seinen malenden Bruder:

> Nach kurzer Einleitung brachte er das Gespräch auf Ihren Bruder, schimpfte auf seine Bilder, erklärte ihn für total talentlos, und wurde, wie ich ihm wie[!]dersprach, derartig wild, daß er gegen Ihren Bruder Ausdrücke wie Betrüger u. Charlatan [Unterstreichung im Original] gebrauchte. ... Kollmann ist ja manchmal eben nicht zurechnungsfähig. Neulich hörte ich nun aber, daß er sich Cassirer und Schwarz gegenüber ihn[!] ähnlichen Ausdrücken über Ihren Bruder erging. Das finde ich geht nun doch zu weit. (undatiert, zw. 1901 u. 1913)

---

[27] Behn an Adolf Linde, 18.9.1901. – Behn hatte einen turmähnlichen Bau statt der üblichen Statuen entworfen, der erst auf der Bastion „Katze", dann am Steilufer gegenüber dem Burgtor stehen sollte; zuletzt dazu d [d.i. Bernd Dohrendorf]: „Kanzler-Bismarck-Denkmal auf den Markt? Gegen das Empfinden mancher Patrioten" in: Lübeckische Blätter 162 (1997), S. 85.

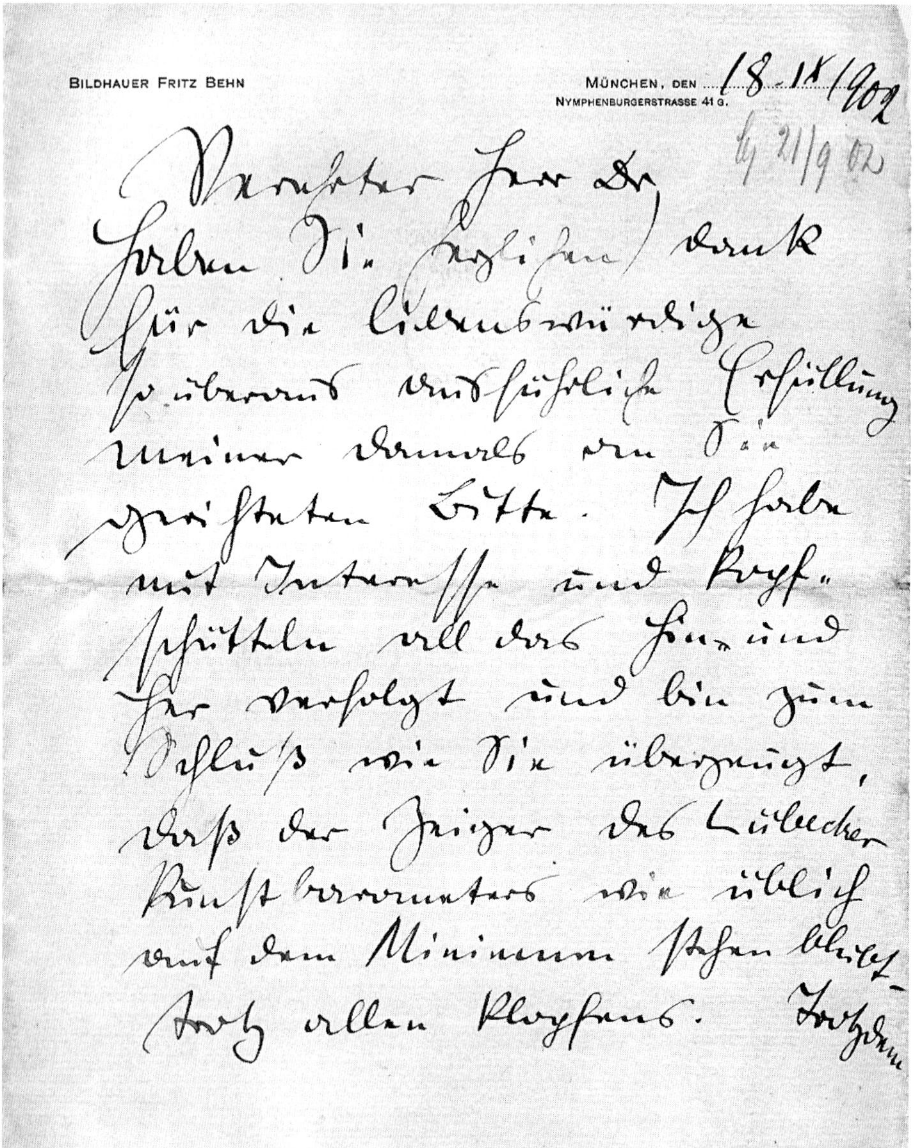
BILDHAUER FRITZ BEHN

MÜNCHEN, DEN 18.IX.1902
NYMPHENBURGERSTRASSE 41 G.

Verehrter Herr Dr

Haben Sie herzlichen Dank für die liebenswürdige so überaus ausführliche Erfüllung meiner damals an Sie gerichteten Bitte. Ich habe mit Interesse und Kopfschütteln all das Hin und Her verfolgt und bin zum Schluß wie Sie überzeugt, daß der Zeiger des Lübecker Kunstbarometers wie üblich auf dem Minimum stehen bleibt – trotz allen Klopfens. Trotzdem

Abb. 6. Erste Seite aus einem Brief des Bildhauers Fritz Behn an den Lübecker Kunstsammler Dr. Adolf Linde vom 18.9.1902 aus München, 1996 mit Mitteln der Possehl-Stiftung (Lübeck) erworben: Behn kommentiert die Debatte um ein Bismarckdenkmal in Lübeck, zu dem er auch selbst einen Entwurf vorgelegt hatte: „Ich habe mit Interesse und Kopfschütteln all das Hin und Her verfolgt und bin zum Schluß wie Sie überzeugt, daß der Zeiger des Lübecker Kunstbarometers wie üblich auf dem Minimum stehen bleibt – trotz allen Klopfens." (Weiteres Zitat im Text des Aufsatzes)

Fast verzweifelte Bitten Ludwig von Herterichs (1856-1932) an Linde-Walther (22.11.1904) um zwei Gemälde für eine Ausstellung in Venedig belegen andererseits wieder die Hochschätzung für den Lübecker Maler. Nachdenklich macht es, wenn Hermann Struck (1876-1944) ihn unbefangen nach Beiträgen für einen Bildband „Krieg und Kunst" fragt („...war neulich auf dem östlichen Kriegsschauplatz...", 13.4.1915). Tatsächlich hat sich Linde-Walther später durch platte Gemälde von Arbeitsdienstmännern, Hitlerjungen und NS-Größen kompromittiert.[28]

Diese Briefe sind Mosaiksteine, die leere Stellen in größeren Bildern füllen müssen, um diese authentischer zu machen. Wenn die Briefe verzeichnet und – eventuell per Austausch von Computerdaten – an den Zentralkatalog der Autographen an der Deutschen Staatsbibliothek Preußischer Kulturbesitz in Berlin gemeldet sind, stehen sie für diese Arbeit zur Verfügung.

6. Auf der Spur des Verschwundenen: Forschung deckt frühe Bestandsverluste auf

Wenn man in einem Jubiläumsjahr auf die Bestandsgeschichte der Stadtbibliothek zurückblickt, so sieht man einen kontinuierlichen Aufbau, nur durch zwei Einschnitte unterbrochen. 1815 wurde auf dem Wiener Kongreß die Bibliothek der Marienkirche, die sonst durchaus hätte an die Stadtbibliothek fallen können, dem Erzherzog von Österreich zum Aufbau einer nationalen Musiksammlung geschenkt – vielleicht eine notwendige Geste zur Wiedergewinnung der staatlichen Selbständigkeit Lübecks. 1942-1944 wurde ausgelagert, was man von den Bomben retten wollte. Ein dritter drohender Verlust – der Verkauf der Bibliothek des Ärztlichen Vereins (seit 1922 Teil der Stadtbibliothek) an das Land Schleswig-Holstein – konnte in eine Dauerleihgabe an das Institut für Medizin- und Wissenschaftsgeschichte der Medizinischen Universität zu Lübeck abgemildert werden.

Von Verlusten im Alltagsbetrieb ist andererseits keine lebendige Bibliothek sicher. Aber nicht von der Verluststatistik soll hier die Rede sein, sondern von zwei bemerkenswerten Einzelfällen, die beide schon lange zurückliegen, aber die Forschung noch immer beeinträchtigen.

Bereits dreimal in den letzten acht Jahren mußten Anfragen nach dem Lübecker Codex 152 mit schriftlichem Achselzucken beantwortet werden; u. a. die Kommission zur Herausgabe der Urkunden Kaiser Friedrichs II. an der Universität München und die Kommission für die deutsche Literatur des Mittelalters bei der Bayerischen Akademie der Wissenschaften mußten auf ihre erhofften Quellen verzichten. Die Handschrift hatte es ohne Zweifel in Lübeck gegeben, denn Autoritäten der Quellenkunde – angefangen von Wilhelm Wattenbach 1851[29] – erwähnten sie in Aufsätzen, zählten

---

[28] Abgebildet bei Heinz Mahn: „Der lübeckische Maler Heinrich Eduard Linde-Walther" in: Der Wagen (1940), S. 147-153.

[29] Wilhelm Wattenbach: „Notizen aus Handschriften der Stadtbibliothek zu Lübeck" in: Archiv für Kunde österreichischer Geschichtsquellen 1851, Notizenbl. Nr. 24, Beitr. 16, S. 382-384.

Teile ihres Inhalts auf, bewerteten die Zuverlässigkeit ihrer Nachrichten. Aber schon die Numerierung paßt nicht zu der Zählung der Handschriften nach Fächern (z. B. Ms. hist.), die seit etwa 1900 in Lübeck üblich ist. Keiner der von Wattenbach und anderen genannten Verfasser taucht in den Registern der Kataloge auf, die immer wieder ob ihrer Verläßlichkeit und Akribie erstaunen machen. (Weber hat beispielsweise in der Sammelhandschrift Ms.philol. 8 ° 11, einer Art Zitatensammlung, über 40 teils nur zweizeilige Bruchstücke aus lateinischen Gedichten identifiziert; Hagens Handschriftenbeschreibungen enthielten soviel Auskunft über den Text, daß der spanische Germanist Macia Riutort i Riutort darauf aufbauend in den siebziger Jahren über eine in Rußland verschollene niederdeutsche Handschrift seine Dissertation schreiben konnte!) War die Handschrift zwischen ihrer ersten Erforschung im 19. und der großen Handschriftenkatalogisierung im 20. Jh. verschwunden?

Der Zufall brachte einiges Licht in das Dunkel. Die Bibliothekare hatten die Entwürfe für ihre Kataloge auf Zettel einer Kartei geschrieben und erst die Reinschrift übersichtlich in die großen Lederbände eingetragen. Im Archiv der umgearbeiteten Kataloge fand sich ein Kasten solcher Zettel mit unklaren Fällen – sauber beschriftet, aber in Vergessenheit geraten. Hier war auch der Entwurf zur Beschreibung jenes Codex 152 abgelegt, Veröffentlichungen über ihn noch bis 1929 nachgetragen[30] und schließlich vermerkt: „Bl. 236v u. 262v Dez. 31 von Appel photographiert für Dr. J. Vilikovsky, Bratislava."

Man darf vermuten, daß die Handschrift trotz Hagens Pensionierung 1934 zur weiteren Bearbeitung durch ihn liegengelassen wurde, da er noch bis kurz vor seinem Tod 1938 wissenschaftlich hervortrat und in der Bibliothek arbeitete. Mit dem Kriegsausbruch wurde die Personaldecke der Bibliothek aber so ausgedünnt, daß die Kräfte gerade ausreichten, um die Handschriften- und Inkunabelkataloge zu Ende zu bringen und die 1942 und 1944 erfolgte Auslagerung zu bewältigen – die qualifizierte Auswahl der Stücke wie auch die physische Verladearbeit. Die „verschwundene Handschrift" wird wohl unter ihrer alten Nummer „Cod. 152" mit ausgelagert worden sein – vielleicht kehrt sie noch zurück.

Dann stünde ein weiteres Stück der Büchersammlung des Ratssyndikus Simon Batz von Homburg wieder zur Verfügung, die der Rat nach seinem Tode 1464 als Grundstock einer Bibliothek erwarb. Eigentlich als Briefsteller und Zitatensammlung angelegt, enthielt sie doch einen Reichtum historischer Nachrichten und bemerkenswerter Verse, unter anderem zwei lateinische Gedichte zum Lobe Lübecks – eine Literaturgattung, die gerade jetzt das Interesse der Forschung beschäftigt.[31]

---

[30] Nov. 1927 – Jan. 1928 wurde der Codex in der Unversitätsbibliothek Heidelberg von Emmy Keller-Lantz benutzt, deren Doktorarbeit Carl Hampe 1929 in der Heidelberger Akademie der Wissenschaften vorlegte; vgl. Dt. Literaturzeitung für Kritik der internationalen Wissenschaften (1929), Nr. 8, S. 398.

[31] Für Lübeck zuletzt Hartmut Freytag: „Lübeck im Stadtlob der frühen Neuzeit" in: Zeitschrift des Vereins für Lübeckische Geschichte und Altertumskunde 75 (1995), S. 137-174.

War hier das Verschwinden in diesem Jahrhundert zu vermuten gewesen, so verlieren sich die Spuren in dem zweiten Fall schon in der Frühzeit der Bibliothek. Als ihr erster Leiter, der Rektor des Katharineums und früherer Professor in Rostock, Johannes Kirchmann, 1622 mit eigener Hand das sauber geschriebene Verzeichnis der Bücher anlegte, die aus den verschiedenen Bibliotheken der Stadt zur Stadtbibliothek im heutigen Scharbausaal vereinigt worden waren,[32] notierte er als vierte Folio-Handschrift aus der Ratsbibliothek einen Codex, der enthielt:

> Eiusdem [d.i. Josephi Flavii] de bello Iudaico lib. VII in membr.
> Theodrici monachi historia de antiquitate regum Norwegensium
> Vita beatae Genovefae virginis edita a domino Wilhelmo abbate de Paracleto
> Historia der profectione Danorum in Hierosolymam

Dieses Buch hatte schon bis dahin eine bewegte Geschichte gehabt: es gehörte mit seinen nordischen Bezügen wohl zu den Handschriften, die der päpstliche Legat und Ablaßhändler Marinus de Fregeno zwischen 1457 und 1465 in den nordischen Ländern gesammelt hatte. Eine wesentlich weniger integre Gestalt als der oben erwähnte Kardinallegat Raimundo Peraudi, wurde er der Unterschlagung und des Bücherdiebstahls angeklagt und 1465 vom Papst abberufen; seine Bücher wurde u. a. auch vom Lübecker Rat konfisziert.[33]

Von den Schriften dieses Sammelbandes ist vor allem die Geschichte der Könige von Norwegen von großem Wert, da sie eine der frühesten Quellen zu diesem Thema darstellt (um 1190 entstanden). Das erkannte schon Kirchmann und plante die Herausgabe der Dänemark und Norwegen betreffenden Teile im Druck; er schrieb sie ab und beantragte beim dänischen Reichskanzler Christian Friis 1629 dafür Unterstützung. Aber erst 1684 gelang es Kirchmanns Enkel Bernhard Caspar, die beiden Quellen in Amsterdam drucken zu lassen.[34]

Auf der Suche nach dem maßgeblichen Text der Quelle steht aber die Forschung nun vor einem Dilemma, das man nach Prof. Dr. Hartmut Röhn (Humboldt-Universität Berlin) verkürzt so beschreiben kann: Der deutsche Mittelalterforscher und Kirchenhistoriker Paul Lehmann entdeckte 1936 in der Preußischen Staatsbibliothek zu Berlin ein Abschrift des Theodericus-Textes von Johannes Kirchmanns Hand. Aber diese stimmt nicht mit den Handschriften überein, die für die 1684, 1783 und 1880 gedruckten Ausgaben verwendet wurden. Diese führen sich aber auch wieder auf Kirchmann zurück. Ohne die Lübecker Handschrift kann man nicht klären, welche der Abschriften dem ursprünglichen Text am nächsten steht.

Nun ist aber dieser Band nicht wie viele aus dem Gründungsbestand der Stadtbibliothek auf dem Boden ehemaligen Sowjetunion zu suchen, denn schon Bibliotheksdi-

---

[32] Ms.Lub. 2° 682.
[33] Hierzu und zum Folgenden Paul Lehmann: Erforschung des Mittelalters. Bd. 1. Stuttgart 1959, S. 288-291.
[34] Vgl. Gudrun Lange: Die Anfänge der isländisch-norwegischen Geschichtsschreibung. Reykjavik 1989 (Studia Islandica; 47), S. 14-15.

rektor Struck konnte 1936 Lehmann auf seine Anfrage nur noch ein „einstweilen verschwunden" melden. Tatsächlich ist er wohl schon zu Kirchmanns Zeiten wieder der Bibliothek entnommen worden. 1689 reichte nämlich das alte Kassenbuch der Katharinenkirche, in dem man 1622 den Katalog der Stadtbibliothek eingetragen hatte, nicht mehr aus. Man verfaßte einen großzügig angelegten Katalog, der in 7 hellen Pergamentbänden die libri theologici, philosophici usw. aufführte. Es war ein akribisches Verzeichnis, das bis in das 19. Jh. hinein seinen Zweck erfüllte und tausende neuer Bücher aufnahm. Die Einträge sind detailliert genug, daß man einen Flavius Josephus, einen Theodericus, einen Wilhelm von Paracleto finden müßte, wenn denn ihre Schriften damals noch vorhanden gewesen wären. Wahrscheinlich hat Johannes Kirchmann den Sammelband ausgeliehen, weil er an der Edition arbeitete, und dieses Vorhaben ging mit dem zugrundeliegenden Material an seine Erben über. Kirchmann hat ja seine eigenen Bücher nicht der Stadtbibliothek vermacht oder verkauft; der oben erwähnte Aesop aus seinem Besitz kam über Scharbaus Bibliothek erst nach 1759 in Lübecks öffentlichen Buchbesitz.

Aber wo ist der Sammelband mit dem Theodericus-Text jetzt? Ein mühseliger, aber lohnender Versuch, ihn wiederzufinden, wäre die Suche nach der Flavius-Josephus-Handschrift. Allerdings haben sich die Herausgeber von Josephus' Werken eher auf die Handschriften in der griechischen Originalsprache gestützt; die Zahl der Handschriften der lateinischen Übersetzung ist fast unübersehbar. Das Editionsunternehmen „Corpus Scriptorum Ecclesiasticorum Latinorum" hat den Bd. 37 für den „Josephus Latinus" reserviert, aber er ist noch nicht erschienen. Jedoch hat der dänische Mediävist Franz Blatt eine Übersicht über rund 200 Handschriften veröffentlicht.[35] Dabei hat er auch 55 Stücke aufgeführt, die nur die sieben Bücher über den „Jüdischen Krieg" allein enthalten – sie sind indessen nicht so ausführlich beschrieben, daß man die ehemals Lübecker Handschrift mit ihren Begleitern darunter wiedererkennen könnte. Aber es ist zu hoffen, daß eine Pergamenthandschrift dieses berühmten Werks, das den Anfang des Codex bildete, der Aufmerksamkeit von Forschern und Bibliothekaren nicht entgangen ist, und daß die angebundenen Stücke nicht abgetrennt wurden – immer vorausgesetzt, der Band ist nach 1689 irgendwo wieder in einer öffentlich zugänglichen Sammlung aufgetaucht ...

***

Die genannten Entdeckungen werfen mehr Fragen auf als der Bibliothekar während seiner laufenden Arbeit weiterverfolgen kann. Oft bedarf es des Anstoßes von außen, des Aufenthalts von Experten ihres Faches in Lübeck, um überhaupt auf solche Funde

---

[35] Franz Blatt: The Latin Josephus. Part 1: Introduction and text: the „antiquities" I-V. Aarhus: Universitetsforl., 1958 (Acta Jutlandica; 30, 1). – Ich danke Herrn Dr. Richard Gerecke von der Staats- und Universitätsbibliothek Hamburg für diesen Hinweis. Der von großzügiger Kollegialität gekennzeichneten beratenden Unterstützung aus der großen wissenschaftlichen Bibliothek der Schwesterstadt verdankt die Stadtbibliothek Lübeck nicht nur in diesem Fall wesentliche Hilfe bei ihrer Arbeit.

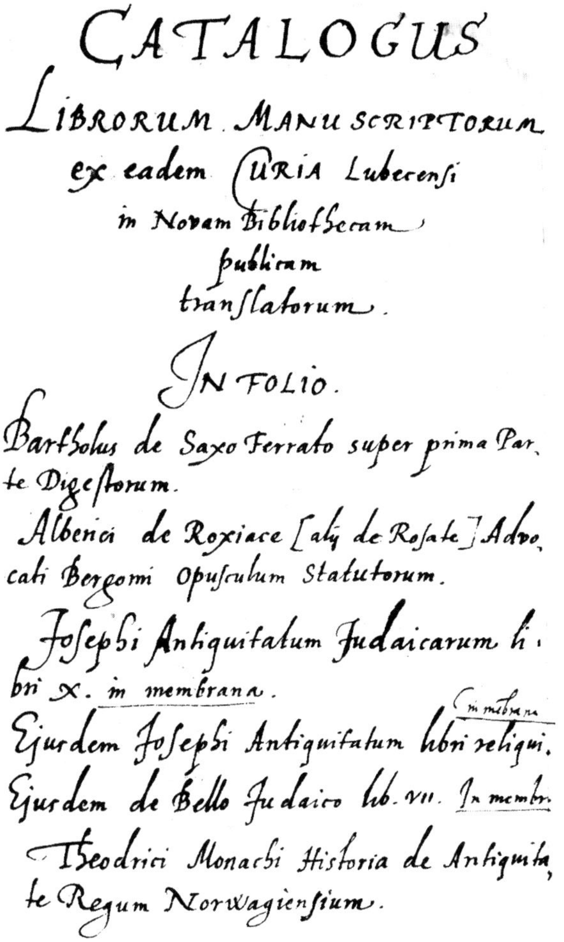

> *CATALOGUS*
> *Librorum Manuscriptorum*
> *ex eadem Curia Lubecensi*
> *in Novam Bibliothecam*
> *publicam*
> *translatorum.*
>
> *In Folio.*
> 1. Bartholus de Saxo Ferrato super prima Parte Digestorum.
>   Alberici de Roxiate [alÿ de Rosate] Advocati Bergomi Opusculum Statutorum.
> 2. Josephi Antiquitatum Judaicarum libri X. in membrana.
> 3. Ejusdem Josephi Antiquitatum libri reliqui. (in membrana)
> 4. Ejusdem de Bello Judaico lib. VII. In membr.
>   Theodrici Monachi Historia de Antiquitate Regum Norwagiensium.

Abb. 7. Die letzte Spur einer verschollenen Handschrift: Bl. 28 aus Ms. Lub. 2 °682, dem ersten Zugangsverzeichnis der Stadtbibliothek (Autograph ihres ersten Leiters, des Rektors am Katharineum Johannes Kirchmann, 1622). Aufgeführt sind die aus der Bibliothek des Rates („Curia") überstellten handschriftlichen Bücher im Folio-Format. Die Nummern 2 bis 4 enthielten Schriften von Flavius Josephus; an die Nummer 4 war als zweites Stück die „Älteste Geschichte der Könige von Norwegen" des Mönchs Theoderich (um 1190) angebunden, die als wichtige frühe Quelle gesucht wird. Schon im folgenden Katalog der Stadtbibliothek von 1689 fehlt der Codex.

zu stoßen, oft gelingt auch ihre Entschlüsselung wieder nur mit auswärtiger Hilfe. In Ermangelung einer Universität mit breit ausgebauten geisteswissenschaftlichen Fachbereichen am Ort ist es das Bestreben der Bibliothek, über ihr Vortrags- und Veranstaltungsprogramm immer wieder Forschende zur Arbeit in Lübeck selbst zu bewegen. Einige erfolgreiche Schritte in dieser Richtung sind bereits markiert. So arbeitet die Forschungsstelle „Geschichte der Literatur in Lübeck" unter der Leitung von Prof. Hartmut Freytag (Universität Hamburg) in der Bibliothek an einer Datenbank aller in Lübeck entstandener oder von Lübeckern verfaßter Literatur vor 1945 im weitesten Sinne. Das Graduiertenkolleg „Griechische und byzantinische Textüberlieferung / Wissenschaftsgeschichte / Humanismusforschung und Neulatein" an der Universität Hamburg bezieht die Lübecker Bestände in seine Tätigkeit ein. Das Germanistische Seminar der Universität Münster veranstaltete unter Prof. Jan Goossens zwei Blockseminare zur germanistischen Handschriftenkunde in den

Räumen und mit den Beständen der Bibliothek.[36] Auch der Mittelalter- und Kirchenhistoriker Prof. Kaspar Elm von der Freien Universität führte mit Lübecker Handschriften ein Blockseminar durch.

Das Engagement der in Lübeck Forschenden trägt jedoch auch dazu bei. Erinnert sei an die Arbeiten, die aus dem Institut für Medizin- und Wissenschaftsgeschichte der Medizinischen Universität zu Lübeck gestützt auf die als Dauerleihgabe zur Verfügung stehenden medizinischen Altbestände der Stadtbibliothek vorgelegt werden.[37] Ebenso besteht in dem Forscherkreis um das Projekt „Lübecker Hausforschung" mit seiner Publikationsreihe „Häuser und Höfe in Lübeck" Interesse an der Geschichte von Buchbesitz und Bibliotheksbeständen.[38] Das Amt für Denkmalpflege wertet die Zeitungsbestände der Stadtbibliothek auf relevante Angaben zu Gebäuden aus. Jüngst ist auch die Fachhochschule Lübeck verstärkt ins Bild getreten: sie bezog einen Vortrag zum vierhundertjährigen Todesjahr des Lübecker Rechenmeisters Franciscus Brasser in ihre 25-Jahrfeiern ein und trug damit zum Beginn der Erforschung alter Rechenbücher der Stadtbibliothek bei, die zur Entdeckung der o. g. mathematischen Handschriften führten. Der langjährige Fachleiter für Mathematik an der Abteilung Gymnasien des Lübecker Instituts für Praxis und Theorie der Schule, Oberstudiendirektor i. R. Jürgen Kühl erforscht, dadurch angeregt, den Lübecker Rechen- und Schreibmeister der Barockzeit, Arnold Möller. Besonders bemüht er sich, handschriftliche Lösungshefte („Einschreibebücher") aus öffentlichen und privaten Sammlungen Schleswig-Holsteins und Hamburgs zu den Drucken von Rechenbüchern Möllers und seiner Zeitgenossen (insbesondere aus der Lübecker Stadtbibliothek) aufzuspüren. Hierüber – u. a. über die für die zweite Septemberhälfte 1997 geplante Ausstellung unter Möllers Epitaph in der Lübecker Katharinenkirche – wird in Zukunft noch zu berichten sein.[39]

---

[36] Vgl. Robert Schweitzer: „Lehrende und Lernende in der Stadtbibliothek" in: Lübeckische Blätter 157 (1992), S. 128-129.

[37] Zuletzt Peter Voswinckel: „Der dänisch-lübeckische Arzt und Chymikus Johannes Scerbecius" in: Analecta Paracelsiana, hrsg. von Joachim Telle. Stuttgart 1994, S. 305-334; und wieder ders.: „Ein ‚Odysseus des Nordens': der lübeckische Medikus Johannes Scherbeck" in: Der Wagen 1995/96, S. 202-216.

[38] Z. B. Manfred Eickhölter: „Aus der Gründerzeit der Stadtbibliothek Lübeck: Buchgeschenke als Quelle der Bibliotheksgeschichte" in: Lübeckische Blätter 156 (1991), S. 157-160.

[39] Vgl. dazu demnächst Jürgen Kühl; Otto Marckwardt: „Eine Näherungskonstruktion für reguläre n-Ecke in einem Geometriebuch für Kinder vom Jahre 1778 [Johann Nikolaus Müller: Vorbereitung zur Geometrie für Kinder, Göttingen: Vandenhoek]", erscheint in: Mathematisch-naturwissenschaftlicher Unterricht, Jg. 1997, H. 5; Jürgen Kühl: „Auf der Grenze zwischen Schreib- und Rechenkunst: mathematische Gesetzmäßigkeiten in der Titelblattdekoration von Arnold Möllers ‚Schreibkunstspiegel' ", erscheint 1997 in: Zeitschrift des Vereins für Lübeckische Geschichte und Altertumskunde.

WILHELM STAHL ZUM 125. GEBURTSTAG

Arndt Schnoor

Wilhelm Stahl ist eine der überragenden Musikerpersönlichkeiten Lübecks in unserem Jahrhundert gewesen. Er hat auf mehreren Gebieten wichtige Beiträge zur musikalischen Kultur unserer Stadt geliefert. Sein 125. Geburtstag soll Anlaß für eine Würdigung seiner Person sein.

Wilhelm Stahl wurde am 10. April 1872 in Groß-Schenkenberg als Sohn eines Zieglermeisters geboren. Er ließ sich zunächst zum Lehrer ausbilden, hatte aber parallel Orgelunterricht bei dem Marienorganisten Karl Lichtwark. Weiteren Unterricht in Gesang und Musiktheorie erhielt er bei Professor Carl Stiehl, der u. a. Musiklehrer am Katharineum und Leiter der Musikabteilung der Stadtbibliothek war. Stahls Neigungen galten zum einen seiner Arbeit als Pädagoge, wo er sich im Laufe der Zeit immer weiter fortbildete und schließlich als Seminarlehrer für die Ausbildung des pädagogischen Nachwuchses zuständig war, bis das Seminar aufgelöst wurde. Danach unterrichtete er noch einige Jahre an der Oberrealschule zum Dom Musik. Seine pädagogischen Fähigkeiten konnte er außerdem als Lehrer für Musikgeschichte am Konservatorium für Musik, der späteren Landesmusikschule und jetzigen Musikhochschule, unter Beweis stellen.

Zum anderen galt sein Interesse aber auch dem praktischen Musizieren. So trat er sowohl als Chorleiter wie als Sänger in solistischen Partien bei Kirchenkonzerten auf.

1906-07 studierte er Musik am Königlichen Konservatorium in Dresden u. a. bei Fährmann und Draeseke und schloß mit dem Konzertorganistendiplom ab.
Er hatte zuvor schon die städtischen Organisten bei den sonntäglichen Gottesdiensten auf der Orgelbank vertreten. Ab 1897 war er dann als Organist und Chorleiter in der St. Matthäi-Gemeinde tätig. Hier hatte er mit der neu gebauten Marcussenorgel mit 32 Registern ein schönes Instrument für die Darstellung vor allem der Orgelwerke der Romantik gefunden.

Ab 1922 konnte er schließlich als Nachfolger von Hermann Ley als Organist am Lübecker Dom an der dortigen großen Walckerorgel mit 64 Registern ein breitgefächertes Repertoire zu Gehör bringen. Dabei wußte er seine Konzerte durch die Mitwirkung von Solosängern, Instrumentalisten oder Chören für die Zuhörer abwechslungsreich zu gestalten.

Schwerpunkte in seinen Konzerten waren die Werke von J. S. Bach und der deutschen Romantiker Rheinberger und Reger. Für die Musik der Romantik setzte er sich noch zu einer Zeit ein, als der Geschmack sich der Epoche des Barock genähert hatte. Natürlich waren auch Werke der Barockzeit in seinen Konzerten zu hören. Dabei machte er die Lübecker mit vielen bis dahin unbekannten Werken kleinerer Meister bekannt und führte auch Werke aus dem Bestand der Stadtbibliothek, z. B. das Magnificat für Orgel des Buxtehude-Nachfolgers Schieferdecker, oder Arien aus den Abendmusiken der Familie Kunzen auf, die er für diese Anlässe einrichtete. Hinzu kamen einzelnen Komponisten gewidmete Konzerte, wie z. B. eine Bach- oder Lisztfeier, für die er sogar Kammermusikwerke für die Orgel übertrug.

Sein Orgelspiel wurde von den Kollegen geschätzt. Bei den Aufführungen Bachscher Oratorien in der Marienkirche unter Leitung von Walter Kraft trat er z. B. neben Hugo Distler am Cembalo als Continuospieler an der Orgel auf.

Theorie und Praxis waren für Stahl eng miteinander verbunden. Infolgedessen blieb es nicht nur bei theoretischen Studien zur Musik. Sie hatten entweder direkten Bezug zur Praxis, wie sein Musikgeschichtslehrbuch für Musikstudenten, oder führten zu Notenausgaben zum praktischen Gebrauch. Hier wären einige Sammlungen, wie z. B. ein Weihnachtsalbum für Klavier, oder eine „Ostermusik" genannte Zusammenstellung von Kompositionen zur Osterzeit zu nennen. Auch an der Neufassung des Lübecker Choralbuchs von 1921 und später des Choralbuchs von 1930 war er beteiligt. Dabei kam ihm sein Wissen um lokalgeschichtliche Traditionen und seine praktischen Erfahrungen als Organist bei der Festlegung der Choralmelodien zugute.

Ein weiterer Aspekt seiner musikgeschichtlichen Ambitionen galt dem Volkstanz. Hier gipfelten seine Forschungen in mehreren Sammlungen mit Volkstänzen, insbesondere aus dem Lübecker Raum.

1939 wurde Stahl als Domorganist von Erwin Zillinger abgelöst, dem die Domorgel allerdings nur noch 3 Jahre, bis zur Zerstörung des Doms 1942, zur Verfügung stand. Der Bombenangriff auf Lübeck im Jahre 1942 hat Stahl auch persönlich getroffen, denn seine Wohnung in der Nähe des Doms wurde ebenfalls zerstört. Dabei gingen viele von ihm gesammelte Aufzeichnungen und Notenmanuskripte zur Musikgeschichte Lübecks verloren.

Nach seinem Ausscheiden als Domorganist wurde er zum Sachberater für Kirchenmusik und 1940 zum Referenten für das Kirchenorchester berufen. 1931 war er vom Kirchenmusiktag zum Vorsitzenden gewählt worden. Zu seinen Aufgaben gehörte auch die Beratertätigkeit bei der Besetzung von Organistenstellen. Bekannt ist seine Mitwirkung bei dem Bewerbungsverfahren Hugo Distlers um das Organistenamt an

St. Jakobi. Auch in Fragen des Orgelbaus wurde sein Rat gerne eingeholt, war er doch mit der Geschichte der Lübecker Orgeln durch seine vielen Publikationen bestens vertraut. Überhaupt wurde die Beschäftigung mit der Musikgeschichte seiner Heimatstadt Lübeck mehr und mehr Schwerpunkt seiner Arbeit. In dieses Thema hatte ihn sein Lehrer Carl Stiehl eingeführt. Schon Stiehl hatte eine kurze Musikgeschichte Lübecks verfaßt und in etlichen anderen Schriften auf einzelne musikgeschichtliche Aspekte hingewiesen. Damit hatte Stiehl das Amt des Leiters der Musikabteilung der Stadtbibliothek eng mit der Aufgabe eines Stadtmusikgeschichtsschreibers verknüpft. Stahl, ab 1915 sein Nachfolger in der nebenamtlichen Betreuung der Musikabteilung der Stadtbibliothek und schließlich erst 1920 fest eingestellt, hat diesem Anliegen Stiehls gern entsprochen. So führte er zu vielen Einzelaspekten der Lübecker Musikgeschichte Untersuchungen durch, die selbst durch die heutige Forschung noch nicht überholt sind. Zum Teil bieten seine Aufsätze Einblicke in Themen, die wegen des Verlustes von Quellenmaterial im Zweiten Weltkrieg heute nicht mehr am Original nachvollziehbar sind. Seine vielfältigen Aktivitäten auf diesem Gebiet gipfelten in seiner „Musikgeschichte Lübecks", die in zwei Auflagen erschien und die ihm nach dem Kriege die Ehrendoktorwürde der Universität Kiel einbrachte.

Außerdem ging es ihm neben der Verwaltung und Mehrung des Bestandes gleichzeitig um die Vermittlung der Altbestände in Konzerten und Ausstellungen. So organisierte er Konzertabende mit Werken des Lübecker Komponisten Heinrich Stiehl oder z. B. auch für Franz Schubert zu dessen 100. Todestag. An herausragenden Ausstellungen wären Zusammenstellungen z. B. von Werken Beethovens zu dessen 100. Todestag, eine Ausstellung zur „Wandlung der Notenschrift von den mittelalterlichen Neumen zur Meistersingerpartitur" und eine begleitende Präsentation von Bibliotheksbeständen zur „Nordisch-Deutschen Orgelwoche" 1931 zu nennen.

Durch die Veröffentlichung zweier Auswahlkataloge zur den Musikbeständen der Stadtbibliothek tat er ein weiteres, um die wertvollen Bestände in der Öffentlichkeit bekannt zu machen. Die Kataloge sind noch heute, – obwohl leider durch die Kriegsereignisse in einigen Punkten überholt – , ein wichtiges Findmittel bei der Arbeit mit der Musiksammlung.

Seine bibliothekarischen Erfahrungen aus seiner Tätigkeit an der Stadtbibliothek setzte er auch als wissenschaftlicher Leiter der Bibliothek des Staatskonservatoriums ein. Nachdem diese Bibliothek 1942 ein Opfer der Flammen geworden war, gelang es Stahl durch Aufrufe an die Lübecker Bevölkerung mit der Bitte um Notenspenden, die Bibliothek schnell wieder neu aufzubauen. Zu Beginn der 50er Jahre gab er dann die Leitung der beiden Musikbibliotheken in jüngere Hände. Bis zu seinem Tod 1953 war er aber immer noch für die Forschung aktiv. Davon zeugen z. B. einige bisher nicht veröffentlichte, im Manuskript vorliegende Bände zu musikwissenschaftlichen Themen, die jetzt in der Stadtbibliothek verwahrt werden.

Dieser Abriß seines Lebens kann natürlich nur ansatzweise aufzeigen, welch eine Lebensleistung Wilhelm Stahl für „sein Lübeck", wie es in der Widmung seines

Bandes zur „Musikgeschichte Lübecks" heißt, erbracht hat. In ihm verbanden sich Theorie und Praxis auf das glücklichste, was zu jener Zeit nicht immer der Fall war. Es war nicht die Forschung um ihrer selbst willen, die Stahl reizte. Ihm ging es um die Schaffung der theoretischen Grundlagen, die für die praktische Beschäftigung mit Musik so wichtig sind. Dabei war er seiner Zeit weit voraus. Erst heute sehen wir das vermehrte Bestreben, eine engere Verflechtung zwischen Musikwissenschaft und praktischem Musizieren herzustellen.

Lübeck hat Stahl für seine Arbeit geehrt durch die Vergabe des Professorentitels und durch die Benennung einer Straße in „Wilhelm-Stahl-Weg".

Die Lübeckische Kirche gab einen Kompositionsauftrag an den langjährigen Kollegen Stahls, Walter Kraft. Er schrieb für Stahl die geistliche Musik „Unser Leben währet siebzig Jahre" aus Anlaß seines 75. Geburtstages.

Die größte Ehrung für Wilhelm Stahl ist aber sicherlich die Tatsache, daß man bei der Beschäftigung mit der Lübecker Musikgeschichte und vielen anderen musikwissenschaftlichen Themen immer noch gerne auf seine wichtigen Studien zurückgreift. Sein Lebenswerk findet also weiterhin Beachtung und Anerkennung.

Prof. Wilhelm Stahl am Klavier

Fotos: Hans Kripgans

BRIEFE VON FELIX MENDELSSOHN BARTHOLDY IN DER STADTBIBLIOTHEK LÜBECK

EIN BEITRAG ZU SEINEM 150. TODESJAHR

Arndt Schnoor

Bei der Beschäftigung mit der Biographie Felix Mendelssohn Bartholdys in diesem in der Musikwelt an Jubiläen so reichem Jahr sind einige bisher nur wenig beachtete Beziehungen zu Lübeck zu entdecken.

Mendelssohn war in der ersten Hälfte des 19. Jahrhunderts sicherlich einer der bedeutendsten und populärsten Komponisten, Schumann nannte ihn nicht zu Unrecht den „Mozart des 19. Jahrhunderts". Seine Werke wurden häufig gespielt, die von ihm ausgerichteten Konzerte gerne besucht und seine pädagogische Tätigkeit in Leipzig, wo er ein Konservatorium für Musik gründete, zog lernbegierige Schüler an. Darunter war auch der spätere Lübecker Marienorganist Hermann Jimmerthal. Bei ihm ist der Einfluß von Mendelssohn in seinem späteren Wirken an St. Marien sehr deutlich erkennbar. Nicht nur daß er Werke seines Lehrers für Orgel bearbeitete, er begann auch mit der Pflege der Bachschen Orgelmusik und führte einige seiner Kantaten in Lübeck auf. Damit brachte er die wesentlich von Mendelssohn beeinflußte „Bachrenaissance" nach seinem Studium mit nach Lübeck zurück.

Ein zweiter Schüler von Mendelssohn, der später in Lübeck wirkte, war der Städtische Musikdirektor Carl Ludwig August Bach (1809-1850). Während seiner kurzen Amtszeit in Lübeck von 1845 bis 1850 setzte er sich u. a. auch für die Werke seines Lehrers ein und veranstaltete ein Gedenkkonzert nach dessen Tod, wo Bach selbst die Solovioline in Mendelssohns Violinkonzert op. 64 spielte.

Die Tatsache, daß die beiden wichtigsten musikalischen Ämter in Lübeck in der Mitte des vorigen Jahrhunderts von Schülern Mendelssohns ausgeübt wurden unterstreicht dessen Bedeutung für das damalige Musikleben.

In der Gattung der Oper hatte Mendelssohn allerdings keine wesentlichen Werke schaffen können. Auf der Suche nach einem passenden Stoff wurde er von seinem Freund Eduard Devrient auf die Geschichte der Loreley aufmerksam gemacht. Devrient schlug ihm als Librettisten Emanuel Geibel vor.

Beide trafen sich in den nächsten Jahren mehrmals persönlich, um die Textfassung ausführlich zu besprechen. Glücklicherweise haben sich in dieser Sache mehrere Briefe von Mendelssohn an Geibel erhalten, die Teil des von der Stadtbibliothek Lübeck verwahrten Nachlasses des Dichters sind. Sie sollen im folgenden erstmals vollständig veröffentlicht werden.

Zur besseren Verständlichkeit der Briefe sei eine kurze Einführung in den Stoff der Oper vorangestellt.

Der Pfalzgraf Otto steht vor der Hochzeit mit seiner Verlobten, der Gräfin Bertha. Er verliebt sich jedoch in die Schenkwirtstochter Lenore. Sie ist ebenfalls in ihn verliebt, weiß jedoch nichts von seiner Stellung und glaubt, er sei ein Jäger. Ottos Seneschall Leupold begleitet ihn zu einer Klippe, wo er sich mit Lenore treffen möchte. Leupold bittet ihn, Lenore aufzugeben, was Otto sich auch vornimmt. Er ist aber nicht in der Lage, mit Lenore zu brechen. Daher trifft sie der Betrug um so härter, als sie einige Stunden später sieht, wie Otto mit seiner Braut die Huldigungen der Landleute entgegennimmt. Lenore flieht an den Rhein, wo sie sich oftmals mit Otto getroffen hatte. Sie sinnt auf Rache. Es wird Abend, und die Wasser- und Windgeister, zusammen mit den Wassermännern versprechen ihr Hilfe. Sie wünscht sich betörende Schönheit und Liebesgewalt und verspricht dafür, Braut des Rheines zu werden.

Der 2. Akt spielt in der Festhalle der Burg des Pfalzgrafen. Zu Beginn kommt der Hochzeitszug aus der angrenzenden Schloßkapelle. Nach einem Huldigungschor und einem Segensspruch des Erzbischofs wird zum Mahl geladen. In diesem Augenblick fällt Ottos Wappenschild von der Wand und zerspringt. Dies wird als schlechtes Zeichen gedeutet, von Otto aber als Aberglauben abgetan.

Da erscheint Lenore und betört Otto und seine Ritter mit ihrer Schönheit. Es kommt zum Kampf zwischen den Rittern und Otto um Lenore. Der Erzbischof erscheint und läßt Lenore wegen Zauberei verhaften. Bertha hat sich in eine Seitenkapelle geflüchtet und wünscht sich in einer als Wandlung überschriebenen Szene den Tod. Reinald erscheint und berichtet ihr von dem bevorstehenden Gericht.

Die Priester fordern Lenores Tod. Als Lenore aber von ihren Gründen für ihre Tat spricht, wird sie freigelassen und soll in ein Kloster geführt werden. Otto nähert sich ihr, der Erzbischof tritt aber dazwischen und verhängt schließlich den Kirchenbann über ihn.

Der 3. Akt spielt vor einem Frauenkloster am Rhein. Die Winzer begehen ihre Herbstfeier. Hubert, der Vater Lenores, erscheint und verkündet den Tod Berthas aus Gram über ihren treulosen Gatten. Lenore tritt aus dem Kloster und berichtet ihrem Vater von quälenden Träumen, als plötzlich Otto mit seinen Söldnern erscheint und Lenore fordert. Sie flieht jedoch mit einem Kahn auf den Rhein. Als Otto ihr folgen will, kommt es zwischen ihm und Reinald zum Kampf. Der Trauerzug für Bertha erscheint, trennt die beiden, und beendet die Szene.

Im 7. Auftritt treffen Lenore und Otto an der Klippe aufeinander. Lenore weist ihn ab, und er stürzt sich in den Rhein. Reinald, Hubert und die Winzer erscheinen und wollen Lenore holen. Da öffnet sich der Felsen, und Lenore tritt durch eine Pforte ein, um für immer „von verlorner Liebe" zu klagen. Ein Geisterchor preist sie als Königin des Rheins und beschließt das Werk.

Es folgen die erhaltenen Briefe Mendelssohns und zwei Briefe seiner Frau Cécile an Emanuel Geibel aus den Jahren 1845-1847

Felix Mendelssohn Bardholdy, Lithographie von A. Dirks in „Paulus", op. 36, Klavierauszug, Bonn o. J.

Lieber Herr Doctor

Beifolgend die genaue Abschrift Ihres Entwurfs (dessen Original ich wohl behalten darf?) und auf einem besondern Bogen eine Menge Fragen, Wünsche, u. dergl. – daß <u>ich</u> die Geduld nicht bei einer <u>solchen</u> Arbeit verliere, das glauben Sie mir wohl. Wenn <u>Sie</u> sie nur nicht verlieren!

Ich habe seit den letzten Tagen viel über den Entwurf nachgedacht, u. ich glaube darin mich gewiß nicht zu irren, wenn ich den Stoff für einen ächt deutsch opernhaften guten halte, wenn ich die einzelnen Schönheiten Ihres Entwurfes wie ich sie auf meinem Bogen aufzähle für eben so viele <u>fertige</u> Stellen, die gar nicht besser werden können, anerkenne; wenn ich aber auch andrerseits immer darauf zurückkomme, daß der eigentliche dramatische Faden (le sujet, der plot der Engländer) noch nicht da ist, daß also die eigentliche Verbindung der Charactere u. Situationen, das Hervortreten des Einen durch den Andern etc. noch fehlt, und daß ohne denselben das Werk nicht vorwärts schreiten u. lebendig werden kann.

Durch die <u>Fragen</u> auf meinem Bogen deute ich wenigstens in allgemeinstem Umrisse an, was ich mit diesem „Faden" eigentlich meine, Ihrem Entwurfe gegenüber. Ich denke mir wohl, daß Sie keine einzige dieser Andeutungen brauchen u. über viele herzlich lachen werden, – aber wenigstens werde ich mich dadurch in meinen Wünschen klarer gemacht haben, und vielleicht fällt Ihnen, beim Lesen dessen was ich falsch sage, das Rechte ein. Ich brauche Sie nicht erst zu bitten, alles was wir in dieser Angelegenheit correspondiren, als ein Morgengespräch in der Jägerstraße, u. nur als die vertraulichste Mittheilung anzusehen. Ohne <u>alles</u> was wir vorher zusammen besprochen haben, wäre jede meiner Aeußerungen eine Unbescheidenheit und Anmaßung. <u>Sie</u> aber hoffe ich sehen darin nichts als den Wunsch das Werk ins Leben zu bringen und Ihnen dadurch die aufrichtige Dankbarkeit am besten zu beweisen mit welcher ich bin

      Ihr ergebenster

Leipzig d. 9t. December 1845.

                Leipzig d. 21. Jan. 1846

Hochgeehrter Herr Doctor
Mit meiner Antwort hats ein Paar Tage länger gedauert, als ich dachte, weil ich beim ersten Wiederlesen u. Wiederbedenken des Scenars noch ein Paar Ausstellungen zu machen hatte, die allerdings aufs Neue eine Verzögerung verursachen werden; jede Verzögerung ist mir aber gewiß noch unangenehmer, als Ihnen! Drum dachte ich, an einem andern Tage würde mir die Sache anders erscheinen, u. wartete, u. las von Neuem; aber der Eindruck war derselbe; u. unsrer Übereinkunft gemäß darf ich Ihnen das nicht verschweigen; sondern sage es heraus wie folgt.

Oder vielmehr ich will erst alle die Scenen anführen, in welchen, wie mir scheint, keine Aenderung mehr gemacht werden kann und darf, die ich als fertig u. als in sich geschlossen betrachte. Das ist im 1st Acte von Scene 6 bis zum Schluß; der ganze 2te Act bis auf wenige Einzelheiten, wovon nachher; und im 3t. Act vom Blasen des Nothhornus an, bis gegen den Schluß.

Daraus sehen Sie schon, daß es hauptsächlich die Exposition des 1 st Acts ist, mit der ich mich nicht befreunden kann. Ja es ist, damit ichs nur heraussage, der <u>ganze</u> Ritter Gerhard, wo u. wie er auch nur vorkommt. Noch dazu sehe ich keine Nothwendigkeit für ihn, sondern er ist (musikalisch angesehen) eine Schwierigkeit, eine wichtige, wohl hervorzuhebende, wohl zu singende u. spielende Rolle mehr, die nur zum Nachtheil der wirklichen Hauptfiguren (Pfalzgraf, Hubert (wegen des 3ten. Acts/ u. Reinhold {sic!}) in den Vorgrund, u. doch der Natur der Sache nach nicht in den Hintergrund kommen könnte. Alles was mit ihm zusammenhängt gefällt mir im Scenar nicht recht; schon daß Lenore selbst die Oper mit ihrem Streit eröffnet, daß sie die ganze Aventüre mit Gerhard überhaupt gleich haben soll, daß die Chöre erst bei der Verlobung auftreten – alles das scheint mir nicht ganz glücklich, nicht ganz frisch zum Anfang – und da war mir der erste Anfang Ihres ersten Entwurfs mit den Wünzern und der Weinlese viel lieber. Ich bitte Sie überlegen Sie es sich, und ists irgend möglich, so schaffen Sie die ganze Figur wieder fort; sie ist später zugesetzt und ich glaube man merkt es ihr durchgängig an. Freilich bleibt dann immer die Frage, wie die Exposition gut zu machen sei, u. freilich mag es schwer sein, Hubert in den Vorgrund zu bringen, alle Charactere zu entwickeln, u. doch neu u. lebendig zu bleiben – aber Sie sagen ja selbst, dazu sind Sie Poët!

Von Scene 6 an dürfte, wie gesagt, dann nichts geändert werden, nur daß vielleicht nicht gerade die <u>weinende</u> <u>getröstet</u> zu werden brauchte, wenn das andre Motiv es anders mit sich brächte.

Im 2 ten Acte möchte ich nach dem Alleinsein des Reinald die Scene lieber <u>in der</u> Burg, in einem Saale als im Schloßhof sehen. Ich meine es müßte ein ordentliches Hochzeitsmahl sein, bei welchem die Begebenheit mit dem Becher vorfiele. Der förmlichen Anklage des Gerhard (Sc. 6) u. seiner jungen Person braucht es da auch wieder, meiner Meinung nach, nicht; wenn der Erzbischof mit dem Chor dazu kommt, u. den Vorfall mit ansieht, so giebt sich die Anklage von selbst. Hier aber glaube ich müßte sich die Scene verwandeln, u. schön wäre es, wenn zwischen der vorigen, (nämlich dem Erscheinen des Erzbischofs etc. u. seinem Botensenden etc.) u. der folgenden (dem Gericht) irgend eine andre, ruhigere Scene dazwischenläge (vielleicht Reinalds Arie an diese Stelle, statt zu Anfang des Acts, so daß das Hochzeitsfest gleich anfinge?) das gäbe auch noch ein Motiv mehr zu dieser seiner Arie, u. könnte auf sein Einschreiten beim Gericht vorbereiten. – Endlich genügt mir die ganze Verweisung ins Kloster nicht recht. <u>Sehen wir</u> sie nicht im Kloster nachher, so meine ich das ganze Kloster wäre unnütz, u. mir wäre da Verbannung aus dem Lande, von der wir schon früher sprachen, lieber. Auch würde ihr Auftreten im letzten Act, u. die Angst vor ihr, der Geächteten, dadurch natürlicher u. besondrer.

Im letzten Act nun habe ich auch ein Bedenken, das Ihnen vielleicht im ersten Augenblicke misfällt, aber mir ists so lebhaft daß ichs nicht verschweigen kann. Nicht Gerhard sondern der Pfalzgraf muß das erste Opfer der Lore Ley sein! Der ists für den wir uns interessiren, der an ihr gefrevelt hat, wegen dessen sie sich am Schluß des 1sten Acts den Geistern verschwört, der muß auch als ihr Opfer fallen. Und sie dann freilich auch. Aber auch da möchte ich noch eine Erweiterung wünschen; nämlich daß sie durch Reinald u. zwar nicht durch seinen Ausruf: „im Namen Gottes" allein, sondern durch eine längere Scene – Unterredung – mit ihm, der der ganze Chor u. der Vater beiwohnen möchten – und deren Schluß oder höchste Steigerung erst jener Ausruf sein dürfte, dahin gebracht wird den Zauber zu lösen u. sich zur Ruhe in den Rhein stürzt.

„Um Gotteswillen verlieren Sie die Geduld nicht!" Das sagten Sie mir neulich; das gebe ich Ihnen jetzt mit viel größerem Rechte zurück! Verlieren Sie die Geduld nicht! Und lassen Sie mich bald hören daß Sie sie nicht verloren haben!

Immer Ihr ergebner

Leipzig d. 16 Febr 1846.

Hochgeehrter Herr Doctor

Ihr gestriger Brief hat mir viel Freude gemacht, weil er mir beweist daß wir im Grunde immer einer Meinung geblieben sind, was das Ganze betrifft sowohl als was die Einzelheiten! In den nächsten Wochen – spätestens den 5ten oder 6sten März – denke ich wieder auf 6=8 Tage in Berlin zu sein. Was meinen Sie, wenn Sie mir da schon ein Stück ersten Act fertig zeigten? Denn über den Anfang bin ich ganz mit Ihnen einverstanden, u. über das Ende desselben waren wir es ja immer.

Nur über den Tod des Pfalzgrafen muß ich heut noch einige Worte hinzufügen, denn ich kann diese Idee, trotz Ihrer Widerlegung, ja ich möchte sagen gerade erst seit Ihrer Widerlegung, nicht schlecht finden. Was erstlich einmal das Duett nach seinem Tode betrifft – so brauchte es freilich nicht sehr lang zu sein, in keinem Fall aber langweilig, denn ich glaube nicht, daß in ihm das Haupt=Interesse ruht – sondern in ihr; aber die Hauptsache ist, daß dies allerdings nicht erzählt werden darf, sondern daß wir es sehen müssen – u. gerade wie Sie mir die Unmöglichkeit einer solchen Scene beschreiben, meine ich, nur so u. nicht anders könne das Ende sein. Nur das Boot und das Scheitern desselben müssen Sie weglassen (– alles andre sehe ich vor Augen schöner, als mirs die Erzählung sagen kann: wie sie auf dem Felsen (und zwar nicht im Hintergrunde sondern fast ganz im Vorgrunde) sitzt, wie er im Boot kommt, von ihrem Gesange hingezogen wird, u. nun dem Gesange nachgeht (nicht wie im 2ten Act in einem wilden begehrlichen Wahnsinn, sondern in einem stillen, innerlichen, selbstzerstörenden) und wie solche Scene damit schließt daß er sich in den Rhein stürzt (so halb wie im Goetheschen Fischer, aber doch anders) – und wie sie nun am Ende durch das Reinaldsche Wort vertrieben werden, verschwinden, sich im Ungewissen, Sagenhaften verlieren, oder in den Rhein vor jenem Ausrufe stürzen, oder nach dem Tode des Pfalzgrafen ohne jede andre Veranlassung als diesen Tod ihm in den Rhein folgen u. Vater u. Reinald u. alle zurücklassen kann, – alles das scheint mir so lebendig und so natürlich. Ich bitte Sie lassen Sie die Idee wenigstens nicht fallen, ohne sie nochmals recht sorgsam geprüft zu haben. Die Scene wo sie ihn mit ihrem Gesange ins Verderben lockt, die verlaßne Geliebte den Ungetreuen, und wie sie da so ganz eigne süß=saure Weisen u. Worte singen u. sagen könnte – die dächte ich mir fast als den Culminationspunkt des Ganzen.

Auf Wiedersehen also, in kurzem, und wo möglich mitten im ersten Act!

Immer Ihr ganz ergebner

Leipzg 28t. Sept. 1846.

Hochgeehrter Herr

Bei meiner Rückkehr aus England fand ich Ihren Brief und das Manuscript und eile Ihnen meinen besten Dank zu sagen. Durch die sehr bedeutende Aenderung im 3ten Acte haben Sie meiner Meinung nach das Ganze aufs Wesentlichste gehoben und verbessert, und der Schluß bekommt dadurch eine ganz andre Stärke und Erhebung. Das ist ein höchst gelungner Wurf, den Sie da gethan haben, und mit der innigsten Freude las ich diese Entwickelung, die mir jetzt zum Liebsten in dem ganzen Werk gehört, während mir die frühere immer fremd geblieben wäre. Mit einzelnen Aenderungs=Gesuchen u. dergl. verschone ich Sie jetzt ganz, denn jetzt muß ich erst einiges hinein= u. herausgearbeitet haben, d.h. einige Noten auf Noten=Papier geschrieben haben damit wir Schritt halten, und gemeinschaftlich zum Ziel kommen. Wann ich aber mit besagten Noten anfangen kann, weiß ich in diesem Augenblick noch nicht zu bestimmen; das neue Stück, das ich so eben in England aufgeführt habe, nimmt für jetzt noch meine Gedanken u. meine Zeit zu ausschließlich in Anspruch. Aber das ist bald gedruckt, und dann bin ichs los, u. dann hoffe ich an etwas Neues mit aller Kraft gehen zu können. Das einzig Schlimme, das auch beim Lesen mich wieder förmlich erkältete ist und bleibt der erste Act, u. namentlich der Anfang desselben; der scheint mir weder recht interessant noch recht nothwendig. Aber da Sie schreiben, daß das Ganze beim Lesen eher zu lange, als zu kurz dauert, so läßt sich da vielleicht später durch Kürzung helfen, oder es fällt einem von uns bis dahin eine glückliche Aenderung ein (mir freilich wahrscheinlich nicht;) oder ich kann einstweilen bei meinen Lieblingsstücken des 2ten oder 3ten Actes zu componiren anfangen, kurz ich hoffe es soll nun bald vorwärts gehen, u. auch musikalisch eine Gestalt gewinnen. Einstweilen haben Sie meinen Dank für die poetische Gestalt des Werkes, und für Ihre

unermüdete Ausdauer bei allen verschiedenen Schwierigkeiten und Rhein=Strudeln, durch die Sie zu steuern hatten.
(Gegen die beigeschloßne Quittung sende ich inliegenden Wechsel, den Sie dort gef: eincassiren wollen.)
(Nun haben Sie nochmals vielen Dank) Von meiner Frau die besten Grüße, und gedenken Sie freundlich

Ihres ergebnen

Hochgeehrter Herr Doctor

Da ich seit meiner Rückkehr aus England unausgesetzt mit der Vollendung und Herausgabe meines Elias beschäftigt war und frühestens zu Ende nächsten Monats bei dem Drang der hiesigen Geschäfte damit fertig werde, so habe ich bis jetzt weder an die Composition Ihres Gedichts noch an irgend eine andre Arbeit gehen können. Der Director der Italiänischen Oper zu London schickte mir vor 4 Wochen eine Opern=Skizze von Scribe und bat mich den später danach zu sendenden Text in Musik zu setzen. Das und der Titel der Skizze ist das einzig Wahre in dem Zeitungs=Artikel, der Ihren Brief veranlaßt hat. Ich habe eine solche Composition <u>nicht</u> unternommen, vielmehr bereits vor 8 Tagen, als ähnliche Artikel in Englischen Blättern standen, dem Director geschrieben, er möge das Seinige thun um dergleichen ungegründete Gerüchte nicht ferner verbreiten zu lassen.

Nachdem ich Ihnen diese Erklärung gegeben, muß ich aber noch einen Schritt weiter gehen, und Ihnen bekennen, daß mich Ihre, wenn auch bedingte Aufforderung das Gedicht zurückzusenden, überrascht und betrübt hat. Ich glaube, wegen der Art wie das Gedicht in seiner jetzigen Gestalt entstanden ist, wegen der gänzlichen Umwandlung, die es nach unsern schriftlichen und mündlichen Unterredungen gegen Ihren ersten Entwurf erhalten hat, wegen der Zeit die ich mit Ihnen gemeinschaftlich darauf verwendet, und, seit Sie mir es zuschickten, allein darauf schon verwendet habe, würden Sie mir ein gewisses Recht auf dies Gedicht einräumen, und es muß mich befremden, daß Sie an alles dies nicht zuerst, sondern an die kleine Geldsumme zuerst dachten, oder vorauszusetzen schienen, daß ich daran zuerst dächte. Auch erinnre ich mich nicht, daß von irgend einer Bedingung der <u>Zeit</u>, in welcher ich Ihr Gedicht componiren und aufführen müsse, zwischen uns die Rede gewesen sei, und gestehe Ihnen offen, daß ich nach meiner Ansicht eine Italiänische Oper hätte componiren können ohne Ihnen zu nahe zu treten, und daß ich mich davon nicht durch Ihr Gedicht würde abhalten lassen, wenn es sonst in meiner Absicht gelegen hätte.

Ihre Ansicht scheint die entgegengesetzte zu sein, und da ist es besser wenn wir uns jetzt ganz darüber aussprechen. Denn eine Oper, die man aus dem Ärmel schütteln kann, ist die Ihrige nicht; es kann ein halbes oder ein ganzes Jahr oder länger darüber hingehen bis ich mit der Composition fertig bin; ich kann mich in dieser Hinsicht zu einem solchen Werk an <u>gar nichts</u> binden, <u>keine</u> Zusicherung geben, und muß es schreiben, wie die andern Sachen die mir am

Herzen liegen und die ich um meinetwillen schreibe, einerlei ob die Arbeit lang oder kurz währt. Eben daher bin ich fast gewiß, daß kleinere oder größere Werke zwischen durch kommen werden, die ich eher vollenden kann, als diese Oper, und wenn ich einmal angefangen habe die Partitur davon zu schreiben, so kann ich Ihnen <u>dann</u> den Text nicht mehr zurückgeben, und kann <u>dennoch</u> nicht versprechen, daß nicht dies oder jenes Werk vor Vollendung des Ihrigen entstände. Jetzt, wo ich nur flüchtige Skizzen hie u. da gemacht habe, <u>kann</u> ich den Text noch zurückgeben, obwohl ich Ihnen nicht erst zu sagen brauche, <u>wie</u> ungern ich es thäte, und obwohl ich wiederhole, daß mir die Rückforderung nicht einmal der Billigkeit gemäß schiene!

Ich bitte Sie daher um Ihre Antwort. Zieht die Möglichkeit, daß ich ein andres Werk eher vollende als das Ihrige nach Ihrer Ansicht den Verlust Ihres Gedichtes nach sich, oder sind Sie gar der Sache müde und mögen in Zukunft nicht mehr von meinen Bedenklichkeiten und Schwierigkeiten hören (deren ich namentlich im 1sten Acte immer noch manche u. große sehe) oder haben Sie irgend einen andern Musiker gefunden der leichter und schneller zu Werke geht als ich, oder kurz – wollen Sie das Gedicht lieber zurück haben, als es mir fernerhin anvertrauen, so kann ich es jetzt noch zurückschicken, und es ist besser daß es jetzt geschieht, als daß wir uns später aus irgend einem Grunde darüber vereinigen.

Ich hoffe und wünsche aber von ganzem Herzen, daß Sie anders denken, daß Sie Ihr Gedicht nach wie vor für mich bestimmen und mir lassen wollen, da es doch einmal schon wie ein uns beiden gemeinschaftliches Gut ist.

Daß Sie in Berlin <u>gewesen</u> wären, sagte mir meine Schwester die Sie gesehen hatte; auf meine Frage ob Sie <u>noch</u> da wären u. wo Sie gewohnt hätten, wußte sie aber keine Antwort. Da Sie nun schreiben, daß Sie um meine Anwesenheit gewußt so wäre es freundlich gewesen, wenn Sie mir ein Lebenszeichen gegeben hätten, statt eins von mir zu erwarten; wir hätten alsdann diese ganze Erörterung nicht gebraucht, und schon deshalb wär's gut gewesen, wenn wir uns da getroffen hätten.

Mit vollkommner Hochachtung

ergebenst

Leipzig 30 Januar
        1847.

Hochgeehrter Herr Doctor

Daß ein Brief wie der Ihrige vom 9ten eine „völlige Verständigung, eine Entfernung jeder Bitterkeit von meiner Seite" herbeiführen würde und mußte, brauche ich Ihnen wohl kaum erst zu sagen. Haben Sie Dank daß Sie ihn geschrieben, und verzeihen Sie, wenn in meinen Worten eine Bitterkeit gelegen haben sollte, die ich nicht gefühlt. Aber so ungegründet wie das erste

Gerücht von dem Sie mir schrieben, ist leider auch das zweite, daß ich im März nach Berlin kommen sollte – ich weiß bis heut nichts davon und es ist mir sehr unwahrscheinlich. Bitte, lassen Sie mich wissen sobald Sie über Ihre Reise etwas Genaueres sagen können, dann allerdings wäre es sehr wichtig über die allgemeine Gestaltung des Buches bis dahin vollkommen im Reinen zu sein. Ihrem Briefe nach habe ich ja Hoffnung, daß dies geschehen wird, u. so haben Sie nochmals doppelten Dank dafür!

Mit vollkommner Hochachtung
ergebenst

Leipzig d. 10 Febr.
    1847.

Mendelssohns Unterschrift unter den Brief vom 10.02.1847

Leipzig d. 3t. März
1847.

Hochgeehrter Herr

Da Sie mir schrieben, daß Sie im Frühjahr eine Reise anzutreten gedenken u. da ich in demselben Falle bin, so wäre es sehr wünschenswerth wenn bis dahin das Operngedicht definitiv festgestellt wäre, indem Sie auf Ihrer Reise sich nicht damit beschäftigen können, und ich auf der meinigen es vielleicht gerade am besten kann. Daher schreibe ich diese Zeilen u. bitte Sie vor allem mir zu sagen, ob Sie bereits etwas aufgeschrieben haben das Sie mir mittheilen könnten, und wenn nicht, ob Sie im Laufe dieses Monats Zeit u. Lust dazu haben?

Je näher ich mich mit dem Gedicht vertraut mache, desto mehr empfinde ich daß ihm an einigen, sehr wichtigen Stellen die rechte dramatische Schärfe noch abgeht. Diese noch hineinzubringen und ihr hie u. da einige, wenn auch noch so schöne, lyrische Details aufzuopfern, das ist die Aufgabe von der ich überzeugt bin, daß sie zu lösen ist, aber ohne deren Lösung auch gewiß das Ganze leiden müßte. Ich übergehe das, daß mir an manchen Stellen bloße Abkürzungen – eine geringere Anzahl solcher Verse die auf einer u. derselben (dramatischen) Grundlage ruhen – schon die Sache zu ändern scheinen, denn ich denke mir, Sie werden mir bei der Composition eine solche Freiheit erlauben, und wo ich Ihnen dieselbe zu misbrauchen scheinen werde, da wird sich schon anderweitig für mich Rat schaffen lassen. Aber die Puncte wo mir das eigentliche dramatische <u>Element</u>, das Handeln, das Fortschreiten, oder wenigstens das darauf hinarbeitende, hinweisende damit verknüpfte fehlt oder wo diese Verknüpfung mir nicht fest genug scheint, lassen Sie mich gleich heut andeuten.
Was den Anfang betrifft, so denke ich oft es müsse bei Ihrem früheren Plane verbleiben, Lenore müsse allein auf der Klippe, oder auf dem Kahn die Oper eröffnen, und darauf könne unmittelbar der jetzige 4te Auftritt (als 2ter) folgen, in dessen Worten nur weniges oder nichts verändert zu werden brauchte. Eben weil dann alles eben so anschaulich u. verständlich wäre, bin ich der festen Meinung daß die ersten 3 Scenen nicht dramatisch wirksam sind. Für Reinalds Arie fände sich wohl eine andere Stelle später, und wir würden nicht erst auf die Handlung vorbereitet, die wir nachher noch vor unsern Augen vorgehen sehn. Die Schwierigkeit, daß der Pfalzgraf nach wenig Minuten mit einer andern Geliebten erscheint, wird dadurch freilich nicht gehoben, aber durch die vorhergehende Scene mit seinem Vertrauten wird seine Persönlichkeit uns auch nicht viel lieber, als sie es ohne dieselbe wäre, u. wer weiß, ob Ihnen nicht – eben wenn Sie die 3 ersten Scenen entschieden aufopfern – auch noch hierfür etwas Rath einfällt. -.Ich dachte an ein „Vorspiel" <u>vor</u> dem 1sten Act, das auf der Klippe spielte, wo wir Lenore mit ihrem Lied, und dann mit dem Pfalzgrafen sähen u. wo er ihr Lebwohl sagen wollte u. nicht könnte – <u>nachher</u> als Eröffnung des 1sten Actes wäre dann das bildliche, ruhig ausgemalte der jetzigen 1sten u. 2ten Scene vielleicht besser am Orte, in dem sich dann bestimmt auf die Hochzeit, die uns schon mehr interesirt, das Weinpacken etc. bezieht, und indem die 3te 4te u. vielleicht auch 5te Scene wegfielen u. gleich dieser Hochzeits= (oder Verlobungszug) selbst angekündigt würde, u. käme. – Aber mit alle dem überschreite ich eigentlich was ich Ihnen heut sagen wollte, nämlich <u>keine</u> Aenderungsvorschläge, (die Sie besser machen werden u. können) sondern nur einfach die Stellen wo es mir zu fehlen scheint, wollte ich angeben, nach dem Motto „la critique est aisée etc." Also 1) die erste Exposition in den ersten 5 Scenen 2) stört mich, je öfter ichs lese, der Abgang Leonorens im 7ten Auftritt, u. ihr <u>Wieder</u>=Auftreten im 8ten; mir schiene es natürlicher, daß sie auf der Scene bliebe – bewußtlos wenn sie wollen – daß der Lärm dann verrauscht u. die Leute fortziehn ohne sie zu bemerken – u. daß dann etwa die Geister sich einfänden (wo dann nur etwa die Worte „horch, wer naht" gegen andre zu vertauschen wären) wodurch auch noch dieser Geisteranfang <u>nach der Verwandlung</u> vermieden würde, der immer ein wenig an die Wolfsschlucht erinnern würde. Auch wäre die Frage, ob nicht der Pfalzgraf der Lenore wirklich u. schneidend (durch irgend eine kleine Verknüpfung) in dem 9ten Auftritt gegenüberstehen müßte – <u>ungerührt</u> – gerade um ihr Auftreten im 2ten Act ins rechte Licht zu stellen, das wir jetzt auch ohne die

Geister begreifen könnten. Die Begrüßung Otto's an seine Vasallen ist gerade eine jener Stellen, die mir nicht genug zum dramatischen Ganzen hinzustreben scheinen – (ebenso wie das Lied Huberts in der 1sten Scene) – es bringt mir weder dies einzelne Individuum characteristisch näher noch fördert's das Ganze.

Im 2. Act ist es die 4te, 5te u. 6te Scene mit denen ich mich nicht befreunden kann. <u>Diese Lenore</u> darf u. kann nicht kommen, u. die Geschenke zurückbringen wollen (u. dann endlich um Hülfe schreien. Geradezu unmöglich scheint mir das). Überhaupt ist mir, als müßte auf die Scene wo sie mit dem Becher auftritt, unmittelbar die andre große mit dem Gericht folgen, nicht erst wieder Ruhe eintreten. Es macht sich so natürlich – sie gewinnt alle Männer für sich – da kommt die Geistlichkeit dazu u. ergreift sie u. klagt sie an – nun gewinnt sie auch die und so schließt der Act. Nebenbei kan{n} auch Otto nach dem Schluß der 3ten Scene, die ein Hauptstück seiner Rolle ist u. bleibt nicht wohl noch im 5ten Auftr. eine Arie singen. Es wäre die Frage, ob nach dem <u>ersten</u> Chor des 2ten Actes den sie ja fast ebenso singen könnten indem sie <u>in</u> die Kapelle (statt aus derselben) ziehen nicht eine Ruhe eintreten könnte, d.h. z.B. die Arie des Reinald da ihre Stelle fände, oder eine Scene zwischen ihm u. Hubert gerade das Verhältniß der Lenore betreffend oder dergl. – aber wieder überschreite ich meine Befugnisse.

Ich gehe für heut nicht weiter, u. warte erst Ihre Antwort auf alles dies ab. Ja ich würde viel lieber eine Gelegenheit zum Sprechen abgewartet u. dies alles ungeschrieben gelassen haben, aber da diese Gelegenheit nicht kommt, wohl aber Frühling u. Reiselust so geht es nicht anders, oder die Sache zieht sich von neuem in die Länge.

Mit vollkommner Hochachtung

Ihr ergebenster

Leipzig d. 10ten März 1847

Hochgeehrter Herr Doctor

Vielen Dank für Ihren freundlichen Brief und das gründliche Eingehen auf alle Einzelheiten meiner verschiedenen Bedenken. Wie ich Ihnen schon das vorigemal schrieb, so halte ich selbst keinen einzigen von den Vorschlägen, die ich machte, für den rechten, ich that sie und thue sie nur um dadurch näher anzugeben, wo mir etwas zu fehlen scheint, und Ihnen ganz zu überlassen das Fehlende, wenn Sie mir beipflichten, zu ersetzen. – <u>Daß</u> aber an dem Gedicht, wie es jetzt da steht, noch etwas fehlt, und zwar <u>nicht blos</u> Abkürzung hie oder da, <u>noch weniger</u> Veränderung der Diction hie oder da, sondern eben das, was ich dramatisches Leben, dramatische Schärfe nennen möchte, das fühle ich zu lebhaft, und das ist für das Ganze zu wichtig, als daß ich es Ihnen verschweigen könnte. <u>Nirgend</u> fehlt es mir an den Worten oder Ideen, die gewiß ein jeder an den meisten Stellen wahrhaft schön finden muß, aber an <u>vielen</u>

Orten (und an <u>allen</u> denen, von welchen ich in meinem vorigen Briefe sprach) ist mir das was die Leute <u>thun</u> nicht recht. Wie sie gegen einander über gestellt sind, wie sie gegen einander handeln, das scheint mir die schwächere Seite zu sein, was sie sagen die stärkere, und das ist es was mich immer noch dem Ganzen als Drama entfremdet. Ich wollte meinem Eindruck darin nicht trauen, weil ich endlich auch zu wenig vom eigentlichen Fach der Bühnen=Dichtung verstehe; daher zeigte ich das Gedicht unter dem Siegel der Verschwiegenheit drei meiner Bekannten, die alle gerade praktische Bühnen=Kenner sind (einer darunter war Devrient, dem Sie ja auch schon früher manches daraus gezeigt hatten.) Jeder von ihnen war von den reichen Schönheiten, die das Gedicht in den Details, in Diction und Versen bietet erfreut, aber jeder äußerte in verschiedener Weise dasselbe Bedenken: der eine meinte es komme zu keinem recht regen Interesse bei dem Zuschauer, der andre es fehle an einigen recht schlagenden, spannenden Momenten, der dritte die eigentlichen dramatischen Triebfedern der Begebenheit seien nicht klar zu Tage gefördert – das ist eben alles was ich unter jenem Leben, jener Schärfe verstehen wollte. Und doch sind wir wieder alle darin einig, daß solches Leben solche Handlung nicht allein in der Begebenheit, sondern auch wirklich in <u>den Personen</u>, die Sie hingestellt haben, in deren <u>Grundmotiven</u> liegen <u>können</u>, daß sie nur eben nicht hervorgekehrt, nicht herausgearbeitet sind.

Sie sind so freundlich mir zu sagen, daß Sie eine Reise von 8 Tagen nicht scheuen würden, um das mit mir zu besprechen. Wie ich mich jetzt u. jederzeit freuen werde Sie wiederzusehen, und daß es mir in den Wochen die ich noch hier bin (bis Ostern wenigstens) an <u>Zeit</u> dazu nicht fehlen <u>darf</u>, brauche ich Ihnen nicht erst zu versichern. Aber ich gestehe Ihnen, daß <u>ich</u> nicht glaube der Mann zu sein, der gerade auf dem Punct, wo die Sache jetzt steht fördernd eingreifen kann – ich glaube wir blieben nach langen Gesprächen auf derselben Stelle, oder wir glaubten uns zu verstehen und rückten doch nicht weiter damit, und endlich würden wir alle beide matt u. das wäre das Schlimmste. <u>Meine</u> Meinung scheint mir selbst ganz unwesentlich jetzt dabei. Aber ließe sich irgend ein recht bühnengewiegter, ganz frischblickender wohlmeinender Kopf auftreiben, mit dem Sie die Sache besprechen könnten, der da wüßte wie man jene untere Steinlagen fester macht ohne den Umsturz des Ganzen u. einen neuen Bau zu risquiren! Wäre nur Devrient selbst noch in Berlin! Oder führt Sie Ihre Reise nicht etwa über Dresden? Oder wissen Sie einen andern Freund der Art in Berlin? Ich würde jetzt wie gesagt nur erlahmen, u. allenfalls Sie lähmen – aber es handelt sich vom Fördern.

Eben indem ich Ihren Brief nochmals überlese, fällt mir noch ein Übelstand in die Augen über den ich in den 1sten Scenen des 1sten Actes hinwegkönnte, wenn auch alles andre verändert wäre – daß Lenore ihre erste Scene, ihre einzige Liebe=Begegnung mit Otto an dieser Stelle, auf diesem Local hat! Es scheint mir unmöglich! Sie kann den Liebsten nicht an der Schenke des Vaters, wo wir eben das Rheinische Leben dergestalt sehn sollen, erwarten – er, der dort seinen Brautzug halten wird, kann sie dort an der Schenke, oder sagen Sie im Garten ihres Vaters nicht aufsuchen – sein erstes Auftreten mit Lenore u. sein zweites mit Bertha verliert dadurch die rechte Wahrscheinlichkeit u. Wahrheit. Wie, wenn statt des Vorspiels (das ich natürlich gleich Preis gebe) die erste <u>Scene</u> auf der Klippe wäre, einsam, erst Lenore dann beide (aber <u>ohne</u> vorhergegangene Exposition seiner Zerstreutheit oder vielleicht könnte er ganz ohne die Absicht sie aufzukären kommen so daß wir nur eine Exposition des Verhältnisses der beiden *bekämen, ihn beim Abendläuten abgerufen, verstört sähen, ohne daß wir selbst noch den Grund wüßten oder daß alsdann <u>Verwandlung</u> die Schenke, das Rheinische Leben, Reinald, Lenore u. die Mädchen die sie schmücken wollen, der Brautzug (und <u>hier</u> möchte vielleicht der Pfalzgraf statt seiner bloß officiellen Anrede an die Leute etwas unruhig erscheinen – jedenfalls bleibe ich dabei es wäre natürlicher und dramatischer, wenn nicht Lenore fortstürzte, und nun gleich die Geister aufsucht, sondern wenn sie erst ihren Einfluß auf ihn versuchte, oder kurz wenn er irgendwie durch ein kaltes Wort, durch ein Pfalz=Grafen= Benehmen ihr zeigt daß <u>nichts andres übrig</u> ist als die Geister aufzusuchen – Sie sehen die bloße Verlobung ist mir <u>noch</u> nicht genug -) Alsdann Rück=Verwandlung in die erste Klippen=Scene. – D<u>as schiene mir sogar poetisch, daß wir diesen Ort schon kannten</u> – daß erst keine Geister da gewesen wären und jetzt kämen etc..*

Eine andre Möglichkeit wäre, den <u>ganzen</u> ersten Act auf der Klippe spielen zu lassen, wo dann freilich irgend eine (Gränz=?) Ceremonie oder dergl. gerade dort mit der Braut vorfallen müßte, von der Otto bis dahin etwa nichts gewußt, der er sich nun nicht mehr entziehen könnte.

Aber schon wieder verfalle ich in meinen vorigen Fehler, und mache Vorschläge, von denen ich selbst wohl weiß wie ungenügend sie sein müssen. Wie gesagt, wenn ich damit nur irgend näher zeige, was ich unter dramatischer Verknüpfung <u>meine</u>, u. wenn ich Sie darin nur meiner Meinung nähere, so ist mein Zweck erreicht. Am meisten käme es jetzt freilich auf jenen Theater=Mann an, der mit einem frischen Auge dazu käme; wenn der nur hier oder dort zu finden wäre, oder Devrient wäre in Berlin! Aber genug für heut. Lassen Sie bald wieder von sich hören! Stets Ihr hochachtungsvoll

ergebner

d. 11ten März

P.S. Ich eröffne den Brief wieder, um Sie zu bitten den gestrigen Vorschlag wegen der 2maligen Verwandlung im ersten Act doch zu überlegen. Vielleicht ist die Verwandlung nicht das rechte, auch der Vorschlag nicht, aber etwas wäre auf dem Wege gewiß zu finden. Wie wenn oben auf der Klippe als 1ste Scene der Oper der Pfalzgraf mit seinem Vertrauten aufträte (die Exposition, nur mit einigen Aenderungen am Anfang der Scene, oder die mehr zum Anfang eines Geringen umzugestalten) dann Lenore u. Otto und dann entweder gleich Verwandlung (nach ihrem Scheiden durch das Ave Maria herbeigeführt) oder bliebe erst noch Lenore allein auf der Klippe während das Ave Maria forttönte und dann Verwandlung.
Oder endlich wäre Reinald in das Verhältniß des Leupold einzuschieben? Könnte <u>ihm</u> der Pfalzgraf seine Erzählung des Verhältnisses zwischen ihm u. Lenore machen? Könnte durch seine Pflicht gegen den Pfalzgrafen u. seine Liebe zu Lenoren für seine ganze Figur mehr Leben u. Interesse erweckt werden? So daß wir Leupold ganz missen könnten, u. Reinald dadurch mehr ins Getriebe der Handlung verwebten? Da er <u>und</u> Hubert noch ganz draußen stehn?

Leipzig, d. 16 März
1847.

Hochgeehrter Herr Doctor
Von berechtigtem *Hineinreden eines Dritten habe ich in meinem vorigen Briefe nicht geschrieben, oder wenigstens nicht schreiben* wollen; *daß aber in alle den Fragen über die wir jetzt verhandeln mein Urtheil nicht so ganz competent ist, daß ich mir nur das negative Urtheil, das jeder Laie hat, aber nicht das schöpferische eines ächten Kenners zutraue, das fühle ich zu lebhaft als daß ich nicht den Rath und die Rede, (aber nicht den unberufenen Rath und das Hineinreden,) eines Dritten wünschenswerth gefunden hätte. Glauben Sie mir auch, daß nach meiner besten Überzeugung alles wovon ich in meinen letzten Briefen sprach nicht* persönliche *Wünsche, individuelle Ansichten des Musikers, sondern Einwürfe irgend eines Menschen aus dem Publicum sein sollen, der Ihr Werk mit Liebe aber unpartheiisch ansieht. Davon kann nie die Rede sein, es allen Recht zu machen, die nichts davon verstehen wollen oder können, und es giebt deren ja auch unter den Gebildeten genug – aber die, die es wirklich verstehen oder verstehen möchten, die sollen und müssen sich nicht mit Grund abwenden dürfen. Und daß es unter denen* keinen *geben wird dem der erste Act in einer bewegteren, verknüpfteren dramatischen Handlung nicht lieber wäre als in der lyrischen Vereinzelung in der er bis jetzt stand, davon bin ich fest überzeugt. Ob nun aber die Mittel von denen ich Ihnen neulich schrieb und die Sie so freundlich angenommen haben, dazu die geeignetsten sind, ob sie nicht wieder andre größre Fehler haben, die mir und Ihnen im Augenblick entgehen, das würde ich nur zu entscheiden wagen, wenn ich das wäre, was ich im besten Sinn einen Kenner nenne, u. zu dem Zwecke hatte ich den frischen Blick eines solchen gewünscht. Und wahrlich für mich und für dies Werk nicht allein, sondern fast mehr noch für Sie und für viele künftige dramatische Werke, die ich von Ihnen sehen möchte, die wir Alle von Ihnen brauchen, und zu denen wie mir scheint eben weiter nichts fehlt als dies eine. Manche andre haben das und es fehlt ihnen dafür das „Alles", was Ihnen gerade nicht fehlt, drum führen die die Sache noch weiter ins innerliche Verderben, u. in den äußerlichen Tand – aber das „Eins u. Alles" soll es doch sein; hier wie überall. Verzeihen Sie, daß ich Ihnen das so unumwunden hinschreibe – hätte ich aber diese Überzeugung nicht, so wäre mein Hineinreden in diese Sachen, die gerade den Musiker weniger angehen, schon längst ein unberufenes gewesen.*
Mir *scheint der erste Act ist in der Art wie Sie ihn in Ihrem Briefe angeben, viel vorzüglicher. Im Allgemeinen möchte ich nur wünschen, daß Lenore vielleicht am Schlusse der 3ten Scene wieder allein bliebe damit sich ihr Bild, allein,* heiter *auf der Klippe recht einprägt, als Contrast zu allem folgenden. (Könnte nicht schon ein Anklang ihres Liedes aus dem Anfang der 7ten Scene des letzten Actes kommen oder gar das* ganze *Lied hier u. später nur eine Strophe oder 2 davon?) Endlich könnte sie nicht* wirklich *auf der Kippe* hier *ins Ave Maria mit einstimmen, damit wir sie auch in dieser Hinsicht hier ganz im Gegensatz zu der späteren Scene mit den Geistern u. gar mit der letzten finden? Das Ave Maria hier auf der Klippe gefällt mir sehr gut, u. in der späteren Scene, wo sie geschmückt wird, u. dann der Brautzug kommt, da ist mirs eher zu viel und zu hemmend.*

Wenn Sie nun aber den ersten Act in dieser Weise hinstellen, so habe ich <u>noch</u> eine Bitte. Die Scenen 4,5,6, u. 7 – das sind wieder 4 solche Scenen, gegen die ich mich opponiren möchte – gegen keine einzelne davon – aber gegen ihre Folge. Die Leute mögen den Wein packen, aber daß dann Hubert u. Reinald allein auf der Bühne bleiben, das scheint mir nicht gut; daß Lenore kommt u. blos gewarnt wird u. dergl. scheint mir nicht nothwendig, daß die Mädchen erst mit dem Ave Maria kommen, dann mit dem Wahl= u. Schmück=Chor, u. dann endlich der Brautzug, scheint mir zu vereinzelt u. zu unnütz wenn es gilt in 3 Stunden ein ganzes Bild menschlichen Lebens hinzustellen. So recht auf der dramatischen Spitze möchte ich das alles haben – und auf der ist oft das Unbedeutendste das rechte, u. das Bedeutenste hinderlich und falsch. Sehen Sie z.B. Ihr Duett aus der 4ten Scene „was willst du mich zerstreuen" u. später „o laß an deiner Brust mich lehnen" später die Chöre beim Brautzug – die kann sich gewiß keiner schöner u. auch lebendiger wünschen. Aber wenn am Schlusse der ersten Scene die Küfer (oder Winzer) mit ihren Oxhöften[1)] davon rudern, da können sie nach meiner Meinung nicht singen „O sanftes Schweben" etc. – das singen <u>Sie</u>, der Dichter, aber die Winzer, die Bauern singen das nicht; (Ein Gedanke an Shakspeare sagt Ihnen besser, was ich meine, als ich mit meinem schlechten Styl es kann) aber ich meine einmal, die sängen etwas gröberes, oder doch lustigeres, oder mit einem Wort dramatischeres – u. das ist eben bei all den Stellen der Fall, wo mir noch etwas zu wünschen bleibt. Das ist eben dasselbe was mir noch bei Reinalds u. Huberts ganzer Stellung in diesen Scenen fehlt.

Wie wär' es mit folgendem Gang? <u>Scene IV</u>. Absendung des Weins, aber nur <u>eines</u> Kahnes, nicht des ganzen Chors; der bliebe im Hintergrunde mit irgend einer <u>andern</u> Vorbereitung für den Zug beschäftigt (die eben noch zu erfinden wäre, damit sie recht characteristisch u. hübsch aussähe) und während dessen sänge Reinald im Vordergrunde seine schöne Scene (der bisherige 2te Auftritt – dann ist alles exponirt –) nun kämen die Mädchen u. sagten dem Hubert er möge seine Tochter aus dem Hause führen, u. sowie sie heraustritt käme das „Wir grüßen dich, Schwester etc." (der bisherige 6te Auftritt nur daß Lenore statt verzweifelt heiter aber recht zerstreut wäre – die Mädchen könnten da wohl noch alle zusammen etwas recht hübsches lustiges singen u. sagen) dann käme der (bisherige) 7te Auftritt ganz in der Art, wie Sie in Ihrem vorgestrigen Briefe ihn haben, nur mit einer Erweiterung, die ich vorschlagen möchte. Könnte nicht hier Hubert mit seinen Schiffern oder Winzern characteristisch eingreifen, und irgend bewillkomnend, huldigend oder sonst dem Pfalzgrafen gegenübertreten, woraus sich dann ergäbe 1) ein derberes, entschiednderes Vortreten Huberts der wohl auch hier mehr als lustigeres, niederes {sic!} populaireres Element erschiene 2) daß er etwa am Schluß seiner Anrede seine Tochter Lenore ihm zuführte, woraus sich dann etwa alles weitere u. der Schluß u. Bruch der Scene entwickelte 3) daß diese Thätigkeit Huberts in irgend einer Beziehung zu der (noch zu erfindenden u. von mir gewünschten) Handlung des Chors von der ich erst sprach, stünde, so daß für beide nur ein u. dasselbe zu erfinden wäre – sei es z. B. das Bauen einer Winzer=Ehrenpforte, an der dann die Anrede Huberts erfolgte, – oder sei es daß er den Pfalzgrafen in sein festlich geschmücktes Schiff nöthigt (wo dann freilich das 2malige Kahnfahren vermieden werden möchte) – oder dergl.

[1)] Oxhoft ist ein Hohlmaß für Wein

Also: **Scene I** *Lenore allein. Das Lied – (wovon oben).* **Sc. II** *Otto u. Lenore. –* **Sc. III** *Leupold dazu u. Abschied.* **Sc. IV** *(hoff ich) Lenore ihm nachsehend u. in das Ave Maria, das ihn abgerufen hat einstimmend. (Hier möchte ich Sie aber bitten, sich <u>noch einmal</u> alles pro u. contra zu vergegenwärtigen, u. zu sagen, ob es nicht besser sei, den <u>Anfang</u> mit dem Graf u. seinem Vertrauten zu machen – fast ganz wie der bisherige 3te Auftritt – ob es nicht besser sei ihn insofern umzuarbeiten, daß Reinald der Ritter an die Stelle von Leupold gesetzt würde, und daß am Schluß dieses ersten Auftritts schon der entgegengesetzte Character dieser beiden sich recht geltend machte indem (in ein Paar Versen zum Schluß nach dem „ seid ihr zum Festeszug bereit") der Otto von seiner Leidenschaft, der Reinald von Treu u. Glauben spräche u. dazu mahnte. (Duett) Dann schickte Otto ihn fort (er dürfte sie freilich nicht nahen <u>sehen</u> oder hören) Dann käme die Sc. II wie oben u. nun würde Otto nicht durch einen <u>Mann</u> (was immer mislich scheint) sondern eben durch jenes Ave Maria abgerufen, in das Lenore nach seiner Entfernung andächtig einstimmt, als sie allein bleibt. Ich läugne nicht, daß mir diese Wendung viel, viel Vorzüge zu haben scheint. Vor allem daß Reinald mehr zu bedeuten bekommt; daß Lenore nicht die Oper eröffnet, sondern auf die Klippe <u>kommt</u>; endlich auch, daß im Ganzen die Scenen mehr Ihrem bisherigen Gedicht glichen u. nur in ihrer Stellung, Motivirung gegen einander verändert sind.* **Scene V.** *Hubert, Reinald, die Winzer. Das Rheinische lustige Leben; der Kahn mit Wein wird abgesendet. Dann bleibt Hubert mit dem Chor im Hintergrunde u.* **Scene VI** *Reinald vorn (beim Wein oder wie Sie sonst bestimmen) allein (der bisherige 2te Auftritt).* **Scene VII** *wäre dann der auftretende Mädchen=Chor, (wovon oben) u. Lenore mit ihnen* **Scene VIII** *Wie Sie in Ihrem Briefe angeben, wo möglich mit jenen Modificationen, deren ich erwähnte – freilich glaube auch ich, daß das so eine der bedeutendsten Scenen des ganzen Stücks werden wird. Nur bitte, machen Sie sie <u>viel breiter</u> als sie im bisherigen Gedicht ist – aber das wird sie ja Ihrer jetzigen Anlage nach von selbst. Und geben Sie ja auch der Bertha etwas zu thun, etwas wesentliches, damit sie nicht wie bisher stumm in dieser Scene bleibt. (Noch eine Bemerkung: müßte nicht irgendwo (etwa in der Mädchenscene) <u>deutlich darauf</u> Werth gelegt sein daß der Bräutigam ein <u>Fremder</u>, hier zu Land <u>noch nicht Gesehener</u> ist? z.B. die Neugierde der Mädchen auf den – und Lenore wieder gar nicht neugierig oder dergl.) Dann* **Scene IX** *die Geister. – Wie denken Sie sich die? Hinter der Scene gehts nach meiner Meinung nicht! Sie müssen <u>sichtbar</u> sein – (wäre der Rhein, nicht irgendwo hier u. am Schlusse in persona darzustellen?) Wenn sie aber sichtbar sein sollen, was sollen sie thun bis Lenore kommt? Tanzen, d.h. nicht Ballet – schiene mir wohl das beste – sind Sie auch der Meinung? Und bis Lenoren's Kommen verschwinden sie wohl u. erscheinen erst wieder bei den Worten „wir kommen, wir kommen"; aber bei ihren späteren Worten ists wieder, als ob sie sie <u>nicht</u> sähe, nur hörte. Wie soll das sein?*

Ginge es wegen der 2maligen Verwandlung nicht, daß der Rhein im Hintergrund durch den ganzen ersten Act bliebe, u. nur die Decoration sich veränderte?

Bitte machen Sie mir die Winzer= und Einzugsfestlichkeitenvorbereiter= Chöre u. die Mädchen=Chöre recht lebendig u. geben Sie ihnen irgend etwas zu <u>thun</u> damit sie nicht blos Spalier zu bilden haben, sondern mit in die Handlung eingreifen können.

*Und vor allem schicken Sie mir bald Ihre Antwort, und <u>noch mehr vor allem</u> lassen Sie mich den ersten Act bis Ostern fertig haben, und <u>**vor alle**</u> dem verlieren Sie <u>jetzt</u> die Geduld nicht,* *wo wir wie ich glaube wirklich nur einen Schrittt vor glücklicher Beendigung des Werks stehen. Aber freilich muß dieser eine Schritt, (den wir beide noch zu thun haben) so Gott will ein glücklicher, einer zum Ziele sein.*

Mit vollkommener Hochachtung

ergebenst

Leipzig 25 März
1847.

Hochgeehrter Herr Doctor

Obwohl mir mehreres in dem Anfang wie Sie ihn vorschlagen sehr zusagt, so ist der Anfang dieses Anfangs – das Heranrudern der zwei, dann Leupolds Warnung vom Kahn aus, sein Fortrudern, dann endlich Lenoren's Lied hinter der Scene u. <u>dazu</u> Otto's Monolog – das alles scheint mir nicht das Rechte. Ich komme immer wieder auf Otto u. <u>Reinald</u> zurück – das scheint mir durch alles was Sie dagegen sagen nicht widerlegt. Otto's tugendhafte, moralische Absicht bei diesem Besuch scheint mir eine große Nebensache – die Hauptsache, daß er ihn macht, u. machen muß während bald darauf der Brautzug beginnt – <u>das</u> dachte ich mir als den Gegensatz zu einer recht gediegen treuen Seele. Freilich wäre noch irgend ein Motiv zum Anfang des Anfangs zu <u>erfinden</u> – aber sollte es nicht leicht gefunden sein? Wenn sie beide in Jagdkleidern auftreten, wenn Otto ihn mit den ersten Worten fortschicken, verabschieden will, der in ihn dringt, ihn an die Braut mahnt, jener nun ihm sein Vertrauen eröffnet – es sei Schwäche u. doch müsse er sie noch einmal sehen – Reinald darauf die Sache <u>ernst</u> nähme u. ihn noch aus <u>andern</u> Gründen warnte, es ihm zur Pflicht machte unwiderruflich von ihr zu scheiden, mit ihr zu brechen, jener verspräche es zögernd – gäbe das nicht eine kurze, aber natürliche u. lebendige Scene? Und Reinald könnte recht liebenswürdig u. bedeutend eingeführt sein dadurch. Dann kurze Scene Otto's allein. Dann hört man gleich Lenore u. sie kommt. Wahrlich, ich glaube das wäre gut so.
Unsichtbar kann ich mir die Geister bei der Scene wie sie da steht <u>unmöglich</u> denken. Aber sichtbar freilich auch schwer. Wie dann?
Über dies u. alles andre wollen wir mündlich sprechen. Denn ich komme, wenn Sie zu Hause sind, Montag im Laufe des Vormittags d. h. <u>vor 1</u> zu Ihnen, u. obwohl ich nur einen Tag in Berlin bleiben kann, so hoffe ich doch wir können dann manches verabreden. Sehr schön wäre es wenn Sie bis dahin einiges vom 1sten Act fertig und auch über manche Puncte der folgenden Acte schon einiges gedacht haben könnten. Der Unterschied des 1sten Actes wie er <u>jetzt</u> wird, u. wie er war, der giebt gerade das an, was mir auch im dramatischen Zusammenwirken der anderen 2 Acte noch fehlt. Wie gesagt mündlich über das alles.

Mit vollkommner Hochachtung

ergebenst

Hochgeehrter Herr Doctor

Es that mir sehr leid während meines Aufenthalts in England zu erfahren, daß es Ihnen nicht möglich gewesen ist, einen Theil des ersten Actes von Ihrem Opern=Gedicht an meine Frau nach Leipzig zu schicken, obwohl Sie mir darauf so bestimmte Hoffnung gemacht hatten. Auch bei meiner Rückkehr nach Frankfurt empfing ich nichts u. bin bis jetzt ganz ohne Nachricht von Ihnen.

Seitdem habe ich, und Sie wissen wohl aus welchem schmerzlichen Grunde, meine Reise nach der Schweiz aufgegeben, und fühle jetzt das Bedürfniß in meine Pläne und Arbeiten wieder eine feste Ordnung zu bringen. Daher bitte ich Sie recht sehr dringend, schreiben Sie mir umgehend nach Empfang dieser Zeilen ein Paar Worte, (adressirt Frankfurt a.M. am Fuhrthor aux soins de Mme. Jeanrenaud=Souchay) und sagen Sie mir, wann ich mit Bestimmtheit darauf rechnen darf, den ersten Act zu bekommen.

Stets mit vollkommner Hochachtung

Ihr ergebenster

Baden=Baden

d. 9t. Juni 1847.

Anmerkung in einer anderen Handschrift:

Hier folgte ein Brief, wenige Tage später geschrieben, der den Empfang des gesammten Manuskriptes anzeigte, und sich einstweilen mit dem Großen und Ganzen einverstanden erklärte. Ich finde ihn nicht wieder, wie mir überhaupt die Correspondenz nicht mehr vollständig vorzuliegen scheint.

Berlin 30 September
1847.

Hochgeehrter Herr

So gern ich Ihren Vorschlag Sie in Braunschweig oder Hannover zu treffen annähme, so fürchte ich doch daß er uns nicht zum Ziel führen würde, da die Besprechungen, die mir so wünschenswerth wären, sich gewiß nicht in der kurzen Zeit beendigen lassen, die Sie wie ich für solche Zusammenkunft bestimmen könnten. Zu einem wirklichen Resultate d. h. zur Beendigung der Oper würden wir nach meiner Überzeugung nur dann gekommen sein, wenn sich unsre Bahnen irgendwo gekreuzt und wir wenigstens 4=6 Wochen oder noch mehr an demselben Ort gelebt hätten. Ich brauche Ihnen daher nicht zu sagen, wie sehr ich bedaure aus

Brief von Felix Mendelssohn Bartholdy an Emanuel Geibel vom 30.09.1847 (erste Seite)

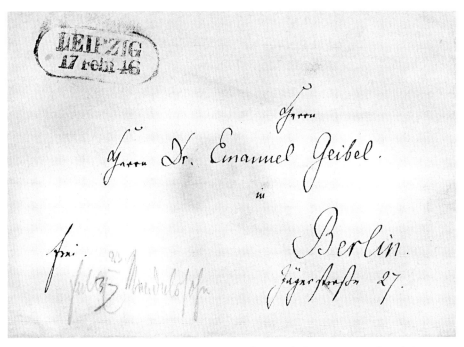

Couvert eines Briefes von Felix Mendelssohn Bartholdy an Emanuel Geibel

Ihrem Brief zu erfahren, daß Sie vorläufig nicht wieder in diese Gegend kommen; denn auch mir wird es wohl im Lauf des Winters unmöglich sein längere Zeit in Hamburg oder Lübeck zuzubringen und somit wäre eine Vollendung unseres Werkes – oder vielmehr die Möglichkeit derselben – wieder bedeutend herausgeschoben.

Denn da ich jetzt den ersten Act fast ganz auf dem Papier und die meisten (lyrischen) Stücke der beiden andern im Kopf habe, so sehe ich jetzt deutlicher als je, daß ohne einen neuen, festen dramatischen Unterbau der gleich den ganzen Anfang des ersten Actes verändert, der den Anfang des 2ten ebenfalls umschmilzt etc etc – weder Sie noch ich an der Aufführung des Werks Freude erleben würden. Wenn wir durch unsre Besprechungen zu solchem neuen Unterbau d.h. mit andern Worten zu einer viel größeren, interessanteren Entwickelung <u>sämmtlicher</u> Personen (mit Ausnahme der Lenore) <u>nicht</u> gelangen können, so würde ich zwar die folgenden Acte ebenfalls soweit niederschreiben wie den ersten jetzt, und ich werde dies <u>jedenfalls</u> im Lauf des Winters thun – wär's auch blos um Ihnen zu zeigen wie Ernst es mir mit der Sache ist u. wie lieb ich Ihr Gedicht in seinem lyrischen Theil gewonnen habe – aber zu einer Vollendung und Aufführung werde ich mich dann unter keiner Bedingung entschließen können.

Sie wissen, das ist im Grunde dasselbe leidige Lied, das ich von Anfang an gesungen habe, u. ich muß gestehen, daß Sie mit der größten Freundlichkeit auf diese Wünsche namentlich in Beziehung des 1sten Acts, aber auch sonst, eingegangen sind. Aber die Veränderungen wie sie jetzt stehen haben die Sache nicht gebessert, und ich weiß <u>zu</u> gewiß daß Gestalten wie Reinhold {statt: Reinald}, Hubert, Bertha, ja selbst Otto wie er jetzt da steht, dem Gelingen unsers Werkes die unübersteiglichsten Hindernisse darbieten. Kein Sänger will sie singen u. kein Publicum sich für sie interessieren, u. eben deshalb und nur deshalb komme ich immer wieder drauf zurück weil es besser ist wir fassen dies von selbst in's Auge, bessern es oder lassen Gedicht u. Partitur im Pult als daß wir uns von den gleichgültigen, kalten Leuten dergleichen sagen lassen, worin sie Recht haben.

In den Besprechungen von einem Tage oder einiger Tage sind wir damit schon mehremale nicht zu Rande gekommen, u. würden es auch diesmal nicht. Daher muß ich hoffen, daß wir uns wieder einmal auf längre Zeit zusammenfinden, es sei wo es wolle. Verändert sich etwas in Ihren Planen so sagen Sie es mir sobald Sie darüber gewiß sind, u. kann ich in der 2^t. Hälfte des Winters einige Wochen in Hamburg zubringen so thue ich es und schreibe Ihnen vorher. Stets Ihr hochachtungsvoll

ergebner

*

Ich hatte den Auftrag verehrter Herr, Ihr Manuskript mit nach Frankfurt zu nehmen, wo ich Ende dieses Monats hinzureisen gedenke, da es höchst unwahrscheinlich ist, daß mein Mann wieder über Leipzig zurück kommen wird.

Bis zum 25 od. 26 würde mich das Paket noch hier treffen, sollte Ihnen aber die Zeit zu kurz sein, oder Ihr Unwohlsein noch anhaltend, was ich aber nicht hoffe, so müßte ich Sie bitten es nach Frankfurt an meine Mutter /Mme Jeanrenaud geb. Souchay/ zu senden. Bis Mitte May werden wir uns dort aufhalten, auch wird sie immer unsern Aufenthalt wissen, fügen Sie dann noch Ihren Namen hinzu, so wird Ihr Manuskript gewiß auf die schnellste Weise befördert werden.
Mit herzlichen Wünschen für Ihre baldige, gänzliche Herstellung bin ich

Ihre ergebene
Cécile Mendelssohn Bartholdy

Leipzig 17ten

April

Verehrter Herr

Ihr letzter Brief traf meinen Mann hier in Leipzig, wo er von einer ernstlichen Krankheit zurückgehalten war. Noch zu schwach und angegriffen um Ihnen selbst antworten zu können, trägt er mir auf Ihnen einstweilen dafür zu danken, und Ihnen zu sagen, daß er ihm große Freude gemacht habe.
Es liegt ihm gewiß ebenso viel, wie Ihnen, daran, bald ein Zusammentreffen mit Ihnen zu haben, indessen wird er, wenn es seine Gesundheit nur irgend erlaubt; Anfang November nach

Wien müssen, wo er einige Wochen zu bleiben gedenkt. Er bittet Sie deßhalb ihm gegen Ende November Ihren Aufenthalt wissen zu lassen, um erfahren zu können wie und wann eine Besprechung möglich sein könne.
Mit herzlichen Grüßen empfiehlt sich Ihnen

ergebenst
Cecile Mendelssohn Bartholdy

Leipzig 22ten
Oct 1847

*

Am 28.10.1847 bekam Mendelssohn einen ersten Schlaganfall. 5 Tage später folgte ein zweiter. Am 4. November verstarb Mendelssohn in Leipzig.
Geibel schrieb Mendelssohn zu Ehren das Gedicht „Auf Felix Mendelssohn-Bartholdy's Tod", aus der die Wertschätzung Geibels für Mendelssohn spricht.
Leider sind die Briefe Geibels an Mendelssohn nicht auffindbar. Wir können über Geibels Haltung zu dem Projekt nur aus anderen Korrespondenzen schließen. So schrieb er z. B. am 1.12.1845 an Henriette Nölting:
„Mendelssohn ist hier, er hat die Idee einer gemeinschaftlich zu schaffenden Oper begierig wieder aufgenommen, und wir arbeiten täglich zusammen an der Feststellung des Scenars, das bis auf einige Punkte auch schon fertig ist. Der Stoff ist der alte geblieben, die Geschichte von der Lurelei; der Plan aber ein ganz neu entworfener, der bedeutender und unendlich viel dramatischer ist, als der frühere. Davon nächstens mehr, doch soll von der Sache durchaus nicht geredet werden."
Am 9.2.1846 liest man schließlich „Dabei fällt mir meine Oper ein. Das geht langsam und ruhig vorwärts. Mendelssohn ist jetzt in Leipzig, und das macht viel Schwierigkeiten, und unnütze Schreiberei. Es gehört viel krittliche Arbeit dazu; aber das Ganze kann zu schön werden, und so arbeit' ich um jeden Preis fort."

Mendelssohn konnte seinen Plan zur Vollendung der Oper nicht mehr verwirklichen. Lediglich das Finale des ersten Aktes, ein auch in den Briefen angesprochenes „Ave Maria" für Solosopran und Frauenchor und ein Winzerchor haben sich erhalten.
Diese Stücke erschienen auch in Leipzig bei Breitkopf&Härtel im Druck. Das Finale des ersten Aktes wurde im letzten Jahrhundert gerne als wirkungsvolles Konzertstück aufgeführt. Heute ist die Musik aber nahezu unbekannt.
Musikhistorisch füllen die erhaltenen Fragmente in gewisser Weise die Lücke zwischen den Opern Webers und Wagners, obwohl das 400 Takte zählende Finale allein eigentlich zu wenig Bedeutung hat, um diesem Anspruch gerecht zu werden. Geibel hat sich anscheinend nach Mendelssohns Tod mit dem Gedanken getragen, den Text durch einen anderen Komponisten vertonen zu lassen.

Auf Bitten der Erben verzichtete Geibel darauf, einen anderen Komponisten mit der Vertonung des Textes zu beauftragen. So lesen wir z. B. in einem Brief von Mendelssohns Bruder Paul:

Berlin 12 November 1849

Ew. Wohlgeboren

haben durch Vermittelung des Herrn von Kendell eine Anfrage in Bezug auf den Text zur Loreley an mich gelangen lassen, welche ich nicht sofort zu beantworten im Stande war, weil ich mich zuvor mit meiner Schwägerinn – der Frau meines verewigten Bruders – verständigen, und mir überhaupt die ganze Sachlage erst klar machen mußte.
Dies wird zur Entschuldigung der entstandenen Verzögerung gereichen.
Es ist natürlich der Wunsch meiner Schwägerinn, jenen Text, von welchem nur einzelne Theile, im musicalischen Nachlaß meines Bruders befindlich, componirt sind, zu keinem anderen Zwecke verwendet zu sehn.
Sie selbst werden mit ihr hierin um so mehr einverstanden sein, als Sie meinem Bruder am 3. Februar 1847. schrieben

„*Ich bat Sie, mir das Textbuch zurückzusenden, nicht etwa, um einen anderen Componisten dafür zu suchen, denn es war <u>für Sie</u> geschrieben, und kein anderer würde <u>diesen</u> Stoff bewältigen …*"
u. Sie dieser Ansicht gewiß auch jetzt noch huldigen!
Außerdem verleiht aber die gewisse gemeinsame Thätigkeit, welche von Ihnen und meinem Bruder auf den Text gewendet worden ist, diesem einen für unsere Familie ganz eigenthümlichen Werth. Ich finde, daß sich mein Bruder darüber im Februar 1847 folgendermaßen gegen Sie ausgesprochen hat:
„*Durch die Art, wie das Gedicht entstanden ist – durch die gänzliche Umwandlung, die es nach unseren mündlichen und schriftlichen Unterredungen gegen Ihren ersten Entwurf erhalten hat, – durch die Zeit, die ich gemeinschaftlich mit Ihnen darauf verwendet, und die ich auch, seitdem Sie es mir als definitiv fertig zuschickten, darauf zu verwenden, fortgefahren habe …*"
Wird hierdurch unser ganz specielles Familien Interesse an dem Text begründet, so kann es andererseits auch Ihnen kaum erwünscht sein, eine unter solchen Umständen aus vereintem Wirken entstandene Schöpfung, selbstständig der Öffentlichkeit zu übergeben.
Indessen verkennt meine Schwägerinn keinesweges die Größe des Opfers, welches Sie durch Verzichtleistung auf eine anderweitige Benutzung des Textes bringen würden, und sie erwartet daher, daß Sie die Güte haben werden, sie mit den Bedingungen bekannt zu machen, unter welchen Sie sich demselben zu unterziehen geneigt sein dürften.
Ihre Correspondenz mit meinem Bruder enthält über diese Eventualität natürlich nichts, und <u>wir</u> sind um so weniger im Stande, einen Maaßstab zu finden, als das Werk, wie aus Ihrem Briefe vom 11.Oktob. 1847 hervorgeht, von Ihnen selbst als ein noch unvollendetes betrachtet

wurde, und die darin in Aussicht gestellten Veränderungen und Umarbeitungen vor dem Tode meines Bruders nicht zu Stande gekommen sind.
In Erwartung Ihrer gefälligen Antwort verharre ich mit vollkommenster Hochachtung als

Ew. Wohlgeboren

ergebenster

Paul Mendelssohn Bartholdy

Der Kontakt zwischen Geibel und der Familie scheint aber auch später nicht vollkommen abgebrochen zu sein. So schrieb ihm Cécile z. B. 1851 den folgenden Brief:

Berlin am
2 ten May, 1851

Verehrter Herr

Ich halte es für meine Pflicht Ihnen anzuzeigen, daß im Laufe dieses Monates ein großes Conzert zum Besten des Cölner Dombaues, statt haben wird, in welchem unter anderem das einzige, von meinem verstorbenen Manne aus Ihrer Oper, componierte Musikstück, aufgeführt werden soll.
Es wird, wie man mir versichert, so gut ausgeführt werden, als es die hießigen Mittel erlauben, und da ich höre, daß Sie Berlin öfters besuchen, so wollte ich nicht ermangeln Ihnen eine Nachricht zu geben, die Sie möglicherweise interessieren könnte.
Der Tag der Aufführung ist noch nicht bestimmt, übrigens haben sich die Herausgeber des musikalischen Nachlaßes meines Mannes dahin ausgesprochen, daß dieses Finale und ein vorhergehendes Ave Maria jedenfalls veröffentlicht werden müssen. Erlauben Sie mir noch einen herzlichen Gruß hinzuzufügen, und den Wunsch daß er Sie in bestem Wohlsein antreffen möge.

Verehrungsvoll

Ihre ergebene

C. Mendelssohn Bartholdy

Cécile Mendelssohn Bartholdy starb am 25.9.1853.
1862 veröffentlichte Geibel schließlich den Text zur „Loreley" und hat ihn u. a. Mendelssohns Tochter Lili zugesandt, die ihm daraufhin schrieb:

Frankfurt a/M. d. 7 ten Februar 1862.

Verehrter Herr!

Ich kann Ihnen unmöglich ausdrücken mit welchem freudigen Staunen mich Ihre schöne Sendung erfüllt hat, und wie dankbar ich Ihnen für die große Freude bin, die Sie mir bereitet haben.

Ich hätte mir eine solche Ehre wohl nie träumen laßen u. nun da Sie mir widerfahren ist, weiß ich keine Worte zu finden um meine Dankbarkeit auszusprechen.

Es war schon so sehr lange mein Wunsch ein von Ihnen geschriebenes Wörtchen zu besitzen, daß ich nun kaum glauben kann die Lorelei sei mir wirklich von <u>Ihnen</u> geschenkt worden u. dies reizende Gedicht, welches mir das Buch doppelt theuer macht, sei für mich.

Es ist zu traurig daß mein Vater die Composition der Lorelei nicht beendigen konnte es wäre gewiß ganz herrlich geworden!

Ihr leider so kurzer Besuch im November ist eine meiner liebsten Erinnerungen u. wir hoffen sehr, daß Ihr Weg Sie auf Ihrer Rückreise nach Lübeck über Frankfurt führen, u. uns das Glück zu Theil werden wird, Sie wiederzusehen.

Großmama trägt mir auf sie Ihrem freundlichen Andenken zu empfehlen, sowie auch Fräulein de Miéville u. indem ich Sie um Nachsicht dieses Briefes wegen bitte,

verbleibe ich mit

vorzüglicher Hochachtung

Ihre Ihnen von Herzen ergebene

Lili Mendelssohn Bartholdy.

*

Max Bruch hat schließlich den Text zur Grundlage einer eigenen Oper „Loreley" gemacht und nach Fertigstellung der Partitur Geibels Einverständnis zur Veröffentlichung eingeholt. Seine Oper wurde am 14.6 1863 in Mannheim uraufgeführt und später an vielen Bühnen mit Erfolg gespielt. Heute ist die Oper vollkommen in Vergessenheit geraten.

*

Es ist zu fragen, warum diese interessanten Briefe erst jetzt veröffentlicht werden konnten. Die Erklärung ist relativ einfach und gibt gleichzeitig einen Einblick in die Rezeptionsgeschichte von Mendelssohns Musik und seiner Person überhaupt.
Schon bald nach seinem Tod wurde Mendelssohn, insbesondere von Wagner als Künstler abqualifiziert. So schrieb Wagner u.a. über ihn: „ Dieser hat uns gezeigt, daß ein Jude von reinster spezifischer Talentfülle sein, die feinste und mannigfaltigste Bildung, das gesteigertste, zartempfindende Ehrgefühl besitzen kann, ohne durch die Hilfe aller dieser Vorzüge es je ermöglichen zu können, auch nur ein einziges Mal die

tiefe, Herz und Seele ergreifende Wirkung auf uns hervorzubringen, welche wir von der Kunst erwarten, weil wir sie dessen fähig wissen, weil wir diese Wirkung zahllos oft empfunden haben, sobald ein Heros unsrer Kunst, so zu sagen, nur den Mund auftat, um zu uns zu sprechen."[2]

Dieses Urteil hat sich bei vielen Musikern festgesetzt. Hinzu kam in der ersten Hälfte unseres Jahrhunderts die Abwendung von der Romantik und schließlich das Verbot von Aufführungen seiner Kompositionen während der Nationalsozialistischen Herrschaft. Nach 1945 dauerte es noch etliche Jahre bis die Musik Mendelssohns wieder den ihr gebührenden Platz im Musikleben Deutschlands einnehmen konnte. Erst in den letzten 20 Jahren sind einige wichtige musikwissenschaftliche Neuerscheinungen zu Mendelssohn veröffentlicht worden, die die Bedeutung dieses Komponisten unterstreichen. Die Briefe Mendelssohns an Geibel sind aber erst seit 1991 wieder greifbar, da sie zusammen mit dem Nachlaß des Dichters 1942 ausgelagert wurden und erst im Zuge einiger Rückführungen wieder in die Stadtbibliothek zurückgelangten.

*

Für die Hilfe bei der Entzifferung der Briefe ist der Verfasser Frau Ingeborg Saltzwedel zu großem Dank verpflichtet. Außerdem dankt er Frau Wiebke Bruns, Herrn Dr. Hans Rheinfurth und Herrn Dr. Robert Schweitzer für wertvollen Rat und Unterstützung.

---

[2] R. Wagner, Sämtliche Schriften und Dichtungen (Volksausgabe), Bd. 5 Leipzig, o.J. S. 79

ÜBER MEINE THOMAS-MANN-BIBLIOGRAPHIE

Klaus W. Jonas

Die Idee für die Vorbereitung einer Bibliographie der Sekundärliteratur zum Thema Thomas Mann kam mir zum ersten Mal während meiner Studienzeit in der Schweiz. Damals, in den Jahren 1947/48, verbrachte ich so manche Stunde im Lese- und Katalogsaal der Zentralbibliothek Zürich, um mir einen Überblick über das Werk Thomas Manns und die auf viele Länder und Sprachen verteilte Literatur über den Dichter zu verschaffen. Sehr bald schon fiel mir das Fehlen eines bibliographischen Wegweisers auf, der mir bei der Beantwortung meiner Fragen gute Dienste hätte leisten können. Der Gedanke reizte mich, notfalls selber eines Tages daran zu gehen, ein kleines Handbuch dieser Art vorzubereiten. Als Anfänger auf diesem Gebiet hatte ich natürlich keine Ahnung von den damit verbundenen Schwierigkeiten. Ich wußte nicht, daß ein solches Unternehmen gerade im Falle eines Autors wie Thomas Mann eine ins Uferlose führende Kärrnerarbeit darstellen würde, daß sie ein Menschenleben ausfüllen und doch im Grunde genommen niemals zu einem mehr als vorläufigen Abschluß gelangen würde angesichts der ständig wachsenden Flut neuer Publikationen.

In meinen ersten Jahren in den USA widmete ich mich neben vielen anderen Aufgaben der abschließenden Arbeit an einer bibliographischen Studie über einen von mir hoch geschätzten englischen Romanschriftsteller, W. Somerset Maugham (1874 - 1965), mit dem ich seit 1947 in Verbindung stand. Als ich durch Zufall in der amerikani-

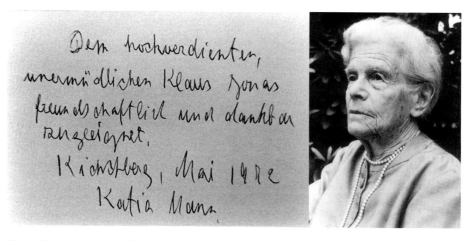

Katia Mann (mit handschriftlicher Widmung): „Dem hochverdienten, unermüdlichen Klaus Jonas freundschaftlich und dankbar zugeeignet, Kilchberg, Mai 1972   Katia Mann"

Foto: Studio Bliggi, Zürich

schen Zeitschrift *House and Garden*[1] einen hübsch illustrierten Artikel entdeckte, der beider Namen im Titel erwähnte, wandte ich mich am 1. November 1949 kurz entschlossen an Thomas Mann mit der Frage nach seinem Verhältnis zu dem nur ein Jahr älteren englischen Erzähler, die er umgehend in aller Kürze zu meiner Befriedigung beantwortete. Ein paar Monate später konnte ich ihm die gerade erschienene Arbeit zusenden. Gleichzeitig fragte ich an, ob er etwas dagegen hätte, wenn ich etwas Ähnliches auch über ihn und sein Werk vorbereite. Seine erste Reaktion auf mein Vorhaben vom 18. März 1950 war alles andere als ermutigend:

Haben Sie recht schönen Dank für Ihren freundlichen Brief vom 18. März. Mit Vergnügen sehe ich dem Eintreffen Ihrer Maugham Bibliographie entgegen. Eine solche Arbeit über mich in Angriff zu nehmen, kann ich Ihnen nicht raten, weil ich bestimmt zu wissen glaube, daß bereits mehrere derartige Pläne bestehen, oder vielmehr schon in der Ausführung begriffen sind.[2]

Das war natürlich eine bittere Enttäuschung, aber dennoch ließ ich mich nicht entmutigen und war keinesfalls gewillt, mein Projekt aufzugeben. Wie recht hatte ich mit diesem Entschluß getan!

Im Sommer 1950 beging Thomas Mann seinen 75. Geburtstag. Die Bibliothek der Yale University, die bereits 1937 ein eigenes Archiv, die Yale Collection of Thomas Mann, aufgebaut hatte, veranstaltete aus diesem Anlaß zu Ehren des Dichters eine höchst eindrucksvolle Ausstellung in der Sterling Memorial Library, die Thomas und Katia Mann auf der Rückreise von Europa selbst besuchten. Zusammen mit dem Initiator und bis dahin äußerst aktiven „Curator" der Sammlung, Joseph W. Angell, Jr., hatte ich die Ausstellung mehrmals besichtigt und darüber einen kleinen Artikel in einer der beiden deutschsprachigen New Yorker Zeitungen[3] publiziert. Am 8. Oktober 1950 schrieb mir Thomas Mann dazu aus Pacific Palisades:

Recht vielen Dank für Ihren guten Brief und den warmherzigen Bericht über die wirklich erstaunliche Ausstellung in Yale. Thornton Wilder sagte, seines Wissens sei noch nie ein lebender Autor mit einer solchen Ausstellung geehrt worden. Das ist es aber gerade, was bei manchen Leuten eine gewisse Gereiztheit erzeugt, und über Dr. Angell's „T. M. Reader"[4] *z. B. schrieb der New Yorker, wenn man das Buch ansähe, so könne man garnicht glauben, daß ich noch ganz vergnügt in meinem californischen Haus am Leben sei. Ein major author möchte ich ja wohl sein, „but not that major". Das ist nicht die einzige Reaktion ihrer Art auf das Wesen, das von mir gemacht wird, und wenn es mich auch in der Seele freuen muß, daß meine Existenz sich Freunde,*

---

[1] Close-Ups of Thomas Mann and Somerset Maugham. In: *House and Garden*, Nr. 82 (August 1942), S. 38-39

[2] Sicher hatte Thomas Mann an die beiden Kenner seines Werkes Hans Bürgin und Joseph W. Angell gedacht, die sich beide damals mit bibliographsichen Projekten über ihn befaßten. Vgl. K. W. Jonas: Thomas Mann und Hans Bürgin. In: *Philobiblon*, Jg. 31, Nr. 3 (September 1987), S. 178-200. Sowie vom selben Verf.: Thomas Mann, Joseph W. Angell und die Yale University. In: *Philobiblon*, Jg. 34, Nr. 2 (Juni 1990), S. 97-137.

[3] K. W. Jonas: Gedenkausstellung in Yale zu Ehren des 75-jährigen Thomas Mann. In: *New Yorker Staatszeitung und Herold*, 24. Juli 1950.

[4] Joseph W. Angell, Jr., Hrsg.: *The Thomas Mann Reader*. New York: Alfred A. Knopf, 1950. xx, 754 S.

anhängliche, eifrige gewinnen konnte, ja wenn ich das als einen beruhigenden Schutz empfinde gegen viele Anfeindungen, besonders politischer Art, so bangt mir bei ihren ehrenden Veranstaltungen auch wieder vor der Götter und namentlich der Menschen Neide, und ich frage mich, ob man die Ausführung eines Planes, wie des Ihren, nicht lieber bis zu meinem Scheiden aus der Zeit verschiebt, wenn sich dann nicht herausstellen sollte, daß es nichts Rechtes mit mir war.

„*Begrüßen" also, in dem Sinn von „Ausgezeichnet! Das wird eine unerträgliche Lücke ausfüllen, Publikum und Wissenschaft werden jubeln, und mir wäre es schon längst zugekommen," kann ich den Plan nicht. Ich muß sagen können, daß ich das Unternehmen nur gerade nicht verboten habe, denn ich begehre, nicht schuld daran zu sein. So etwas muß hinter meinem Rücken geschehen. Geringschätzung von Glauben und Liebe ist das nicht. Die finde ich immer schön, selbst wenn sie mir gelten.*

Inzwischen hatte sich die in New York lebende amerikanische Übersetzerin Helen T. Lowe-Porter, mit der ich in gutem freundschaftlichem Kontakt stand – übrigens ohne mein Wissen – bei Thomas Mann für mein Projekt eingesetzt, an dessen Wert sie fest zu glauben schien. Ohne eigentlich eine klare Vorstellung von dem zu haben, was ich wirklich vorhatte, nahm Thomas Mann in seinem Brief an Mrs. Lowe-Porter vom 24. Januar 1951 dazu Stellung:

Concerning Klaus Jonas' plan, I am somewhat worried about such a bibliography, because only recently Charles Neider's „The Stature of Th. M."[5] was published, representing an extensive collection of articles about my work. Another volume of this type would hardly be welcomed by the publishers. A bibliography limited to the books that have been written about me would be somewhat meagre. On the other hand, besides such books, a great number of partly published, partly unpublished dissertations, academic writings, etc. is in existence, and it might be quite interesting to a small group of people to have a survey offered on these commentaries. I personally am a poor collector of such items, and Mr. Jonas would have to look around in Universities and colleges in order to gather the material together. But I am probably talking about something he does not have in mind at all.

Trotz dieser noch immer zögernden Reaktion auf mein Vorhaben war es offensichtlich, daß er darüber nachdachte und der Plan ihn beschäftigte. Es war damals die Zeit der Kommunistenhetze des Senators Joseph R. McCarthy, und Thomas Mann wurde mehr und mehr verdächtigt, als Sympathisant, als „Fellow Traveller" sich einer unamerikanischen Haltung schuldig gemacht zu haben. So ist seine zunächst abwartende Einstellung meinem Projekt gegenüber aus heutiger Sicht also nur zu verstehen.

Nachdem Mrs. Lowe-Porter mir eine Kopie des Thomas Mann-Briefes an sie mit den Bemerkungen über mich hatte zukommen lassen, berichtete ich ihm am 27. Februar 1951 erneut über meine Arbeit:

„Ich habe an die 2.500 kritische Arbeiten über Ihr Werk – Bücher, Dissertationen, Essays und Buchbesprechungen – gesichtet und klassifiziert und will sie nach dem

---

[5] Charles Neider, Hrsg.: *The Stature of Thomas Mann.* New York: New Directions, 1947. 510 S.

beigefügten Plan bibliographisch zusammenstellen, um dadurch einen Überblick über die große Zahl der veröffentlichten und unveröffentlichten Studien zu Ihrem Werk zu verschaffen und späteren Germanisten eine Grundlage für weitere Forschung zu geben ... Mancher treue Freund und Verehrer Ihres Werkes im In- und Ausland hat mir mit Rat und Tat geholfen. Da ich die Arbeit ohne jeden Zuschuß durchführe, kann ich leider von den zahlreichen freundlichen Angeboten wissenschaftlicher Hilfskräfte keinen Gebrauch machen. Ich würde das auch im Prinzip nicht sehr schätzen, denn wenn ich schon für dieses Unternehmen allein verantwortlich bin, möchte ich auch nicht die Arbeit durch andere gemacht sehen. Ich glaube und hoffe, daß ich sie auch allein zu Ende zu bringen in der Lage sein werde."[6]

Nicht lange nach seinem Briefwechsel über mein Projekt mit Mrs. Lowe-Porter erreichte mich Thomas Manns Brief vom 10. März 1951, die erste nun wirklich positive Reaktion auf die diversen Beschreibungen meines Arbeitsplans, die offenbar seine anfänglichen Bedenken aus dem Wege geräumt hatten:

Für Ihren interessanten Brief vom 27. Februar recht herzlichen Dank. Von Aufdringlichkeit kann natürlich nicht im entferntesten die Rede sein. Ich fühle mich Ihnen ja zu aufrichtigem Dank verbunden für Ihre so weit in der Welt umhergreifende Beschäftigung mit den Wirkungen meiner Bücher und ihrem Widerhall, und kann nur wünschen, daß Ihre lange, treue Arbeit auch von der Welt anerkannt werden wird.

Die Ihrem Briefe beigefügten Inhaltsangaben geben mir ja ein sehr klares und verheißungsvolles Bild von dem Buch, und wie ich schon an Mrs. Lowe-Porter schrieb, habe ich oft darüber nachgedacht, wie es hier in Amerika zu seinem Recht kommen und nutzbar gemacht werden könnte. Es ist eine Angelegenheit für die Zukunft, vorausgesetzt, daß mein Lebenswerk eine Zukunft hat. Dieses Glaubens scheint zum Beispiel die Yale University zu sein, die sich eine beträchtliche Sammlung von Dokumenten meines Lebens zugelegt hat und im Begriffe ist, sie in recht großem Stil auszubauen.

Ich freue mich aufrichtig zu hören, daß Sie hier und im Ausland Helfer und Ratgeber gefunden haben, die an Ihrem Werk Interesse nehmen und an die Wünschbarkeit seiner Vollendung glauben. Mit Vergnügen höre ich auch von dem Vortrag, den Professor Schirokauer[7] *über meine Arbeit in Ihrem German Department gehalten hat. Ich kann immer nur Goethes Wort anführen: „Selten tun wir uns selbst genug, desto tröstlicher ist es, andern genug getan zu haben".*

Für den Sommer 1951 hatte ich mich erstmals beim Rutgers Research Council um ein Forschungsstipendium beworben, um meine bisher gesammelten Materialien an Ort

---

[6] Von meinen eigenen, für den Tag und die Stunde geschriebenen Briefen an Thomas Mann habe ich mir niemals Kopien gemacht. Ich hätte mir auch nicht vorstellen können, daß sie jemals für irgendjemanden von Interesse sein könnten. Einige dieser Schreiben sind im Nachlaß des Dichters erhalten und werden heute im Thomas-Mann-Archiv Zürich aufbewahrt, das mir freundlicherweise Fotokopien zugestellt hat. Für vielfache Unterstützung meiner Bemühungen danke ich Dr. Thomas Sprecher sowie den Wissenschaftlichen Mitarbeiterinnen, Cornelia Bernini und Martina Peter, beide lic. phil. I. in Zürich.

[7] Professor Arno Schirokauer emigrierte vor dem Zweiten Weltkrieg in die USA, wo er bis zu seinem Tode am Department of German der Johns Hopkins University in Baltimore, Maryland, lehrte.

und Stelle mit den Originalen durch Autopsie zu vergleichen. Anfangs schienen meine Erfolgsaussichten durchaus positiv, doch dann bemängelte ein Mitglied der Jury, daß ausgerechnet ein Germanist über einen „amerikanischen Schriftsteller" arbeite. Sogleich wandte ich mich an Thomas Mann, der sich wie immer als hilfsbereiter Ratgeber erwies. Hier sein Antwortschreiben vom 3. Juli 1951:

In aller Eile – wir sind mitten in den Zurüstungen zu einer Europa-Reise, die wir schon morgen antreten:

Meine amerikanische Staatsbürgerschaft und die erfreuliche Tatsache, daß die englischen Ausgaben meiner Bücher z. T. viel gelesen sind, auch daß ich mit Beiträgen für Zeitschriften gern am amerikanischen Kulturleben teilzunehmen versuche, sollte kein Grund sein zur Verweigerung des „Grant" mit der Begründung, ich sei ein „amerikanischer Schriftsteller". Das bin ich nun wirklich nicht – leider oder nicht leider. Wer über mich schreibt, schreibt auf dem Gebiet der deutschen Literatur. Ich betrachte mich wohl als amerikanischer Weltbürger, aber als Schriftsteller bin ich deutsch von Kopf zu Fuß, und nur von einem Deutschen konnte mein Werk getan werden, nicht von einem Amerikaner (oder Franzosen, Engländer, Italiener, Russen etc.). Der Herr Direktor des Rutgers Research Council möge nur bei amerikanischen Schriftstellern herumfragen, ob sie nicht alle derselben Meinung sind. Man kann einfach nicht anderer Meinung sein.

Nicht nur Thomas Mann selber, auch Frau Katia gab meinem Projekt jede nur denkbare Hilfe und Ermutigung. In ihren Briefen aus Pacific Palisades äußerte sie mehr als einmal den Wunsch nach einem persönlichen Zusammentreffen in Amerika oder in Europa. Ich hatte auf eine Begegnung bei der Zwischenlandung auf dem Rückflug von Europa gehofft – doch vergeblich:

Ihr Brief, empfangen in Zürich – so schrieb mir Thomas Mann am 10. Oktober 1951 aus Kalifornien – *ist noch bei mir. Wir sind von dort direkt herübergeflogen und haben uns in New York nur einen einzigen Tag aufgehalten, der überfüllt war. Es ist schade, daß ich Sie nicht sehen konnte. Auch eine Unterhaltung zwischen Ihnen und Erika wäre wohl gut gewesen. Diese war nicht mit uns. Sie hatte noch in Europa zu tun und wird uns erst in ca. einer Woche nachfolgen. Wenn Sie Fragen wegen Ihres Buches haben, bitte stellen Sie sie ihr oder mir! Sie sollen sorgfältig beantwortet sein. Alles Gute Ihnen und Ihrer Arbeit! Man trifft sich schon einmal. Voraussichtlich kommen wir im Frühjahr wieder nach dem Osten.*

Gern nahm ich Thomas Manns Angebot an und erzählte ihm von meinem Plan, die damals als Leihgabe in der Yale University Library befindliche ‚Ida Herz-Sammlung' (heute Teil des Thomas-Mann-Archivs Zürich) durchzuarbeiten, bestehend aus vielen hundert Zeitungs- und Zeitschriftenartikeln, die diese unermüdliche Verehrerin des Dichters in mehr als einem Vierteljahrhundert zusammengetragen hatte. Wiederum war ich auf Thomas Manns Wohlwollen angewiesen. Niemals hat er mir irgendeinen Wunsch abgeschlagen: *Hier sind einige Zeilen* – schrieb er mir am 15. November 1951 – *an Mr. James T. Babb, die Ihnen gewiß Tür und Tor öffnen werden.* In dem an mich adressierten Briefumschlag lag das Original seines Schreibens an den Direktor der Yale

Titelblatt zu Thomas Mann, Ein Briefwechsel (mit handschriftlicher Widmung): „Dies ist meine beste ‚politische' Schrift. An Klaus W. Jonas mit guten Wünschen   Thomas Mann"

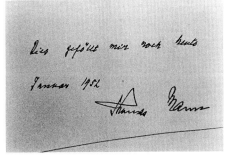

Titelblatt zu Thomas Mann: Deutschland und die Deutschen (mit handschriftlicher Widmung): „Das gefällt mir noch heute. Januar 1952 Thomas Mann"

Titelblatt zu Thomas Mann: Meine Zeit (mit handschriftlicher Widmung): „Dies gefällt mir nicht mehr.
Januar 1952 Thomas Mann"

University Library, der – wer konnte das damals ahnen – mich vier Jahre später nach Yale holen würde:

Dear Mr. Babb: I herewith recommend to you Mr. Klaus W. Jonas, who has just received a grant ... from the Rutgers Research Council on behalf of his work „Fifty Years of T. M. Studies". This enables Mr. Jonas to visit the various big libraries and to study there. In the first place he is interested in the Yale University Library. He hopes that you will make it possible for him to get access to the T. M. Collection, and I would like to ask you to permit him entrance to the entire material about me and my work. These lines and his big files with already collected papers will identify him.

Bei seinem letzten kurzen Aufenthalt in New York vor der endgültigen Rückkehr nach Europa, am 28. Juni 1952, hatte das Ehepaar Mann uns als letzte Gäste zur Teestunde in das Apartement Nr. 409 des Hotels St. Regis, 55. Straße und Madison Avenue eingeladen, übrigens dasselbe Hotel, in dem seit Jahren ein distinguierter Bankett-Kellner namens Frank Westermeier arbeitet, der jedem Leser des Tagebuchs vom Sommer 1950 bekannt ist. Eine Reihe von Büchern und Bildern signierte Thomas Mann an jenem Nachmittag für unsere Sammlung, unter ihnen ein schönes Portraitfoto der von ihm sehr geschätzten Lotte Jacobi, das die Widmung trägt:

An Klaus Jonas, meinen bienenfleißigen Bibliographen, froh, endlich seine und seiner lieben Frau persönliche Bekanntschaft gemacht zu haben. New York, 28. Juni 1952. Thomas Mann.

Wie im Fluge vergingen die Stunden zwischen 5 und 7 Uhr. Das Ehepaar erkundigte sich nach unserem Schicksal im NS-Deutschland, unseren Jahren in der Schweiz und

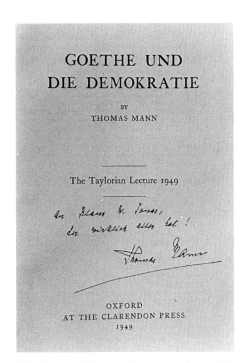
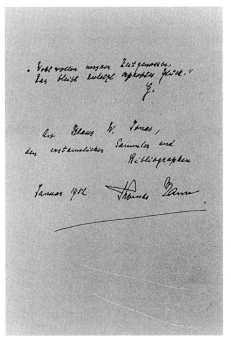

Titelblatt zu Thomas Mann: Goethe und die Demokratie (mit handschriftlicher Widmung): „An Klaus W. Jonas, der wirklich alles hat! Thomas Mann"

Thomas Manns Widmung in dem Band von Karl Schmid: Hermann Hesse und Thomas Mann, Olten 1950 ‚Wohlwollen unserer Zeitgenossen, Das bleibt zuletzt erprobtes Glück.' An Klaus W. Jonas, dem erstaunlichen Sammler und Bibliographen Januar 1952 Thomas Mann"

in Amerika. Thomas Mann hatte selber an den beiden Institutionen, an denen ich die ersten Lehrposten hatte, Mount Holyoke College in Massachusetts und Rutgers University, New Jersey, Vorträge gehalten und war hoch geehrt worden. Ausführlich sprachen wir über das im Werden begriffene Buch, an dem er so viel Anteil genommen hatte, und als ich mir ein Herz faßte und fragte, wie er über ein Vorwort aus seiner Feder dächte, sah er seine Frau etwas ratlos an. „Na Tommy, für Herrn Jonas wirst Du das doch machen", hatte sie in ihrer resoluten Art ohne zu zögern entschieden. Am nächsten Vormittag kehrte das Ehepaar nach Zürich zurück – für immer, wie sich herausstellen sollte. Wir haben Thomas Mann dort nur noch einmal erlebt, als uns Golo Mann aufforderte, zum Flugplatz Kloten zu kommen bei der Rückkehr seiner Eltern von der letzten Reise, von Amsterdam nach Zürich, am 23. Juli 1955.

Nach einigen Ferienreisen in Europa hatte sich das Ehepaar Mann in Erlenbach-Zürich niedergelassen. Dorthin hatte ich dem Dichter von den Fortschritten in meiner Arbeit über ihn berichtet und meine Hoffnung auf das versprochene Vorwort wiederholt. Am 4. Januar 1953 schrieb er von dort:

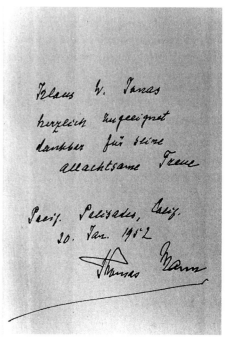

Titelblatt zu Thomas Mann: Meistererzählungen (mit handschriftlicher Widmung):
„*Klaus W. Jonas herzlich zugeeignet dankbar für seine allachtsame Treue*
Pacif. Palisades, Calif.   20. Jan. 1952   Thomas Mann"

Zum Abschluß Ihrer bibliographischen Studie beglückwünsche ich Sie aufrichtig und wünsche Ihnen guten Erfolg bei der University Press. Wie das kleine Vorwort, das Sie sich von mir wünschen, aussehen soll, kann ich mir noch nicht recht vorstellen. Vor allen Dingen müßte ich wieder einen Überblick über Ihre Arbeit haben, leider ist mir bei den wiederholten Aufenthalts-Wechseln das kleine Exposé, das Sie mir übergeben hatten, verloren gegangen. Seien Sie doch so gut, mir ein anderes zugehen zu lassen.

In meinen Briefen an Thomas Mann hatte ich darauf hingewiesen, daß ich mich als Sammler und Bibliograph um jedes Buch bemühe, „containing some information on Th. M." Dieser Ausdruck hatte ihm offenbar Spaß gemacht, und so nimmt es nicht wunder, daß er ihn in einer seiner Widmungen wiederholte, als er in den Essayband *Altes und Neues* schrieb: *An Klaus W. Jonas dies Buch, containing some information on T. M., in dankbarer Verbundenheit. Erlenbach-Zch., 26. März 1953. Thomas Mann.*

Ich hatte mich noch nicht für dieses schöne Geschenk bedankt, als ein Brief aus Erlenbach vom 2. April 1953 mich erreichte:

Lieber Dr. Jonas,

die Übersendung des Essay-Bandes neulich sollte unter anderem ein Dank sein für Ihre Mitteilungen vom Januar, die Übersicht über Ihre bibliographische Arbeit, die Preface dazu etc.

Thomas Mann (mit handschriftlicher Widmung): „An Klaus Jonas, meinen bienenfleißigen Bibliographen, froh, endlich seine und seiner lieben Frau persönliche Bekanntschaft gemacht zu haben, New York, 28. Juni 1952.   Thomas Mann"

Foto: Lotte Jacobi

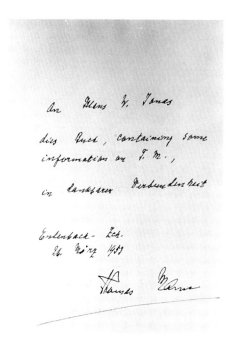

Thomas Manns Widmung in seinem Band „Altes und Neues": „An Klaus W. Jonas, dies Buch, „containing some information on T. M.", in dankbarer Verbundenheit, Erlenbach-Zch., 26. März 1953 Thomas Mann"

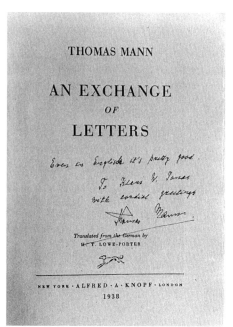

Titelblatt zu „An Exchange of Letters" (Brief an den Bonner Dekan) (mit handschriftlicher Widmung): „Even in English it's pretty good. To Klaus W. Jonas with cordial greetings Thomas Mann"

Am 20. April 1937 entstand dieses Foto Thomas Manns bei einem Besuch bei seinem New Yorker Verleger Alfred A. Knopf (mit handschriftlicher Widmung): „Klaus Jonas, dem um das Werk eines wunderlichen Lebens so emsig und treu Bemühten, aufrichtig dankbar Erlenbach, Januar 1954 Thomas Mann"

Foto: Carl Van Vechten

Unterdessen habe ich ein paar gute Stunden benutzt, um das gewünschte Vorwort zu Ihrer Compilation zu schreiben – in dem Gedanken hauptsächlich, daß durch ein solches Ihrem Werk leichter verlegerische Unterkunft verschafft werden könnte. Es ist eine penible Sache, als noch im Fleische Wandelnder an solchem Unternehmen mitzuwirken. Ich hoffe, mich mit leidlichem Anstand aus der Affaire gezogen zu haben. Die Darstellung meines eigenen Verhaltens zu meinem Werk ist aufrichtig.

In Ihrer Einleitung erwähnen Sie Angell und sein Vorhaben einer „extensive bibliography of T. M's works". Sie haben auf sein Projekt Rücksicht genommen, aber ich bin so gut wie sicher, daß nie etwas daraus werden wird. Er ist ein lieber, aber sehr schwacher und unzuverlässiger Mensch, der leicht unter jeder Aufgabe zusammenbricht. Es wundert mich nicht, daß Ihre Hoffnung auf Austausch mit ihm enttäuscht worden ist. Auch ich bin längst ohne jede Nachricht von ihm, ohne jedes Zeichen weiterer Anteilnahme. Seine Reisen und amtlichen Pflichten im Kalten Krieg haben ihn früheren Plänen und Interessen gewiß entfremdet. Kurz, es ist auf ihn nicht zu bauen.

Herzliche Wünsche! Ihr Thomas Mann

Im April 1953 – also zehn Monate nach unserem Zusammentreffen in New York – war es schließlich so weit: Aus Erlenbach erfreute mich das mit roter Tinte korrigierte, von Thomas Mann selbst unterschriebene Typoskript „Ein Wort hierzu":

Dies hier – so heißt es darin in Anspielung auf den gerade erschienenen Band „kleiner Prosa", dem auch „etwas Posthumes" anhafte – *ist nun auch so etwas, was besser ganz hinter meinem Rücken, ohne irgendwelche Teilnahme darin von meiner Seite oder, noch besser, erst „nachher" hätte geschehen sollen, wenn man mich nicht mehr um ein Vorwort, mein Placet dazu hätte ersuchen können. Aber da ich nun doch noch da bin und solchem Ersuchen erreichbar; da mein verwunderlich beharrliches Dasein schon viel vom „Nachher", dem eigentlichen Spielraum der Philologie, angenommen hat, – wie könnte ich mich da steif abweisend und undankbar erweisen gegen diese? Finde ich sie doch ganz einfach rührend!*

Man sehe sie an, diese Bibliographie von Äußerungen über mein Tun und Treiben und den Bienenfleiß, mit dem ihre „Items" aus aller Herren Länder sammelnd und sichtend zusammengetragen sind, wie Mr. Klaus W. Jonas es in dem Arbeitsbereich seines „Preface" schildert! Mein Gott, was gab sich der Gute für Not! Durch Jahre hat er in öffentlichen und Universitätsbibliotheken gesessen, aus Amerika mit Schriftstellern und Gelehrten korrespondiert von Leipzig bis Tokyo und Venezuela, Gesandtschaften und „Cultural Relations Officers" in Bewegung gesetzt von Moskau bis Australien, Bücher herangezogen, denen es garnicht gleich anzusehen ist, daß darin auch von mir gehandelt wird, und selbst ungedruckte, nur in Maschinenschrift vorhandene, in College- und Universitätsbibliotheken lagernde Dissertationen mit aufgereiht. Und er entschuldigt sich noch wegen der unvermeidlichen Unvollständigkeit des Ergebnisses seiner Forschungen!

Soll ich ihm für soviel monomanische Treulichkeit etwa nicht voller Erkenntlichkeit die Hand drücken, – was immer ich denken möge von der Wichtigkeit seines Betreibens und von der Dankbarkeit, die Mit- und Nachwelt ihm dafür zollen werden? …

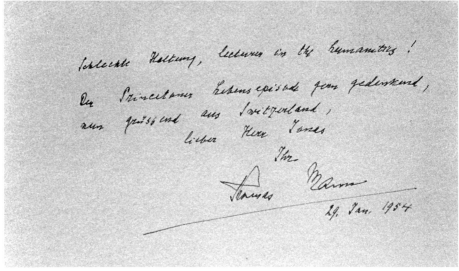

Thomas Mann in seinem Arbeitszimmer in Princeton (mit handschriftlicher Widmung):
„Schlechte Haltung, lecturer in the humanities! Der Princetoner Lebensepisode gern gedenkend,
nun grüssend aus Switzerland, lieber Herr Jonas Ihr
Thomas Mann / 29. Jan. 1954"

Foto: Lotte Jacobi

Es soll dies nicht heißen, daß es mich nicht freut, wie die Sympathie, die dem Tagwerk meiner Hände zuteilgeworden ist, dem Ärgernis, das es erregt, so hübsch die Waage hält. Und ich kann nur wünschen, daß diese sorgsame Übersicht über alles, was die Mitwelt von mir gemeint, ihrem Hersteller gedankt werden und der literarischen Beflissenheit von Nutzen sein möge.

Wenige Wochen später konnte ich Thomas Mann berichten, daß – nachdem die Johns Hopkins Press mein Manuskript abgelehnt hatte – die Staats-Universität von Minnesota den Band *Fifty Years of Thomas Mann Studies* als „Non-Royalty-Book" herausbringen werde. Auch hatte ich dem Dichter erzählt, daß ich mich neben meinem Lehramt als Germanist an der Rutgers University als Graduate Student der Bibliothekswissenschaft an der Columbia University eingeschrieben habe, um einen Master of Library Service zu erwerben.

Da gibt es ja viel zu gratulieren – heißt es in Thomas Manns Antwort aus Erlenbach-Zürich vom 26. Juni 1953 – *vor allem zu dem Entschluß der University of Minnesota Press, über den ich mich mit Ihnen freue, obgleich es nicht recht ist, daß so garkein materieller Lohn für all Ihre Arbeit dabei heraus schaut. Immerhin haben Sie die Genugtuung, diese Arbeit doch wenigstens öffentlich nutzbar gemacht zu sehen. Mein Vorwort ist, glaube ich, ein bißchen defaitistisch. Aber die amerikanische Kritik sieht es ganz gern, wenn man sich klein macht; sonst sorgt sie selbst dafür, daß die Bäume nicht in den Himmel wachsen. Das schickt sich nicht in einer Demokratie. In einer Besprechung des Sammelbandes „Altes und Neues" las ich allerdings neulich in einer Zeitung der Innen-Schweiz: „Es ist das erstaunlichste Leben unseres Jahrhunderts, demjenigen Goethes vergleichbar". Nun, kurios kommt dies Leben mir selbst manchmal vor. Bald wird es zu Ende sein und wird so nie wieder gelebt werden.*

Schön ist es auch, daß die Fakultät Ihnen für das nächste Studienjahr diesen neuen Kurs anvertraut hat. Ein Glück, daß Sie von „one of the great writers of the Western World" sprechen und nicht mit dem „greatest living" kommen, was mir selbst immer höchst peinlich ist.

Und dann der Grant des Research Council! Hoffen wir auf ihn, auch in Hinsicht auf Mrs. Lowe's Sammlung![8] *Der Erwerb wäre Ihnen wahrhaftig zu gönnen, und den Vorteil davon hätte ein Arbeitsplan, der für des armen Angell Schultern einfach zu schwer ist. Sie sorgen mit Ihrer Studien-Combination dafür, sich wissenschaftlich vollkommen dazu auszurüsten.*

Wir waren vorigen Monat in Rom, kürzlich in Cambridge, wo mein ungelehrtes Haupt wieder einmal einen Doktorhut empfing (zusammen mit Nehru), und dann in Hamburg zu Vorlesungen in der Universität und der „Musikhalle" (2300 Zuhörer!). Es ging hoch her. Auch Lübeck und Travemünde, das Paradies meiner Kindheit, habe ich noch einmal besucht …

In meinem vierten Lehrjahr an der Rutgers University (auch sie hatte Thomas Mann einst einen Ehrendoktor verliehen) hatte ich das Glück, zum ersten Mal in englischer Sprache eine Vorlesung für Hörer aller Fakultäten über Thomas Mann zu geben, in den

---

[8] Der äußerst bescheidene „Research Grant" ermöglichte mir nicht den Erwerb der kostbaren Sammlung von Helen T. Lowe-Porter. Das umfangreiche, in ihrem Besitz befindliche Material von und über Thomas Mann wurde nach ihrem Tode der Thomas Mann-Sammlung der Yale University gestiftet.

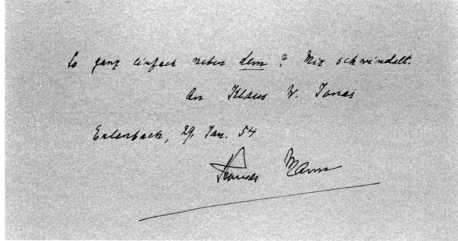

Thomas Mann und Albert Einstein
(*mit handschriftlicher Widmung:*) „*So ganz einfach neben dem? Mir schwindelt.*
An Klaus W. Jonas
Erlenbach, 29. Januar 54   Thomas Mann"

Foto: Lotte Jacobi

folgenden vierunddreißig Jahren waren es dann nur noch Seminare über spezielle Themen für Graduate Studenten.

Am 30. Mai 1955 schrieb ich auf dem Briefpapier der United States Lines, S. S. America, während der Schiffsreise von New York nach Bremerhaven, einen in Le Havre abgestempelten Glückwunschbrief an Thomas Mann zum 80. Geburtstag. Darin erwähne ich auch die Bibliographie:

„Bis zum letzten Tag vor der Abreise habe ich die ‚Page Proofs' korrigiert; nun kommt nur noch die Buchbinderarbeit, und dann kann das Buch erscheinen. Die Korrekturbogen habe ich auf die Reise mitgenommen und die University of Minnesota Press gebeten, Ihnen das erste meiner sechs ‚author's copies' zuzusenden. Vielleicht also werde ich das fertige Buch bei Ihnen das erste Mal in die Hand nehmen.

Ganz hinter Ihrem Rücken habe ich noch einiges andere zur Feier Ihres Geburtstags unternommen, zwar ohne Ihre Einwilligung, aber hoffentlich nicht gegen Ihren Willen: Über Mrs. Lowe-Porter schrieb ich einen Artikel, ‚Th. M. in englischer Übersetzung', und noch eine ‚Bibliographical Note', die, zusammen mit meiner Übersetzung Ihres ‚Preface', im Juni in der *Yale University Library Gazette* erscheinen soll. Meinen Kollegen Donald Gallup, den Herausgeber, habe ich gebeten, Ihnen das Heft zu schicken. ‚Printed with Permission of Th. M.' hat er hinzugefügt, und ich hoffe nur, daß es Ihnen auch wirklich recht war.

Ich freue mich sehr auf die Tätigkeit in Yale und die Betreuung und Erweiterung der Th. M. Collection, die mir bei meinen weiteren Arbeiten von größtem Nutzen sein wird. Die Yale University Library wird den zweiten Teil der Bibliographie, über Ihr eigenes Werk, herausgeben, und mein erstes Jahr in Yale soll dazu dienen, das Manuskript für die Drucklegung fertigzustellen."

Tatsächlich kam es genau so, wie ich es im obigen Geburtstagsbrief vorausgesehen hatte: Ende Juli 1955 entdeckte ich bei meiner Arbeit im Th. M.-Haus in der Alten Landstraße in Kilchberg unter einem Berg ungeöffneter Geschenke ein Päckchen von der University of Minnesota Press mit meinem Band, den Frau Katia Mann am nächsten Tag gleich ins Kantonsspital mitnahm. Der Patient hat sein „Wort hierzu" mit dem Bleistift in der Hand gelesen und ein oder zwei Druckfehler korrigiert.

Fifty Years of Thomas Mann Studies[9] enthält eine Auswahl von 3.010 Büchern, Essays, akademischen Schriften und Publikationen aus der Tagespresse, eine erste Bestandsaufnahme der wichtigsten zu Lebzeiten des Dichters erschienenen kritisch-biographischen Äußerungen in siebzehn Sprachen, nach Sachgebieten angeordnet. Die erste Auflage von 1.000 Exemplaren war schnell vergriffen. Ein unveränderter Nachdruck in 500 Exemplaren erschien 1969 im Verlag Kraus Reprint in New York, auch dieser Band nur noch selten antiquarisch erhältlich. Die von Ilsedore B. Jonas und mir

---

[9] K. W. Jonas: *Fifty Years of Thomas Mann Studies: A Bibliography of Criticism*. Mit einem Vorwort von Thomas Mann: Ein Wort hierzu. Minneapolis: University of Minnesota Press, 1955. xxi, 217 S.

Klaus W. Jonas, August 1955, im Bibliothekszimmer in Thomas Manns letztem Wohnsitz in Kilchberg am Zürichsee

Foto: Ilsedore B. Jonas

vorbereitete, wiederum in erster Linie für den amerikanischen Kontinent bestimmte Fortsetzung erschien 1967 in der Reihe „Studies in Germanic Languages and Literatures" der University of Pennsylvania Press in Philadelphia.[10] Einer der Rezensenten, Henry Hatfield von der Harvard University, bezeichnete den Band als eine Art „Who's Who in Thomas Mann Scholarship". Er enthält insgesamt 4.028 Eintragungen in 21 Sprachen für den Zeitraum von 1901 bis 1965, von denen allein 2.800 das erste Jahrzehnt nach dem 80. Geburtstag und dem Todesjahr betreffen.

---

[10] K. W. Jonas/Ilsedore B. Jonas: *Thomas Mann Studies Volume Two: A Bibliography of Criticism.* Philadelphia: University of Pennsylvania Press, 1967. 440 S. Widmung: To Caroline Newton in Gratitude and Friendship.

Ende der sechziger Jahre trat der Erich Schmidt Verlag Berlin an mich heran mit dem Vorschlag, dort eine in mehreren Bänden erscheinende kontinuierliche, chronologisch angeordnete Bibliographie der Sekundärliteratur herauszubringen. Gleichzeitig erklärte sich das Thomas-Mann-Archiv Zürich, dessen erster Benutzer ich 1957 gewesen war und in dem ich seitdem alljährlich arbeiten konnte, bereit, meine Arbeit durch Überlassung von Karteikärtchen und Fotokopien in jeder Weise zu unterstützen. Diese Zusammenarbeit wird auch auf dem Titelblatt der ersten drei Bände ausgedrückt. Im Juni 1972 brachte der Erich Schmidt Verlag den ersten Band, *Die Thomas Mann-Literatur: Bibliographie der Kritik*[11], heraus, einen Überblick über die literarische Produktion des Dichters und ihre Aufnahme durch die Kritik von den ersten Anfängen bis hin zum Todesjahr 1955. Insgesamt verzeichnet dieser Band etwa 4.500 Titel, von denen alle, mit Ausnahme von Nachrufen und Gedenkartikeln, zu Lebzeiten des Dichters erschienen sind. Ein merkwürdiger Zufall wollte es, daß im selben Monat die zweibändige, nach Sachgebieten angeordnete, wesentlich umfangreichere Bibliographie über dasselbe Thema, *Die Literatur über Thomas Mann*[12] von Harry Matter, im Aufbau-Verlag Berlin erschien. Die zwei Bibliographen hatten seit Jahr und Tag in freundschaftlicher Verbindung gestanden, von „Rivalität" war zum Glück niemals die Rede gewesen.

Sieben Jahre nach der Veröffentlichung des ersten Bandes erschien, wiederum im Erich Schmidt Verlag, der Fortsetzungsband über die Zeit von 1956 bis 1975.[13] Während Band I mehr als viertausend Arbeiten aus fast sechs Jahrzehnten verzeichnet hatte, waren es nunmehr 6.200 „Items" für nur zwei Jahrzehnte. Die Thomas Mann-Literatur in der westlichen als auch in der östlichen Welt wuchs also in unvorhergesehener Weise, so daß der gewissenhafte Bibliograph immer mehr gezwungen war, eine sinnvolle und nützliche Auswahl zu treffen. Hinzu kam in Band II noch ein fünfzig Seiten umfassender Nachtrag mit weiteren 550 Arbeiten aus der Berichtzeit 1890 bis 1955, die eigentlich in den ersten Band gehört hätten, uns aber zu spät bekannt geworden waren.

Der von Helmut Koopmann und mir vorbereitete, mit Hilfe der Universität Augsburg am dortigen Lehrstuhl für Neuere deutsche Literaturwissenschaft entstandene dritte Band enthält mehr als 6.000 Arbeiten aus den beiden letzten

---

[11] K. W. Jonas: *Die Thomas-Mann-Literatur Bd. I: Bibliographie der Kritik 1896-1955*. In Zusammenarbeit mit dem Thomas-Mann-Archiv Zürich. Berlin: Erich Schmidt Verlag, 1972. 458 S. Widmung: Für Hans-Otto Mayer in Freundschaft.

[12] Der spätere Herausgeber der ersten drei Bände von Thomas Mann, *Aufsätze, Reden und Essays* (Berlin und Weimar: Aufbau-Verlag, 1983-1986), Harry Matter, Verfasser des vielbeachteten zweibändigen Werkes über die Sekundärliteratur, nach Sachgebieten angeordnet: *Die Literatur über Thomas Mann: Eine Bibliographie*. Berlin und Weimar: Aufbau-Verlag, 1972. 700 S., 637 S.

[13] K. W. Jonas: *Die Thomas-Mann-Literatur Bd. II: Bibliographie der Kritik 1956-1975*. In Zusammenarbeit mit dem Thomas-Mann-Archiv Zürich. Berlin: Erich Schmidt Verlag, 1979. Widmung: Für Hans Waldmüller in Freundschaft.

Klaus W. Jonas in seinem Arbeitszimmer in München (1997)
Foto: Marianne H. Hanzl

Jahrzehnten.[14)] Um den Rahmen dieses Bandes nicht zu sprengen, verzichteten wir auf die Aufnahme mehrerer hundert Studien aus Osteuropa sowie Ostasien, selbst wenn diese von einem deutschsprachigen Resümee begleitet waren. In meinem Vorwort berichtete ich in aller Kürze über die wichtigsten in den vergangenen zwanzig Jahren durchgeführten Veranstaltungen und Vortragsreihen über Thomas Mann in Deutschland, der Schweiz und Amerika. Auch dieser dritte Band entstand in enger Zusammenarbeit mit dem Thomas-Mann-Archiv Zürich.

Schon liegen Teile des nächsten Bandes wie die Jahre 1995 und 1996 sowie etwa vierhundert Nachträge für die Berichtzeit 1900 bis 1975 in Manuskriptform vor. Der vierte Band soll, wenn irgend möglich, alle bis zu seinem Erscheinen eruierten Nachträge enthalten und auch ein Gesamtregister. Mehr denn je zuvor soll die Bedeutung internationaler Zusammenarbeit aller an der Thomas Mann-Bibliographie interessierten Kreise betont werden. Auch die Notwendigkeit, statt Vollständigkeit anzustreben, eine repräsentative Auswahl aus der Fülle des vorhandenen Materials zu bieten, kann nicht genug hervorgehoben werden. Denn – wie Eckhard Heftrich und Hans Wysling, die Begründer und ersten Herausgeber des *Thomas Mann Jahrbuchs*, mit Recht gesagt haben „ist die Thomas-Mann-Literatur in den letzten Jahren derart angewachsen, daß auch der Spezialist sie nicht mehr überblicken kann".

[14)] K. W. Jonas/Helmut Koopmann: *Die Thomas-Mann-Literatur Bd. III: Bibliographie der Kritik 1976-1994.* In Zusammenarbeit mit dem Thomas-Mann-Archiv Zürich. Frankfurt am Main. Vittorio Klostermann Verlag, 1997. xlv, 614 S. Widmung: In Memoriam Hans Wysling (1926-1995).

Caroline Newton

Agnes E. Meyer

Hans-Otto Mayer

Hans Waldmüller

Hans Wysling
Foto: Ruff

Nachwort

Mit der Veröffentlichung dieses Berichtes möchte ich meinen Dank an alle Förderer meiner Lebensarbeit in den vergangenen fünf Jahrzehnten auf zwei Kontinenten verbinden.

Zwei amerikanische Verehrerinnen Thomas Manns haben besonderen Anteil an meinen Bemühungen um die Dokumentation der weltweiten Sekundärliteratur genommen. Durch die Verleihung eines Reisestipendiums 1957 bzw. 1969 haben mir sowohl Caroline Newton (1893-1975) als auch Agnes E. Meyer (1887-1970) bei der Durchführung meiner Recherchen im Thomas-Mann-Archiv Zürich wesentlich geholfen.

In Europa hatte ich das Glück, durch drei unvergessene Thomas-Mann-Kenner jahrzehntelang Unterstützung in meiner Thomas-Mann-Arbeit zu erfahren: Hans-Otto Mayer in Düsseldorf (1903-1983), Hans Waldmüller in Darmstadt (1913-1995) und Hans Wysling in Zürich (1926-1995).

Sämtliche in diesem Beitrag reproduzierten Fotos stammen aus der seit 1948 im Aufbau befindlichen privaten Sammlung von Ilsedore B. Jonas und Klaus W. Jonas in München.

Frau Katia Mann (1883-1980) habe ich zu danken für die Erlaubnis zur Veröffentlichung der in diesem Beitrag zitierten Texte von Thomas Mann.

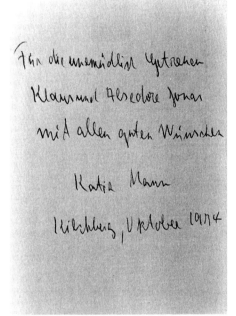

Titelseite: Katia Mann, Meine ungeschriebenen Memoiren, (mit handschriftlicher Widmung):
„*Für die unermüdlich Getreuen Klaus und Ilsedore Jonas mit allen guten Wünschen Kilchberg, Oktober 1974   Katia Mann*"

OUVERTÜRE CON BRIO

AUS LÜBECKER SICHT: DIE GRÜNDERJAHRE DES SCHLESWIG-HOLSTEIN MUSIK FESTIVALS

Günter Zschacke

„Ich plane in Schleswig-Holstein ein Festival", sagte Justus Frantz und fragte: „Machen Sie mit?" „Ja, aber auf meiner Seite", antwortete ich. Ein Kernsatz des Gesprächs, das im Frühjahr 1985 bei mir zu Hause stattfand, besagte, daß Lübeck als Musikstadt des Landes quasi den Mittelpunkt des neuen Festivals bilden solle.

Danach ging alles recht schnell. Am 31. Mai gründete sich der Verein Schleswig-Holstein Musik Festival (SHMF) im Kieler Schloß, und am 5. Juli bereits trat er an selber Stelle mit einem Konzert in Erscheinung: Die Polnische Kammerphilharmonie bot die Basis für Mozarts Konzert für zwei Klaviere (Christoph Eschenbach, Justus Frantz), Saint-Saens' „Karneval der Tiere" (Sprecher: Ministerpräsident Uwe Barschel), Rolf Liebermanns „Ferdinand der Stier" (Sprecher: Will Quadflieg) und einem Vortrag von Altbundeskanzler Helmut Schmidt.

Lübeck kam dann im August 1985 erstmals ins Spiel, als Justus Frantz den großen Dirigenten Leonard Bernstein (67) für sein Festival-Vorhaben interessierte. Nach einem Empfang, den Barschel ihm und hundert Gästen am 14. August im Schloßhotel Tremsbüttel gab, und einem Hubschrauberflug vor allem übers Holsteiner Land, wo ländliche Konzertstätten ins Auge gefaßt wurden, zogen sich tags darauf an einem brütend heißen 15. August Bernstein und Helmut Schmidt in Lübecks Musikhochschule zurück: In seiner Funktion als Mitherausgeber von „Die Zeit" interviewte Schmidt den Musiker für die allererste TV-Sendung der Zeitschrift. Und „Lennie" trug dabei eine Rose hinterm Ohr, die ihm eine Lübeckerin verehrt hatte.

Es wurde spät, bevor sich Bernstein im Rathaus ins Goldene Buch der Hansestadt eintragen konnte vor den Augen ihres 226. Bürgermeisters, Dr. Robert Knüppel. Der Maestro schrieb: „An die Freistadt – immer frei". Mit ihm, Barschel und Frantz ging es zu Ernst-Erich Stenders Abendmusik in St. Marien, wo sie Max Regers Phantasie über „Ein feste Burg" an der Großen Orgel lauschten und den Tag im Schabbelhaus ausklingen ließen. Es war des Maestros erster, doch keineswegs letzter Besuch an der Trave.

Die Idee des Festivals verbreiteten Kuratorium und Vorstand des SHMF mit großem Elan und vielen Ideen. Und Justus Frantz – noch im Wort eines Benefizkonzerts für den Verein Konzertsaal für Lübeck, das er im Vorjahr kurzfristig abgesagt hatte – gab einen Vorgeschmack auf sein PR-Talent, indem er noch vor dem Start des neuen Festivals in dessen Namen ein Doppelkonzert in der Stadthalle initiierte: Am 11. und 13. April 1986 spielte er in der Stadthalle mit dem Orchester der Hansestadt Lübeck

Werbung für das SHMF und für den Konzertsaal 1986: Justus Frantz (li.) spielte alle Beethoven-Klavier-Konzerte mit dem Lübecker Orchester unter GMD Matthias Aeschbacher.
Foto: Marianne Schmalz

unter Leitung von Generalmusikdirektor Matthias Aeschbacher alle fünf Beethoven-Klavierkonzerte – von denen die ersten drei im Kopfsatz die Tempo-Bezeichnung „Allegro con brio" tragen. Die kann durchaus auch als Motto für alle acht Jahre gelten, in denen Frantz das Festival führte.

Zugleich ließ der künftige Festival-Intendant erkennen, daß seine Erfolge nicht ohne seine Manager-Qualitäten zu denken seien. Er hatte „hoch angesetzt" bei diesem Benefizkonzert, als am Sonntagmorgen (13. April) Ida Ehre, die grande dame des deutschen Theaters, las und Helmut Schmidt in einem Vortrag eine Lanze für Lübeck, seine Kultur und seine Musik brach. Das hatte den Ereignis-Charakter, den Frantz während seiner Intendanten-Zeit (bis 1994) zu pflegen verstand.

Spätestens in der Pressekonferenz am 18. März 1986 in Kiel, in der das erste Festival-Programm vorgestellt wurde, prägte Justus Frantz das Wort von Lübeck als dem Salzburg des Nordens: „Es ist die einzige Stadt im Norden, die ein kulturelles Gesicht hat wie Salzburg, sie könnte eine ähnliche Bedeutung erlangen." Um das zu untermauern, wurden seither nicht nur prozentual die meisten Konzerte in die Hansestadt vergeben, sondern Lübeck auch als Fixpunkt für das Festival festgelegt: Auftakt- und Schlußkonzert fanden unter Frantz' Ägide stets an der Trave statt –

zunächst mangels eines großen Konzertsaals und der Fernseh-Optik wegen im Dom und in St. Marien. Nach Fertigstellung der Musik- und Kongreßhalle (MuK) wurde hier erstmals 1996 das Schlußkonzert gegeben, und die Besucher durften endlich eine optimale Akustik genießen, mit der die Gotteshäuser in Sachen Sinfonik nun einmal nicht aufwarten können. Traditionell bildet das Sinfonieorchester des Norddeutschen Rundfunks in Hamburg die Festival-Klammer.

Nur beim allerersten SHMF, am 29. Juni 1986, gab es einen Import: Orchester und Chor der Ludwigsburger Festspiele unter Wolfgang Gönnenwein boten die große c-moll-Messe von Mozart im Dom. Internationale Besucher-Prominenz verlieh dabei dem Auftakt ebenso wie Lübeck großen Glanz: Bundespräsident Richard von Weizsäcker, die Ex-Premiers Helmut Schmidt, Edward Heath (London) und Raymond Barre (Paris) saßen neben Uwe Barschel und Justus Frantz in der ersten Reihe. Und ein Symposium mit dem Titel „Das kulturelle Kontinuum Europas – Hoffnung für die Zukunft" führte Kulturschaffende und Politiker im Rathaus zusammen.

Der Dom war im ersten Jahr die erste Lübecker Festival-Adresse: Wiener Kammerorchester, der Trompeter Ludwig Güttler, Academy of St. Martin-in-the-Fields, Countertenor Andrew Dalton, Yehudi Menuhin mit seinem Jugendorchester und schließlich das Finale mit dem Verdi-Requiem unter Rafael Frühbeck de Burgos. In der Stadthalle und im Kolosseum präsentierten sich: der Pianist Andrzej Ratusinski, die jungen Geiger Gil Shaham und Young Uck Kim, das Royal Philharmonic Orchestra London unter Leitung von Christoph Eschenbach mit Anne-Sophie Mutter (Violine) und Mstislaw Rostropowitsch (Cello) im Doppelkonzert von Brahms, David Geringas und Eliza Hansen spielten Bach-Sonaten, Justus Frantz begleitete Hermann Prey bei Schuberts „Die schöne Müllerin".

Zwei Sternstunden in der Stadthalle bescherte Svjatoslav Richter am 8. Juli: Frantz hatte den großen Pianisten, der tags zuvor einen Klavierabend in der Scheune in Hasselburg gegeben hatte, ganz kurzfristig zu einem Benefiz für den Verein Konzertsaal für Lübeck gewinnen können. Binnen zweier Stunden war das Sonderkonzert mit drei Haydn-Sonaten ausverkauft – von Richter im Schein einer Stehlampe vom Blatt gespielt („Seit sieben Jahren kann mich mein Gedächtnis nicht mehr im Stich lassen – ich spiele mit Noten") – und im Auditorium feierten auch Bernstein, Barschel und Frantz mit Sohn Christopher einen Künstler, der fünf Jahre danach noch einmal in die Hansestadt, zu einem ebenfalls spontan angesetzten Konzert für Studenten in die Musikhochschule, zurückkehren sollte.

Das war also eine Woche nach dem Start ein erstes Zeichen für die Spontaneität, mit der Justus Frantz das Festival zu beleben vermochte. Sie trug eben auch zur Euphorie bei, die alsbald zum „musikalischen Flächenbrand" im Norden führte. Ein anderer Faktor bestand in der persönlichen Identifizierung mit dem Festival in Gestalt der Beiräte: Einerseits sparte der Einsatz der Beiräte an jedem Festival-Ort bares Geld, das sonst den Etat belastet hätte, zum anderen motivierten ehrenamtliche Mitarbeiter auch das Umfeld.

David Geringas (Violoncollo) und Eliza Hansen (Cembalo) bei einem Konzert mit Sonaten von Joh. Seb. Bach im Kolosseum

Foto: Jo Marwitzky

Allerdings führt die Identifizierung gelegentlich einen Beirat – so auch in Lübeck – zur Kritiklosigkeit, da er sich über die Rezension eines Festival-Konzerts (mit nicht nur lobenden Worten) bitter beschwerte. Das ist übrigens ein Fakt, den auch andere Festival-Konsumenten noch immer nicht verkraften: Justus Frantz als Lichtgestalt auf der einen Seite und auf der anderen die Presse als Mäkler, als Makel-Sucher. Das zeigt eine gefährliche Entwicklung auf, da immer mehr Musik-Verbraucher heute über wenig oder gar keine Kenntnis von Musik verfügen, aufgrund marktschreierischer Werbung aber ein Anspruchsdenken entwickelt haben, das künstlerische Qualität nicht beurteilen kann und will.

Nach dem Erfolg der 78 Abende, davon 14 in Lübeck, im ersten Sommer, kam das erste große Crescenco ins Land beim 87er Festival mit 145 Konzerten – außer für Lübeck, da hier die Zahl der Konzerte nicht gesteigert wurde. Dennoch nahm die Hansestadt einen neuerlichen Aufschwung: Die Musikhochschule wurde Sitz der erstmals abgehaltenen Meisterkurse, die im Rahmen des SHMF einen immer wichtigeren Stellenwert einzunehmen begannen. Denn neben der Präsentation hochgradiger Konzerte hatten sich Justus Frantz und seine Galionsfigur Leonard Bernstein der Förderung junger Musiker verschrieben. Das Festival im nordamerikanischen Tanglewood stand dafür Pate. Große Künstler wie Kim Kashkashian (Viola), Heinrich Schiff (Cello), Elisabeth Leonskaja und James Tocco (Klavier), Elisabeth Schwarzkopf und Siegfried Lorenz (Gesang) waren die Meister der ersten Stunde 1987 – teils noch im Buxtehudesaal am Jerusalemsberg.

Die andere Jugend-Förderung, die Orchesterakademie, nahm im Landeskulturzentrum Salzau ihre Arbeit auf – und erbrachte einen ersten Leistungsbeweis unter ihrem Gründungsdirigenten Leonard Bernstein am 12. Juli in der überfüllten Lübecker Stadthalle: Die Wiedergabe von Igor Strawinskys Ballett „Le sacre du printemps" ist als eines der inspirierendsten Konzertereignisse in die Geschichte dieses gut drei Jahre später für immer als Musiksaal geschlossenen traditionsreichen Gebäudes eingegangen. Für den 69jährigen Dirigenten schien dieses „Frühlingsopfer" ein Jungbrunnen gewesen zu sein – so vehement und mitreißend agierte das Vorbild Bernstein am Pult, von seinen jungen Instrumentalisten ebenso gefeiert wie vom Publikum.

Ein Musikfreund hatte bei diesem Konzert wie auch zuvor bei der Eröffnung im Dom mit Gustav Mahlers 2. Sinfonie unter Leitung von Christoph Eschenbach gefehlt: Ministerpräsident Uwe Barschel, am 31. Mai einzig Überlebender eines Flugzeugabsturzes beim nächtlichen Anflug auf den Flughafen Blankensee, konnte die Medizinische Universität noch nicht verlassen. Aber der Politiker, der mit Justus Frantz den Plan des Festivals durchgesetzt hatte, wurde doch noch mit einbezogen – und dieses Foto vom 5. Juli ging um die Welt: Da war Barschel im Bett auf den Rasen vor das Klinikgebäude gerollt worden, hatten sich Justus Frantz samt einem Flügel und das junge Festivalorchester mit seinem Einspiel-Dirigenten Matthias Aeschbacher davor aufgebaut – und erfreuten den Patienten open air mit Beethoven und Brahms.

Den Ministerpräsidenten besuchten einige Tage später Leonard Bernstein und bald darauf auch der zweite Maestro vor der Orchesterakademie, Sergiu Celibidache. Dessen Aufwartung wurde zum Auftakt eines unvorhergesehenen und einmaligen musikalischen Gipfeltreffens in dem unauffällig aber sicher bewachten Trakt der Uni-Klinik – mit einem Zeugen, denn es war mir gelungen, einen Termin zu einem Informationsgespräch bei Barschel zu bekommen. Aus einem Gedankenaustausch unter vier Augen wurde allerdings nichts. Denn kaum hatten wir auf dem Balkon Platz genommen, als Justus Frantz und Celibidache gemeldet wurden. Als das Gespräch gerade in Fahrt kam, trat Yehudi Menuhin hinzu, der im Festival wieder einige Konzerte (der Sinfonia Varsovia) dirigierte ... Es wurden an diesem warmen Sommernachmittag Mitte Juli keine tiefschürfenden Gedanken gewälzt. Celibidache dominierte mit seinem Humor die Runde, die sich nach einer Stunde auflöste: Der Patient mußte wieder der Ruhe pflegen, die Dirigenten sich zu ihren Orchestern begeben und der Intendant seinen Geschäften nachgehen.

Die weiteren wichtigen Auftritte dieses Festivals in der Hansestadt waren das Chamber Orchestra of Europe einmal mit Gidon Kremer (Dirigent und Solist) und zum anderen mit Claudio Abbado, das Orpheus Chamber Orchestra (mit der Pianistin Alicia de Larocha), das Philharmonia Orchestra London unter Giuseppe Sinopoli, der

Zweites S-H Musik Festival 1987: In der Stadthalle feierten die Lübecker Leonard Bernstein und das junge Festival-Orchester.

Foto: Marianne Schmalz

Klavierabend von Andrej Gawrilow in der Stadthalle – und der Abschluß, als Günter Wand dann Anton Bruckners 8. Sinfonie im Dom dirigierte.

Auch Justus Frantz trat auf, als Begleiter von Hermann Prey ließ er in der Stadthalle allerdings bei Franz Schuberts Lied-Zyklus „Schwanengesang" einige Defizite erkennen. Eklatant wurde der „Trainings-Rückstand" des umtriebigen Intendanten am selben Ort beim 3. Schleswig-Holstein Musik Festival 1988: Da gab am 8. August die Polnische Kammerphilharmonie einen Beethoven-Abend, darunter das Tripelkonzert mit den Solisten Thomas Brandis, Wolfgang Boettcher sowie Justus Frantz. Die Wiedergabe dieses Werks war wirklich miserabel, offenbar hatte das Trio sich höchstens kurz eingespielt, aber die Komposition nicht mehr sorgsam geübt seit dem letzten gemeinsamen Auftritt mindestens ein Jahr davor. Das Publikum jedoch jubelte – und dann noch mehr, als Frantz strahlend verkündete, auf Grund dieses Erfolges würden sie als Zugabe nicht etwa einen Satz, sondern das ganze Tripelkonzert wiederholen ... Es ist kein Geheimnis, daß der Deutschlandfunk, der den Abend aufzeichnete, mit der ersten Version keineswegs zufrieden war. So entschlossen sich die Künstler zu einem Dacapo – und in der „Zugabe" hatten sie sich endlich einigermaßen zusammengespielt.

Das Festival '88 wartete mit einem neuen Kuratoriumsvorsitzenden auf, einem Lübecker: Nach dem Wahlsieg der SPD hatte Björn Engholm als Ministerpräsident

Uwe Barschel (CDU) abgelöst und sich ebenso stark wie sein Vorgänger zum Festival bekannt. Dieses war nun auf 178 Konzerte ausgeweitet worden, von denen 14 durchweg hochkarätige wieder in Lübeck stattfanden, die Hälfte wiederum am neuen Ort: Da das Kolosseum wegen plötzlicher Reparaturarbeiten nicht zur Verfügung stand, wurde nun St. Petri Schau- und Hörplatz von Kammermusik. Dafür machten sich Orchester – bis auf die NDR-Eckkonzerte im Dom und in Marien – rar, weil die Stadthalle mit gut 1000 Plätzen als zu klein befunden wurde, um genügend Einnahmen für teure Klangkörper erzielen zu können.

Nachdem an dieser „Vernachlässigung" der Hansestadt Kritik laut geworden war, trat 1989 eine Besserung ein, und in der Stadthalle fand eine Serie von Konzerten statt, die teils in bester Erinnerung geblieben sind: Der Auftritt des Orchesters der Hansestadt Lübeck am 9. Juli, bei dem Udo Zimmermann vorwiegend Zeitgenössisches dirigierte; am 24.7. gastierte das Philharmonia Orchestra London unter Giuseppe Sinopoli; am 26. folgte das Orchester des Kirow Theaters Leningrad unter Valerie Gergiev – und der junge Bron-Schüler Nikolai Madojan begeisterte bei brütender Hitze mit Tschaikowskys Violinkonzert; auch das Festival Orchester kam endlich und dann gleich zweimal wieder: am 28. unter Claus Peter Flor, am 9. August unter Gergiev.

Das Konzert der Lübecker Philharmoniker am 9. Juli blieb das einzige. Immer wieder wurden zwar Rufe laut, ins Festival mehr heimische Künstler einzubeziehen, denen vermochte ich mich aber nie anzuschließen – aus zwei Gründen: Zum einen soll ein Festival des SHMF-Zuschnitts die Begegnung mit auswärtigen und möglichst Spitzenmusikern ermöglichen; andererseits erleben wir das ganze Jahr über die heimischen Künstler, die im Sommer auch einmal eine Erholungspause brauchen – und die Freude des Wiederhörens ist dann zu Saisonbeginn auf beiden Seiten groß.

Das Jahr 1989: 18 Festival-Konzerte wurden nach Lübeck vergeben. Und diplomatisches Geschick von Kuratorium und Intendanz erreichten einen Auftritt des Festival-Orchesters unter Flor mit Frantz als Solisten und von Ministerpräsident Engholm als Redner in Schwerin – das geschah im gesamtdeutschen „Tauwetter" und war gewiß ein Vorzeichen des Mauerfalls im Herbst. Mehrere Busse voll junger Instrumentalisten aus 21 Nationen – darunter auch bereits aus der DDR und dem weiteren Ostblock – mußten zwar am Grenzübergang Schlutup/Selmsdorf ewig warten, aber das „Wunder" geschah: Alle durften passieren, wurden in Schwerin gut verköstigt, bestaunt, gefeiert in der mit 3000 Hörern vollbesetzten Sport- und Kongreßhalle. Engholm war in seiner Eigenschaft als Vorsitzender des SHMF-Kuratoriums gekommen und meinte in seiner kurzen Begrüßung unter spontanem Beifall: „Und wenn die Geschicke es zulassen, hoffe ich, daß wir uns im nächsten Jahr in Schwerin wiedersehen."

Die Geschicke ließen es im Jahr darauf zu – aber jetzt schon gab es die ersten Anzeichen eines Streits. Justus Frantz, der Tausendsassa des Festivals, kam überdies in die Schlagzeilen, weil er seine Fühler nach anderen Festivals ausstreckte. Von Niedersachsen ließ er zwar ab, aber Mecklenburg-Vorpommern schob er nach der Wende dann

Zweites S-H Musik Festival 1987: Leonard Bernstein mit dem jungen Festival-Orchester in der Stadthalle

Foto: Marianne Schmalz

an, kooperierte mit Freunden auch hinsichtlich Ablegern von SHMF-Konzerten. Auch drängte Frantz den Partner Kieler Landesregierung, ihm mehr Kompetenzen zu erteilen – und drohte damit, seinen Vertrag nicht über das Jahr 1992 hinaus verlängern zu wollen.

Ein Streitpunkt war seit langem schon die Ansiedelung der Intendanz in Lübeck. Schon vor dem ersten Festival hatte Frantz dies versprochen und sich in der Hansestadt umgesehen, aber zwei Objekte verworfen, die ihm offeriert worden waren. Das Rathaus drängte, aber Frantz blieb in Hamburg auch 1991, als Kultursenator Ulrich Meyenborg ein Zeichen aus Kiel zunächst positiv deuten konnte. Der Intendant blieb weiterhin an der Elbe. Da vermochten ihn weder der ihm neu an die Seite gestellte Geschäftsführer Joachim Thomas umzustimmen noch der Lübecker Industrielle Dr. Christian Dräger, der im Herbst 1990 Vorsitzender des SHMF-Aufsichtsrats wurde.

Erst Dr. Franz Willnauer, seit 1995 als Direktor der Nachfolger von Justus Frantz, bewerkstelligte die Vereinigung von Festival-Intendanz und -Verein, und die Geschicke werden seit 1996 vom SHMF-Sitz am Lübecker Jerusalemsberg aus geleitet: von einem Gebäude mit klingender Tradition – denn darin war zuvor über Jahrzehnte die Musikhochschule ansässig. Ob nun Lübeck als Musikstadt des Landes auch wirklich das Salzburg des Nordens geworden ist?

Zweites S-H Musik Festival 1987: Beifall für den Dirigenten Günter Wand (li.) von Loki und Helmut Schmidt, Justus Frantz und Uwe Barschel nach dem Schlußkonzert im Dom
Foto: Alice Kranz-Pätow

Doch dieses ist ein Vorgriff. Wir wollen die Festival-Gründerjahre mit 1990 beschließen, als dem SHMF allgemein bescheinigt wurde, daß die Anfangs-Euphorie vorbei und manche Flaute eingetreten war. Kein Wunder, da eine Inflation von 200 Konzerten anbrach und sich Justus Frantz zudem verzettelte mit 21 Konzerten, an denen er als Pianist mitwirkte – das Dirigieren begann er erst 1992.

Das 90er Festival brachte in Lübeck manche letzte Begegnungen, darunter mit der Sopranistin Arleen Auger, die einen Meisterkurs und in der Stadthalle einen unvergeßlichen Liederabend (mit Irvin Gage am Flügel) gab. Und es war der letzte Sommer der Stadthalle, die im Februar 1991 wegen Asbestgefahr als Konzertsaal für immer geschlossen wurde (ab 1991 trat bis zur MuK-Eröffnung die Phönix-Tennishalle an der Falkenstraße einige Male als Schauplatz für SHMF-Gastorchester in Aktion).

Die Normalität hatte das Festival im fünften Jahr seines Bestehens eingeholt, das richtig An- und Aufregende ging diesmal auch an Lübeck vorbei. So mag es manch ein Betrachter der Geschicke als ein Zeichen gewertet haben, als Leonard Bernstein – er hatte krankheitshalber seinen avisierten Besuch in Schleswig-Holstein absagen müssen – am 15. Oktober in den USA starb. Da war aus dem von ihm beflügelten Allegro con brio bereits ein Andante ma non troppo geworden – und das Halbjahrzehnt mit den Zu-Satzbezeichnungen lamentoso und agitato brach an. Gründerjahre mit ihrer Aufbruchstimmung sind immer die schönsten. Sie tragen diese Naivität und Neugier in sich, die Hoffnungen weckt. Etwas von dieser Neugier und Hoffnung zu erhalten, ist eine große Kunst. Auch die Künste leben davon.

VON LÜBECK FORT UND NACH LÜBECK ZURÜCK

DER LEBENSWEG DES KANTORS BERTHOLD KATZ

Gerd Stolz

„Eigentlich bin ich Lübecker, ich wurde in Lübeck geboren, wuchs hier auf und lebe mit meiner Frau heute wieder in Lübeck; ob ich aber diese Stadt noch als meine Heimatstadt bezeichnen kann, vermag ich nicht zu sagen", mit diesen Worten zieht Berthold Katz die Bilanz eines wechselvollen Lebens, das ihn in die Stadt seiner Geburt beinahe zwanghaft zurückführte. Unser Blick geht während unseres Gespräches häufig aus dem Fenster auf das benachbarte Gebäude, die Synagoge, heute das einzige jüdische Gotteshaus in Schleswig-Holstein wieder in dieser Funktion. Jahrelang war Berthold Katz hier Vorbeter, hat zahlreiche Führungen für Lübecker Schulklassen, für Gruppen aus politischen Parteien, der Kirchen, für Vereine und Verbände wahrgenommen und um Aussöhnung mit unserer gemeinsamen Geschichte geworben.

Eine ganz besondere Freude war es für den am 11. Dezember 1915 geborenen Berthold Katz, als Ende der 1980er/Anfang der 1990er Jahre wiederholt Gruppen jüdischer ehemaliger Schleswig-Holsteiner, die auf Einladung des Ministerpräsidenten jeweils für eine Woche ihre „alte Heimat" besuchten, dann auch immer an einem Tag nach Lübeck kamen. Sie geleitete er zu gemeinsamem Gebet in die Synagoge und zum gemeinsamen Gedenken auf den jüdischen Friedhof in Moisling. Mit seiner Frau Anneli nahm er stets an dem nachmittäglichen Beisammensein teil, und immer waren auch ehemalige Lübecker dabei; erhoffte und unerwartete Wiedersehen mit Bruder und Schwägerin aus den USA, mit dem Cousin aus Israel, mit Jugendfreunden und Spielkameraden brachten diese Begegnungen.

So wurden Erinnerungen wach, gingen die Gedanken und Gespräche in die Vergangenheit zurück, wurden Namen jüdischer Lübecker Männer, Frauen und Kinder genannt, denen es nicht gelungen war, ihr Leben vor dem Zugriff der nationalsozialistischen Häscher und Mörder zu retten, und die heute kein Grab deckt. Dennoch, diese Begegnungen brachten Stunden gemeinsamer verhaltener Freude und großer Wärme für Berthold Katz. Seine Jugendzeit, die Gottesdienste in der Synagoge, seine Bar Mizwah-Zeremonie[1], die Familie, die frühere Gemeinde, die jüdischen und nichtjüdischen Freunde gewannen in der Erinnerung wieder Gestalt.

„An meinen Vater habe ich keine Erinnerung, denn er verstarb, als ich erst 4 Jahre alt war. So mußte uns meine Mutter allein aufziehen; wir waren 5 Kinder zuhause, meine beiden älteren Schwestern Marie und Ruth, mein älterer Bruder Felix, mein jüngerer

---

[1] Bar Mizwah = ‚Gebotspflichtiger'; Bezeichnung für Jungen, die mit 13 Jahren gebotspflichtig werden, mit Aufruf zur öffentlichen Tora-Vorlesung in der Synagoge und anschließender Feier, so daß sie im religionsrechtlichen Sinne volljährig sind.

Bruder Josef und ich. Unser Zuhause war damals das Hintergebäude in der Hüxstraße 105, später bis 1937 eine Mietwohnung in der Braunstraße 6, und wir verlebten dort eine schöne, behütete Kindheit.

Es war bis 1933 ein ganz normales Leben, auch wenn wir 3 jüdischen Schüler – Ephraim Lexandrowitz, Max Fränkel und ich – in der Quarta der Oberrealschule zum Dom bereits damals wegen unseres Glaubens gehänselt wurden. Wir machten uns seinerzeit aber nicht viel aus solchen Beschimpfungen, die man uns auch auf der Straße hinterherrief. Wir fühlten uns ja hier zuhause so wie unsere Nachbarn, wir fühlten uns geschützt durch Tradition, Verfassung, Recht und Anstand. Aber wie furchtbar haben wir uns getäuscht, wir ahnten ja nicht im entferntesten, was uns und den anderen jüdischen Lübeckern noch bevorstand.

Nach 1933 änderte sich das Leben in der Hansestadt, deren politisches Leben bis dahin im wesentlichen von der SPD bestimmt wurde, denn die Nazis waren nun an der Macht. Die Beschimpfungen und Schmähungen nahmen zu, viele Nachbarn kannten uns plötzlich nicht mehr und sagten nicht einmal ‚Guten Tag'. In der Stadt beherrschten die Braunhemden das Bild, SA- und SS-Leute drängten uns vom Bürgersteig, wo immer sie konnten."

Sein Bruder Josef erinnert sich: „1. April 1933. Boykott. Große gelbe Plakate sind an allen jüdischen Geschäften angebracht. Vor unserer kleinen Lederhandlung in der Braunstraße stehen SA-Leute und hindern die Kundschaft, das Geschäft zu betreten. Ein SA-Mann schlägt meinen Bruder (Anm. d. Verf.: Felix), als er in seinen Laden hineingehen will, mit der Faust ins Gesicht. Er kommt sehr deprimiert nach Hause und sagt zu meiner Mutter: ‚Jetzt ist es endgültig aus mit den Juden.'"[2]

„Als Schüler und Jugendlicher spielte ich Fußball im Lübecker Sportverein von 1913; schon als Siebenjähriger war ich in den LSV eingetreten, wo auch mein Cousin Josef zur Jugend-Fußballmannschaft und ich später der Reserve-Herrenmannschaft angehörten. Stolz trugen wir die Sportkleidung, das rote Hemd und die weiße Hose.

Es war nun damals üblich, daß die Mannschaften sich zu Beginn eines Spiels mit dem ‚Deutschen Gruß' begrüßten, der uns Juden ja verboten war. Eines Tages – es war in Neustadt/Holstein – kam der Trainer nach dem Umkleiden, aber noch vor dem Anpfiff auf dem Spielfeld zu mir und sagte, daß ich mit sofortiger Wirkung aus dem Verein ausgeschlossen wäre – ich ging in den Umkleideraum zurück, zog mich wieder an und weinte bitterlich. Doch es gab keinen Trost. Ich verstand damals nicht so recht, warum alles so war. Es ist ein Gefühl, das sich nicht beschreiben läßt, so als ob man plötzlich vogelfrei ist. Nach dem Spiel fuhr ich mit der Mannschaft noch nach Lübeck zurück.

Ich habe mich zwar am nächsten Tag gleich auf's Motorrad gesetzt und bin einem jüdischen Verein in Hamburg-Lockstedt beigetreten, jedoch war es nur für eine ganz kurze Zeit. Meine Fußballkarriere aber war beendet.

---

[2] Josef Katz, Erinnerungen eines Überlebenden, Kiel 1988, S. 13/14

Die Synagoge in Lübeck, St. Annen-Straße 13, Ansicht bis 1938

Jugendfußballmannschaft des LSV Lübeck um 1928 (erster v. r: Berthold Katz, dritter v. r.: Josef Katz, Bertholds Cousin)

Schon frühzeitig verließ ich als 17jähriger die Schule, um das Ledergeschäft meines mit seinem Motorrad tödlich verunglückten Bruders in der Braunstraße 6 zu übernehmen und damit den Familienunterhalt zu sichern. Meine Schwester Marie arbeitete zwar in dem Kaufhaus ‚Globus' in der Breiten Straße, doch reichte ihr Lohn nicht zum Unterhalt für die ganze Familie. Da ich wegen meines Alters noch nicht Inhaber des Geschäftes sein konnte, wurde meine Mutter formell Inhaberin. Ich führte hauptsächlich Schuhmacher-Bedarfsartikel aller Art und belieferte im wesentlichen die Lübekker Schuster. Aber es gab auch einige Privatkunden, die bei mir das Leder zum Selbstbesohlen der Schuhe kauften.

Damals hatte ich eine Freundin, sie war Jüdin, und wir hatten uns sehr gern. Gemeinsam machten wir auf meinem Motorrad, einer BMW 200, Ausflüge in die Umgebung der Stadt, soweit es unsere Zeit zuließ. Eines Tages erhielt ich nun ein Schreiben von der Gestapo, mich sofort auf der Dienststelle in der ‚Parade' zu melden – ich hätte ein arisches Mädchen auf dem Motorrad mitgenommen, und das war Rassenschande! Nach kurzem Verhör bei der Gestapo wurde ich für 10 Stunden in einen dunklen Bunker gesperrt, wo weder Sitzen noch Stehen möglich war. Erst als zweifelsfrei feststand, daß ich ein *jüdisches* Mädchen mitgenommen hatte, wurde ich entlassen.

Doch solche Schikanen waren erst der Anfang. Es kam noch schlimmer, so wie wir Juden es gar nicht ahnen konnten. Die Angst, morgens von der Gestapo abgeholt, auf unbestimmte Dauer eingesperrt und gequält zu werden, wuchs ständig. Schon seit mehreren Monaten erschienen immer 2 Gestapo-Leute unverhohlen zu den Gottesdiensten in der Synagoge, die alle Personen und Vorgänge sorgfältig beobachteten. Bei Aufzügen und Paraden, und derer gab es in jener Zeit zahlreiche, verschwand man schnell in einer Nebenstraße oder -gasse, um wegen des ‚Deutschen Grußes', der Juden verboten war, nicht aufzufallen und mißhandelt zu werden.

Es war gegen 14.30 Uhr an einem Samstag-Nachmittag im August 1936, als ca. 60 - 70 Personen – niemand in Uniform – in mein Geschäft eindrangen, mich packten, unter Schlägen über den Ladentisch warfen und aus dem Geschäft zerrten. Ca. 100 Liter Schuhschwärze, die in mehreren Kanistern im Laden standen, verspritzten die Randalierer über Waren und Einrichtung. Unter weiteren Schlägen, egal wohin sie trafen, wurde ich durch die Braunstraße, Hüxstraße, Königstraße, über den Markt bis zur Pfaffenstraße getrieben, wo damals noch die Straßenbahn fuhr. Dort warf man mich auf die Schienen und wartete auf die nächste Straßenbahn aus Kücknitz oder Schlutup; währenddessen gab es weitere Schläge und Fußtritte. Ich weiß nicht, wie lange ich dort gelegen habe. Es waren mir mehrere Rippen gebrochen, und blutüberströmt wurde ich zum Polizeigefängnis in der oberen Mengstraße getrieben, wo ich zur ‚Begrüßung' gefragt wurde: ‚Herr Katz, hat man Ihnen was angetan?' – Dann warf man mich in eine Zelle, wo bereits Max Blumenthal, Oskar Zipper und Julius Wagner waren – ebenfalls blutverschmiert. Schlimmer als ein Stück Vieh hatte man mich durch die Stadt getrieben.

Nach einer langen Zeit, ich weiß nicht mehr, wieviele Stunden es eigentlich waren, wurde ich entlassen. Ich konnte kaum Luft holen und gehen. Es dauerte einige Zeit, bis ich, mich dahinschleppend, unsere Wohnung in der St. Annen-Straße erreichte, wo meine Mutter ohne Wissen, wo ich war, tiefbesorgt auf mich wartete. Kein Arzt durfte zu meiner Versorgung geholt werden, doch zufällig war noch der jüdische Arzt Dr. Horwitz da, der mich behandelte und einen Verband anlegte. Nach ca. 4 Wochen konnte der Verband dann endgültig entfernt werden und ich mich wieder um das verwüstete Geschäft kümmern – als Laden war es nicht mehr zu gebrauchen. So eröffnete ich einige Zeit darauf in der Fleischhauerstraße 26 erneut ein Ledergeschäft."

Der Bruder Josef Katz erlebte Bertholds Mißhandlungen und berichtet in seinen Erinnerungen: „Eine aus Halbwüchsigen bestehende Menge rast durch die Straßen Lübecks. Plötzlich stehen sie vor unserem Laden, beginnen Haßgesänge zu singen. Andere schreien: ‚Holt den Juden raus!' Von hinten drückt die Menge nach, und ungefähr dreißig Burschen drängen durch die offene Ladentür in das Geschäft. Lederstücke fliegen durch die Luft, Schwärzeflaschen knallen an die Wand, und alle Arten Nägel werden im Laden verstreut. Von beiden Seiten sind einige Männer hinter den Ladentisch gelaufen. Sie werfen meinen Bruder (Anm. d. Verf.: Berthold) wie einen Gummiball in die tobende Menge. Ich stehe unterdessen vor dem Ladentisch und schaue der wildgewordenen Masse zu, denn man kennt mich nicht. Sie führen meinen Bruder mit zurückgebogenen Händen durch die Hauptstraßen der Stadt.

Nachdem sich die Horde verlaufen hat, stelle ich fest, daß der Inhalt der Ladenkasse verschwunden ist. Meinen Bruder finde ich auf der Polizeiwache, grün und blau geschlagen, wieder."[3]

Doch nur kurze Zeit konnte Berthold Katz das neue Geschäft in der Fleischhauerstraße haben – „Eines Morgens im Sommer 1937, es muß gegen 4.30 Uhr gewesen sein, höre ich lauten Lärm vor dem Geschäft und sehe einen Haufen johlender Menschen ankommen. Es gelingt mir noch, den Laden schnell nach hinten zu verlassen und mich in einer leeren Mülltonne auf dem Hof zu verstecken. Der wilde Haufen dringt in den Laden ein und verwüstet ihn total. Als der Pöbel dann verschwunden ist, wage ich mich nach ca. 2 1/2 Stunden aus meinem Versteck und sehe die Barbarei – nichts ist mehr heil, ich erkenne, daß es vorbei ist, daß ich erledigt bin.

So viel Blut, unschuldig vergossen aus gequälten Körpern, wie in jener Zeit habe ich nie wieder gesehen. Wer die Erniedrigungen, Torturen und Leiden jener Zeit nicht mitgemacht hat, kann die Gefühle um das Verletztsein als Mensch nicht verstehen. Es war die Hölle, in jenen Jahren als Jude in Deutschland zu leben. Waren Moral, Vernunft, Gewissen denn total beiseitegefegt?" – Berthold Katz hält inne im Erzählen.

„Im Herbst 1938 wurde ich dann ohne Begründung plötzlich für ca. 4 Wochen in ‚Schutzhaft' genommen und im Gefängnis im Marstall-Gebäude in der Burgstraße eingesperrt, so daß ich die Schändung und Verwüstung unserer Synagoge im November 1938 nicht miterlebte.

Doch schon lange hatte ich mich mit dem Gedanken getragen, Deutschland zu verlassen und auszuwandern. Mit zunehmenden Qualen wurden diese Überlegungen immer drängender. Ich konnte das Leben in meiner Heimatstadt Lübeck kaum noch ertragen. Doch es war schwer, eine Möglichkeit zur Auswanderung zu finden, wenn man kein Geld hatte. Wer damals als Jude kein Geld oder Vermögen anderer Art besaß, wer nur ein ‚kleiner Mann' war, dem blieb lediglich die Hoffnung auf das Palästina-Amt, sonst das KZ.

Meine Mutter gehörte immer noch zu den Menschen, die die sichtbaren Zeichen verdrängten – vielleicht auch aus einer inneren Verzweiflung der Ohnmacht. Sie meinte: ‚Strenge Herren regieren nicht lange!' und hoffte immer noch auf eine Wende. Es konnte von uns Lübecker Juden niemand recht glauben, daß Großbritannien und die USA sich um ein derartiges, allen sichtbares Unrecht nicht kümmern würden.

Meinem Bruder Josef gelang es schließlich nach intensiven Bemühungen, beim Palästina-Amt in Berlin für uns beide die Erlaubnis zur Hachscharah[4] zu erhalten, doch mußten wir zuvor noch eine landwirtschaftliche Ausbildung absolvieren. Im

---

[3] s. Anm. 2, S. 15/16

[4] Hachscharah = ‚Ertüchtigung'; unter der Bezeichnung H. erhielten junge Juden in Deutschland eine landwirtschaftliche Ausbildung als Vorbereitung zur Auswanderung nach Palästina und zum Aufbau des Landes.

Frühjahr 1939 kamen Josef und ich auf dem Gut Ellguth in der Nähe von Neiße in Schlesien an, das von der Gestapo überwacht wurde; Besitzer des Gutes war seinerzeit ein Berliner Tuchfabrikant namens Fränkel, Verwalter und zugleich Ausbilder, beide sehr umsichtig, waren die Herren Schwarz und Schmolke. Wir wurden dort intensiv in allen landwirtschaftlichen Arbeiten unterwiesen, lernten die Grundbegriffe von Ackerbau und Viehzucht, wozu selbstverständlich auch Melken gehörte – Ziel dieser Ausbildung war es ja, dann als Pioniere in einem Kibbuz in Palästina das Land fruchtbar zu machen, zu bearbeiten und von den Erträgen zu leben. Nach 3 1/2 Monaten erhielt ich von einer jüdischen Kommission nach kurzer Prüfung die Bestätigung als Landwirt, mein Bruder Josef jedoch nicht, so daß er zum Abschluß seiner Ausbildung noch zu einem anderen Gut geschickt wurde.

Im September 1939 – wenige Tage nach Kriegsbeginn – verließ ich dann meine Geburtsstadt Lübeck mit Ziel Palästina mit einigen anderen vom Glück Begünstigten. Auf Befehl der Gestapo durften wir nur 8 kg Gepäck, d. h. im wesentlichen Bekleidung, aber kein Geld mitnehmen. Was uns erwartete, wußten wir nicht, doch waren wir voller Hoffnung und in Sicherheit, der Barbarei entronnen.

Es war zugleich ein Abschied von vielen jüdischen Freunden und meiner Familie. Von 629 jüdischen Lübeckern überlebten nur 20 den Holocaust. Meine Mutter wurde im Dezember 1941 zusammen mit ca. 90 weiteren jüdischen Lübecker Männern und Frauen, unter ihnen auch mein Bruder Josef, deportiert; sie starb am 21. Januar 1942 im Lager Riga-Jungfernhof. Mein Bruder Josef überlebte die Schrecken mehrerer KZ, wurde am 8. März 1945 in einem Lager bei Rieben (Pommern) von den Russen befreit und wanderte mit seiner Frau, die er im KZ kennengelernt hatte, in die USA aus. Meine Schwester Ruth, die in Lübeck mit dem jüdischen Hutmacher Holzblatt verheiratet war, emigrierte 1939 mit ihrem Mann zunächst nach Shanghai, denn es war der einzige Platz der Welt, der kein Einreisevisum forderte, wo es keine Einreisebeschränkungen für Juden gab, so daß viele Verfolgte zunächst dorthin fuhren. Später reiste meine Schwester in die Vereinigten Staaten weiter, wo sie dann nach einer Herzoperation in Los Angeles gestorben ist.

Meine Schwester Marie überlebte in Lübeck an der Seite ihres Mannes, eines Nicht-Juden, die Schrecken der Verfolgung und Erniedrigung, wenn sie auch durch die Gestapo zu schwerer Arbeit gezwungen wurde.

Voller Selbstvertrauen hatten jüdische Menschen in dieser Stadt Lübeck gelebt, waren Bewohner und Bürger der Stadt gewesen, hatten am religiösen, kulturellen, geistigen und politischen Leben teilgenommen. Ich war aus dieser Stadt, die mir das Heimatrecht nahm, geflohen in eine ungewisse Zukunft. Mit der Eisenbahn fuhr ich zunächst nach Wien, von dort über Varna durch das Schwarze Meer und die Dardanellen auf dem Dampfer „Hilde" in Richtung Haifa. Auf dem kleinen Schiff waren ca. 575 verzweifelte, verängstigte, bedrängte, ausgehungerte jüdische Menschen, und es gab dort alles: Krankheiten, Geburten, Seuchen, Streit, Mit- und Füreinander und Hoffnung, denn unser Ziel war Palästina.

„Einwanderungsmuseum" in Atlit, Israel, mit Darstellung des Internierungslagers (Baracken, Wachtürme, Stacheldrahtzaun und Panzerfahrzeug):das Freilichtmuseum mit Ausstellungsraum befindet sich außerhalb des nicht zugänglichen Militärgeländes SO des ursprünglichen Platzes und Lagers.

Nach mehrwöchiger Fahrt wurde unser Schiff vor Haifa von der britischen Kriegsmarine aufgebracht und nach Atlit[5)] geschleppt. Wir wurden als illegale Einwanderer in dem dortigen vom britischen Militär streng überwachten Lager zunächst 6 Monate ‚interniert', d. h. wir durften uns nur im Lagergelände aufhalten, keinen Kontakt zu Personen oder Organisationen außerhalb des Lagers aufnehmen.

Doch dann wurde ich eines Tages entlassen und stand nun ohne Kleidung – außer der, die ich auf dem Leibe trug – ohne Geld, ohne Verwandte da in einem schwierigen Land, das damals noch überwiegend Wüste war. Wohin sollte ich mich wenden? Ein Bekannter aus Lübeck, den ich zufällig traf, der Schuhmacher Siegfried Stoppelmann in Herzliah nahm mich zunächst für einige Nächte auf. ‚Berthold, weißt Du was? Ich kenne einen Platz, wo Du arbeiten kannst', meinte er, und so ging ich nach Sede Warburg bei Kfar Saba.

Um zu überleben arbeitete ich dort mal als Landarbeiter, mal als Schuhmacher und ‚wohnte' zunächst einmal in einem sog. Lift, einer großen zweistöckigen Holzkiste, für

---

[5)] Atlit = Ort 17 km im S von Haifa an der Mittelmeer-Küste; erstmals im 4. Jhdt. v. Chr. erwähnt; während des 2. Weltkrieges war dort von der britischen Mandatsmacht ein Internierungslager für ‚illegale' jüdische Einwanderer; heute gibt es dort ein ‚Einwanderungsmuseum', doch ist das Hafengelände militärisches Sperrgebiet.

die ich selbstverständlich bezahlen mußte. Mit Gelegenheitsarbeiten schlug ich mich durch, bis ich im Jahre 1942 nach dem Vormarsch der deutschen Truppen nach Ägypten vom britischen Militär zwangsverpflichtet und zum Kriegsdienst eingezogen wurde. In Palästina diente ich dann als Corporal bei der 462nd Unit des Royal Army Service Corps in Sarafand[6]; es war eine Nachschubeinheit, die Kfz-Kolonnen mit Munition versorgte. Ich hatte nun mein Auskommen, ich hatte Unterkunft, Verpflegung und Bekleidung.

In der britischen Armee nahm ich an dem Landungsunternehmen bei Salerno (Unteritalien) teil und machte den Vormarsch der Alliierten durch Italien über Neapel, Rom, Bologna, Florenz und Mailand mit. Wer von uns aus Deutschland stammenden Soldaten fließend Englisch konnte, kam nach Kriegsende nach Österreich – so wurde ich in Leoben und in Graz als Dolmetscher und zur Bewachung deutscher Kriegsverbrecher eingesetzt. 1948 wurde ich dann aus der britischen Armee entlassen und ging nach Palästina zurück.

Dort trat ich sofort in die Haganah[7], die Vorläufer-Organisation der israelischen Armee (Zahal), ein und wurde mit der Gründung des Staates Israel in das Heer übernommen – zwar trug ich nun israelische Uniform, hatte jedoch keinen Dienstgrad. An mehreren Stoßtrupp-Unternehmen wie am Guerilla-Krieg gegen die arabischen Freischärler war ich beteiligt. 1950 wurde ich entlassen und ging in die Landwirtschaft zurück nach Sede Warburg.

Berthold Katz als Corporal der britischen Armee in Palästina, um 1943

---

[6] Sarafand = heute: Zerifin; Armeelager in der judäischen Ebene 15 km SO von Tel Aviv; im 2. Weltkrieg eines der wichtigsten Ausbildungslager der britischen Mandatsmacht.

[7] Zahal = abk. für Zawa Haganah Letisrael (Israelische Verteidigungskräfte) – ‚Haganah' = ‚Verteidigung' = Bezeichnung für illegale Verteidigungsorganisation der jüdischen Bevölkerung in Palästina zur Zeit der britischen Mandatsregierung, gegründet 1920

Schon bald nach dem Kriegsende in Europa hatte ich zu meiner Schwester Marie, die in Lübeck schwerkrank die Jahre der Verfolgung überlebt hatte, die Verbindung gesucht und stand bald in Briefkontakt mit ihr. Von Palästina aus hatte ich keine Nachricht von bzw. über meine(n) Angehörigen erhalten können, doch hörte ich die Radio-Meldungen über Deutschland und war daher über die allgemeine Lage informiert. Erst von meiner Schwester jedoch erfuhr ich das Schicksal der jüdischen Lübecker, damit auch das meiner Mutter. Die schreckliche Realität übersteigt meine Vorstellungskraft.

Eines Tages noch im Jahre 1950 erreichte mich ein Brief meiner todkranken Schwester – ‚Wenn Du mich noch einmal sehen willst, dann komme, aber komme bald'. Eigentlich wollte ich in Israel bleiben, hatte dort inzwischen auch einigermaßen Fuß gefaßt und stand nun vor einer schweren Entscheidung, die mit allen ihren Folgen genau überlegt werden wollte. Die Tatsache, daß ich noch Junggeselle war und daß meine Schwester nicht mehr lange zu leben hatte, erleichterte mir den Entschluß zur Rückkehr nach Deutschland. Illegal war ich seinerzeit nach Palästina eingewandert, illegal verließ ich nun Israel.

Ich hatte mir in den zurückliegenden Jahren etwas Geld zusammengespart, so daß mein Freund Bernhard Lexandrowitz, den ich in meine Pläne eingeweiht hatte, mir ‚schwarz' einen Flug von Tel Aviv nach Italien besorgen konnte. Sofort nach der Landung in Rom ging ich zur deutschen Botschaft, die an jenem Tage zum Dienstschluß gerade ihre Tore schließen wollte, und erhielt sogleich das notwendige Einreise-Visum für Deutschland.

Ich hatte mehrere Packungen bester Zigaretten bei mir, die ich noch gegen Geld, eine Uhr und Schmuck eintauschte. Doch auf der Bahnstation von Ravenna wurde der Zug, in dem ich reiste, von italienischen Banditen überfallen, die alle Fahrgäste mit Chloroform bewußtlos machten und dann ausraubten – auch mir hatte man alles gestohlen, sogar meine Schuhe hatte man mir ausgezogen. Kurzerhand ging ich barfuß zur nächstgelegenen Kaserne, meldete mich dort, berichtete von dem Überfall und erhielt zunächst einmal Schuhe; in einer anderen Kaserne, zu der man mich dann schickte, wurde ich mit anderen Personen, denen es ähnlich ergangen war, neu eingekleidet. In Hamburg holte mich meine Schwester am Hauptbahnhof ab, und mit einem Lkw ging es nach Lübeck, das ich zuerst mit seinen Zerstörungen kaum wiedererkannte.

Zunächst lebte ich bei meiner Schwester, die eine Gaststätte an der Untertrave hatte, wo ich auch aushalf. Doch wenn ich wieder in Deutschland leben wollte, mußte ich etwas anfangen, mußte ich mir eine neue Existenz aufbauen.

Mit einem von der schleswig-holsteinischen Landesregierung bereitgestellten, zinslosen Darlehen von DM 3000,-, das in monatlichen Raten à DM 50,- zurückgezahlt werden mußte, eröffnete ich noch im Jahre 1950 in der Engelsgrube 37 ein Lederwaren-Geschäft. Mit einem Ballonrad suchte ich frühere Kunden auf und knüpfte so neue Geschäftsverbindungen an. Ich hatte jetzt wie auch später guten Erfolg; das Darlehen wurde von mir pünktlich zurückgezahlt. 1958 konnte ich einen Laden in sehr guter Lage auch zur Breiten Straße in der Fleischhauerstraße 2 eröffnen, wozu ich ein Darlehen von DM 15.000,- aufnahm, das ich wie das erste pünktlich zurückzahlte. Mit Ablauf des Mietvertrages gab ich dann im Januar 1972 das Lederwaren-Geschäft auf.

Als ich 1950 in Lübeck ankam, gab es dort noch ca. 50 jüdische Menschen, größtenteils ältere ehemalige KZ-Häftlinge und ‚displaced persons'[8], die auf ihre Auswanderung warteten. Die Synagoge in der St. Annen-Straße war zurückgegeben und wieder zu einem jüdischen Gotteshaus geworden. Die Gemeinde suchte nach einem Vorbeter, und da ich ein solches Amt bereits während meines Aufenthaltes in Palästina in Kfar Saba versehen hatte, übernahm ich es auf Bitten von Norbert Wollheim und Heinz Salomon, dem Leiter der Jüdischen Gemeinschaft in Schleswig-Holstein, der in den Nachkriegsjahren vielen jüdischen Menschen, die es nach Schleswig-Holstein verschlagen hatte, unentbehrlicher Helfer und rastloser Ratgeber gewesen war.

Das Amt als Vorbeter legte ich 1958 bei meiner Heirat nieder. 1955 hatte ich in einem Lübecker Tanzcafé meine Frau Anneli kennengelernt, und drei Jahre später heirateten wir.

Es war dann im Mai 1972, als mich im Anschluß an die Gedenkfeier für die Opfer der ‚Cap Arcona'-Katastrophe Günter Singer, der unvergessene Geschäftsführer und Kantor der Jüdischen Gemeinde in Hamburg, der sich 1968 die in Schleswig-Holstein lebenden Juden angeschlossen hatten, bat, das seit längerem vakante Amt des Vorbeters in Lübeck erneut zu übernehmen. Ich war ja nun frei von Bindungen durch Geschäft und Beruf, und nach einigen Tagen Bedenkzeit stimmte ich zu.

Zwar war meine vornehmste Aufgabe nun der Gottesdienst in der Synagoge am Shabbat und an den jüdischen hohen Feiertagen, doch war es mir fortan ein wichtiges Anliegen des Herzens, Menschen anderen Glaubens mit der jüdischen Überlieferung in diesem Lande Schleswig-Holstein, besonders in meiner Geburtsstadt Lübeck, bekanntzumachen. In den vielen Jahren bis 1993 habe ich viele Führungen durch die Synagoge für Lübecker Schulklassen, zahllose Gästegruppen von politischen Parteien und verschiedenen Organisationen wahrgenommen, aber bin auch mit vielen Einzel-Besuchern in unser Gotteshaus gegangen. Ein herausragendes Ereignis auch für mich war die Feierstunde am 29. Juli 1980 anläßlich des 100jährigen Bestehens der Synagoge in Lübeck. Wieder erklangen hier die uralten frommen Gebete und die heiligen Gesänge, wurde dem Herrn gedankt.

---

[8] displaced persons (DPs) = ca. 1 1/2 bis 2 Mio durch den 2. Weltkrieg in Europa heimatlos gewordene Menschen vornehmlich in Deutschland, die aus Furcht vor Not, Vergeltung oder Verfolgung nicht in ihre Vorkriegsheimat zurückkehren wollten und meist nach Übersee, bei Menschen jüdischen Glaubens auch nach Palästina/Israel auswanderten.

Berthold Katz (rechts) und Prof. Dr. Nathan Levinson, Landesrabbiner von Hamburg und Schleswig-Holstein, in der Synagoge in Lübeck im Jahre 1985

Besondere Freude bereitete es mir, als in den Jahren 1986 bis 1992 auf Einladung der schleswig-holsteinischen Landesregierung Gruppen jüdischer ehemaliger Schleswig-Holsteiner in ihre ‚alte Heimat' kamen. Einige alte Bekannte und Freunde sah ich so noch einmal. Wir waren zum gemeinsamen Gebet in der Synagoge, auf dem Friedhof in Moisling besuchten wir die Gräber der Vorfahren und gedachten dort im Kaddisch[9] unserer von der Nazi-Gewaltherrschaft ermordeten Angehörigen.

Die Synagoge erinnert mich jeden Tag aufs neue an vergangene Zeiten. Aber es ist nicht mehr das Gotteshaus, wie ich es kannte und wo ich 1928 meine Bar Mizwah[10] bei Rabbiner Dr. David Winter feierte, als Mitglied in die Verantwortung der jüdischen Religionsgemeinschaft aufgenommen worden war. Wenn ich zurückdenke an die vielen Male, die ich vor meiner Flucht in diesem Gotteshaus war, dann tauchen

---

[9] Kaddisch = Gebet bei Begräbnis bzw. an Gräbern; Totengebet

[10] s. Anm. 1

> JÜDISCHE GEMEINDE IN HAMBURG
>
> # FEIERSTUNDE
>
> anläßlich des 100jährigen Bestehens der Synagoge in Lübeck
>
> Sonntag, den 29. Juni 1980 · 12 Uhr
>
> in der Synagoge in Lübeck, St.-Annen-Straße 13
>
> ---
>
> Ma-Tauwu
>
> Kantor Bertold Katz
>
> Ansprache
>
> **Landesrabbiner Dr. N. P. Levinson**
>
> El Mole Rachamim
>
> Mincha - Gebet
>
> Adaun Aulom

Einladung und Programm zur Feierstunde anläßlich des 100jährigen Bestehens der Synagoge in Lübeck – Berthold Katz wirkte bei dieser Feier als Kantor mit.

vor mir viele, viele Gesichter auf. So gehe ich stets mit gemischten Gefühlen in die Synagoge, denn ich denke dann immer zugleich auch an alle jene Lübecker, die 1933 bis 1945 ‚erniedrigt, verschleppt und ermordet wurden‘, wie es auf den Gedenktafeln im Vorraum des Gotteshauses steht."

Ein schwerer Schock für Berthold Katz war der Anschlag auf die Synagoge am 25. März 1994. Tagelang blickte er „von seinem Wohnzimmer auf das angekokelte Gebäude und auf die Trümmer im Garten". Nachdem die Feuerwehr das Feuer gelöscht hatte, sei er zwei Stunden lang alleine in der Synagoge gewesen, und Erinnerungen der eigenen Verfolgung wurden wach, ließen ihn über Wochen nicht zur Ruhe kommen.

Nein, verbittert ist Berthold Katz, der 1993 das Amt des Kantors aus Altersgründen an seinen Nachfolger Chaim Kornblum abgab, nicht. Er bereut es nicht, damals im Jahre 1950 nach Deutschland zurückgekommen zu sein, wenn sich das Leben seither auch viel verändert hat. Doch er gibt zu, daß er nicht zurückgekehrt wäre, wenn seinerzeit seine todkranke Schwester ihn nicht darum gebeten hätte – es war eine schwere, sein weiteres Leben bestimmende Entscheidung, die er 1950 in Israel traf. Seine Rückkehr war eine Fahrt ins Ungewisse, und in Israel ließ er einen Teil seiner Seele.

In Lübeck hat Berthold Katz damals persönlich zwar keinen Antisemitismus mehr gespürt, aber er war zunächst auch sehr allein, denn er traf keine Freunde mehr, nur noch wenige Bekannte, und der Großteil seiner Schul- und Vereinskameraden war im Zweiten Weltkrieg gefallen.

Aus der Innigkeit und Festigkeit seines Glaubens, wobei ihm sein Überleben manchmal wie eine Schuld anmutete, suchte er dann später die Begegnung mit den Lübeckern, insbesondere den jüngeren Menschen, warb um Verstehen für die gemeinsame Geschichte, für das Versagen seiner Generation und für das jüdische Erleben, setzte sich für Moral, Gewissen und das Vergeben ein, das nicht einhergeht mit dem Vergessen. Er sah und sieht es als ein Vermächtnis und eine Verpflichtung an, in diesem Land, in dieser Stadt, die er zu lieben nie aufgehört hatte, für Hoffnung und Zuversicht in der Verantwortung vor der Geschichte einzutreten. Berthold Katz legt Zeugnis ab, daß vielfacher Entwürdigung, Entrechtung bis hin zum millionenfachen

Berthold Katz (rechts) mit dem aus Schleswig-Holstein stammenden, heute in den USA lebenden Ehepaar Ruth und Siegmund Spiegel (Mitte), das sich zu jener Zeit auf Einladung der schleswig-holsteinischen Landesregierung auf einer Vortragsreise in Schleswig-Holstein aufhielt, und Anke Stolz (Betreuerin des Ehepaars Spiegel) nach dem Brandanschlag auf die Synagoge im April 1994

Mord nicht die Entfremdung vom Menschsein folgen muß, daß Leid nicht Verbitterung bedeutet.

Sichtbare Anerkennung fand sein Wirken, als ihm am 20. April 1990 Ministerpräsident Björn Engholm die Ehrennadel des Landes Schleswig-Holstein verlieh. Einer weiteren Ehrung konnte er aufgrund seines Alters und Gesundheitszustandes nicht mehr Folge leisten: Bundespräsident Roman Herzog, der in ihm den „ruhenden Pol der Synagoge in Lübeck" sah, hatte ihn zum Neujahrsempfang am 9. Januar 1995 nach Berlin eingeladen.

Bei dem Empfang, den die Jüdische Gemeinde in Hamburg zu seinem 80. Geburtstag in den Räumen der Synagoge in Lübeck gab, waren unter den Gästen aus Schleswig-Holstein und Hamburg als Vertreter der Hansestadt Lübeck Bürgermeister Michael Bouteiller und Stadtpräsident Peter Oertling, die Berthold Katz dafür dankten, daß er sich unter Einsatz seiner ganzen Person für Mitmenschlichkeit in der Stadt und unter den Religionen eingesetzt hatte. Berthold Katz ist froh darüber, daß inzwischen viele Bindungen zwischen Deutschen und Israelis, besonders in der jüngeren Generation, entstanden sind und daß es viele Beziehungen zwischen jüdischen und nichtjüdischen Menschen über die Generationen hinweg in Lübeck, in Schleswig-Holstein, in Deutschland wieder gibt.

König Christian II. von Dänemark, Gemälde von Lukas Cranach d. Ä. (1523)
(Für die freundliche Erlaubnis zum Abdruck des Fotos danken wir dem Germanischen Nationalmuseum in Nürnberg.)

Foto: J. Harder

LUTHER RÜGT DIE HERREN IN LÜBECK
ZUGLEICH EIN BEITRAG ZUR GESCHICHTE DES WIDERSTANDSRECHTS

Jürgen Harder

1996 war ein Lutherjahr. 450 Jahre waren seit dem Tode des Reformators vergangen. Er starb am 18. Februar 1546 in Eisleben und wurde am 22. Februar in Wittenberg in der Schloßkirche beigesetzt. Die Reformation hatte nicht nur die Theologie und die kirchliche Praxis, sondern auch alle bisherigen geistlichen Autoritäten auf den Kopf gestellt. Das hatte bekanntlich turbulente Folgen auch im politischen Bereich. Es gab sogar revolutionäre Umsturzversuche. Man denke an die Bauernkriege oder an die Schreckensherrschaft der Wiedertäufer in Münster. Andererseits waren die Fürsten, also die etablierte Macht in Deutschland, Beschützer und Förderer der Reformation. Es entsprach zudem guter christlicher Lehre und Tradition, daß der Christ sich der Obrigkeit in Ehrfurcht und Gehorsam unterordnete. Das war Anlaß genug für Luther, sich in mehreren frühen Schriften zum Verhältnis von Obrigkeit und Bürger öffentlich zu äußern und die Bürger zum Gehorsam gegen die Regierenden zu ermahnen.

Den meisten Lesern wird zumindest dem Namen nach die Schrift „Von weltlicher Obrigkeit – Wie weit man ihr Gehorsam schuldig sei"[1] bekannt sein. Luther hat diese Schrift 1523 verfaßt. Sie ist sozusagen die Basis jeglicher protestantischer Staatslehre, eine Schrift, in der Recht, Obrigkeit und Bürgerpflichten ausführlich abgehandelt werden. Drei Jahre später folgte die Schrift „Ob Kriegsleute auch im seligen Stande sein können", in der Luther sich über gerechte und ungerechte Kriege und zum Kriegsdienst äußert.[2] In dieser Schrift vertieft Luther auch die Frage, ob und wann ein Untertan gegen seine Obrigkeit rebellieren, Krieg führen darf, mit anderen Worten, ob und wann dem Bürger ein Recht zum Widerstand zusteht.

In diesem Zusammenhang nun greift Luther den Lübecker Rat an, um dessen Vorgehen gegen den dänischen König Christian II. als abschreckendes Beispiel hinzustellen und den Herren in Lübeck ein sündhaftes Verhalten vorzuwerfen. Luther führt weitläufig aus, wann und warum die Dänen kein Recht hatten, ihren König abzusetzen, und die Lübecker sie dabei nicht unterstützen durften. Er schreibt:

Wie man sagt, daß der König zu Frankreich nach den Parlamenten seines Reichs regieren müsse, und der König zu Dänemark auch schwören müsse auf sonderliche Artikel usw. Hier antworte ich: Es ist fein und billig, daß die Obrigkeit nach Gesetzen regiere und dieselbigen handhabe, und nicht nach eigenem Mutwillen. Aber tue das noch hinzu, daß ein König nicht allein sein

---

[1] D. Martin Luthers Werke, Kritische Gesamtausgabe, Weimar 1883 ff, zitiert als WA (Weimarer Ausgabe), hier WA, Band 11, S. 245-281.

[2] WA, Band 19, S. 623-662.

Landrecht oder Artikel gelobt zu halten, sondern Gott selber gebietet ihm auch, er solle fromm sein, und er gelobt's auch zu tun. Wohlan, wenn nun solcher König deren keines hält, weder Gottes Recht noch sein Landrecht, solltest du ihn darum angreifen, solches richten und rächen? Wer hat dir's befohlen?[3)]

Und weil es hier eben trifft das Exempel mit dem Könige von Dänemark, den die von Lübeck und Seestädte, samt den Dänen vertrieben haben, will ich auch meine Antwort dazu sagen um derer willen, die vielleicht ein falsch Gewissen hierin haben, ob etliche sich möchten besser besinnen und erkennen. Wohlan, es sei allerdinge also: der König ist ungerecht vor Gott und der Welt, und das Recht stehet ganz und gar auf der Dänen und Lübecker Seite. Das ist ein Stück für sich. Über dies ist nun das andere Stück, daß die Dänen und Lübecker sind zugefahren als Richter und Oberherren des Königs und haben solch Unrecht gestraft und gerochen, damit sich des Gerichtes und der Rache unterwunden. Hier gehet nun Frage und Gewissen an. Wenn die Sache vor Gott kommt, so wird er nicht fragen, ob der König ungerecht oder sie gerecht sind, denn solches ist offenbar geworden, sondern so er wird fragen: Ihr Herren zu Dänemark und zu Lübeck, wer hat solche Rache und Strafe euch befohlen zu tun? Habe ich's euch befohlen, oder der Kaiser oder Oberherr? So legt Briefe und Siegel auf und beweist es. Können sie das tun, so stehen sie wohl; wo nicht, so wird Gott also urteilen: Ihr aufrührerischen Gottesdiebe, die ihr mir in mein Amt greift und aus Frevel euch der göttlichen Rache unterwunden habt, seid schuldig laesae majestatis divinae, das ist, ihr habt euch an göttlicher Majestät versündigt und verwirkt. Denn es sind zwei Dinge, unrecht sein und Unrecht strafen, Jus et executio juris, justitia et administratio justitiae.[4)]

… Zwar die Lübecker und andere Städte möchten sich hiermit behelfen, daß sie nicht des Königs Untertanen, sondern als Feind mit Feind und Gleich mit Gleichem gefahren hätten. Aber die armen Dänen als Untertanen haben wider ihre Obrigkeit ohne Gottes Befehl gehandelt, und die Lübecker haben dazu geraten und geholfen, sich mit derselbigen fremden Sünde beladen, und sind in den aufrührerischen Ungehorsam gegen göttliche und königliche Majestät vermischt und verwickelt und verknüpft. Ich will des schweigen, daß sie des Kaisers Gebot auch verachten.

Daß man auf ihn hören werde, bezweifelt Luther, aber er lasse sich genügen, *daß etliche es zu Herzen nehmen und mit der Dänen und Lübecker Tat sich nicht vermengen, und falls sie vermengt gewesen wären, sich herauswickeln und fremder Sünden nicht teilhaftig erfunden werden.*[5)]

Luther kommt also zu dem Ergebnis, daß einer übergeordneten Person gegenüber ein gewaltsamer Aufstand niemals recht sein kann. An anderer Stelle sagt er: *Der Obrigkeit soll man nicht widerstehen mit Gewalt, sondern nur mit dem Bekenntnis der Wahrheit.*[6)] Zu

---

[3)] WA, Band 19, S. 640. Die Textstellen sind nach der WA zitiert, aber wiedergegeben in der Textfassung nach Martin Luther, Ausgewählte Werke, hrsg. von Hermann Barge, Hans Heinrich Barge, Paul Jochimsen und Max Schumann, München 1923.

[4)] WA, Band 19, S. 641.

[5)] WA, Band 19, S. 642.

[6)] WA, Band 11, S. 276.

dieser strengen Unterordnung sah Luther den Christen als Bürger vor Gott im Gewissen verpflichtet (vgl. Römerbrief, Kapitel 13, Vers 5). Eine solche Einstellung der Untertanen konnte und kann allen Diktatoren nur recht sein. Man hat Luther denn auch bald eine Parteinahme für die Obrigkeit vorgeworfen. Aber war Luther wirklich ein Fürstendiener, der die Macht der Fürsten gestützt hat, weil er sie brauchte? Luther wehrt sich energisch gegen einen solchen Vorwurf der Fürstenschmeichelei, wie man damals sagte. Auch die Fürsten sah er auf Gottes Gebot verpflichtet und seinem Gericht unterworfen, und er hat klare und harte Worte gleichermaßen gegen die Tyrannen und ungerechte Regierungen gefunden und rücksichtslose Herrschaften deutlich gebrandmarkt.

Die vorstehende Wiedergabe und die nachfolgende Würdigung von Äußerungen Luthers zur Ablehnung eines Widerstandsrechts stellen natürlich nur eine verkürzte Momentaufnahme und keine – unter Berücksichtigung seines Gesamtwerks – abgewogene Bewertung lutherischer (Staats-)Theologie dar. Vieles an seinen Äußerungen ist zeit- und situationsbedingt. Dennoch kommt hier durchaus der Kern eines protestantischen Staatsverständnisses zum Vorschein, das über Jahrhunderte dazu beigetragen hat, das Obrigkeitsdenken der Deutschen zu festigen.

Zu dem konkreten Anlaß, den Luther als Exempel gewählt hat, ist im übrigen zweierlei zu sagen:

1.) Die geschichtliche Realität sah anders aus, als sie Luther zugetragen wurde oder als Luther sie aus Wittenberger Sicht einschätzte.

2.) Luthers Stellungnahme ist als abstrakte theologische Aussage dennoch ein bedeutender Beitrag seiner Lehre von den zwei Reichen und zum Problem des Gehorsams gegen die Obrigkeit.

Zu 1): Was war wirklich geschehen? Die Lübecker haben nicht isoliert den Putsch unbotsamer Dänen gegen ihren König unterstützt oder gar entfacht, sondern sie haben jahrelang gegen Dänemark einen regelrechten Krieg geführt und sich die internen Streitigkeiten zwischen dem Dänenkönig, dem dänischen Adel und dem holsteinischen Herzog Friedrich als Teil ihrer Kriegsstrategie zunutze gemacht. Vorgeschichte und Kriegsverlauf können hier nur sehr gerafft wiedergegeben werden. Ich verweise dazu auf Hauschilds Darstellung in der „Lübeckischen Geschichte"[7]. Hauschild schildert anschaulich und konzentriert Hintergründe und Ablauf des Krieges. Kurz gesagt, geschah folgendes:

Dänemark strebte danach, seine führende Stellung im Norden auszubauen, die Hanse zurückzudrängen und zu diesem Zweck den Handel der Holländer im Ostseeraum zu begünstigen. Dänemark wollte ferner die Loslösung Schwedens verhindern, das um

---

[7] Wolf-Dieter Hauschild, Frühe Neuzeit und Reformation: Das Ende der Vormachtstellung und die Neuorientierung der Stadtgemeinschaft, in: Lübeckische Geschichte, hrsg. von Antjekathrin Graßmann, Lübeck 1988, S. 341-434, hier: Lübecks handelspolitische Vormachtstellung im Konflikt mit Dänemark 1501-1525, S. 366-377.

seine Freiheit rang. Die Lübecker ihrerseits fürchteten um ihren Handel. Die Sunddurchfahrt der Holländer war ihnen ein Dorn im Auge, weil sie das Monopol ihres Handels mit dem Baltikum gefährdete. Sie unterstützten darum die Schweden, unter anderem den späteren Anführer und Hoffnungsträger der Opposition Gustav Wasa. Dieser Interessenkonflikt zog kriegerische Aktionen nach sich. Der dänische König Johann (1455-1513) griff den Ort Travemünde und lübische Dörfer an, woraufhin die Lübecker und ihre Verbündeten ihm 1510 schließlich den Krieg erklärten. Die Lübecker errangen zwar Erfolge, plünderten Bornholm, Mön und Langeland und zerstörten nicht nur dänische Schiffe, sondern eine ganze holländische Handelsflotte. Die Macht der Dänen konnten sie auf Dauer damit aber nicht brechen.

In Dänemark kam vielmehr mit Christian II. (1481-1559) ein König an die Macht, der die Machtpolitik Dänemarks noch verschärfte. Christian griff die Schweden hart an und ließ im Einvernehmen mit dem (schwedischen) Erzbischof im Jahre 1520 in dem sogenannten Stockholmer Blutbad 82 Führer der Unabhängigkeitspartei als angebliche Ketzer auf dem Marktplatz hinrichten, was in Schweden bis auf den heutigen Tag als Trauma empfunden wird. Von Kaiser Karl V., dessen Schwester er geheiratet hatte, verlangte er nicht nur die Belehnung mit Holstein, sondern – für die Lübecker ungeheuerlich! – sogar die Überlassung der damals schon 300 Jahre alten Reichsstadt Lübeck, freilich ohne Erfolg.

Daraufhin schlossen die Lübecker im Jahre 1523 ein Bündnis mit dem unzufriedenen dänischen Adel und dem Gottorfer Herzog Friedrich gegen Christian II. Der dänische Adel erklärte Christian II. für abgesetzt und rief Friedrich zum König von Dänemark und Norwegen aus. Christian floh in die Niederlande und konnte seinen Thron in der Folgezeit nicht wiedererlangen. Er operierte zunächst noch weiter gegen Lübeck und warb Söldner an. Doch letztlich endete dieser Krieg für Lübeck siegreich. Lübeck erreichte, daß Dänemark sich mit der Krönung eines schwedischen Königs abfand. Lübeck bekam weitgehend freien Handel in der Ostsee eingeräumt und die Insel Bornholm für 50 Jahre als Pfandbesitz überlassen. Das war die letzte Demonstration Lübecker Großmacht im Ostseeraum.

Hier hatte also schlecht und recht ein Krieg um nationale und wirtschaftliche Interessen stattgefunden, der nur *ein* Teilstück jahrhundertelanger Rivalitäten war, die schon mit Lübecks Gründung begonnen hatten, das ja seinerzeit Haithabu und Schleswig den Rang abgelaufen hatte. Man denke nur an die Dänenherrschaft 1201-1225, die erst mit der Schlacht bei Bornhöved im Jahre 1227 endgültig gebrochen war. Weitere Auseinandersetzungen folgten. Daß Lübeck sich in diesem neuerlichen Krieg die innenpolitischen Querelen Dänemarks zunutze machte und den Gegenkönig ins politische Kalkül zog, läßt sich nur schwer unter den Begriff der Beihilfe zum ungerechtfertigten Ungehorsam von Untertanen gegen die Obrigkeit zwingen. Doch muß man bedenken, daß Luther die Fakten vielleicht nur sehr unvollkommen kannte.

Zu 2): In verkürzter, isolierter Betrachtungsweise und als Exempel einer theologischen Belehrung mag man dennoch das Vorgehen des Lübecker Rates als Beihilfe zum

Aufstand des Adels werten, und (nur) diese Beihilfe mißbilligt Luther heftig. Dabei stellt er selbst in Rechnung, daß König Christian eine unerträgliche Tyrannei ausgeübt hatte. Man denke an das Blutbad in Stockholm, von dem Luther Kenntnis gehabt haben wird und über das in Lübeck ein Flugblatt umgelaufen war. Dennoch gilt für ihn: Aufstand der Untertanen gegen die Obrigkeit ist niemals erlaubt, auch wenn diese zu einer reinen Tyrannei entartet ist. Ja, Luther sagt an anderer Stelle sogar, daß er sich jetzt keinen Fall denken könne, wo es (einen Herrn abzusetzen) recht und billig wäre.[8] Das muß angesichts barbarischer Greueltaten von Machthabern schon in der Antike wie im Mittelalter verwundern. Erst recht können wir heute nach den leidvollen Erfahrungen vieler Völker mit totalitären Unrechtsregimen unseres Jahrhunderts solch einen Satz nicht mehr nachvollziehen, und es wäre mißlich, wenn Luthers Lehre tatsächlich dazu beigetragen haben sollte, daß wir Deutschen übermäßig obrigkeitshörig geworden sind. Immerhin hat Luther auch gesagt, daß es wohl billig sei, *wo etwa ein Fürst, König oder Herr wahnsinnig würde, daß man denselbigen absetzt und verwahrt; denn er ist hinfort nicht für einen Menschen zu halten, weil die Vernunft dahin ist.*[9] Auch wenn Luther meint, daß ein wütiger Tyrann einem Wahnsinnigen nicht gleichzusetzen sei, so ist doch die aufgezeigte Parallele als Ansatz einer vertretbaren Lösung bedenkenswert.

Kann eine Widerstandshandlung Unrecht sein, wenn mit ihr Tausende, ja buchstäblich Millionen aus gegenwärtiger unmittelbarer Lebensgefahr gerettet werden? Im Römerbrief (Kapitel 13, Vers 1) heißt es zwar: *Jedermann sei untertan der Obrigkeit.* Aber die Bibel sagt auch: *Errette, die man zum Tode schleppt.* (Sprüche, Kapitel 24, Vers 11).

Philosophie, Theologie und Staatslehre haben zum Thema Widerstandsrecht im Laufe der Jahrhunderte viele Antworten gegeben, die je nach Religion und Weltanschauung verschieden ausgefallen sind. Die einschlägige Literatur füllt ganze Bibliotheken. Eine ebenso plausible wie bedeutende Aussage ist zum Beispiel Augustins bekannter Satz: *Was anders sind also Reiche, wenn ihnen Gerechtigkeit fehlt, als große Räuberbanden?*[10] Einen hervorragenden Überblick über die Wirkungsgeschichte des 13. Kapitels des Römerbriefs und das Verständnis von Staat, Gehorsam und Widerstand in Geschichte und Theologie gibt der Theologe und ehemalige Bischof von Holstein-Lübeck Ulrich Wilckens in seinem Römerbrief-Kommentar[11]. Allgemeiner kann man sich informieren bei dem Rechtsphilosophen Kaufmann in seinem Buch „Vom Ungehorsam gegen

---

[8] Luther, Ob Kriegsleute ..., wie Anm. 2, WA, Band 19, S. 634.

[9] WA, Band 19, S. 634.

[10] De Civitate Dei, Liber IV, Caput 4: Remota itaque quid regna nisi magna latrocinia? Hier wiedergegeben in der Übersetzung von Martin Thimme, in: Aurelius Augustinus, Vom Gottesstaat, München 1977, dtv-klassik, Band I, S. 173.

[11] Ulrich Wilckens, Der Brief an die Römer, in: Evangelisch-Katholischer Kommentar zum Neuen Testament, hrsg. von Josef Blank ..., Zürich Einsiedeln, Köln, 3. Teilband., Röm 12-16, 1982; Exkurs: Wirkungsgeschichte von Röm 13, 1-7, S. 43-66.

die Obrigkeit"[12]. Das Grundgesetz unserer Bundesrepublik Deutschland hat als Lehre aus dem nationalsozialistischen Unrechtsregime in Artikel 20 bestimmt, daß alle Deutschen das Recht zum Widerstand haben gegen jeden, der es unternimmt, die verfassungsmäßige Ordnung zu beseitigen, wenn andere Abhilfe nicht möglich ist. Widerstand gegen Tyrannen und Unrechtsregime ist also nicht nur vertretbar, sondern kann durchaus *rechtens* sein.

Selbstverständlich ist es auch für einen Christen umgekehrt immer geboten, sich *aktiver* Teilnahme an Mord und Unterdrückung und an der Mißachtung der Menschenwürde durch einen Diktator zu enthalten. Aber dann bleibt im Einzelfall die Frage, ob auch er befugt ist, ein dem Bürger an sich gegebenes Recht auf gewaltsamen Widerstand selbst aktiv wahrzunehmen, oder ob er in der Nachfolge seines Herrn aus Gewissensgründen das Unrecht ertragen muß. Es ist ja ein Unterschied, ob gewaltsamer Widerstand im äußersten Notfall moralisch und rechtens erlaubt, also richtiges Recht ist, das nichts anderes als Notwehr gegen den Tyrannen darstellt und das demgemäß auch theologisch nicht Sünde genannt werden kann, oder ob der Christ dieses Recht selbst ausübt, etwa sich an einem Tyrannenmord aktiv beteiligt. Diese Unterscheidung wird von Wilckens in seinem Römerbrief-Kommentar deutlich herausgearbeitet. Dort lesen wir die (behutsame) Schlußfolgerung, daß es für die persönliche Glaubensentscheidung des Jüngers „strittig" bleiben muß, *ob nicht ... die Nachfolge des leidenden Christus in der Gestalt der Absage an die Legion Engel (Mt 26,53) der christliche Weg sein sollte*[13]. Freilich muß man auch bedenken, daß es nicht nur um persönliches Unrecht geht, das notfalls bis zum Märtyrertod ertragen werden kann, sondern daß unschuldige Nächste, vielleicht die eigene Frau und das eigene Kind zu schützen sind. Ich habe mich bemüht, in meinem Buch „Alles, was Recht ist"[14] vom christlichen Standpunkt aus dieses Problem in einem kurzen Kapitel in gedrängter Form darzustellen.

Die Frage „Aktiver Widerstand Ja oder Nein?" wird also letztlich immer nur vom Gewissen jedes einzelnen entschieden werden können. Im übrigen gehen Politik und Gewaltherrschaft, Krieg und Revolution oft eigene verschlungene Wege, die es kaum erlauben, alle geschichtlichen und politischen Phänomene über einen Kamm zu scheren. So möchte ich auch die Antwort auf die Frage, ob die Lübecker Herren wirklich ein abschreckendes Beispiel dafür gegeben haben, daß wir uns „fremder Sünden nicht teilhaftig" machen dürfen und ob die Lübecker die Rüge Martin Luthers zu Recht oder zu Unrecht einstecken mußten, dem Urteil des Lesers überlassen.

---

[12] Arthur Kaufmann, Vom Ungehorsam gegen die Obrigkeit, Heidelberg 1991.

[13] Wilckens, wie Anm. 11, Röm 13, 1-7 heute, S. 43.

[14] Jürgen Harder, Alles, was Recht ist, Gießen 1994, Kap. 10, S. 65.

DAS SCHLUTUPER TAUFBUCH 1734 - 1853

Hans Peter Thomsen

Gegenstand dieser Abhandlung soll ein Taufbuch sein, wie es von 1734 bis 1853 als das zweite dieser Art von sechs Schlutuper Pastoren geführt wurde. Schwerpunkt meiner Untersuchungen ist der Zeitraum von 1800 bis 1853, da ich bei dem Taufbuch damit den Anfang gemacht habe. Es erwies sich aber als zweckmäßig, zuweilen auch auf frühere Zeitabschnitte zurückzublicken. Dabei ließen sich keine grundlegend neuen Beobachtungen und Erkenntnisse sammeln, es ist aber dennoch durchaus von Reiz, schon Bekanntes aus der Perspektive eines Taufbuches zu beleuchten und auch zu konkretisieren.

Insgesamt sind es sechs Pastoren, die das Taufbuch während ihrer Amtszeit geführt haben. Sie betreuten ein Kirchspiel, das außer den Dörfern Schlutup oder Slutup, wie man früher sagte, und Israelsdorf auch die Wohnorte Lauerhof, Wesloe und Herrenfähre umfaßte. Bekanntlich ist dieses Kirchspiel 1436 aus der St. Jacobi-Gemeinde in Lübeck als Tochtergründung ausgegliedert worden mit der St. Andreas-Kirche in Schlutup als eigenem Gotteshaus. Das hat zugleich eine Tradition begründet, die über die Reformation hinaus fortlebte. Jeder vom Rat der Stadt Lübeck erwählte Pastor wurde nämlich vom Pastor der St. Jacobi-Kirche in sein neues Amt im Rahmen eines Gottesdienstes in der Schlutuper Kirche eingeführt. Als Vertreter der Stadt war bei diesem Akt jedesmal der Protonotarius der Lübecker Kanzlei zugegen. Das läßt sich allen mehr oder weniger biographischen Abrissen entnehmen, die alle sechs Pastoren zu Beginn ihrer Tätigkeit im Taufbuch niedergelegt haben. Damit sind wir beim ersten Thema: Wer waren diese Pastoren, was verraten uns diese „biographischen Abrisse"?

Auf dem Eröffnungsblatt des Taufbuches heißt es:

„Neues Schlutuper Kirchen = Buch,

welches, nachdem in dem alten kein Raum mehr für Namen der allhier getauften Kinder und ihren Gevattern übrig gewesen, mit dem Anfange des 1734ten Jahres nach Christi Geburt ist angeschafft und gekaufet worden durch Vorsorge des damaligen Pastoris

Otto Albert Blanck

Lubecensis."

Damit erhalten wir eine Reihe von Informationen: Die Anschaffung eines Kirchenbuches, eines gebundenen Buches mit mehreren hundert leeren Seiten, war Sache des amtierenden Pastors, der es vermutlich von seinem Gehalt bezahlte. Es gibt also einen Vorgänger dieses Taufbuches, das auch erhalten ist. Auf dieses frühere Kirchenbuch müssen wir zurückgreifen, wenn wir erfahren wollen, wann Otto Albert Blanck sein

Die Schlutuper Kirche St. Andreas – Eine Tafel am Turm gibt die zum Gebäude wichtigen Daten: Gestiftet 1436 als Filialkirche von St. Jakobi in Lübeck. Um 1600 Turm an die einst wie im Chor dreiseitig geschlossene Westfront des kleinen Saalbaus angefügt. Ausbesserungen des Äußeren im 19. Jahrhundert. Turmuhr 1862. Inneres 1871 und 1924 erneuert.

Foto: H. P. Thomsen

Amt in Schlutup angetreten hat. In diesem ersten Schlutuper Kirchenbuch sind die Taufen von 1651 - 1733, die Trauungen von 1651 - 1654 und von 1675 - 1825 und die Begräbnisse von 1651 - 1812 verzeichnet. In dem Teil, der den Taufen vorbehalten ist, kann man zu Beginn des Jahres 1728 auf Seite 96a lesen, daß der Nachfolger im Pastorenamt, Otto Albert Blanck, zunächst den überraschenden Tod seines Vorgängers Christoph Heinrich Steinfeld vermeldet und sich dann vorstellt: in Lübeck gebürtig, am 21. Januar 1728 einhellig vom hochedlen und hochweisen Rat der Stadt Lübeck zum Nachfolger in der Gemeinde Schlutup erwählt, am 2. Februar in der St. Marien-Kirche durch den Superintendenten ordiniert und am 8. Februar von dem „Herrn Syndico und Protonotario" wie dem Pastor der St. Jacobi-Kirche introduziert, also in dies „heilige Amt" eingewiesen. Damit sind die entscheidenden Akte, wie sie dem obrigkeitlichen Kirchenregiment des Lübeckischen Rates seit 1535 für fast vierhundert Jahre entsprechen [1]), benannt: Der Rat wählt die Pastoren, dann folgt die kirchliche Ordination in St. Marien und die Amtseinführung im Beisein eines Vertreters der Stadtregierung, dem Protonotarius der Kanzlei. Die Pastoren sind

---

[1]) Hauschild, Wolf - Dieter: Kirchengeschichte Lübecks, Lübeck 1981; S. 222 und 287

somit für alle erkennbar die weisungsgebundenen Beamten des Staates Lübeck. In allen noch folgenden biographischen Abrissen wird immer wieder auf diese drei Akte verwiesen, die zur Einsetzung eines Pastors erforderlich sind.

Otto Albert Blanck erwähnt, er sei in Lübeck gebürtig. Sucht man in der Personenkartei des Archivs der Hansestadt Lübeck, so findet sich als möglicher Vater ein Otto Blanck, der seit 1685 Prediger an der Burg-Kirche und seit 1687 Prediger an der St. Petri-Kirche gewesen ist. Für den 17. August 1690 wird die Geburt eines Sohnes Otto Albrecht genannt. Daß dieser mit unserem Otto Albert identisch sein könnte und „Albrecht" als Schreibfehler zu werten sei, ergibt sich wohl aus der Tatsache, daß der Prediger Otto Banck mit der Tochter Anna des Pastors Albert Balemann verheiratet war, der als Großvater mütterlicherseits dann bei der Taufe unseres Otto Albert B. der andere Namengeber war. Außerdem hat unser Schlutuper Pastor Blanck bei der Taufe seines ersten Sohnes auch einen Balemann zum Paten gebeten, den Kaufmann Gottlieb Albert. Auch dem Alter nach ist es durchaus möglich, daß ein 1690 geborener Otto Albrecht bzw. Albert 1728 zum Pastor erwählt wird. Schließlich mußte ich auch feststellen, daß die Personenkartei sonst keine sinnvolle Alternative bietet. Unser Otto Albert Blanck weist damit väterlicher- wie mütterlicherseits enge verwandtschaftliche Bindungen zu Geistlichen auf, und Pastorendynastien waren zu der Zeit und auch späterhin nicht selten in der protestantischen Kirche. Zu dieser Beobachtung paßt sehr gut der Taufeintrag im ersten Schlutuper Kirchenbuch, wo der Pastor und Vater Otto Albert Blanck die Geburt seiner Tochter Anna Sophie eingetragen hat, die am 26. Febr. 1733 zu St. Jacobi in Lübeck getauft wird, weil die Mutter „wider alles Vermuten" am Tage vorher niederkam und nicht rechtzeitig nach Schlutup hatte heimkehren können (Tfb. S. 99a). Eine Taufpatin ist die „Pastorin" Anna Catharina Wichmann. Die wiederum ist die Mutter seiner „herzlich geliebten Ehefrau Maria Catharina", deren Tod Pastor Blanck am 24. Februar 1735 auch bei einem Eintrag im ersten Kirchenbuch unter „Begräbnisse" (S. 165a) zu beklagen hat. Bestattet aber wird sie in Selmstorf von ihrem Vater, dem Pastor Christoph Wichmann, wie es im gleichen Eintrag zu lesen ist. Diese geistliche Mehrfachbindung des Otto Albert Blanck erweitert sich, als er 1737 seine zweite Frau heiratet: Anna Elisabeth, geb. Carstens. Sie ist die Tochter des Dr. med. Joh. Gottfried Carstens, dessen Ehefrau den Dr. jur. Daniel Friedr. Pauli zum Vater hat. Mit seiner zweiten Frau hat er sechs Kinder, zwei Knaben und vier Mädchen. Bei der Taufe werden zu Gevattern gebeten z. B. ein Senator Jochim Rump (19. Dez. 1741), ein Lizentiat beider Rechte, also ein Jurist, ein Superintendent und Hofprediger Balemann aus Eutin und so manche Damen Carstens, die mit Anna Elisabeth Blanck, geb. Carstens verwandt sind und in diese Kreise eingeheiratet haben. Daraus ersehen wir, daß unser Schlutuper Pastor Blanck in vielfältig enge familiäre Beziehungen zur gehobenen bis führenden Schicht Lübecker Familien getreten ist. Das alles ergibt sich aus der Auswertung des Schlutuper Taufbuches und der Personenkartei von Lübeck.

Dem Nachfolger im Amt, Thomas Gotthard N e u m e y e r, wird diese Einbindung des O. A. Blanck in die Lübecker Gesellschaft gewiß nicht geschadet haben, als er sich

Epitaph des Pastors Thomas Gotthard Neumeyer, geboren am 4.5.1725 in Lübeck, seit 4.7.1755 Pastor an St. Andreas, gestorben am 8.1.1793. Das Gemälde ist im Todesjahr 1793 entstanden.
(Dem gemeinnützigen Verein Lübeck-Schlutup e.V. danken wir für die freundliche Erlaubnis zum Abdruck des Fotos.)

um die Schlutuper Pastorenstelle bewirbt, denn er ist ausersehen, der künftige Schwiegersohn des noch amtierenden Pastors Blanck zu werden. Schon am 4. Juli 1755 wird er vom Rat der Stadt Lübeck erwählt, danach in der Marienkirche vom Superintendenten ordiniert und vom Protonotarius der Stadt und dem Pfarrer der St. Jacobi-Kirche in Schlutup in sein Amt eingeführt. Noch im gleichen Jahr am 15. Sept. heiratet er die älteste Tochter aus der 1. Ehe seines Schwiegervaters: Anna Sophie. Als dann am 30. Okt. 1758 Pastor Blanck gestorben ist, zeigen Handschriftenwechsel am 15. Okt. 1758 und biographischer Abriß im Taufbuch an, daß nun Pastor Neumeyer allein verantwortlicher Amtsinhaber ist. Denn diesen Abriß beginnt er damit, daß er als Schwiegersohn den Tod seines Schwiegervaters angibt und dann, sozusagen rückblickend, seine Amtseinsetzung von 1755 darstellt (s. o. Tfb. S. 50). Daraus läßt sich wohl schließen, daß er bis zu Krankheit und Tod seines Schwiegervaters diesen in unbekanntem Umfang in seinem Amt entlastet hat, jedenfalls noch nicht alle Amtsgeschäfte an sich gezogen hat. Das zeugt zumindest von einer gewissen Achtung, wenn nicht gar von einem guten Verhältnis der beiden.

Der Vater des neuen Pastors ist der Schneider Otto Christian Neumeyer, der die Bürgerrechte der Stadt Lübeck erworben hat und 1762 gestorben ist. Der Sohn

Thomas Gotthard wurde am 6. Mai 1725 in Lübeck geboren, wie im Taufbuch von St. Petri verzeichnet ist. [2]) Am 5. Sept. 1765 kann Pastor Neumeyer die Taufe seines Sohnes Otto Christian vornehmen, der nach seinem Großvater heißt (s. o.). Dieser ist auch einer der Paten. Die Freude über dieses Ereignis währt aber nur kurz, denn schon am 12. Sept. stirbt die Mutter und am 14. Sept. auch der am 3. Sept. geborene Sohn. Die Trauer über diesen doppelten Schicksalsschlag drückt der Vater und Ehemann in einem umfangreichen Schachtelsatz aus, der im Kirchenbuch bei den Begräbnissen unter dem Datum des 19. Sept. zu finden ist (Tfb. S. 50).

Im Schlutuper Taufbuch ist dann unter der Nr. 12 und dem Datum des 9. Dezember (Tfb. S. 66) eine Nachricht festgehalten, die wegen ihrer außergewöhnlichen Form und auch wegen ihres Inhalts die übergroße Freude Pastor Neumeyers widerspiegelt, der inzwischen nämlich wieder geheiratet hat und nun Vater geworden ist. Er schreibt, daß ihm von seiner zweiten Ehegattin, welche sich bei ihren Eltern aufgehalten, zu Lüneburg am 7. Dez. früh um 5 Uhr ein Sohn geboren worden ist, der vom Pastor zu St. Johannis in Lüneburg auf den Namen Hinrich Thomas Gotthard getauft worden ist, und zwar am 9. Dez. Paten sind die Schwiegereltern, Hinrich Krüger, Raths-Apotheker in Lüneburg, und dessen Frau Maria Catharina Lucia. Auf dem Taufschein hat sich der Vater auch als Paten eintragen lassen, der aber vertreten wurde durch den Apotheker August Friedrich Dempwolff. Außergewöhnlich an alledem ist nun folgendes: Taufen, die nicht in Schlutup oder vom Schlutuper Pastor vorgenommen werden, sind in der Regel nicht im Schlutuper Taufbuch zu finden. Eine Ausnahme der gleichen Art hatte sich auch Pastor Blanck gestattet, als er seine erste in Lübeck geborene und getaufte Tochter ins Schlutuper Taufbuch eingetragen hatte (s. o.). Ferner werden bei den Taufeintragungen in diesen Jahren normalerweise weder Tag und Uhrzeit noch der Name der Mutter festgehalten. Außerdem zitiert Neumeyer noch ausführlich den Taufschein, so daß sich einige Angaben wiederholen und auch noch der Name der Wehmutter (Hebamme) genannt wird: M. E. Voigten. – Daß der Vater zugleich auch Pate sein will und daß ein Pate sich vertreten lassen kann, weil er nicht kommen kann, ist im Schlutuper Taufbuch mehrfach zu beobachten, wenn auch nicht gerade häufig. – Dieser Sohn ist, soweit ich feststellen konnte, wohl sein einziges Kind geblieben. Im Taufbuch wird der Name Neumeyer erst im Zusammenhang mit seinem Ableben am 8. Januar 1793 erwähnt, als nämlich der Nachfolger sich vorstellt.

Dieser Nachfolger ist Christian Ludwig R ü d i n g e r, der sich auf S. 137 unseres Taufbuches nach seiner Amtsübernahme vorstellt. Er kommt aus Mummendorf bei Dassow, wurde am 6. Febr. 1793 vom Rat der Stadt Lübeck erwählt, vom Superintendenten Schinmeyer in der Marienkirche ordiniert und am folgenden Sonntag vom Protonotarius Evers „und dem Pastor zu St. Jacobi in der hiesigen Kirche auf gewöhnliche Weise introducirt". Der Personenkartei im Archiv ist zu entnehmen, daß dieser neue Pastor am 16./31. März geheiratet hat, und zwar Johanna Charlotte

---

[2]) Grundlage für diese Angaben ist wiederum die Personenkartei des Archivs der Hansestadt Lübeck.

Harmsen (lt. Copulationsbuch von St. Jacobi). Im Schlutuper Taufbuch sind für den 12. Febr. 1795 und den 12. Okt. 1796 (S. 142 und 145) die Taufen zweier Töchter verzeichnet, die vom Schwiegervater Harmsen vorgenommen werden, wiederum nicht in Schlutup, sondern in der Marienkirche zu Lübeck, wo dieser Schwiegervater 1795 noch als Archidiaconus, ab 1796 aber als Pastor gedient hat. Als Gevatter bei der ersten Tochter steht unter anderen „Frau Pastorin Cäcilia Johanna Rüdinger in Selmstorf" und bei der Taufe des ersten Sohnes am 31. Okt. 1800 Pastor Jacob Friedrich Rüdinger zu Selmstorf. Die Übertragung von Berufsbezeichnungen oder Titeln des Ehemanns auf die Ehefrau, die lange gebräuchlich war, erleichtert die Identifizierung, die hier sowieso kaum Schwierigkeiten macht. Mehr war über Pastor Rüdingers Vergangenheit nicht zu erfahren, also nichts über seine Eltern, seine Geburt, seinen Werdegang. Deutlich aber ist immerhin, er ist kein Lübecker gewesen, heiratet aber ein in die Familie eines Lübecker Geistlichen an der Hauptkirche und hat auch in seiner Verwandtschaft einen Pastor, den in Selmstorf. Am Ende des biographischen Abrisses ist von anderer Hand nachgetragen: „gestorben zu Lübeck 1840 als Pastor emeritus". In Pension aber ist Rüdinger schon seit 1825, 14. Sept.

Sein Nachfolger, Pastor Gottfried Andreas S a r t o r i, vermerkt in seinem biographischen Abriß dazu ausdrücklich, daß Pastor Rüdinger „mit einem Jahresgehalte von 800 Mark, der zur Hälfte von mir, zur Hälfte von der Stadtcassa bezahlt werden sollte, in Ruhestand versetzt worden war" (Tfb. S. 305). Unter solchen Bedingungen Nachfolger zu werden, ist in unserem Jahrhundert gar nicht mehr vorstellbar. Pastor Sartori hat das auf Dauer auch nicht hinnehmen wollen, wie wir noch sehen werden.

Die Kennzeichnung „biographischer Abriß" ist für die Angaben Sartoris am ehesten zutreffend, zumal er seinen Bildungsweg skizziert: „Ich wurde geboren zu Lübeck am 23. August 1797, besuchte 10 Jahre hindurch von 1806 bis 1816 die St. Catharinenschule zu Lübeck, machte aber im Jahre 1815 als freiwilliger Lübeckischer Jäger den 2. Feldzug nach Frankreich gegen Napoleon mit, studierte dann von 1816 bis 1819 auf der Universität Halle, und lebte, nach Lübeck zurückgekehrt, 6 Jahre als Hauslehrer meistenteils bei dem Pastor Busse zu Rensefeld, in der Nähe Lübecks" (Tfb. S. 305). In diesem Zusammenhang ist vielleicht die Vermutung erlaubt, daß die im März 1813 von dem angesehenen Prediger Johannes Geibel auf dem Marktplatz von Lübeck mit seiner patriotischen Rede geweckte Begeisterung noch nachwirkte, als es darum ging, den von der Insel Elba zurückgekehrten Napoleon noch einmal zu besiegen. Sartori gehörte anscheinend mit zu dem Kontingent von 275 Reservisten, das zur Armee Wellingtons in Marsch gesetzt wurde, aber nicht mehr zum Einsatz kam [3].

Nachzutragen bleibt, daß der als Musikmeister, Musiklehrer und Musiker bezeichnete Franz Sartori (s. Personenkartei im Archiv) der Vater von G. A. Sartori gewesen ist.

---

[3] Lübeckische Geschichte, hrsgeg. von A. Graßmann, Lübeck 1988; S. 546 und 554

Nach dem 6 Jahre währenden Wartestand als Hauslehrer wählt ihn der Rat der Stadt Lübeck am 26. Okt. 1825 zum Pastor in Schlutup. Ordiniert wird er am 6. Nov. in der Marienkirche, aber diesmal von dem dort amtierenden Pastor von der Hude, nicht von einem Superintendenten.

– Dieses Amt wurde nach 1796 nicht mehr besetzt und schließlich ganz aufgegeben. Der Superintendent war geistlicher Beamter mit bischöflicher Funktion und verkörperte auch kirchliches Selbstbewßtsein. Das war dem Rat der Stadt unbequem, und so übernahm fortan der Hauptpastor von St. Marien die Aufgabe der Ordination [4]). –

Am 13. Nov. wird Sartori durch Protonotarius Lembcke und Pastor Becker (St. Jacobi) in Schlutup „introducirt". Das Schlutuper Taufbuch enthält für den 6. Sept. 1827 die Eintragung der Taufe des ersten Kindes, August Heinrich Andreas, und von der Mutter, Charlotte Magdalena Philippine Sartori, geb. Zoellner. Die Taufe in Schlutup nimmt Pastor Busse aus Rensefeld vor, bei dem Sartori doch 6 Jahre gelebt hatte (s. o.). Und dort in Rensefeld/Schwartau mag Sartori auch seine Frau kennengelernt haben. Denn als Pate fungiert der Schwiegervater Georg August Leberecht Zoellner, Procurator zu Schwartau, vermutlich ein Anwalt. Und der Pastor und Vater hat sich als weiteren Paten eingetragen. G. A. Sartori ist der erste Pastor, der weder in der eigenen nahen Verwandtschaft noch in der seiner Frau Geistliche aufzuweisen hat, soviel ich sehen kann. Allerdings ist er Lübecker, was ihn wohl auch bei der Wahl qualifiziert haben mag.

Seiner Persönlichkeit nach ist er als Jugendlicher gewiß begeisterter Patriot gewesen, er bewies Entschlußkraft und Mut, als er sich zu den freiwilligen Jägern meldete. Als Pastor und Familienvater zeigt er sich auch entschlossen, die Bürde der halben Pension für seinen Vorgänger loszuwerden (s. o.). Er läßt sich nämlich 1828 vom Rat der Stadt Lübeck zum Pastor von Nusse wählen, das auch dem Lübecker Kirchenregiment unterstellt ist.

Von fremder Hand ist dem biographischen Abriß Sartoris nachgetragen, daß dieser am 19. Okt. 1873 als Pastor in Nusse gestorben ist.

Nachfolger im Amt ist Marcus Joachim Karl K l u g, geboren am 21. Febr. 1799 in Lübeck. Der Vater, Friedrich Heinrich Klug, ist Weinschreiber in Lübeck. – Das ist ein vom Rat der Stadt geschaffenes Amt, dessen Inhaber Art und Menge der von der Stadt erworbenen Weine festzuhalten hatte. – Die Mutter Catharina Elisabeth ist eine geborene Dibbern, deren Vater als Kaufmann in Lübeck gewirkt hat. Die Ehefrau des neuen Schlutuper Pastors, Catharina Magdalena Elisabeth geb. Erich, hat einen Brauer zum Vater. Das alles ist wieder der Personenkartei zu entnehmen. Der auch diesmal fällige biographische Abriß (Tfb. S. 318) verzeichnet den Schulbesuch im Catharineum, das Theologiestudium von 1820 - 22 in Halle und von 1822 - 24 in Tübingen. Für vier Jahre bleibt Klug nach seiner Rückkehr ein „Cand. Minist.", also ein vom geistlichen Ministerium Lübeck geprüfter Kandidat, dem die Anstellungsfähigkeit

---

[4]) Hauschild, W.-D. wie Anm. 1, S. 369

zuerkannt ist. Klug berichtet, daß er als solcher die üblichen Predigten gehalten und Privatunterricht erteilt habe. – Damit zeichnet sich die zweite Ausbildungsphase schon ab, die von 1829 an mit neuen Bestimmungen noch genauere Umrisse erhält [5]).
– Ab 1828 folgen dann die uns schon bekannten Akte zur Ernennung: erwählt vom Rat zum Pastor in Schlutup am 28. Mai, am 8. Juni ordiniert durch Pastor von der Hude in St. Marien, am 24. Juni in sein Amt eingeführt durch Protonotarius Lembcke und Pastor Becker von St. Jacobi. Am 28.8.1828 hat er dann geheiratet, so daß am 30. Juni des folgenden Jahres schon die Taufe des ersten Kindes eingetragen werden kann. Bei diesem Kind und den folgenden stehen zu Gevatter beispielsweise Ältermänner der Maler (1830), des Maurer-Amtes (1832), Kaufleute und auch ein Pächter Fr. Brehmer (1837) zu Falkenhusen. Damit wird deutlich, Pastor Klug sucht weder familiär noch bei Taufanlässen die besondere Nähe von Geistlichen. Und dennoch, vielleicht auch gerade deshalb, gelingt ihm als Pastor der Wechsel von der Schlutuper Kirche zur St. Jacobi-Kirche, wofür ihn der Rat der Stadt erwählt hat. Am 21. Febr. 1868 tritt er in den Ruhestand und stirbt am 21. März 1872, was sein Nachfolger in Schlutup, Pastor von Großheim, dem biographischen Abriß angefügt hat.
– Übrigens ist beim Amtsantritt des Pastor Klug, damals in Schlutup nicht mehr davon die Rede, daß er die Hälfte des Ruhegehalts von Pastor Rüdinger hätte zahlen müssen. –

Der letzte in der Reihe der 6 Pastoren, die das Taufbuch betreuten, ist Christian Diederich Bonaventura v o n G r o ß h e i m, geboren am 15. Jan. 1802 in Lübeck. Sein Vater, Carl Friedrich von Großheim, ist Lehrer und Inhaber der Knaben-Realschule in Lübeck, die Mutter Dorothea Elisabeth eine geborene Kröger. Folgen wir weiter den Angaben des ausführlichsten aller biographischen Abrisse, so stoßen wir auf Hinweise des Schulbesuchs, zuerst in der Schule seines Vaters, dann des Lübecker Gymnasiums, und zwar von 1820 - 24. Darauf folgt das Theologiestudium an den Universitäten von Halle, Göttingen und Berlin von 1824 bis 28. Von Großheim erwähnt nun, was auch sein Vorgänger hätte angeben können, daß er in Lübeck vom geistlichen Ministerium examiniert wurde, und zwar im Sept. 1828, und damit aufgenommen in die Reihe der Kandidaten des „Ehrwürdigen Ministeriums" durch den Senior D. Carstens. Von 1828 - 37 wirkt er an der Schule des Vaters, predigt in Kirchen der Stadt und hat Gelegenheit, Konfirmandenunterricht zu geben. Am 6. Juli 1837 wird er nach Ableben des Predigers Bang von dem Provisorat von St. Annen zum Prediger an dem St. Annen Armen- und Werkhaus gewählt, als solcher am 8. Juli vom Rat der Stadt bestätigt und am 16. Juli in der St. Ägidienkirche von Pastor Lindenberg ordiniert. Aus gesundheitlichen Gründen schien ihm ein Amtswechsel angebracht, so daß er auf sein Ansuchen vom Rat der Stadt am 4. Juli 1840 zum Pastor in Schlutup gewählt wird. Introduziert am 26. Juli vom Protonotarius Lembcke und von Pastor Klug, dem neuen Pastor von St. Jacobi.

---

[5]) Hauschild, W.-D. wie Anm. 1, S. 387

Bildnis des Pastors Dr. phil. Christian David Bonaventura von Großheim, geboren am 15.1.1807 in Lübeck, seit 4.7.1840 Pastor an St. Andreas, gestorben am 1.8.1882.
(Dem gemeinnützigen Verein Lübeck-Schlutup e.V. danken wir für die freundliche Erlaubnis zum Abdruck des Fotos.)

Foto: Nordelbisches Kirchenarchiv

Am Ende des Abrisses verzeichnet er noch selbst: „In den Ruhestand getreten, 1. Okt. 1877, meine Abschiedspredigt gehalten am 18. Trinit., 30. Sept. 1877." (Tfb. S. 382)

An weiteren persönlichen Angaben über Pastor v. Großheim sind dem Taufbuch nur solche zu entnehmen, die mit der Taufe seines Sohnes Friedrich Johannes Gotthold am 14. Mai 1843 in Verbindung stehen (Tfb. S. 395). Hier erfahren wir auch den Namen der Mutter und Ehefrau: Emmi, geb. Havemann. Sie ist die Tochter des Kaufmannes Johann Jochim Havemann und wurde am 30.8.1815 getauft. Gevattern des Pastorensohnes sind der Großvater väterlicherseits (Carl Friedrich v. Gr.) und ein Johannes Friedrich Andreas Havemann, auch ein Kaufmann und Sohn des Lehrers Jürgen Jochim H. In welchem Verwandtschaftsverhältnis er zur Emmi v. Gr., geb. H. steht, ist bei der Vielzahl der Havemanns in der Lübecker Einwohnerkartei nicht einfach zu ermitteln, jedenfalls kein Bruder. Diese Kartei verrät uns aber über die dritte Patin, Johanna Friederica Fiedler, daß sie die Ehefrau des aus Braunschweig zugezogenen Fabrikanten Johan Christoph Fiedler ist. Diese Recherchen ergeben, daß es im engeren familiären Umkreis wohl keine Geistlichen gegeben hat, allenfalls zwei Lehrer. Das ist, streng genommen, aber nur ein vorläufiges Ergebnis, da nicht alle Möglichkeiten untersucht wurden.

Zusammenfassend ist festzuhalten, daß von allen sechs Pastoren fünf Lübecker gewesen sind. Das ist keineswegs verwunderlich, denn der Lübecker Stadtstaat will vorrangig die eigenen Landeskinder in Brot bringen. – Für die ersten drei Pastoren gilt, daß sie in enger verwandtschaftlicher Beziehung zu Geistlichen stehen. Im 19. Jahrhundert ist das bei den drei anderen keineswegs der Fall. Ob das mehr als ein Zufall ist, vermag ich nicht zu sagen. Jedenfalls ist Zugehörigkeit zu Pastorendynastien wohl kein Qualifikationsmerkmal mehr. Wenn ich in diesem Zusammenhang daran erinnere, daß der Rat der Stadt Lübeck daran interessiert war, den Einfluß der Geistlichkeit beim Übergang vom 18. zum 19. Jh. abzubauen, indem er das Amt des Superintendenten nicht mehr besetzen ließ (s. o.), dann ist mehr als eine zeitliche Koinzidenz nicht beweisbar.

Abweichend von unseren Verhältnissen heute ist der Tatbestand, daß ein theologisches Examen nach Abschluß des Studiums erst in Lübeck erfolgte, und nicht etwa an der Universität. Gerade das ist aber ein Zeichen für die staatliche Hohheitsgewalt, die damals Lübeck als Mitglied des alten deutschen Reiches und danach des Deutschen Bundes zukam. Daß gegen Ende des 3. Jahrzehnts des 19. Jahrhunderts das Geistliche Ministerium in Lübeck auf eine praktische Ausbildung der theologischen Kandidaten mit festen Regeln zusteuerte, um die Voraussetzungen für die Übernahme eines Pastorenamtes zu verbessern, haben wir an den biographischen Abrissen erkennen können. Wir kennen heute das Vikariat, das auch noch mit einer zweiten Prüfung abschließt, die es damals noch nicht gab und die wohl auch nicht in einem Kleinstaat Lübeck erforderlich war.

*

Im nächsten Abschnitt möchte ich die Art und Weise näher beleuchten, in der das Taufbuch zwischen 1734 und 1853 geführt wurde.

Schaut man sich die Zahl der Taufen an, die pro Jahr anfielen, so ergibt sich eine Schwankungsbreite von 15 als Minimum (in den Jahren 1758, 1765 und 1787) und von 40 als Maximum (im Jahre 1823). Generell ist festzustellen, daß im Schlutuper Kirchspiel die Zahl der Geburten bzw. Taufen im 19. Jahrhundert höher liegt als im 18. Jh. Das paßt zu der in Deutschland allgemein festgestellten Bevölkerungszunahme, für die aber noch mehr Faktoren verantwortlich sind als die Geburtenziffer, z. B. der Rückgang der Sterbefälle aufgrund der Fortschritte in der Medizin, der Anstieg der landwirtschaftlichen Produktion u. a. m.

Zur Form der Taufeintragung läßt sich sagen, daß sie zwischen 1734 und 1793 recht gleichbleibend ist, d. h. die Pastoren Blanck und Neumeyer verfuhren nach dem gleichen Schema, wie das Beispiel aus dem Jahr 1734 verdeutlichen mag:

„den 23. Maji hat Dierk Vos Fischer allhier seine Tochter taufen lassen,

so genannt worden ist Dörthe.

Gevattern sind gewesen ..."

Es folgen nun untereinander die Namen der Paten, meistens drei, es können auch fünf vorkommen, alle aber ohne irgendwelche Ergänzungen. Der Name der Mutter fehlt also. Diesen Tatbestand wollen wir uns merken, bis wir später mehr über die Rolle der Frau erfahren und diese bewerten können. Vom Vater werden außer dem Namen sein Beruf und der Wohnort angegeben. „Allhier" steht für Schlutup. Wenn die Väter in anderen Orten des Kirchspiels leben, werden diese genannt, z. B. „Wislow" für Wesloe heute. – Ganz selten wird in der Zeit bis 1793 am Rande notiert, wann der Täufling gestorben ist.

Mit dem Jahr 1793 tritt Pastor Rüdinger sein Amt an. Nach dem von ihm verfaßten biographischen Abriß eröffnet er das Taufregister seiner Amtszeit wie folgt:
„Das nun sogleich folgende Taufregister ist von meiner Hand. Die darin mehrmals veränderte Form ist durch Umstände veranlaßt worden." (S. 137) Was das heißen kann, werden wir noch sehen.
Auf Seite 138 oben beginnt er die Taufeintragungen für das Jahr 1793 folgendermaßen:
„folgende Kinder sind von mir Christian Ludwig Rüdinger getauft worden

   d. 12. März   Peter, dessen Vater Asmus Voßgraue,

                      ein Tagelöhner allhier

                      Gevattern:" … es folgen die Namen der drei Paten.

Ab 1803 wird verschiedentlich die Mutter mit ihrem Geburtsnamen genannt. Das geschah vorher nur, wenn der Pastor die Taufe des eigenen Kindes eintrug (s. o.) oder ab 30. Dez. 1796 in sehr seltenen Fällen. Vom 20. April 1804 an werden nun regelmäßig die Mutter mit Geburtsnamen und auch das Geburtsdatum des Kindes vermerkt. Nach verschiedenen Variationen in der Form hält sich Rüdinger nun an folgende Gewohnheit:

„geb. 10. Mai

get. 16. ej (= ejusdem = dess. Monats)   Franz Friedrich Peter

              von Hans Hinrich Böge, Krüger allhier,

                    mit Dorothea Susanna geb. Kolbau in rechtmäßiger Ehe erzeugt."

Es folgen nun die Namen der Paten, drei oder seltener fünf. (Tfb. S 181)
Als sich in späterer Zeit die Form der Eintragung nochmals ändert, läßt sich dafür auch ein Grund angeben, der sich aus der Einverleibung Lübecks in das französische Kaiserreich ergibt, die per Dekret am 13. Dez. 1810 erfolgte. Seit dem 27. Okt. 1811 (Tfb. S. 216) werden nur noch das Taufdatum eingetragen und die Namen der Eltern. Paten erscheinen nicht mehr bis auf ganz wenige Ausnahmen, die am Rand eingetragen sind, vielleicht sogar nachträglich. Das Geburtsdatum steht nun in dem von den

Franzosen eingerichteten Zivilstandsregister [6]). Im April 1813 kehrt Rüdinger zur gewohnten Form zurück, die Franzosenzeit ist vorbei. Ab April 1814 trägt er dann zusätzlich die Stunde der Geburt ein, und Pastor Sartori vervollständigt diese Eintragungen, indem er stets Ort, Tag und Stunde der Geburt angibt und auch noch den Ort der Taufe. Wir erkennen daran, daß sehr oft im Pastorat, zuweilen auch im Haus der Eltern und seltener in der Kirche getauft wurde, da diese noch nicht beheizt werden konnte.

Vom Jahre 1818 an können wir bei den männlichen Paten oftmals die Berufsangaben lesen, die Wohnorte bei Paten beiderlei Geschlechts. Pastor Sartori versucht ab 1826 noch genauer zu werden, indem er bei den Patinnen beispielsweise hinzufügt: Fischerwitwe, Fischertochter, Dienstmädchen in Israelsdorf oder verehelicht / unverehelicht. Daran versucht auch Pastor von Großheim sich zu halten. Allerdings gibt es diese zusätzlichen Angaben bei allen drei Pastoren nicht regelmäßig, so daß vielfach nur die Namen der Paten dastehen. Deshalb ist es nicht immer ganz einfach, die Paten als Personen zweifelsfrei zu ermitteln.

In den meisten Fällen kommen die Paten aus dem Ort, wo auch die Eltern leben, oder zumindest aus der näheren Umgebung, aus Lübeck, Mecklenburg, seltener auch aus dem Holsteinischen. Die Paten gehören vielfach auch zur Familie, nicht anders als heute. Das alles erklärt sich daraus, daß die Mobilität früher viel geringer war und die Besuche sehr oft zu Fuß gemacht wurden. Am ehesten bei Leuten von Stand kam es vor, daß Gevattern von weiter her kamen. Solche Leute gab es aber nur wenige in der Kirchengemeinde, beispielsweise den Pastor, den Förster in Israelsdorf oder die Lehrer in Schlutup oder Israelsdorf oder den Organisten. Bei Leuten von Stand, insbesondere wenn es sich um Lübecker Kaufleute, Senatoren, Juristen etc. oder deren Frauen handelte, wird der Name mit dem Zusatz Herr, Madame oder Demoiselle versehen. Und Paten von Stand ließen sich auch am ehesten bei der Taufe vertreten, weil sie nicht abkömmlich waren oder auch zu weit entfernt.

Es ist vielfach zu beobachten, daß die Täuflinge die Vornamen ihrer Paten bekommen, und bei drei Paten konnte es durchaus sein, daß jeder von ihnen einen Vornamen beisteuerte oder nur einer oder zwei.

Daß aber die Paten vor der Taufe selber auf die Namengebung Einfluß genommen haben, ist nur einmal dokumentiert, und zwar bei einer Taufe vom 3. Mai 1807 (Tfb. S. 193). Pastor Rüdinger trägt nämlich zunächst die von den Eltern vorgesehenen Namen ein: Johann Carl Franz. Dazu aber schreibt er, daß auf ausdrücklichen Wunsch der drei Paten die Vornamen geändert worden sind in: Johann Jochim Jacob. Das ist nur einmal vorgekommen und war der Wunsch der Paten, nicht ihr Recht.

Damit sind wir bei dem Thema Namen und deren Schreibweise im Taufbuch. Bekanntlich ist bis in die zweite Hälfte des 19. Jahrhunderts hinein die Schreibung

---

[6]) vgl. dazu: Karl Klug: Geschichte Lübecks während der Vereinigung mit dem französischen Kaiserreich 1811 - 1813, Erste Abteilung, Lübeck 1856; S. 72

der Namen nicht festgelegt gewesen. Das ist auch bei den Schlutuper Familiennamen zu beobachten, z. B. Bahde / Bade, Vagt / Vaigd, Zahn / Sahn, Langlof / Langloh u. a. m. Weil das allgemein so ist, handhabt man es bei der Lübecker Personenkartei so, daß lautgleiche oder lautähnliche Namen gleichbehandelt werden, also an einer Stelle zu finden sind mit einem Hinweis auf verschiedene Schreibweisen. Im Taufbuch selbst gibt es oft Indizien dafür, daß lautähnliche Namen in derselben Familie vorkommen. Bei der geringen Mobilität der Bevölkerung beobachten wir immer wieder, daß besonders in Dörfern und kleineren Städten bestimmte Nachnamen sehr gehäuft auftreten. In Schlutup sind das beispielsweise die Namen Bade, Voss, Vagt,

Das Zifferblatt der Uhr am Turm von St. Andreas trägt die Namen von Schlutuper Kirchenvorstehern. Die Namen Vaigt, Langloh und Bade kommen im alten Schlutup besonders häufig vor.
Foto: H. P.Thomsen

Steffen, Langloh, Willwater. Vielleicht, um Unterscheidungsmerkmale zu haben, oder aus dem Grund, die Vornamen der Eltern, Großeltern, Paten weiterzugeben, kam es zu einer Häufung der Vornamen. Von einem bis zu fünf Vornamen ist alles vertreten, fünf aber sind eher selten. Hinzukommt, daß bestimmte Vornamen besonders beliebt waren, z. B. Anna, Catharina, Maria, Magdalena, Margaretha bei den Mädchen, Hans, Johann, Jochim, Peter, Hinrich u. a. bei den Jungen.
Wenn man sich nun die Schlutuper Namen ansieht, fällt auf, daß ein Bade oder eine Voss sich erst vom dritten Vornamen an unterscheidet. Dieser Reichtum an Vornamen aber hat Folgen. Bei seltenen Familiennamen läßt sich am besten belegen, daß z. B. bei einer Mutter, die mehrere Kinder geboren hat, die Reihenfolge oder die Zahl ihrer

Vornamen schwankt, ja sogar einer der Vornamen gegen einen anderen ausgetauscht wird. Und dennoch ist es dieselbe Frau, mit einem Mann immer desselben Namens und Berufes verheiratet. Auch der Wohnort ist immer derselbe und der Geburtsname der Frau bzw. Mutter. Auch beim Vater können Zahl und Reihenfolge der Vornamen schwanken. Und doch muß es sich auch hier um dieselbe Person handeln, wie sich auf gleiche Weise wie bei der Frau beweisen läßt. Natürlich läßt sich mit Hilfe des Taufbuchs nicht immer ermitteln, welcher Name nun richtig ist. Nur selten haben die Pastoren zurückgeblättert und auf die Taufeintragung vom Vater oder der Mutter verwiesen. Es muß auch dahingestellt bleiben, ob der Pastor bei der Vielzahl der Vornamen durcheinander kam, ob er nachlässig war oder ob die Namensträger selber ungenaue oder wechselnde Angaben machten. Es mußte außerdem ja nicht so sein, daß der erste Vorname auch der Rufname war.

Das alles hat nun zur Folge, daß man sich auf die Genauigkeit der Eintragungen nicht ohne weiteres verlassen kann, wodurch die genaue Identifizierung der jeweiligen Person nicht immer möglich ist.

Zu so einem Ergebnis kommt man auch, wenn man beobachtet, daß z. B. ein Fischer oder Arbeitsmann Hans Bade seinen Sohn auf den Namen Hans taufen läßt und gar noch ein weiterer Hans Bade (vielleicht der Großvater?) als Pate eingetragen ist. Wen hat man nun vor sich, wenn in nachfolgenden Jahrzehnten unter den Paten wieder ein Hans Bade auftaucht? Selbst wenn immer die Berufsbezeichnung dabeisteht, kann man nicht sicher sein, daß es nur einen Fischer Hans Bade oder einen Arbeitsmann Hans Bade gegeben hat. – Selten fand ich bei einigen Namenseintragungen den Zusatz „Junior". Damit wird deutlich, daß der Pastor das Problem gesehen hat. Nur hilft uns heute so ein Zusatz nicht weiter. –

Als Ergebnis bleibt festzuhalten, daß Familienforscher Probleme bekommen können, da Eintragungen nicht immer verläßlich sind, oder wenn es nicht genug Indikatoren gibt, was bei den eingetragenen Paten am ehesten auftreten kann.

Eine Beobachtung ganz anderer Art kann man machen, wenn man die Taufeintragungen aus dem 19. Jh. durchgeht. Es fällt auf, daß sich bei den Täuflingen viel häufiger als im 18. Jh. Hinweise auf deren Tod finden. Oft hat sich der jeweils eintragende Pastor mit dem Datum des Todes oder der Beerdigung begnügt und ein Kreuz dazu gezeichnet, am Rand der Taufeintragung. Das ist nicht etwa nur der Fall, wenn der Täufling noch als Säugling oder Kind verstorben ist, auch dann, wenn er als Erwachsener oder im hohen Alter gestorben ist. Das Taufbuch wurde also nicht 1853 geschlossen und weggelegt, die Todesnachrichten sind auch noch vom Anfang des 20. Jahrhunderts zu finden bis ins 1. Jahrzehnt. Selbstverständlich gibt es diese Eintragungen nicht bei allen Täuflingen.

Wenn der Tod nun mit besonderen Unglücksfällen zusammenhing, gibt es noch genauere Zusätze, die die Umstände des Todes beleuchten. Einige dieser Zusätze hängen mit Gefahren zusammen, denen Schlutuper Fischer bei der Ausübung ihres Berufes zum Opfer fielen.

Einziges vollständig erhaltenes, restauriertes Fischerhaus in Schlutup

Foto: H. P. Thomsen

Der am 7. März 1827 geborene Jochim Bade zum Beispiel verunglückt mit seinem Boot vor Dummersdorf bei SW-Wind und Schneegestöber am 21. Febr. 1849 (Tfb. S. 311). Ebenso ist es an gleicher Stelle bei gleichem Wetter dem Fischer Paul Hinrich Wilwater am 21. Febr. 1844 ergangen, als dessen Boot umschlug (Tfb. S. 216). Noch mehr wird die Schlutuper Bevölkerung erschüttert haben, daß in der Nacht auf den 1. Okt. 1807 bei einem plötzlichen Sturm aus Nordost auf der Reede im Schlutuper Hafen zwei Fischer und ein Fischergeselle tödlich verunglückten. Ein ähnliches Unglück hatte in der Nacht vom 9. auf den 10. Oktober 1757 vier Schlutuper Fischern das Leben gekostet. Beide Ereignisse sind aber nicht in unserem Schlutuper Taufbuch festgehalten, sondern im Sterberegister des 1. Schlutuper Kirchenbuchs als Zusätze zu den Beerdigungseintragungen.

Natürlich wurden nicht alle Männer in Schlutup Fischer, manchmal auch Seeleute, z. B. der am 1. Mai 1841 geborene Johann Franz Krantz. Bei seiner Taufeintragung vom 9. Mai (Tfb. S. 387) liest man den Vermerk, daß er als Schiffsjunge am 30. April 1857 vormittags um 8 1/2 Uhr 9 Meilen westlich von Dagerort von Bord gespült wurde und ertrunken ist. Es handelt sich um das lübische Schiff „Brigitte", das unter Capt. G. D. C. Ohlff auf der Reise von Lübeck nach Reval war. Den Todesfall hat dann am 13. Mai 1857 der Schiffer vor dem Polizeiamt in Lübeck „verklart". Dies alles hat der Pastor mit ganz kleiner Schrift am Rand eingetragen und sich dafür sich alle erforderlichen Informationen besorgt.

Bei einem anderen Unglück, das sich am 7. Dez. 1844 zutrug, handelt es sich um ein Ereignis von beinahe lokalgeschichtlicher Bedeutung, das nicht nur die Schlutuper, sondern auch die Lübecker erregt hat. Es hat damit zu tun, daß die Schlutuper Fischer verpflichtet waren, in der Trave festgefrorene Schiffe auszueisen. Der Rat der Stadt Lübeck hatte das einst festgeschrieben. Das Auseisen ist eine notwendige, aber auch gefährliche Tätigkeit, besonders dann, wenn sie, wie am 7. Dez. geschehen, abends zwischen 7 und 8 Uhr verrichtet werden muß. Denn von sich aus werden die 5 Schlutuper nicht hinausgegangen sein. Fünf nämlich kamen bei dieser Arbeit ums Leben. Pastor von Großheim hat deshalb bei den am 9. und 16. September 1798 getauften Peter David Voss und Claus Rudolph Heuk jun. bei seiner nachträglichen Eintragung die Angabe der Uhrzeit mit drei Ausrufezeichen versehen, was gewiß ein ganz deutlicher Kommentar ist. In seiner kleinen Chronik über Schlutup im 19. und 20. Jahrhundert hat Roland Heimann auch an dieses Ereignis erinnert und berichtet außerdem, daß die Lübecker für die betroffenen Familien eine Sammlung durchgeführt haben [7]).

Nun möchte ich zu Randbemerkungen der Schlutuper Pastoren kommen, die verdeutlichen, daß es in Schlutup Ereignisse gegeben hat, die mit Vorgängen von h i s t o r i s c h e r Bedeutung zusammenhängen. Den Pastoren ist dieses meistens bewußt gewesen, sonst hätten sie sich bei den Taufeintragungen nicht die Mühe gemacht, mit sehr kleiner und möglichst lesbarer Schrift detailgenau diese Randbemerkungen ein- bzw. nachzutragen.

Als ein erstes Beispiel möchte ich anführen, daß am 31. März 1744 eine „bei ihrem Bruder in Israelsdorf sich aufhaltende fremde Frau" in Schlutup ihre Tochter taufen läßt. Sie ist nach dem von ihr vorgezeigten Trauschein in Prätin im Mecklenburgischen mit einem Arbeitsmann verheiratet, der aber von den Preußen mit Gewalt zum Soldaten gemacht worden sein soll, wie der Pastor ihre Aussage distanzierend wiedergibt. Sie ist deshalb zu ihrem Bruder gezogen. Es ist aber historisch belegt, daß preußische Werber zum Leidwesen der Landesherren von Mecklenburg mit nicht gerade feinen Methoden Männer fürs preußische Heer gewonnen haben. 1744/45 steht Preußen unter Friedrich dem Großen im 2. Schlesischen Krieg gegen Österreich. Die Frau hat also wegen ihrer bevorstehenden Niederkunft Schutz und Hilfe bei ihrem Bruder gesucht.

Das nächste Ereignis ist von historischer Qualität und hat Lübeck wie Schlutup ganz unmittelbar und auch schmerzlich getroffen. Im November 1806 ist Lübeck von den Truppen Napoleons erobert und ab 1811 zum französischen Staatsgebiet erklärt worden. Die Auswirkungen auf die Führung des Taufbuches wurden schon behandelt. An den Taufeintragungen kann man aber auch direkt ablesen, daß einige Schlutuper

---

[7]) Heimann, Roland: Vom Fischerdorf zum Industriestadtteil: Schlutup im 19. u. 20. Jahrhundert, Kleine Chronik - Herausgegeben vom Archiv der Hansestadt Lübeck - Heft 1 Lübeck 1985; S. 12

Väter sich bereit finden mußten, in französische Dienste zu treten wie der Wochenlöhner P. Wilken, der 1811 als Küstenkanonier in Travemünde dient (Tfb. S. 216). Das hängt mit den von den Franzosen durchgeführten Konskriptionen zusammen, wonach Lübeck, in unserem Fall auch Schlutup, genötigt wurden, Soldaten für eine halbe Kompagnie Artilleristen bzw. auch noch eine halbe Reservekompagnie zu stellen [8]). Dem Taufbuch läßt sich auch noch entnehmen, daß 1811 der Vater und Fischer Wilken „Matrose in französischen Seediensten" geworden ist (sh. Tfb. S. 217) wie auch ein Fischer Bade (Tfb. S. 218). Während der „Küstenkanonier" Wilken diesem Dienst gewiß nichts abgewinnen konnte – er wurde zudem noch schlecht bezahlt –, kamen die zwangsverpflichteten „Matrosen" nach dem ersten Schrecken besser davon, denn aus einer französischen Ostseeflotte ist nichts geworden [9]).

Auch wenn es nach der französischen Eroberung uneheliche Kinder mit französischen Soldaten als Vätern – belegbar auch im Schlutuper Taufbuch – gegeben hat, darf dennoch nicht überraschen, daß Heiraten vorgekommen sind von Franzosen und Mädchen der Schlutuper Kirchengemeinde. Der „Sous-Lieutenant de Douane de la Brigade de Slutup" Mons. Poulet und seine Frau, Anna Dorothea geb. Sehnel, aus dieser Gemeinde lassen am 13. Aug. 1811 ihre Tochter taufen (Tfb. S. 215). Zu Gevatter stehen zwei französische Oberleutnants, ein „Préposé de Douane", zwei Damen aus Lübeck sowie D. S. Böjen und M. Vagten [10]). Zuvor, am 25. Jan. 1810, hat ein in Israelsdorf einquartierter Douanier Anton Heinrich Müller mit seiner auch aus der Schlutuper Gemeinde stammenden Frau den gemeinsamen Sohn auf den Namen Jean Michel Henry taufen lassen, damit ein rechter Franzose daraus wird. Zu Gevatter stehen Jean Metz und Marie Rosine Metz (Tfb. S. 207). Das dritte Beispiel ist die am 3. Dez. 1809 vollzogene Taufe an einem Mädchen. Vater ist der „allhier einquartierte Douanier" Valentin Jung, seine Frau ist eine geb. Schmidten, Magdalena Elisabeth. Auch hier ist M. Vagten eine der Patinnen zusammen mit Sophia Rumpen (Tfb. S. 207). (Zu dieser Zeit dürfen Paten noch eingetragen werden.)

Aus diesen Beobachtungen ist zu ersehen, daß Lübeck Randgebiet der französischen Kontinentalsperre gewesen ist, die nicht nur durch Zollbeamte, sondern auch militärisch geschützt werden sollte. Das hat den Lübeckern gar nicht gefallen. Die Schlutuper arrangierten sich allenfalls teilweise mit den veränderten Bedingungen, wie die Taufeintragungen zeigen. Zwei der Zollbeamten führen deutsch klingende Namen und sind vielleicht Elsässer gewesen (?). Ob das geholfen hat, ein dauerhaftes Familienglück zu begründen, da es mit der Franzosenherrschaft doch schon 1813 vorbei war?

Ein weiteres Ereignis mit historischem Hintergrund ist die 1832 in Lübeck wütende Cholera. Natürlich hatte man Angst vor der Ausbreitung dieser Seuche, deshalb hatte

---

[8]) K. Klug, wie Anm. 6, S. 47

[9]) K. Klug, wie Anm. 6, S. 78

[10]) Die „-en"-Endung war früher zur Kennzeichnung der weiblichen Familiennamen üblich.

Mecklenburg die Grenze zum Lübecker Staatsgebiet gesperrt. Ein am 19.8.1832 in Brandenbaum geborenes Mädchen konnte deshalb zunächst nicht getauft werden, weil dessen Eltern zur Mecklenburger Kirchengemeinde Herrenburg gehörten. Es bedurfte deshalb, wie die Randbemerkung im Taufbuch zeigt, eines „landgerichtlichen Konsenses", damit dieses Mädchen am 2. Sept. im Pastorat von Schlutup getauft werden konnte. Diese Taufe erhält aber im Taufbuch keine der fortlaufenden Nummern, weil die Eltern kirchlich nicht hierhergehören (Tfb. S. 341).

Wie R. Heimann in seiner schon erwähnten kleinen Chronik über Schlutup schreibt, hat es in Schlutup wohl kaum Fälle von Cholera gegeben, „nach den vom Pastor geführten Sterbelisten bleibt Schlutup von der Seuche weitgehend verschont" [11]. Damit ist die oben erwähnte Taufe mit ihren Umständen die einzige und glücklicherweise harmlose Spur im Schlutuper Taufbuch geblieben.

Mit dem politischen Erdbeben der Revolutionszeit von 1848 hängt eine andere Randbemerkung zusammen. Die Schleswig-Holsteiner hatten sich in diesem Jahr von der dänischen Krone losgesagt und hatten durch das Königreich Preußen auch militärische Unterstützung erhalten, wie es die provisorische Reichsregierung und der Reichstag in Frankfurt gewünscht hatten. Preußen aber hatte sich zwei Jahre später auf Druck europäischer Großmächte zurückgezogen und mit Dänemark Waffenstillstand geschlossen. In der letzten großen Schlacht bei Idstedt am 25. Juli 1850 waren die Schleswig-Holsteiner nun allein und verloren. In dieser Schlacht hat ein Schlutuper als Offizier im 9. Schleswig-Holsteinischen Bataillon, nämlich Peter Hinrich Gültzow, sein Leben verloren. Er ist auf einer Brücke bei Guldenholm gefallen und danach in Schleswig begraben worden. Der Kommandeur Major von Hagen hat das die Eltern in einem Brief vom 31. Juli 1850 wissen lassen. Pastor von Großheim hat alle diese Fakten neben der Taufeintragung des P. H. Gültzow vermerkt (Tfb. S. 294/95).

Das letzte politische Großereignis, das in unserem Taufbuch seinen Niederschlag findet, ist der deutsch-französische Krieg von 1870/71. An ihm hat auch ein Schlutuper teilgenommen, der in diesem Krieg gefallen ist, nämlich Gerhard Hinrich Westphal. Am 14. Dez. 1870 ist er seiner Verwundung erlegen und stirbt. Auch das ist wieder neben der Taufeintragung am Rand zu lesen, und Pastor von Großheim verbindet diesen Nachtrag mit folgender Bewertung: „gestorben den Heldentod fürs Vaterland als Füselier" (Tfb. S. 425). Die Wortwahl verrät den patriotisch gesinnten Menschen, und mit dieser Gesinnung stand er gewiß nicht allein. Er notiert außerdem noch, daß Westphals Tod auch von den Lübecker Anzeigen in der Nr. 303 von 1870 gemeldet worden ist. Auch damit unterstreicht er die Bedeutung dieses Todes. Im Unterschied dazu hat das Ende von P. H. Gültzow (s. o.) keine entsprechende Bewertung erfahren. Über die Ursachen dieses Unterschieds kann man spekulieren, was ich nicht möchte.

---

[11]) Heimann, Roland, wie Anm. 7, S. 12

Ein ganz anderes Thema ist die Stellung und Bedeutung der Frau in der Kirchengemeinde. Wir haben schon gesehen, daß im 18. Jh. der Name der Mutter im Taufbuch nicht erscheint, nur wenn sie die Frau des Pastors ist, machte der Ehemann eine Ausnahme. Als Patinnen aber treten die Frauen durchaus in Erscheinung und werden auch eingetragen. Erst vom 20. April 1804 an (s. o.) wird die Mutter mit ihrem Geburtsnamen regelmäßig aufgeführt.

Weiter ist im Taufbuch zu beobachten, daß die Frist zwischen Geburt und Taufe innerhalb der ersten Hälfte des 19. Jhs. sich vergrößert. Wenn bisher üblicherweise die Taufe schon ein bis drei Tage nach der Geburt erfolgte, vergehen nun zunehmend mehr Tage, ja Wochen. Diese Fristerweiterung war zuerst bei Familien von Stand zu beobachten, sie wird aber nun mehr und mehr bei allen Familien üblich. Mir scheint das ein Zeichen dafür zu sein, daß man auf die Bedürfnisse der Mütter einzugehen bereit ist, daß diesen ermöglicht werden soll, bei der Taufe dabeizusein und diese auch mitzufeiern.

Nun ist die Bedeutung der Frau auch daran ablesbar, wie sie im Fall der unehelichen Mutterschaft behandelt wird. Als uneheliche Mutter steht sie sowohl im 18. als auch im 19. Jh. im Taufbuch. Wir wissen natürlich, daß die Rechtsstellung der Frau, der unehelichen Mutter und ihres Kindes in abgestufter Form benachteiligt war bis hin zur deutlichen Diskriminierung. Und fast nur die Kirche hat bis ins Jahr 1875 rechtsgültige Tauf-, Ehe- und Todeseintragungen vorgenommen in Deutschland und war damit auch ein wirksamer Sittenrichter. Sehen wir zu, wie die Pastoren in Schlutup insbesondere mit unehelichen Kindern und deren Eltern verfahren sind, wie sie auch über die moralische Lebensführung der Gemeindeglieder gewacht haben.

Im 18. Jh. erfährt die uneheliche Mutterschaft eine sehr eindeutige Verurteilung. Die uneheliche Mutter wird in der Regel als „liederliche Hure" oder als „Hurenweib" bezeichnet. Im Juni 1750 findet sich z. B. eine Eintragung mit folgendem Wortlaut: „... hat die liederliche Hure, namens ..., die allhier schon einmal ein Hurenkind zur Welt gebracht, ein abermals in Unzucht erzeugtes Kind nämlich eine Tochter zur Taufe gesandt, ..." (Tfb. S. 34). Danach muß man wohl auch annehmen, daß die Mutter bei der Taufe nicht zugegen war. Nur sehr selten ist die Wortwahl abgemildert worden. So bei dieser Eintragung: „... hat eine in Israelsdorf dienende Dirne, ..., ihre mit einem daselbst dienenden Knecht, der aber nachher davongegangen und dessen Namen ich nicht habe erfahren können, in Unehren erzeugte Tochter allhier taufen lassen ..." (Tfb. S. 41). Das Wort „Dirne" hat damals noch nicht seine heutige Bedeutung.

Eine noch deutlichere Verschiebung der Bewertung zeigt sich bei folgender Eintragung: „... hat ein auf dem Lauerhof sich aufhaltendes taubes und stummes Mensch, namens Magdalena H., ihren mit einem gottlosen Kerl, den man nicht hat erfahren können, in Unehren erzeugten Sohn taufen lassen, ..." (Tfb. S. 17). Bei diesem Beispiel wird auch das Motiv der veränderten Bewertung offensichtlich, nämlich das Mitleid mit diesem hilflosen behinderten Mädchen. Es mag sein, daß auch in dem davor zitierten Beispiel Mitleid eine Rolle gespielt hat.

So eine drastische Verurteilung der unehelichen Mutter, wie sie meistens von den Pastoren Blanck und Neumeyer erfolgt ist, findet sich aber im 19. Jh. bei den Eintragungen der unehelichen Geburten nicht mehr. Es wird stets zuerst nach den Taufnamen des Kindes die Mutter genannt, oft auch ihr Geburtstag und Geburtsort und damit ihre Heimatberechtigung bescheinigt, was von Bedeutung werden konnte, wenn die Mutter mit ihrem Kind in Not geriet. Dann nämlich hatte die Heimatgemeinde für Mutter und Kind zu sorgen. Der Vater wurde als „angeblicher" Vater nachgetragen, wenn die Mutter oder deren Vater dem Pastor seinen Namen angegeben hatte. Zuweilen aber hat der Vater sich auch selbst zu seiner Vaterschaft bekannt und im Zivilstandsregister (seit der Franzosenzeit s. o.) eingetragen, wie an einem Beispiel vom 13. Juni 1841 (Tfb. S. 378) nachzulesen ist. Denn der Pastor versäumte in solchen Fällen einen derartigen Zusatz nie. Es ist sogar vorgekommen, daß der unverehelichte Vater sich auch als Paten hat eintragen lassen und somit bei der Taufe dabei war.

Natürlich hat es mehrfach auch ein anderes Verhalten des Vaters gegeben. Beispielsweise vermerkt der Pastor bei einer Taufeintragung, daß der Vater, „gebürtig aus Bodenwärder im Hannöverschen" „zur Zahlung einer Entschädigung an die Mutter gerichtsseitig angehalten worden" ist (Tfb. S. 387). In einem anderen Fall hat der Vater „die nötigen Alimente für das Kind gezahlt, jedoch unter der Bedingung, nicht genannt zu werden" (Tfb. S. 360). Damit deutet sich an, daß ein unverehelichter Vater es doch leicht hatte, sich seiner Verantwortung zu entziehen, denn auf eine Verurteilung durch das Gericht bin ich nur einmal gestoßen.

Es hat natürlich auch Möglichkeiten gegeben, das Problem der unehelichen Mutterschaft bzw. Geburt zu lösen oder zu umgehen:

Ich habe ein Beispiel gefunden, bei dem die Eltern, deren Tochter am 7. Juni 1826 unehelich geboren wurde, am 16. Juni des gleichen Jahres in Ratekau die Ehe geschlossen und damit erreicht haben, daß ihr am 25. Juni im Schlutuper Pastorat getauftes Kind für ehelich erklärt wurde.

Einfacher war es natürlich, wenn die Eltern sich einig waren und noch vor der Geburt des Kindes heiraten konnten. Dann aber machte der Pastor im Taufbuch regelmäßig den Vermerk „unehelich" oder „in Unehren" erzeugt, „aber ehelich geboren" und verwies oft zusätzlich noch auf das Copulations- oder Heiratsregister. In vielen Fällen genügte ihm bei dem Taufeintrag nur der Hinweis auf das Copulationsregister, und der Sachverhalt war auch so klar.

Es kommt aber in nicht wenigen Fällen vor, daß die Heirat der Eltern Monate oder Jahre nach der Geburt des gemeinsamen Kindes erfolgte. Dann wird neben dem Taufeintrag am Rande nachgetragen: „legitimiert durch die nachfolgende Copulation siehe Copul. Reg. ...". Erstmals ist dieser Weg 1797 zu beobachten, wo es von dem am 12. Febr. getauften Kind heißt, nachdem die Eltern 1799 in der Lübecker Ägidienkirche sich haben trauen lassen, es sei als ehelich anzusehen. Derartig gewissenhaft durchgeführte Nachträge wurden meist noch durch das Namenskürzel des Pastors beglaubigt.

Eine Eintragung allerdings gibt zu Fragen Anlaß: Im Nov. 1853 wird ein uneheliches Kind geboren, das Mutter und Vater durch die nachfolgende Heirat 1854 legitimiert haben. Warum mußte zur späteren Namensänderung der Mutter (auch des Kindes ?) erst ein Senatsbeschluß von 1878 erfolgen? Der Mädchenname der Mutter wird im Taufbuch eingeklammert und der gemeinsame Familienname darübergesetzt (Tfb. S. 445).

In einer zusammenfassenden Bewertung dieses Themas ist festzuhalten:
Bei der Bewertung der Frau, der unverehelichten Mutter, des unehelichen Kindes sind in den Jahren von 1734 bis 1853 innerhalb des Taufbuches Veränderungen festzustellen. Die rigorose Verurteilung der unverehelichten Mutter im 18. Jh. läßt uns an die berühmte Gretchentragödie in Goethes Faust denken. Aber auch andere Dichterkollegen des Sturm und Drang haben sich des Problems angenommen, und alle haben sie mitgeholfen, daß sich schon im 19. Jh. etwas änderte, wie wir es auch in unserem Taufbuch registrierten. Wir wissen, daß die Kirche im Verein mit dem Staat sehr lange die moralische und juristische Haltung in diesen Fragen hat bestimmen können, aber auch deren Vertreter waren Menschen, die einem Bewußtseinswandel folgten. Schließlich ist es dann erst in der 2. Hälfte unseres Jhs. möglich geworden, daß unehelich geborene Kinder den ehelich geborenen, daß ledige Mütter den verheirateten rechtlich gleichgestellt worden sind. Das schließt nicht aus, daß immer noch moralische Urteile vorkommen, die sich an vergangenen Zeiten orientieren. Weiter ist festzuhalten, daß die Eintragungen und Wertungen der Schlutuper Pastoren nie sklavisch Regeln unterworfen waren. Es wurden Unterschiede gemacht, die auf Anteilnahme zurückgehen. Daß so eine Anteilnahme auch in anderen Zusammenhängen möglich war, – ich erinnere an die gewissenhaften Nachträge zu den besonderen Schicksalen Schlutuper Kirchengemeindemitglieder – ist hoffentlich deutlich geworden. So eine Feststellung ist bei Amtspersonen, wie es die Pastoren ja auch im staatlichen Auftrag gewesen sind, doch ein gutes Ergebnis.
Ein notgedrungen unvollständiger Hinweis darf in diesem Zusammenhang nicht fehlen. Die unehelichen Kinder wurden alle getauft, sie hatten alle auch Patinnen oder Paten. Und aus den Eintragungen läßt sich schließen – es gibt dafür auch eindeutige Belege –, daß die Eltern der ledigen Mütter oder Verwandte, Freunde die Patenaufgabe übernommen haben. Es muß also nicht angenommen werden, daß Mutter und Kind mit dem Unehelichkeitsmakel durch die Familie, durch Freunde stets der Ächtung verfielen und gar verstoßen wurden, selbst im 18. Jh. nicht. Viel mehr läßt sich nicht sagen, denn das Taufbuch erlaubt nur ganz unvollständige Einblicke in den Schlutuper Alltag.

Abschließen möchte ich meine Beobachtungen und Betrachtungen beim Schlutuper Taufbuch, indem ich auf drei Eintragungen eingehe, die beinahe anekdotischen Wert haben.
Bei der ersten geht es um die Taufe des kleinen Jean Michel am 27. März 1808. Seine Mutter ist nämlich eine Seiltänzerin, die auf der Durchreise im „Untersten Kruge"

niedergekommen ist. Mutter und Vater werden genannt, sie sind aber nicht verheiratet, wie es dem verbreiteten Vorurteil gegenüber dem unordentlichen fahrenden Volk entspricht. Zwei Seiltänzerkollegen fungieren als Paten, als dritte hat sich die zugezogene Hebamme von Schlutup erweichen lassen, weil wohl sonst keiner bereit war (Tfb. S. 199).

Das zweite Ereignis ist eine Drillingsgeburt, die am 17.3.1832 abends um 11 1/2 Uhr stattgefunden hat. Die aber hat solche Befürchtungen geweckt, daß am 18.3. nachts um 1 1/2 Uhr der Pastor ins Haus gebeten wird, um die Nottaufe vorzunehmen. Ob auch alle 9 eingetragenen Patinnen und Paten aus den Betten geholt wurden, vermag ich nicht zu beweisen. Ihre Namen jedenfalls sind eingetragen, drei für jedes Kind. Falls das geschehen ist, hat es im Dorf bei sechs Familien bestimmt große Unruhe gegeben, denn 6 verschiedene Familiennamen stehen da. In drei Fällen könnten zugehörige Ehefrauen betroffen sein. Aber wer soll das heute noch entscheiden bei der Häufigkeit bestimmter Zunamen in Schlutup. Übrigens steht bei keiner der drei Taufen ein Todesdatum. Hoffen wir also nachträglich, daß alle drei Kinder haben groß, glücklich und alt werden dürfen.

Wenn die beiden genannten Ereignisse im Dorf für viel Gesprächsstoff gesorgt haben werden, so ist bei der dritten Eintragung ein wenig meine Phantasie im Spiel. Bei einer Taufe der Familie O. im Jahre 1830 scheinen mir die drei Paten nicht ganz ohne Absicht ausgesucht worden zu sein. Der eine Pate ist Bäcker, der zweite Brauer, der dritte Garbereiter, alle aus Lübeck. Sollten sie auch zu dem Zweck zu Gevatter gebeten worden sein, um mit kundiger Hand etwas zur Tauffeier beizusteuern? Das hat – zugestanden – mit Phantasie zu tun, aber darf der Historiker die nicht auch manchmal haben?

LÜBECK UND DIE BRAUTSCHAU AM HOF DER ZARIN KATHARINA II. IM JAHRE 1773

Antjekathrin Graßmann

Am 6. Juni 1773, an einem Sonntag, wurden abends ein Viertel nach sieben Uhr von den Wällen Lübecks „neun Kanonen gelöset", also Böllerschüsse abgegeben, die Wache am Burgtor – verstärkt durch 10 Mann – präsentierte das Gewehr, und der Tambour schlug einen Marsch[1]. Die Landgräfin Henriette Karoline von Hessen-Darmstadt[2], die ihre Residenz Darmstadt zu einem Zentrum der Dichtung und Musik gemacht hatte und daher die Große Landgräfin genannt worden ist, erschien mit ihren drei Töchtern Amalie Friederica (später Prinzessin von Baden-Durlach), Augustine Wilhelmine und Luise (später Herzogin von Sachsen-Weimar), um von Travemünde nach Rußland zu segeln, wo Zarin Katharina II. eine von ihnen für ihren in diesem Jahr mündig gewordenen Sohn Paul[3] auswählen wollte. Es war ja schon fast üblich geworden, daß das Haus Romanov seine Söhne mit den Töchtern deutscher Fürstenhäuser vermählte[4]. Durch Vermittlung des preußischen Königs Friedrichs II. war man gelegentlich eines Besuchs in Berlin miteinander in Kontakt getreten[5]. Über Berlin waren die Darmstädterinnen denn auch nach Lübeck angereist[6].

Erst Ende Mai hatte man in Lübeck von dem geplanten Besuch der hohen Damen Kunde erhalten und brachte nun alles auf den Weg, ihnen den Aufenthalt in Lübeck

---

[1] Der Bericht über den Besuch der Landgräfin, die Berichte des Travemünder Stadthauptmanns, die Abrechnung und Schriftwechsel: AHL (= Archiv der Hansestadt Lübeck), ASA (= Altes Senatsarchiv), Interna, Ceremonialia 5/6. - Vgl. auch: Johann Rudolph Becker, Umständliche Geschichte der kaiserl. und des Heil. Röm. Reichs freyen Stadt Lübeck, Bd. III. Lübeck 1805, S. 341.

[2] Vgl. z. B. Walter Gunzert (Bearb.), Enthusiasmus für menschliche Größe. Das Leben der Darmstädter Großen Landgräfin aus Briefen und zeitgenössischen Dokumenten übersetzt und aufgezeichnet. Darmstadt 1978.

[3] Roderick E. McGrew, Paul I of Russia 1754-1801, Oxford 1992. – Alexander Fischer, Paul I 1796-1801, in: Hans-Joachim Torke (Hrsg.), Die russischen Zaren 1547-1917. München 1995, S.263-273.

[4] Vgl. z. B. Manfred v. Boetticher, Niedersächsische Beziehungen zu Rußland und Entwicklung des deutschen Rußlandbildes im 18. Jh., in: Niedersächsisches Jahrbuch für Landesgeschichte 67, 1995, S. 81-87.- Edgar Hösch, Deutsche und Russen – die Moskauer Periode, in: Manfred Hellmann (Bearb.), 1000 Jahre Nachbarschaft Rußland und die Deutschen. 2. Auflage München 1989, S. 42.

[5] Valentin Gitermann, Geschichte Rußlands Bd. II, Hamburg 1949, S. 299.

[6] Hessisches Staatsarchiv Darmstadt: Landgräfin Karoline an ihre Mutter Herzogin Karoline von Pfalz-Zweibrücken-Birkenfeld vom 7. Juni 1773 (D 4 Nr. 563/3), vgl. hierzu: Alexandrine Keyserling (Bearb.), Um eine deutsche Prinzessin. Ein Briefwechsel Friedrichs des Großen, der Landgräfin Karoline von Hessen-Darmstadt und Katharinas II. von Rußland (1772-1774). Hamburg 1935, S. 56 f., Walter Gunzert, Reiseaufzeichnung (O 59 Gunzert Nr. 19); – Bericht des Grafen Georg Ludwig v. Erbach, Plön 10. Juni 1773 (D 4 Nr. 563/6); – Auflistung des Kriegszahlmeisters Johann Heinrich Merck über Ausgaben und Transport der hessischen Karossen (D 4 Nr. 556/1). Alle die genannten Quellen wurden mir freundlich durch die Kollegen des hessischen Staatsarchivs zugänglich gemacht, wofür ich verbindlichst danken möchte.

Landgräfin Karoline von Hessen-Darmstadt (1721-1774)

(mit freundlicher Genehmigung des Hessischen Staatsarchivs Darmstadt)

und Travemünde so angenehm wie möglich zu machen. Denn das Städtchen Travemünde bestand damals nur aus drei miserabel gepflasterten Straßen und zählte noch keine 1000 Einwohner[7]. „Landeinwärts (allerdings) sind die Häuser zwar klein und niedrig, an der See aber, oder gegen das Wasser, ist eine sehr lange Reihe von lauter schönen Häusern, so alle Schilde und Wirtschaften haben"[8].

Stadthauptmann Johann Zitschy sollte sofort die nötigen Reparaturen am Vogteigebäude in Travemünde vornehmen. Seinen Berichten[9] ist die Aufregung über das künftige Ereignis anzumerken, um so mehr als eine Rivalität zwischen ihm und dem Lotsenkommandeur zu verspüren war. Ende Mai konnte er die Ankunft der kaiserlich-russischen Fregatte melden, „welche sehr prächtig und kunstlich als auch kostbar zu dieser Reise erbaut" worden sei, wie es hieß. Es waren inzwischen auch noch weitere Kriegsschiffe hinzugekommen. Ein sehr gut deutsch sprechender Offizier, „russischer General und Oberst" ließ sich die „logiamenter" der Vogtei zeigen, da es in einem Wirtshaus für die Damen nicht bequem sei. Man wies ihm vier Zimmer und sogar die Küche vor. Auch der Fürstbischof in Eutin Friedrich August von

---

[7] So Gustav Lindtke, Travemünde. Das Ostseebad in alter Zeit. Lübeck 1969, S. 10.

[8] So Zacharias Conrad von Uffenbach in seinen „Merkwürdigen Reisen durch Niedersachsen, Holland und England". Ulm 1753, zit. nach Lindtke, ebd.

[9] Wie Anm. 1.

Holstein-Gottorf (1711-1785), der seit 1752 mit Friederike, der Tochter des Landgrafen Maximilian von Hessen-Kassel, verheiratet war, interessierte sich für die Ankunft der Verwandten und hatte deshalb seinen Kammerjunker Herrn v. Both abgesandt, konnte aber selbst aus Krankheitsgründen nicht nach Lübeck kommen. Inzwischen hatte nun Zitschy empfohlen, den ersten Stock des Vogteigebäudes „zu einem Traitement-Saale" auszuersehen. „Zwei Spiegel sollten an zwei Pfeilern zur Dekoration" – später wieder abzubauen – angebracht werden. Spann- und Papiertapeten sollten die Wände verkleiden. Der russische Resident beim niedersächsischen Kreis, Friedrich (Fedor Ivan) von Gross[10] in Hamburg, hatte sich der Sache ebenfalls angenommen, wo sich auch schon Generalmajor von Rehbinder im Auftrag der Zarin befand. Da die Weiterreise günstigen Wind voraussetzte, mußte damit gerechnet werden, daß die Landgräfin mit ihren Töchtern längere Zeit in Lübeck oder in Travemünde Aufenthalt würde nehmen müssen. Daher entschied man, das Küselsche Palais[11] in der Königstraße 42 für die Damen vorzusehen. Was die militärischen Honneurs betraf, so entschloß man sich für die, die man für den Empfang des Herzogs von Gloucester 1769 gewählt hatte[12], Viktualien und Fuhrwerk wie beim Besuch des russischen Fürsten Voronzov im Jahr 1764.

Am 4. Juni meldete Stadthauptmann Zitschy dringend, er benötige die Tapezierer, die Tapeten, die zwei hohen Spiegel und 20 Ellen Haartuch, um den Fußboden damit zu bedecken, denn an die 30 Personen, „hohe Generals, Obristen" usw. sollten dort speisen. Ein „wohlgekleideter Russe" habe sich schon nach dem Logement der Prinzessinnen erkundigt. Es eilte. Die Kämmerei in Lübeck befahl nun dem Lübecker Tapezier Bölsch[13], die Zimmer in der Vogtei einzurichten, die Treppen, der Boden und die Fenster müßten dicht und sicher sein. Stühle und sonstige Möbel sollte man in Travemünde zusammenleihen. Aber vor allem seien auch Gardinen gegen die Sonne anzubringen. Das Küselsche Haus, wohl eines der prächtigsten in Lübeck, einst Eigentum des fallierten Kaufmanns Hieronymus Küsel, wurde nun auch mit „allen möglichen Bequemlichkeiten" versehen, auch für Küche und Keller war gesorgt worden. Nach ihrem Eintreffen am Burgtor konnten die Damen daher gleich ins Quartier geleitet werden, dessen Pracht sie sehr beeindruckte[14]. Die vom Rat abgesandten Ratsherren Dr. Hermann Georg Büneckau und Dr. Joachim Tanck[15]

---

[10] Christoph Friedrich Menke, Die wirtschaftlichen und politischen Beziehungen der Hansestädte zu Rußland im 18. und frühen 19. Jh., Diss. phil. Göttingen masch.schr. 1959, S. 331.

[11] Es war von der Küselschen Güterverwaltung zur Verfügung gestellt worden. – Zu dem Kaufmann Hieronymus Küsel und seinem Fallissement vgl. Ulrich Simon, H. K. (1722-1784), in: Gerhard Gerkens u. Antjekathrin Graßmann (Hrsgg.), Der Lübecker Kaufmann. Aspekte seiner Lebens- und Arbeitswelt vom Mittelalter bis zum 19. Jh. Lübeck 1993, S.139-144.

[12] Vgl. auch AHL, Militärarchive A 90/1.

[13] Königstr. 60/62.

[14] Nach dem Bericht des Grafen von Erbach, wie Anm. 6.

[15] Emil Ferdinand Fehling, Lübeckische Ratslinie von den Anfängen bis in die Gegenwart. Neudruck Lübeck 1978, Nr. 904 (Büneckau) und 910 (Tanck).

Das Küselsche Palais, Königstraße 42

(mit freundlicher Genehmigung des Museums für Kunst und Kulturgeschichte der Hansestadt Lübeck)

wurden durch den fürstl. Oberjägermeister Frhr. von Riedesel bei der Frau Landgräfin und darauf bei den drei Prinzessinnen im großen Saal des Hauses zur Audienz zugelassen. „Zur Abhaltung des Pöbels" hatte man vor dem Quartier hinlänglich „Mannschaft nebst einigen Unteroffiziers" unter Kommando des Adjutanten gestellt; die von Herrn Obrist-Leutnant v. Boeckeln präsentierte Wache wurde jedoch nicht angenommen. Die Suite, außer den Livrée-Bedienten, die anderswo untergebracht werden mußten, logierte mit den Damen im Küselschen Haus[16]. Insgesamt 28 Personen speisten an zwei Tafeln. Man merkt dem berichtenden[17] Grafen v. Erbach die Bewunderung an, wenn er von dem Empfang in der „capitale des villes hanséatiques" und dem „souper" in einer „salle charmante et même magnifique" schreibt. Der ksl. russische Generalmajor von Rehbinder, der den Damen bis Ratzeburg entgegengeritten war, hatte sie allerdings verpaßt und verspätete sich.

---

[16] Bericht von Büneckau, wie Anm. 1.

[17] Wie Anm. 6.

Für den Montag, 7. Juni, war bei den Herrschaften am Vor- und Nachmittag Cour, wobei auch die Fürstbischöfin mit ihren Kindern und Standespersonen aus Kiel anwesend war. Überhaupt die vornehmen Damen und Herren ... Büneckau zählt sie genau auf: „Oberschenk von Thien, Landrath von Qualen, die Kammerjunker von Both und Linstow, Generalmajor von Rhebinder, (auch die Herren der russischen Schiffe): Capitaine von Kruse (commandiert die Fregatte St. Marc), Graf Rosumowskiy (commandiert die Fregatte Sokohl /der Falck/, Capitaine von Selifontief (commandiert die Fregatte Bystroi /der Schnelle/, (aus Kiel:) Konferenzrat v. Saldern, Kammerherr von Holmer, Geh. Legationsrat Seehorst, Etatsrat Scriver, Landrath Preussen, Jägermeister Stolle, Baron Sivers, Amtmann zu Cismar, Graf von Erpach, Graf von Callenberg, Geh. Rat von Eyben von Lüttenhoff, Kammerherr Blome von Saltzau, Kanzleirat von Gross, der russische Minister am niedersächsischen Kreis in Hamburg". Zur Visite bei der Frau Fürstbischöfin war die Frau Landgräfin durch einen Kutscher des Marstalls mit dem neuen Lübecker Staatswagen[18] chauffiert worden. Nach Travemünde hatte man zur Verstärkung der dortigen Garnison einen Ober-Offizier, einen Unteroffizier und neun Mann gesandt.

Am Dienstag, dem 8. Juni, morgens um neun Uhr wurden Landgräfin Caroline und Friederike, die Gattin des Lübecker Fürstbischofs, in einem mit sechs Pferden bespannten hochfürstl. bischöfl. Wagen, wie auch die drei Prinzessinnen mit ihrem Cousin Wilhelm (1754-1823) sowie ihrer Cousine Hedwig Elisabeth Charlotte (1759-1818), übrigens der späteren schwedischen Königin[19], in zwei anderen Wagen befördert, die man allerdings mit sechs Bauhofspferden hatte bespannen müssen, da die Marstallspferde[20] gerade in Bergedorf waren. Das ganze geschah unter Eskortierung des Marschalls und sechs Reitenden Dienern. Man fuhr über Schwartau nach Travemünde. Für die „Fortbringung der Bagage" waren überdies zusätzliche Fuhren zu organisieren gewesen. Ein besonderes Kapitel war der Transport der fünf hessischen Karossen zu Schiff nach Rußland[21].

In Travemünde wurden bei der Einpassierung der Herrschaften von den Vorwällen[22] „die Kanonen, soviel deren daselbst vorhanden, gelöset". Nachdem sie in die Vogtei eingetreten waren, wurde von den beiden deputierten Ratsherren „ein Déjeuner präsentiret und gnädigst aufgenommen". Anschließend verabschiedeten sich diese und eine Menge von Standespersonen von den hessischen Damen, die durch ein Spalier von lübeckischen Soldaten geleitet wurden. Graf v. Erbach berichtete[23] von „une

---

[18] Auch diesen erwähnt v. Erbach bewundernd (wie Anm. 6)

[19] Auch sie schiffte sich ein Jahr später über Travemünde zur Hochzeit ein (vgl. Becker, wie Anm. 1, S. 342).

[20] Zu dem im 18. Jh. geringer gewordenen Personal und Pferdebestand des Marstalls vgl. Georg Fink, Die Entwicklung des Lübecker Marstall-Offiziums, in: Zeitschrift des Vereins für lübeckische Geschichte und Altertumskunde 25, 1929, S. 211 f.

[21] Vgl. die Reverse des Schiffers Olrog und Schriftwechsel Mercks (wie Anm. 6) und Willebrandts (wie Anm. 1)

[22] Befestigungen veraltet, vgl. Lindtke, wie Anm. 7, S. 14.

[23] Wie Anm. 6.

monde infinie", die sich am Hafen versammelt habe. Zum Einsteigen in die „chaloupe", das Ruderboot, das die Damen in einer Viertelstunde zu den auf Reede liegenden Fregatten brachte, war eine bequeme Brücke geschlagen und der Zugang mit rotem Tuch belegt worden. Wiederum erschollen von der Schanze Kanonenschüsse. Dasselbe geschah, als am 9. Juni früh um halb fünf die Segel zur Abfahrt aufgezogen wurden und von dem ebenfalls auf der Reede liegenden russischen Paquetboot gedankt wurde. Graf v. Erbach[24] hatte sich schon vorher einmal mit einer Barke übersetzen lassen, und der Kommandant des Schiffes „St. Marc" v. Kruse hatte ihn freundlich über das Schiff geführt und ihm auch die Kabinen der Damen gezeigt. Sie waren ganz neu möbliert, mit himmelblauem Satin ausgeschlagen und mit vergoldeten Ornamenten verziert, die vier darin befindlichen Armsessel hätten silberne Tressen aufgewiesen, auch die Vorhänge vor den Alkovenbetten werden beschrieben; alles sei von großer Sauberkeit, der Parkettboden sei mit rotem Tuch ausgelegt gewesen. Auch sei Dienerschaft der Kaiserin an Bord, die deutsch spreche.

Die Rechnung für die Ausgaben über 1370 Mark lüb.[25] anläßlich des hohen Besuchs, insoweit sie von Büneckau gelegt wurde, sei hier im einzelnen ausgebreitet:

„Gerd Thölen Witwe Fleisch Rechnung	79 Mk 8 s
Johann Jacob Voigt für Wild	19 Mk 8 s
Christian Semann für geräucherte Sachen	15 Mk
Zwölf gemästete Küken	9 Mk
Johann Nicolaus Reuter für Elblachs, Zungen, Kapaunen, Hummers und Krebse	58 Mk
Wilhelm Meyer für Karpen, Karutschen, Dorsche	18 Mk 6 s
Lorenz Segeling für Franswein, Brandtwein und Essig	83 Mk
Raths Weinkeller für Rhein- und Moselwein	46 Mk 4 s
J. J. Frost für Selter Waßer	6 Mk 4 s
Herrn Senator Weigel für Parmesan-Käse, Champagne und Bourgogne Wein	31 Mk
Friedrich Christian Paetzig für alten Franz- und Ungarischen Wein	31 Mk
Peter von Mehrem für Madera- und portugies. Wein	8 Mk 4 s
Jacob Sternberg für Bier und Schifsbier	13 Mk 8 s
Für Gewürz, Gartengewächs, Zucker, Confituren: Daniel Friedrich Lehmann, Johann B. Ampfurt, Michel Schroeder, Anton Tornau, Johann B. Linberg, N. Gerdes, Johann Hinrich Bauer,	

---

[24] Er betont besonders die Sicherheit des Schiffs, da die hessischen Damen das Meer noch nicht kannten (wie Anm. 6).

[25] Man könnte heute vielleicht von über 20 000 DM ausgehen (Emil Waschinski, Währung, Preisentwicklung und Kaufkraft des Geldes in Schleswig-Holstein 1226-1864, 1. Teil, Neumünster 1952 (mit Einlageblatt im AHL).

H.A. Gravenstein, Paul Wilhelm Rothhaer, Seel. Herman Woldt Witwe	insgesamt	263 Mk 5 s
Christian Daniel Hennings für Brodt		17 Mk
F. D. Brandt dito		12 Mk
Johann Glosemeyer für Wachslicht		40 Mk
H. H. Willers für Licht und Sempf		6 Mk 6 s
Arnold Gottlieb Lehmann in Travemünde		47 Mk 2 s
mein Diener, so er ausgelegt		5 Mk 5 s
Für Fuhrgeld: H. B. Schmelck		6 Mk
Jacob Stein		9 Mk
Mareschall Müller		95 Mk 4 s
(noch 4 weitere Rechnungen)		44 Mk 6 s
Bleicher Rechnung		13 Mk
allerhand kleine Ausgaben, so nicht angeschrieben werden können		134 Mk 4 s
Den Vormündern der drey küselschen Kinder 3 Hamburgische Portugalöser		240 Mk
F. W. Ebbe für allerhand Kleinigkeiten		6 Mk 2 s
noch für einige zerbrochene Sachen wieder vergütet		2 Mk /25"
	Insges.	1370 Mk

Berichterstatter Büneckau hob hervor, daß „sämtliche hohe Herrschaften zu wiederhohltenmalen über die von Seiten des Rats gemachten Vorkehrungen Ihre höchstgnädige Zufriedenheit nicht nur in den angenehmsten Ausdrücken, worunter nur der einzige allhier zu bemerken, daß Ihnen Lübeck unvergeßlich seyn solle, zu erkennen gegeben, sondern auch durch das beyden Deputatis gemachte verehrliche Geschenk und sonsten vertheilte douceur-Gelder die tiefsten Eindrücke Ihrer Leutseligkeit und Gnade zurückgelassen, mithin sich dadurch bey uns ein unvergeßliches Denkmal gestiftet". Der Hamburger Syndikus Sillem teilte Büneckau unter dem 24.6. mit, daß der russische Resident Herr von Gross „die Höflichkeitsbezeigungen der Stadt und der Herren Deputirten nicht genug zu rühmen" gewußt habe. Herr v. Erbach wiederum hob die „gute contenance" der Damen hervor[26].

Die „Lübeckische Fama. Zuverläßige Nachrichten von Staats und Gelehrten Sachen" berichtet[27], daß der Landgräfin Menschenfreundlichkeit und Leutseligkeit „die Herzen unserer Einwohner ganz eingenommen" hätten. Hoher Besuch in Lübeck war nun beileibe keine Seltenheit[28]. Nicht nur war Lübeck als Reichsstadt keine quantité négligeable, wurde sie doch von Auswärtigen immer noch für das Haupt der Hanse

---

[26] Wie Anm. 1 bzw. 6.
[27] Vom 10. Juni.
[28] Vgl. Antjekathrin Graßmann, Die Diplomatie des guten Schlucks. Zu den Weingeschenken des Lübecker Rates, in: Gerhard Gerkens und dies. (Hrsgg.), Lust und Last des Trinkens in Lübeck. Beiträge zu dem Phänomen vom Mittelalter bis zum 19. Jh., Lübeck 1996, S.11-25.

gehalten[29], und bot sich als Tor zur Ostsee günstig an, schließlich aber – das war das Wichtigste – besaß die Travestadt auch um diese Zeit noch politisches und wirtschaftliches Gewicht. Warum hatte nun aber Lübeck ein so ausgesprochen großes Interesse an der formvollendeten und großzügigen Behandlung dieses Besuches? Für Lübeck war Rußland einer der wichtigsten Handelspartner[30]. Gerade um die Mitte des Jahrhunderts hatte die Ein- und Ausfuhr sehr zugenommen. Bei insges. 3 802 000 Mark lüb der Einfuhr zur See nach Lübeck betrug die Einfuhr aus Rußland 20,2 % (im Jahr 1773, im Vorjahr sogar 28,8 %[31]), die Ausfuhr 19,6 % in beiden Jahren[32]. „Lübecks Stellung an der Spitze der am Rußlandhandel beteiligten Ostseestädte galt im gesamten 18. Jh. also noch unbestritten"[33]). Um die Mitte des Jahrhunderts war Lübeck nach England und den Niederlanden der drittgrößte Abnehmer russischer Waren[34]. Mit Einfuhren von rund einem Viertel und Exporten von rund einem Drittel seines gesamten Seehandels hatte der „russische Verkehr für die Lübecker Wirtschaft außerordentliches Gewicht"[35]. Auch die bedeutende Persönlichkeit der hessischen Landgräfin könnte in Lübeck bekannt gewesen sein. Vor allem wollte man aber den jungen Damen, unter denen sich ja die künftige Zarin befand, nachhaltig Eindruck machen. Dieses ist wohl auch gelungen. So wollen wir noch einen Blick auf das weitere Schicksal der Auserwählten in Rußland werfen, auch wenn der Besuch in Lübeck für sie nur eine kleine Episode am Rande gewesen ist.

Unter dem 12. Juni 1773[36] berichtete der Lübecker Rat an seinen Agenten Lic. iur. Johann Nikolaus Willebrandt[37] in St. Petersburg über den hessen-darmstädtischen Besuch. Schon seit 1761 verfügte die Reichsstadt über einen Geschäftsträger am Zarenhof, dessen Qualitäten häufig von allerhöchster Stelle hervorgehoben wurden und der ohne Unterschied im Zeremoniell mit den Abgesandten der Mächte Frankreich oder England gleichbehandelt wurde. So erwähnte Willebrandt in späteren Jahren häufig seine Zulassung zum Handkuß bei der Zarin, berichtete als Augenzeuge

---

[29] v. Erbach, wie Anm. 6.

[30] Haupteinfuhrgut bis zur Mitte des 18. Jh.s war Juchtenleder, dann jedoch Pottasche, Erzeugnisse des Kleingewerbes, wie Hanföl, Segeltuch, Leinen, Eisen, Seife, Lichte (nach: Elisabeth Harder-Gersdorff, Die deutsch-russischen Wirtschaftsbeziehungen im 17. und 18. Jh., in: Hellmann, wie Anm. 4, S. 296).

[31] Elisabeth Harder, Seehandel zwischen Lübeck und Rußland im 17./18. Jh. nach Zollbüchern der Novgorodfahrer, in: Zeitschrift des Vereins für Lübeckische Geschichte und Altertumskunde 42, 1962, S. 28.

[32] Ebd., S. 29.

[33] Ebd. S. 49, vgl. auch Menke, wie Anm. 10, 203 ff.

[34] Ebd., S. 53.

[35] Wie Anm. 30.

[36] AHL, ASA Ext. Ruthenica 188, hier auch die weiteren Schreiben Willebrandts und des Rats sowie die Notifikationen und Entwürfe zu den Kondolenzschreiben.

[37] Geb. 1731 in Rostock, starb 1803, seit Sept. 1761 in St. Petersburg, wo er bis 1786 die Interessen Lübecks wahrnahm, seit 1762 auch die Hamburgs, seit 1764 die Bremens und seit 1773 auch die Danzigs, vgl. Menke, wie Anm. 10, S. 332 f., bzw 261. Ursprünglich war die Agentie für Lübeck wichtig gewesen, um 1761/62 für die Stadt günstig „auf die holsteinischen Affaires" einzuwirken (Menke, S. 265).

Nathalie (Wilhelmine). Gattin des späteren Zaren Paul I., geb. Prinzessin von Hessen-Darmstadt (1755-1776)

(mit freundlicher Genehmigung des Hessischen Staatsarchivs Darmstadt)

von ihrer Krönung[38] und wurde ehrenvoll in die „Freie ökonomische Gesellschaft" in St. Petersburg aufgenommen. Unter dem 13. Juli konnte Willebrandt dem Lübecker Syndikus J. C. H. Dreyer berichten, daß „Ihro Majestät die Kaiserin mit den Vorkehrungen Ampl. Senatus Lubecensis bey der Gegenwart der Durchl. Prinzessinnen zu Lübeck und zu Travemünde überaus zufrieden gewesen sind". Man hatte also sein Ziel erreicht.

Der ksl. russische Resident am niedersächsischen Kreis in Hamburg Friedrich v. Gross schrieb unter dem 3./14.[39] Sept., vom Übertritt der jungen Wilhelmine v. Hessen-Darmstadt – die mittelste der Töchter war also gewählt worden – zum orthodoxen Glauben, wobei sie den Namen Nathalia Alexeiewna angenommen habe. Die Verlobung fand am 16./27. Aug. statt, die Hochzeit am 29. Sept./10. Okt. Lübeck sandte dem Zarewitsch Paul in der zweiten Hälfte des Septembers ein Gratulationsschreiben und vergaß auch nicht, seine Schwiegermutter, die Landgräfin, mit einem Glückwunschschreiben zur Vermählung ihrer Tochter zu erfreuen. Ihr Gatte, Land-

---

[38] Menke, wie Anm. 10, S. 386 ff.
[39] AHL, ASA Externa Ruthenica 188. - In Rußland galt noch der julianische Kalender, daher stehen beide Daten nebeneinander (alter Stil = a.St. und neuer Stil = n.St.).

graf Ludwig, dankte dafür am 2. Okt.[40]. Selbstverständlich beglückwünschte die Freie Reichsstadt Lübeck auch Zarin Katharina II.[41] und gab Willebrandt genaue Direktiven, wie die Schreiben in Rußland zu überreichen seien. Ende Oktober meldete der Genannte aus Petersburg, daß sich die Landgräfin mit den beiden übrigen Töchtern aus St. Petersburg verabschiedet habe, um über Riga nach Berlin zu reisen. Ihren Minister Moser beauftragte sie mit einer Abschiedsvisite bei Willebrandt und übermittelte diesem ein Schreiben[42] an den Rat in Lübeck, um noch einmal den Dank für die großzügige Aufnahme an der Trave zu sagen, – sie werde nie die ihr in Lübeck erwiesenen Höflichkeiten vergessen.

Die ersten Eindrücke[43] zu schildern, welche die beiden jungen Brautleute in Rußland voneinander hatten, ist hier nicht der Ort. Jedenfalls ist aber zu sagen, daß sie einander sympathisch fanden. „Le jeune Prince est très aimable et la renommée n'exagère point quand elle exalte le génie et le mérite de S.M. Impératrice", schrieb denn auch die Brautmutter an den Lübecker Stadtkommandanten Francois Vicomte de Chasot[44], einen Freund des preußischen Königs Friedrichs II.. Besonders der junge Paul soll sich acht Tage nach der Hochzeit – so berichtet Katharina II. – keinen Schritt von der Seite seiner jungen Frau entfernt haben. Er wünschte am liebsten, in bürgerlicher Art mit ihr zu leben, möglichst ohne Zeremoniell. Auch noch sechs Monate später hörte man von seiner Ergebenheit für seine Gattin. Auch Zarin Katharina II. pries die junge Schwiegertochter zuerst in den höchsten Tönen. Sie sei eine „Frau von Gold"[45], ausgerüstet mit den besten Eigenschaften. Ihr Gatte bete sie an, alle Welt liebe sie und sie selbst sei außerordentlich befriedigt. Sie ging so weit zu sagen, daß Nathalia „ihr ihren Sohn zurückgegeben habe". Intrigen am Hof und wohl auch die zunehmende Eifersucht der Zarin führten freilich zu einer Abkühlung des Verhältnisses. Überdies war die junge Frau – so stellte sich heraus – „kränklich, halsstarrig, verwöhnt und ließ jeden Sinn für Bescheidenheit vermissen". Dies machte sich die Hofentourage zunutze, so daß ein Bruch zwischen Katharina und Nathalia fast unausweichlich schien. Pauls Freund Graf Razumovskij[46], mit dem er aufgewachsen war, gehörte zum großfürstlichen Haushalt und stand in enger Beziehung zu Nathalia, was die Klatschsucht Blüten treiben ließ. Im Sommer 1775 erfuhr Zarin Katharina von der Schwangerschaft ihrer Schwiegertochter und befahl ihre Rückkehr von Moskau nach Petersburg vor dem Winter. Man hatte befürchtet, sie hätte nicht empfangen können, schien

---

[40] Alle Schreiben: ASA Ext. Ruthenica 188.

[41] Allerdings mußte hier auf Hinweis des Residenten Gross vom 19. Sept./ 8. Okt. eine Änderung in Titulatur und Anrede der Zarin vorgenommen werden.

[42] Vom 11. Okt. (wie Anm. 39).

[43] Hierzu ausführlich: McGrew, wie Anm. 3, woraus auch die (aus dem Englischen übersetzten) Zitate stammen.

[44] Schreiben an Chasot: wie Anm. 1. –Zu Chasot: Alken Bruns (Hrsg.), Lübecker Lebensläufe aus neun Jahrhunderten. Neumünster 1993, S. 72 f.

[45] McGrew, wie Anm. 3, S. 84 f.

[46] Ebd., S. 88. Er hatte ja auch eines der Schiffe in Travemünde befehligt (s.o.).

ihre Gesundheit doch so schlecht. Sie war müde, angestrengt, blaß. Möglicherweise litt sie unter Schwindsucht[47], die sie mit der Zeit zum Siechtum verurteilt hätte, um so erfreuter war man über die Aussicht auf die Geburt eines Kindes. Die ersten Geburtsschmerzen begannen am 10./21. April 1776. Zwei Tage quälte sich Nathalia mit Wehen. Nichts schien zu helfen. Die Hofärzte wurden befragt, andere Meinungen erkundet. Die Entscheidung fiel zugunsten einer abwartenden Haltung, und so liegt der Todeszeitpunkt des ungeborenen Kindes nicht fest. Nathalia kämpfte noch drei Tage um ihr Leben und starb schließlich am 15./26. April. Der Lübecker Agent Willebrandt meldete dies am Abend desselben Tages nach Lübeck[48]. Am 1. Mai ergänzte er den Bericht mit dem Hinweis, daß sich bei der Sektion des entseelten Leichnams der Großfürstin herausgestellt habe, daß „die Leibesfrucht, welche nicht zur Welt gekommen ist, ein Kind männlichen Geschlechts von außerordentlicher Größe gewesen" sei. Die medizinischen Gutachten sprachen von einer Blockierung des Geburtskanals durch eine Deformation des Rückgrates. Einen Kaiserschnitt habe man aus Gründen der Gefahr ausgeschlossen. Die Historiker dagegen gehen davon aus, daß die Unterlassung aller medizinischen Eingriffe eventuell dem Kalkül der Zarin entsprochen habe, dieses Kind, dessen Vaterschaft nicht eindeutig feststand, nicht zur Welt kommen zu lassen. Der Zarewitsch Paul jedenfalls war untröstlich über den Verlust seiner Gattin. Daher versuchte seine Mutter, ihn von einer drohenden Melancholie abzulenken und zugleich sein Mißtrauen gegen seinen Freund Razumovskij als eventuellen Vater des totgeborenen Kindes zu wecken, dessen gute Erscheinung und dessen Manieren eines Mannes von Welt schon Landgräfin Karoline in Lübeck aufgefallen waren[49]. Der Besuch Prinz Heinrichs, Bruders des preußischen Königs Friedrichs II., der damals gerade in Zarskoe Selo weilte, bot sich an, Paul auf andere Gedanken zu bringen, und so hat er auch nicht an den Begräbnisfeierlichkeiten teilgenommen. Willebrandt schilderte diese unter dem 8. Mai. Am Tag zuvor, also am 24. April a. St. habe „in allerhöchster Gegenwart der Monarchin, des Corps diplomatique und aller vornehmsten Standespersohnen der fünf ersten Klassen Dames und Cavaliers das betrübnißvolle Leichenbegängniß der gottseligen durchlauchtigen Großfürstin Nathalia Alexeiewna kaiserl. Hoheit" stattgefunden. Er sei dort auf allerhöchste Einladung des hohen Zeremonienamts dabeigewesen. Die huldreichste Monarchin und die ganze Trauerversammlung „vergoßen heiße Tränen bey dem letzten Anblick des Leichnams der in Gott seeligen Prinzeßin, welcher nach hiesigen Gebrauch in der Kirche des heil. Alexander Nefsky in einem offenen Sarg auf einem überaus prächtigen Trauergerüste" sich befand. Nach gehaltener Messe und Leichenpredigt habe man mit Handkuß Abschied von der Toten genommen, zuletzt habe sich die Monarchin gleichergestalt von der gottseligen Schwiegertochter, „rührend wei-

---

[47] Ebd., S. 90.

[48] Allerdings brauchten Schreiben von St. Petersburg nach Lübeck durchschnittlich 2-3 Wochen. – ASA Ext. Ruthenica 190. – Hier auch die übrigen Schreiben Willebrandts und die Entwürfe zu den Kondolenzschreiben.

[49] Brief der Landgräfin an ihre Mutter (wie Anm. 6).

nend" verabschiedet. Es „war unmöglich, bey diesem Anblick der Trähnen sich zu enthalten". „Betrübnißvoll" hätten dann die Monarchin und die ganze Trauerversammlung weinend „die Ruhestädte der Gott seeligen Allgeliebten" verlassen. Auch Willebrand erwähnt, daß sich Paul in Begleitung Prinz Heinrichs auswärts aufgehalten habe und daß Kaiserl. Majestät mit ihrem Sohn nächstens eine Reise nach Livland und Estland machen werde. Zarin Katharina hatte der Reichsstadt Lübeck unter dem 16./27. April[50] den Trauerfall notifiziert. Der Lübecker Agent wurde beauftragt, die Beileidsschreiben Lübecks an die Zarin und ihren Sohn Paul zu überreichen, wobei auch der Ministerresident v. Gross eingeschaltet wurde, der ebenfalls ein Kondolenzschreiben erhalten hatte.

Schon bald jedoch konnte die Reichsstadt erneut gratulieren. Denn bereits im September 1776 schloß Paul eine neue Ehe, und zwar mit Sophie Dorothea (Marija Fedorowna) von Württemberg-Mömpelgard. Eigentlich verlobt mit Ludwig, dem Erbprinzen von Hessen-Darmstadt und Bruder der verstorbenen Nathalia, wurde er von Zarin Katharina zur Lösung der Verlobung veranlaßt und mit einer Pension von 10.000 Rubeln entschädigt[51].

Waren die umständlichen und kostspieligen Bemühungen für die vier hohen Damen aus Hessen-Darmstadt nun nur eine kleine Episode in dem reichen Zeremonialschriftgut der Reichsstadt Lübeck? Wohl nicht. Sie sind ein Zeichen für ihre Bedeutung, nahm die reiche Handelsstadt hiermit doch ganz selbstverständlich teil an – man könnte sagen – einem bedeutenden Ereignis der damaligen Gegenwart, das nun einmal im Zeremoniell seinen nuancenreichen Ausdruck fand, – zudem war sie immer informiert durch einen eigenen Vertreter am zentralen Ort des Geschehens. Die Bemühungen um ein gutes Verhältnis zum Handelspartner Rußland beanspruchten ganz ohne Frage den allerhöchsten Rang. Die freundliche und in jeder Beziehung großzügige Aufnahme der jungen Prinzessinnen, unter denen eine künftig Zarin werden würde, und ihrer Mutter, müssen in diesem Zusammenhang gesehen werden. Die Landgräfin, ebenso wie Zarin Katharina die Große, die beide ausdrücklich dankten, haben dies richtig eingeschätzt. Überdies – das sei noch erwähnt – hatte der Lübecker Agent Willebrandt auch eine Sonderzahlung von 200 Rubeln[52] erhalten für alle Ausgaben, die er anläßlich der Eheschließungsfeierlichkeiten in St. Petersburg haben würde, obwohl das Leben in Rußland ohnehin teuer und die Zahlungen aus Lübeck für Auslagen nur mühsam zu erhalten waren[53]. Dennoch diktierten sowohl Staatsräson als auch Kaufmannsgeist den Lübecker Ratsherren den Entschluß zu einer weiteren Zahlung von 200 Rubeln für die erwähnte zweite Hochzeit des Zarewitsch Paul und 100 Rubeln für die Geburt seines ersten Sohnes, des späteren Zaren Alexander I. Die Investitionen werden sich auf lange Sicht gelohnt haben, auch wenn der erhoffte, Zollerleichterungen versprechende Handelsvertrag mit Rußland von

---

[50] Wie Anm. 48.

[51] Vgl. McGrew, wie Anm. 3, S. 94.

[52] AHL, Kämmereiverzeichnis S. 163.

Notifikation der Zarin Katharina II. vom Tode ihrer Schwiegertochter Nathalie an die Reichs- und Hansestadt Lübeck vom 16. April (a. St.) 1776

(Archiv der Hansestadt Lübeck, Altes Senatsarchiv, Externa, Ruthenica)

Katharina II. nicht zu erhalten gewesen ist. Das traditionell gute Verhältnis Lübecks zu Rußland blieb bestehen, es sei nur an das Exklusiv-Schiffahrtsprivileg Lübeck-St. Petersburg in der ersten Hälfte des 19. Jh.s erinnert, das der Travestadt über Jahrzehnte Vorteile gebracht hat. Für die Lübecker selbst mag das Ereignis der Durchreise der hochgestellten Damen mit dem sicher die Weiblichkeit sehr interessierenden Reisezweck eine Sensation gewesen sein, lasen sie doch darüber ausführlich in der „Lübeckischen Fama"[54] und konnten so einmal sozusagen „Hofluft" schnuppern. Auf der anderen Seite berichtete die Landgräfin amüsiert: „Man sieht hier unter den Einwohnerinnen Frisuren, das man vor Lachen vergehen möchte". Auch habe ihre und ihrer Töchter-Ankunft „ganz Lübeck in Aufregung" versetzt[55]. Aber dennoch ist diese Episode wohl doch mehr als ein netter kulturgeschichtlicher Farbtupfer im gleichförmigen Alltag der Zopfzeit gewesen.

---

[53] Vgl. Menke, wie Anm. 10, 401 ff.
[54] Vom 7., 8. und 10. Juni 1773.
[55] Brief an ihre Mutter, wie Anm. 6.

LA RUE – LE CAFÉ – LE RESTAURANT

C. A. OVERBECK ERLEBT DAS PARIS DES JEDERMANN WÄHREND DER NAPOLEONISCHEN JAHRE.

Fritz Luchmann

Wenn ich aufsuche, was ich hier in Paris einzig nennen möchte, nemlich, was nirgends anders gefunden wird, so stoße ich freilich zuerst auf Palais royal, Tuilleriengarten, Boulevards. Aber näher besehen, ist Erstens eine Sammlung Kastenhäuser, Boutiquen, Spielsääle, Freudenkammern – aber dergleichen giebts ringsum, allenthalben. – So giebts allenthalben auch große, öffentliche Gärten, öffentliche Alleen und Promenaden, hin und wieder auch wohl mitten in einer Stadt. Aber wo findet man – ich möchte einen Humboldt fragen, einen Mungo Park, einen Archenholz und Fischer[1]) – wo findet man, anders als in Paris, so ein Etablissement von Decrotheurs, (Schuhpuzern); und, was das allerparisischste dabei ist, wo findet man, daß dies edle Geschäft zu einer Kunst sich erhebt; und, noch mehr, daß diese Leute sich „les Artistes", par préférence nennen? Ich gehe über die Straße; ein schmuziger Junge ruft mich an: Monsieur, vos bottes? voilà les Artistes! – Ich gehe ins Palais royal; ich finde da, neben dem elegantesten Kaffeehause, worin eine zierliche Dame präsidirt, ein ebenso elegantes Gemach, mit dem Aushängeschilde: les Artistes réunis. Was erblicke ich durch die Glasthüren? An den Wänden umher hocherrichtete, gepolsterte Bänke, mit einer längs hin {...?...} Schemelbank; der Reihe nach mit Herren besezt, die sich nichts geringeres als die Stiefeln reinigen lassen, und derweil, beim Glanz eines vierfachen Argantischen Lüster, die Zeitungen lesen. In der Ecke am Eingang ist ein zierliches Büreau, und es präsidirt an demselben, die notirende Feder in der Hand, wiederum eine scharmante Dame. – Sucht Ihr in Paris das eigentliche Paris? Hier ist es. –

Das schrieb am 16. Dezember 1807 Senator Christian Adolf Overbeck, der sich seit dem 12. August im politischen Auftrag Lübecks in der Hauptstadt des napoleonischen Empires aufhielt, und er zog damit die Summe seiner ersten Erfahrungen. In der Erwartung eines großen kulturellen Erlebens war der Abgesandte in diese vielgestaltige Stadt, in dieses „große und reiche Paris" gekommen, und er war es nicht müde geworden, sich umzusehen. Doch als er nun sein erstes Fazit zieht, da hat er für das Große, Auffällige, nicht mehr als eine kurze, beispielhafte Zitierung, denn hinter dem Sehenswürdigen hat er „das eigentliche Paris" entdeckt, und er meint damit nicht das Dargestellte, sondern das Sichdarstellende, den Bewohner dieser mächtigen Agglomeration. Er ist der Welt des Jedermann begegnet, und das erscheint ihm als das eigentlich Faszinierende in dieser Stadt. Er war von seinem Hotel aus [2]) durch die

---

[1]) Alexander von Humboldt (Südamerika), Mungo Park (Reise in das Innere von Afrika, 1799), Archenholz (England und Italien, 1785) Joh. Konrad Fischer (1773-1854)?

[2]) Hôtel des Etrangers, Rue Vivienne; Hôtel d'Irlandes, Rue neuve de Luxembourg; Hôtel des Prices, Rue de Richelieu; Hôtel de Vénise, Rue du Helder N°8. Alle Hôtels liegen im Umkreis um den Place Vendome.

Straßen gegangen, aufmerksam sich umsehend, und hier war der Nachdenkliche dem völlig Unerwarteten, dem so ganz Anderen begegnet, der Erhöhung des geringsten Alltäglichen zum „Etablissement", verbunden mit „präsidierender Eleganz". Selbst der Kleindienst-Leistende wird „Artiste", und in jenem „voilà" erkennt er das existenzielle Bedürfnis, sich darzustellen. In dem Handeln dieses so selbstbewußten Jedermann zeigt sich ihm „das eigentliche Paris", über dem das Großmächtige wie eine Kulisse erscheinen mag.

Diesem Jedermann soll im Folgenden bei der Lektüre der an seine Familie gerichteten Briefe [3] unsere Aufmerksamkeit gehören. Wir werden den unermüdlich Beobachtenden und Reflektierenden bei seinen täglichen Gängen jenseits seiner politischen und gesellschaftlichen Verpflichtungen begleiten und durchaus unser Vergnügen an seinen Schilderungen haben. Wir können nichts Besseres tun, als sie zu zitieren.

Es ist allerdings zunächst festzustellen, daß Overbeck einen Stadtteil, obwohl auch er ein Paris des Jedermann ist, in seinen Gängen meidet: La Cité, die alte, die ganz alte Stadt! Er schreibt darüber am 30. Januar 1808:

Der Kern, die eigentliche Altstadt, la Cité, und besonders wiederum der Kern des Kerns, der eigentlich älteste Theil, auf einer Insel in der Seine belegen, ist wahrlich häßlich genug. Enge, krumme, finstere Gassen, ein abscheulicher Hineinblick in die dunklen Häuser, die oft wie die Mördergruben aussehen; schmuzige elende Boutiquen par terre; Unsauberkeit auf der Gasse; bei allem entsezlichen Gedränge von beau monde wenig Spur; hin und wieder denn einmal ein stattliches öffentliches Gebäude, aber dann wiederum alte versteckte Kirchen, meistens ohne Thurm (bis auf die Notre Dame, die zwar auch alt u. gothisch, aber doch frei und offen liegt, und inwendig schön ist, und bis auf das herrliche Panthéon, oder nunmehr wieder Ste Genéviève, mit der prangenden Kuppel). Was indessen dem Ganzen wiederum ein air von Würde giebt, das sind die herrlichen gehauenen Steine, woraus Alles, Alles, auch die erbärmlichste cabane, (sogar die Dörfer durch und durch) gebauet ist.

Die Insel mit der großen Kirche war in ihrer Kleinräumigkeit und Enge verkommen. Die Revolutionsmänner hatten durch die Zerstörung ihrer Königsgalerie ein Übriges getan, kurz, die Cité war ein vielgemiedener Ort geworden, in dem nur minderes Volk lebte. Overbeck mied ihn in seinen Gängen. Seine Beobachtungen machte er auf den Straßen rings um sein Hotel. Am 16. September 1807, als er eine erste Überschau gewonnen hat, schreibt er:

Ich wohne im Hôtel des Etrangers, Rue Vivienne, einer sehr lebhaften Gasse, deren eines Ende auf das Palais royal und Théatre français, und das andere auf das Théatre Faydeau stößt, wo denn des Abends auf der Gasse der Eine Strom aufwärts nach dem Einen Theater, und der andere niederwärts nach dem anderen Theater zieht, vor den schöngepuzten Boutiquen vorbei, wovon im Rez de Chaussée die Straße zu beiden Seiten wimmelt. Aber – ich wohne nach hinten, zwei Stock

---

[3] Diese Familienbriefe haben mit zuvorlaufenden aus St. Petersburg wegen ihrer zeitgeschichtlich interessanten Schilderungen 1992 zur Veröffentlichung im Rahmen der Publikationen des Archivs (Reihe B Band 21) geführt.

hoch, und habe die Aussicht nach dem stillen Hofe. Damit bin ich indessen recht wohl zufrieden; denn das Gelärme der Gasse wäre mir, bei aller Augenweide, unausstehlich.

Und dann ist es wieder das Kuriose in dem Tag des kleinen Handels und Handwerks, dort, wo „Les Artistes" sind, das ihn zur Mitteilung drängt. Er schreibt am 30. November 1807:

Einen Menschen hier in Paris kann ich nicht ohne Lachen ansehen, wenn ich seine Boutique vorbei gehe. Das ist einer, der sein ganzes Leben hindurch nichts anderes thut, wie Kastanien braten und verkaufen. Ich mag vorbeigehen wann ich will, so seh ich ihn vor seiner Pfanne sizen und umrühren; und das mit einem air de suffisance [4]*, als ob er die Perser überwunden hätte. Depôt de Marrons de Lyon, engros et en detail, tenu par Tinas, steht mit großen Buchstaben prächtig übergeschrieben.*

Am 6. Juni 1810 schreibt der Aufmerksame und Mitteilsame:

ich muß Euch ein bischen Pariser Lustigkeit auftischen. Nichts amüsanter, als hin und wieder die Überschriften an den Häusern. Z. B. ein Haarschneider sezt: ici on rajeunit. Ein Barbier: aux délices de la barbe. Ein kleiner Tanzwirth: au bal de l'univers [5]*. Es giebt aber auch deutsche Inschriften, und diesen wird die Nachwelt huldigen: z. E. Hier befinden sich die Deussen, vor das gud Sauergraud; oder: Früh zu sticken und das Nachtmahl einzunehmen, vor die Deussen. Ihr seht, wie deutscher Genius sich aufschwingt. Wie das den Franzosen Respekt einflößen muß! {......} Eine eigene Mode ist hier jezt die Gelehrtthuerei mit hartausgebackenen Griechisch Kunstausdrücken in Ankündigungen und auf Aushängeschilderungen. Man kreuzigt und segnet sich oft vor so einem achtsylbigen Knasterbart; und studirt man endlich den Sinn heraus, so ists ein ganz gewöhnlich Subjekt.*

Das Erlebnis der hauptstädtischen Straße mit ihren Boutiquen und dem offenen Handel, mit den sich verquirlenden Menschenmengen, jener Straßen, die als die früher entstandenen von Boulevards und weiten Plätzen umgeben sind, ist, wie könnte es anders sein?, für den aus dem jetzt fernen, im Vergleich so kleinräumigen Lübeck Gekommenen so eindrucksvoll, so anders, daß es ihn, zunächst wenigstens, aus seinem Hotel immer wieder in die Straßen des Jedermann treibt. Er war zwar vor ein paar Jahren schon in der Hauptstadt des Zaren gewesen, doch in St. Petersburg war alles so ganz anders, und vor allem, er hatte dort lübeckverbundene Freunde getroffen. In Paris war er allein und nur äußerlich mit dem hamburgischen und Bremer Kollegen verbunden. Auch mit dem hansestädtischen Residenten Abel fand er erst später den gesuchten Kontakt. So ist das Erlebnis der Straße das erste Aufregende für den Angekommenen, ein anderes, damit verbunden, ist das Café, sei es nun Teil der Straße oder liege es in gewählter Absonderung. „Ich habe Frascati besucht; ein Kaffeehaus mit Garten, aber aus der Feenwelt", schreibt er nach seinem ersten Besuch, und er mag diese großzügige Anlage mit Israelsdorf verglichen haben, dem „Lustgehölz, welches

---

[4] mit Wichtigtuerei

[5] Hier wird verjüngt – Zur Bartlust – etwa: Zum Weltall.

mit Durchsichten, Lauben und Ruheplätzen, auch mit einem Tanzplatze, versehen ist, und wohin man aus den nahbelegenen Bauernhäusern Erfrischungen bestellen kann", wie es in dem Lübeckischen „Addreß=Buch für das Jahr 1798" heißt.

Wie anders doch dieses Paris!

Von den Kaffeehäusern muß ich nachhohlen (schreibt er am 21. August noch voller Erstaunen): *Einige sind sogar auf den Dächern, andere in Kellern; und alle elegant, alle nicht blos mit Männern, sondern auch mit Damen angefüllt. Ebenso bei den Restaurateurs. Diese Sitte ist einzig: in keinem anderen Lande, glaub ich, geht so das Frauenzimmer pêle mêle mit den Männern, um zu naschen und zu schmausen. Gespielt wird dagegen in den Kafé's nie, nur Zeitungen gelesen. Aber desto prächtigere und abscheulichere Tempel hat dagegen das Spiel im Palais Royal. – Was mich auf der Straße oft übel macht, ist der Speise- u. Pastetenduft, der einem fast überall entgegenweht: Lutetiens Weihrauch.*

Den mitten in dieses Paris Hineinversetzten verläßt bei allem Sicheingewöhnen nicht das Sichverwundern. Ein Vierteljahr später, am 21. Dezember beschreibt er ein neues „Kaffeehaus"-Erlebnis:

Eine eigene Industrie hat Ein Kaffeehaus hier, im Palais royal, aufzuweisen. Es ist ein Kaffeehaus wie Andere; man trinkt Kaffee, Orgrade, Schocolade, Sorbet, usw, lieset Zeitungen, spielt Domino. Nur steht da ein Mensch, der immer schwazt, den ganzen ausgeschlagenen Tag durch. (Wie das sein Kopf aushält, das mag er am besten wissen.) Und was schwazt er? Er erzählt euch die niedlichsten, drolligsten, lustigsten, launigsten Sachen, mit einem Humor, mit einer Abgeschliffenheit, die man nur in Paris suchen muß. Wenn eins fertig ist, knüpft er gleich das Andere daran; und immer so lebendig, als ob er's zum Erstenmal vorbrächte. Das alles hat man umsonst, dafür wird nichts bezahlt. Aber natürlich: die anziehende Kraft dieses Menschen zieht dem Kaffeetopfe viele Tassen ab; und das ist die Industrie.

Das kleine Café an der Straße, auf dem Hausdach oder in einem Keller, dazu der Speisedunst und der Pastetenduft, dann „Les Artistes" mancherlei Art, das ist das Stadtläufige, doch das Angebot weitet sich zu einem ausgedehnten Freizeitvergnügen, das Overbeck einen Kaffeegarten nennt. Er beschreibt es am 20. Juni 1808, nachdem er es tagszuvor mit seiner Tochter Betty, die er bei seinem zweiten Aufenthalt mitgenommen hat, um Heimatliches, mehr noch, um Häusliches bei sich zu haben, besucht hat. Alles will er ihr zeigen, was die große Stadt an Merkwürdigem einem jungen Menschen bietet, und dazu gehört auch der Einkauf in einer Boutique und jetzt der Besuch eines Kaffeegartens. Er schreibt:

Gestern Abend besuchten wir Tivoli; das ist ein Kaffeegarten mitten in der Stadt; aber wie erstaunte Betty über den Umfang, über das Gewühl, über die Decorationen, über die Orangendüfte, über die ganze Wirthschaft dort; Musik, Tanzgewimmel, Wasserfahrth, kleine Theater, Seiltänzer, optische Vorstellungen, Feuerwerk. Man hat keinen Begriff davon; und insonderheit, wie das Alles ins Große geht; z. E. gewiß an die 400 Paar Tänzer, einige hier, andere dort. Dann auch Karoussele, Schaukeln, und Gott weiß, was Alles; sogar eine Menge Federbälle. Alles im Freien. Es war mir unmöglich, zu Allem bequem hinzugelangen, wegen des Gedränges.

Was aber immer bei solchen Gelegenheiten auffällt, das ist die große Ruhe und Ordnung, die etliche 100.000 Menschen ganz allein unter sich zu halten wissen. Geht doch auch nicht die geringste Indezenz vor! Das ist charakteristisch, und macht unstreitig der Nation Ehre.

Wieder mag er dabei an das vertraute kleine Israelsdorf gedacht haben [6].

Täglich durchgeht oder durchfährt Overbeck diese geschäftige Welt, täglich, es ist nicht zu vermeiden, und doch entdeckt er dabei immer wieder Neues, ihn Überraschendes und nachdenklich Machendes. Und dann kommen die Tage, die aus dem Wochenrhythmus fallen, Tage voll öffentlichen Spektakels, so wenn ein gewisser Garnarin im „großen Kaffeegarten Tivoli" mit „Laternen, Lampen und Feuerwerk" im Ballon entfliegt, wenn ein Wettrennen „im unermeßlichen Champ de Mars" stattfindet, später dann, und auch dies ist ein Spektakel, das die Massen anzieht, als dort anläßlich Napoleons Hochzeit mit der Maria-Theresia-Tochter die Garden aufmarschieren („Vive l'Empéreur! Vive l'Empératrice!"). Overbeck berichtet darüber recht ausführlich, doch bleiben wir dans la rue! Da sind dann die jahreszeitlich gebundenen Festtage, und er erlebt das urbane Treiben anläßlich des Jahreswechsels: „Les Etrennes".

1. Januar 1808

Welch ein Getümmel gestern und an den vorigen Tagen in Paris! Die Etrennes! Alles kauft Les Etrennes ein: alle Fußgänger marschieren, alle Tausende von Kutschen, Kabriolets rollen; alle Boutiques glänzen, alle Winkel auf den Gassen sind mit Tischen der kleinen Verkäufer besezt; vor jedem Confiturier= oder Spielkramladen steht eine Wache, Tausende von Ausrufern schreien: Voilà de nouveaux Alamancs! voilà les Etrennes, pour vos amis, pour votre Maitresse, pour votre amant! – Bonbons und douceurs müssen zu Frachtwagen voll umgesezt werden: denn nicht leicht eine Dame, bei Hofe oder in der Küche, (alles ist bekanntlich Madame, selbst das gemeinste Gassenweib,) die nicht von ihren Bekannten Süßigkeiten empfängt. Eine Regsamkeit überall, eine Geschäftigkeit, eine Belebtheit der Physiognomien, besonders weiblicher, die man gesehen haben muß, um sich davon einen Begriff zu machen. Hier sieht man, daß der Pariser sich interessirt; bei anderen Gelegenheiten jezt sehr wenig; die Theater ausgenommen ......

Auch das Außergewöhnliche wird für den immer wieder nach Paris Abgeordneten schließlich das Gewohnte, doch auch im Alltäglichen, beim unumgänglichen Cafébesuch kann Overbeck auf bisher noch nicht Erlebtes stoßen, und ist es dieses nicht, so beobachtet der Alleinsitzende seine Umgebung. Seine Augen gleiten durch den Raum, folgen den Personen, er hört Zurufe, und dieses aufmerksame Betrachten kann

---

[6] Zur gleichen Zeit beschreibt Germaine de Staël in De l'Allemagne das Volksvergnügen im Wiener Prater, das sich mit Tivoli und Israelsdorf vergleichen läßt. Sie spricht vom ländlichen Vesperbrot, und von der Menge der Tanzenden an Feiertagen, vom „physischen Wohlbehagen" der vielen Besucher, die am Abend mit den Kindern am Arm in die Stadt zurückkehren. „Keine Zügellosigkeit", schreibt sie, „kein Streit stört die Menge, die man kaum reden hört, so still ist sie sogar in ihrer Freude"!, und sie vergleicht ihre Beobachtungen mit Paris: „Wenn man sich eine gleich große Anzahl Pariser an ein und demselben Ort beisammen dächte, so würde die Luft von Bonmots, Scherzen und Disputen widerhallen, denn kein Franzose amüsiert sich, wenn nicht die Eigenliebe auf irgendeine Weise zur Geltung kommt." (zitiert nach der Reclamausgabe S. 84/85)

im nächsten Heimatbrief den lebendigsten Ausdruck finden. So beschreibt er am 19. Februar 1810 einen Besuch im „Café de mille Colonnes" im Palais Royal, das er unbeirrt ein Kaffeehaus nennt.

Dies ist das eleganteste Kaffeehaus der Welt. Rings an den Wänden herum laufen weiße, vergoldete Säulen zwischen den Säulen allenthalben Spiegel; diese wiederhohlen und vervielfältigen beim blendenden Licht der Lüsters und Girandolen die Säulen; daher der Name. Meubels, Gardienen, alles aufs Erlesenste. Schöne Gipsabgüsse von Apoll und der medizäischen Venus stehen in Nischen angebracht; und man ist entweder (zum Nachrufen an die Garçons,) du coté d'Apollon, oder du coté de Venus. Seltsam genug, wenn eine alte, häßliche ma Chère etwa ruft: à moi, Garçon! Du coté de Venus! Man trinkt da Thee, Kaffee, Sorbet, Punsch; auch bekommt man Eis, nach Belieben. Nach Belieben isset man auch Reis in Milch. – Was aber diesem Café die Krone aufsezt, und ihm ein unaufhörliches Gewimmel zuführt, das ist eine schöne, vom elegantesten Katheder in Europa herab präsidirende Frau – die schönste Frau von Paris, man behaupten will. Ihr machen Prinzen und Ambassadeurs die Cour, und bringen Opfer in Perlen und Geschmeide; Daher sie denn fast nicht anders erscheint, als im Diamantenschmuck von 40/m Livres, und alle Tage, möchte ich sagen, einen anderen, wenigstens anders arrangirt. Die Hoheit, die stumme Grazie mit der sie ihr Silberglöcklein schellt, wenn der Garçon aufpassen soll, vermag nur ein Prinz oder Ambassadeur zu beschreiben. Denn aufs Sprechen, (muß ich hinzusezen,) läßt sie sich dort in officio, gar nicht ein. Wie würde sie auch da hindurch kommen, wenn Jeder ihr Zünglein für seine paar Sous in Contribution sezen wollte? Sonst scheint sie mir nicht stumm gebohren zu seyn. Das werden auch die Prinzen am Besten wissen.

Es ist deutlich: unser einsamer Gast ist engagiert! Er sieht nicht nur, er beobachtet, und vor allem jene faszinierende Dame mit dem Silberglöcklein. Auch dies ist die Welt der „Artistes réunis", und uns Heutigen, Nachgeborenen kommt sofort Manets „Un bar aux Folies Bergères" (1881/82) in den Sinn, oder, besser noch, sein „Café concert" (1878), wesensverwandte Darstellungen der Comédie humaine.

Übrigens hat Overbeck am 30. November 1807 geschrieben:

Von der 83jährigen Schauspielfreundin, meyne ich geschrieben zu haben. Gestern kam sie ganz hell und flink, und ohne Führer, mit ihrem Stöckchen, roth Mäntelchen, schwarz Käppchen, beim Restaurateur angetrippppelt, sezte sich hin, und aß und trank herzlich. Die harpokratische Gesellschaft nahm eigentlich wenig Notiz von ihr, schien ihr aber doch beim Weggehn mit Interesse nachzusehen, mit dem wohlgemeinten stillen Wunsche, denk ich: „Mein Alter sei nicht freudenleer! nicht ohne Schauspiel und Restaurateur!"

La rue, le Café – die Zitate haben uns bereits in das nicht weniger faszinierende Reich der Pariser Restaurants geführt. Zweimal berichtet Overbeck über seine ersten Erfahrungen in diesen Etablissements. Später wurde ihm das Alltägliche nicht mehr mitteilungswert. Er schreibt:

2. Oktober 1807

Ihr tretet ein: mehrere Sääle hinter einander sind Eurem Blick, Eurer Auswahl offen: alle geschmackvoll dekorirt, mit argentischen Lüstern usw. aber besonders die Wände und Thüren, so viel nur immer hat geschehen können, mit Spiegelglas garnirt, so daß auf allen Punkten umher die réünirte Gesellschaft zurückgeworfen wird. Die Säale sind voll kleiner Tische, meistens mit Marmorblättern zu 2, oder 4 Personen und gedeckt. Was Euch aber besonders gleich in die Augen fällt, ist ein zierlicher Katheder im ersten Saale, von Mahagony, bronzirt, mit einem Marmorblatte, statt Brüstung oder Tisch. Auf diesem Katheder thront die Gottheit der Repos, in Gestalt der zierlich gekleideten Dame vom Hause, die alles, was sie an Früchten und Dessert ausbietet, schön geordnet, auf ihrer Marmorbrüstung vor sich stehen hat (wieder denkt der Leser an Manet!), *übrigens von dem ganzen Chor der Schmauser sittsam geschieden ist, und nur jedem schweigend seinen Zettel aufzeichnet, dessen was er gefordert hat, und was er beim Weggehen bezahlen muß (carte pagante). Glaubt nicht, daß blos Männer hier schmausen. O nein: auch viele Damen, von Herren geführt oder auch nicht, treten herein, und sezen sich ohne Umstände mitten unter die Herren hin. (Ebenso machen sie's auch in den Kaffeehäusern, welches denn einem Fremden erstaunlich auffällt). Zwischen den Tafeln umher schlängeln die Garçons. Sobald man sich gesezt hat, erscheint deren einer, bringt Löffel, Gabel und Messer, und ein petit Pain, und fragt: quel vin? Zugleich übergiebt er die Carte, d. h. die gedruckte Liste in groß folio, von allen Gerichten, von allen Weinen und Getränken, womit aufgewartet wird. Diese Speise heißt zusammengenommen, in der Kunstsprache: le Restaurant. Man wählt, man empfängt, man ißt und trinkt – immer in zahlreicher Gesellschaft, die ab- und zugeht, wie in einem Taubenschlage. An Unterhaltungen ist jedoch dabei nicht zu denken: denn die Meisten sizen als wenn sie im Tempel des Harpokritas opferten.*

Da sitzt er, der aus dem fernen Lübeck Gekommene, und ist voll Verwunderung über das So-ganz-Andere, das Weltläufige dieser einmaligen Stadt! Man merkt diesem frühen Brief eine Unsicherheit an, die durch das völlig ungewohnte Harpokratische ausgelöst wird, jenes Nebeneinandersitzen in völligem Schweigen, das ihn an den alten Mysterienkult, hier zum erstenmal, erinnert. Am 10. Dezember 1808 schreibt er: „ ... nach dem ewigen Restaurateurwesen, wo man Menschen nur sieht, als sähe man Bäume; Niemanden, gegen den sich das Herz aufschlösse, oder auch nur die Lippe."

Bald nach seinem ersten Bericht vom Oktober, wir haben jetzt den 23. November, beschreibt er noch einmal jenes „Restaurateurwesen", den rituellen Gang eines Essens lebendig nachzeichnend, der auffälligste Beweis dafür, wie unbekannt dies – und überhaupt alles in dieser alle Grenzen sprengenden Stadt für ihn war und sein mußte. Es sei gestattet, den fortlaufenden Brieftext dramatisch zu gliedern.

Ich machte darauf eine Tour auf den Boulevards neufs {...}. Um drei war das vorbei, und wo war ich? zu Hause. Ich blieb indessen nicht lange, sondern ging zu Fuße nach dem Tuileriengarten, wo es von Menschen wimmelte, denn der Tag war schön. Ich unter so vielen Menschen, und doch mit Keinem in der mindesten Berührung! Kein einziges Wort von der Zunge! Das gab mir wieder den gewohnten Schmerz. Ich ließ gut seyn, und ging von da um halbfünfe nach dem Palais royal, zur angerichteten Mittagstafel.

Garçon! un potage aux macaroni! vin de Pomard!

Très bien, monsieur!

Garçon! Monsieur, m'voilà!

Un filet de boeuf dans son jus!

Très bien, Monsieur!

Garçon! De la choucroute garnie! (d. h. garnie de laid et de saucis zu deutsch: Sauerkohl)

Monsieur, le voilà!

Garçon! Un tronçon d'anguille à la Tartare! (säuerliche Sauce mit Senf.)

Très bien, Monsieur!

Garçon! Une pomme! – – et ma carte pagante!

Monsieur, dans le moment!

Ich aß, ich trank, ich trank auf Deine Gesundheit; ich bezahlte meine 8 Francs, die Uhr war gegen sechs, mit dem Garçon hatte ich mich völlig ausgesprochen; ich wandelte schweigend, beim Laternenschein, wieder zu Hause.

Ein Bild trostloser Verlassenheit, in der nur ein Quentchen Ironie über den Tag hilft? So scheint es. Doch diesen Augenblicken der sprachlosen Einsamkeit fügen sich jenseits der politischen Verpflichtungen gesellige Stunden an, die Ausflüge nach St. Cloud, Monceaux, Malmaison oder Ermenonville, und stehen die vielen kulturellen Erlebnisse, die eifrig besucht werden. Overbeck wird nicht müde, sie in seinen Heimatbriefen zu beschreiben. Doch letztlich bleibt er allein in der ihm, alles in allem genommen, fremdbleibenden Stadt, in die ihn die politische Aufgabe festsetzt. Er wird ihrer schließlich überdrüssig. Am 5. März 1810 schreibt er in einem Brief:

Eine gar saure Pflicht ist mir dies Leben hier. {......} Schlimm, daß ich des Tuileriengartens fast satt und überdrüssig bin; denn wohin soll ich mich nur wenden? Alles Andere, und zumahl die freie, ländliche Natur, (mein großes Bedürfniß!) ist so weit von der Hand; und hier nahe um Paris ist und bleibt alles so städtisch, so steinern! {......} Ein Greuel ist mirs, wenn ich die Ohren aufthue, und das grimmige Wagengerassel auf der Straße gewahre. Da möchte ich beide Hände voll Baumwolle nehmen. So siehts aus; doch nicht immer. Ich kann auch zuweilen ganz eben forttrottiren; wie das unschuldige Eselein. Je nachdem der Barometer steht.

Wie glücklich ist er, jenseits eines jeden Barometertiefs, gewesen, daß er während einer Abordnungszeit zuerst seine Tochter Betty hatte mitnehmen können, und danach deren Freundin, die Hanne Gütschow. Die Mädchen erleben die Stadt, jenen noyau du monde, ganz unbefangen, jede auf ihre Art: Betty empfindsam, und Hanne? Sie ist gerade zehn Tage in Paris, da schreibt sie am 27. Dezember 1809 an Betty, die das alles ja schon kennt, nach Lübeck, den Kaiser habe sie schon gesehen, doch Talma, den großen Schauspieler noch nicht, und dann wird sie etwas ausführlicher:

Unser Pariser Leben hier hat übrigens so ziemlich dieselbe Gestalt wie zu Deiner Zeit, glaub ich, still u. lübeckisch in unserm Zimmer, u. {...?...} sehr erbaulich für Herz und Geist, dann bey den diversen Trateurs, die ich nun schon der Reihe nach kenne, ganz amüsant wegen der närrischen Figuren u. des bunten Getümmels, das so an Einem vorüber zieht, u. wobey man (es) sich dann doch gut schmecken läßt; besonders sind die Austern eine köstliche Sache.

Da ist es wieder, das Paris des Jedermann in der Reflexion einer jungen Lübeckerin, in dem Loblied auf die Austern kulminierend! Aber dann ist da auch das andere, und darum hat Overbeck erst seine Betty, und dann die liebe Hanne mitgenommen: die Unvermeidlichkeit des Heimatlichen, ohne das alles andere wie eine Kulissenwelt bleibt. „Still u. lübeckisch in unserm Zimmer" hat Hanne geschrieben, und weiter unten heißt es in dem Brief:

Abends ist der theure Vater (nach vollbrachter Cour bey den Ministern) erst recht warm u. heiter in meinem einsamen Zimmer hier geworden, wo ich ihn dann abwechselnd mit gestobten Pflaumen oder Aepfeln regalire, die meine femme de chambre recht gut bereitet.

Und draußen, jetzt so fern, ist die große, so quirlige Stadt an der Seine ……

DIE MITTELALTERLICHE DIELENAUSMALUNG IM LÜBECKER HAUS KÖNIGSTRASSE 51

Thomas Brockow

Eigentlich dürfte es niemanden mehr überraschen, wenn an mittelalterlichen Brandmauern in Lübeck gotische Malereien freigelegt werden. Die Anzahl von Relikten ornamentaler und figürlicher Wandmalerei aus dem späten Mittelalter in Bürgerhäusern ist hier mit zur Zeit etwa 200 Befunden größer als in jeder anderen Stadt Norddeutschlands, ja wahrscheinlich sogar Nordeuropas.[1] So konnten bei den Befunduntersuchungen, die 1991/92 in dem vormals überwiegend von den „Lübecker Nachrichten" genutzten Häuserkomplex kurz vor den Abbrucharbeiten für den Bau der Königpassage durchgeführt wurden, auf allen Brandmauern Ausmalungsreste entdeckt werden. Die Erfassung in sieben Gebäuden an der Königstraße und der Dr.-Julius-Leber-Straße ergab insgesamt allein über 60 mittelalterliche Befunde.[2] Ein Großteil der Malereien wurde mit den Mauern Mitte des Jahres 1992 zerstört. Die mittelalterliche Dielenausmalung, die im Haus Königstraße 51 hinter späteren Ausmalungen, Anstrichen und Wandverkleidungen verborgen lag, mußte nach ihrer vollständigen Freilegung aufgrund Umfang, künstlerischer Qualität und Inhalt dennoch erstaunen. Dank der außerordentlichen Bedeutung konnte die geplante Zerstörung verhindert werden.

Der Raum und seine Ausmalung

Die Attikafassade des Hauses Königstraße 51 aus dem 19. Jahrhundert läßt nicht vermuten, daß Brandwände und Keller aus der zweiten Hälfte des 13. Jahrhunderts stammen. Durch die dendrochronologische Datierung einiger Deckenbalken und Sparren wurde 1273 als Erbauungsjahr des Hauses ermittelt.[3] Das Gebäude König-

---

[1] Vgl.: Thomas Brockow: Mittelalterliche Wand- und Deckenmalerei in Lübecker Bürgerhäusern, in: Ausstattungen Lübecker Wohnhäuser. Raumnutzung, Malerei und Bücher im Spätmittelalter und in der frühen Neuzeit, hg. v. Manfred Eickhölter u. Rolf Hammel-Kiesow, Neumünster 1993, S. 41-118 (Häuser und Höfe in Lübeck, Bd. 4). – Zur Königstraße 51: Thomas Brockow: Die mittelalterliche Dielenausmalung im Lübecker Haus Königstraße 51 – ein Zwischenbericht, unveröffentl. Manuskript, Nov. 1994 (im Amt für Denkmalpflege).

[2] Kurzfassung der Wandmalereien in den Häusern Königstraße 49, 51, 53, 55, 57 u. Dr.-Julius-Leber-Straße 34, 36 durch den Verfasser in Zusammenarbeit mit Michael Scheftel: Thomas Brockow/Manfred Eickhölter/Rolf Gramatzki: Katalog Lübecker Wand- und Deckenmalereien des 13. bis 18. Jahrhunderts, in: Ausstattungen Lübecker Wohnhäuser. Raumnutzung, Malerei und Bücher im Spätmittelalter und in der frühen Neuzeit, hg. v. Manfred Eickhölter u. Rolf Hammel-Kiesow, Neumünster 1993, S. 357-529, hier S. 398-401 u. 489-497 (Häuser und Höfe in Lübeck, Bd. 4).

[3] Michael Scheftel: Die Kammer des Herrn Bertram Stalbuc? Befunde zur Innenausstattung Lübecker Bürgerhäuser an Brandmauern aus dem 13. Jahrhundert, in: Archäologie des Mittelalters und Bauforschung im Hanseraum. Eine Festschrift für G. P. Fehring, hg. v. Manfred Gläser, Rostock 1993, S. 409-416, hier S. 411 u. Anm. 14 (Schriften des Kulturhistorischen Museums in Rostock I).

straße 51 ist im Zuge einer Verdichtung der Bebauung am Rand der 1159 unter Heinrich dem Löwen gegründeten „civitas" entstanden. Durch diese Entwicklung bildete sich im 14. Jahrhundert das typische Lübecker Stadtbild mit einer geschlossenen Bebauung aus giebelständig zur Straße stehenden Steinhäusern mit gemeinsamen Brandmauern auf handtuchförmigen Parzellen.[4] Auf dem zuvor unbebauten Grundstück entstand ein Dielenhaus. Das Dielenhaus wurde damals zum dominanten Haustyp in der Stadt. Man errichtete das Vordergebäude mit seinem Giebel zur Königstraße, im rückwärtigen Hof auf der nördlichen Seite des Grundstücks schloß sich ein Seitenflügel an. Die Diele, über der ein Obergeschoß lag, hatte eine Größe von ca. 5 m Höhe, 8 m Breite und 18,5 m Tiefe. Nach vorne war hier auf der Südseite eine beheizbare Stube, die (Vorder-) Dornse, abgetrennt; dahinter befand sich an der Brandmauer die Feuerstelle. Im vorderen Bereich des Hauses liegt noch heute der ursprüngliche Keller mit Kreuzgratgewölbe.[5]

Die gegenwärtig sichtbare, erste Ausmalung der Diele erstreckte sich über die gesamte nördliche Brandmauer sowie über den hinteren Abschnitt der südlichen bis an die Feuerstelle. Leider zeigten sich bei ihrer Freilegung in einigen Bereichen größere Verluste. Das Ziegelmauerwerk der unteren Wandfläche auf der Nordseite war bis zu einem Mauerrücksprung im hinteren Teil der Diele rot getüncht. Darüber verlief, bis an die Decke reichend und nach unten durch ein in ca. 2,6 m Höhe einsetzendes Ornamentband begrenzt, ein Wappenfries. Vor hellem Hintergrund waren ehemals 14 Schilde mit Oberwappen dargestellt. Sie sind heute zum größten Teil nicht mehr oder nur noch fragmentarisch erhalten. Über den nach links geneigten Schilden befindet sich jeweils ein Topfhelm mit Helmdecke, darüber die Helmzier. Rechts neben dem 14. Wappen endet der Fries mit einem gemalten, von einem Kegelhelm bekrönten Turm. Dahinter schließt sich bis zur (nicht mehr ursprünglichen) Rückwand im oberen Bereich eine Arkatur mit vier spitzen Blendbögen an, die bei der Freilegung der Malereien bereits abgeschlagen waren. In diesen Feldern sind vier figürliche Wandbilder zu sehen, links eine überlebensgroße, ehemals bis in den unteren Wandbereich reichende Darstellung des heiligen Christophorus, rechts daneben in der oberen Wandhälfte drei thronende Figuren mit Nimben. Die originale Oberfläche der Wand darunter war hier – bis auf winzige Fragmente unter dem ersten Bogen – nicht mehr erhalten. Die südliche Brandmauer zeigt im hinteren Teil eine ähnliche Malerei wie die nördliche im vorderen Abschnitt. Die erhaltene Fläche setzt ca. 2,6 m hinter der Rückfassade des Hauses ein. Der untere Wandbereich war – darauf lassen die erhaltenen Reste schließen – wahrscheinlich flächendeckend mit runden Blüten vor einem grünen Hintergrund bemalt. In der Wandzone oberhalb dieser Malerei verläuft das gleiche Ornamentband wie gegenüber, darüber ebenfalls eine

---

[4] Scheftel, S. 409.

[5] Die bauhistorischen Untersuchungen führte Dr. Michael Scheftel durch. Ihm herzlichen Dank für Informationen und Erörterungen. Gedankt sei ferner Dr. Horst Siewert und Dr. Michael Sabottka (Amt für Denkmalpflege) sowie Dr. Rolf Hammel-Kiesow für Unterstützung und Hinweise.

Skizze der Malereien auf der Nordwand (Teilrekonstruktion)

(alle Abbildungen: Th. Brockow)

Wappenreihe. Zwischen den erhaltenen Wappen sitzt jeweils ein Vogel, aus dessen Schnabel eine dünne Ranke mit kleinen Blättchen an den Enden entspringt. Diese Ausmalung reichte bis an die Feuerstelle heran. Die Wandfläche der ehemaligen Dornse wies eine andere Malerei auf, über die keine genauen Angaben mehr möglich sind. Auch die noch ursprünglichen Deckenbalken aus Eschenholz waren im Spätmittelalter farbig bemalt, zeigten sich jedoch zunächst noch ungefaßt: Die erste Malschicht liegt auf einer Verrußung, kann also frühestens etliche Jahre nach Fertigstellung des Hauses aufgetragen worden sein.

Die Nordwand war nur im Bereich der Figuren sowie der Wappendarstellungen und des Ornamentbandes verputzt, die Südwand hingegen ursprünglich bis zum Boden. Der Putz diente als ebener Untergrund der Darstellungen. Diese wurden als Freskomalerei auf feuchtem Putz begonnen, die Übermalung erfolgte dann in reiner Seccotechnik auf trockenem Putz, wohl mit einer Kalkkaseinbindung.[6] Der relativ gute Erhaltungszustand ist dieser anspruchsvolleren, aber damals nicht unüblichen Technik zu verdanken.

Die heute sichtbare Malerei mit den Wappen und Figuren stellt die erste Ausmalungsphase in der Diele dar. Sie war überdeckt von einer Quadermalerei mit Fugen imitierenden doppelten roten Linien auf weißer Kalkung, wie sie in Lübeck sowohl in sakralen als auch in profanen Gebäuden vornehmlich in der ersten Hälfte des 14. Jahrhunderts üblich war. Darüber folgten viele weitere Schichten ornamentaler Malerei und monochromer Anstriche. Diese mußten für die Freilegung der ältesten Ausmalung abgetragen und damit vernichtet werden, obwohl auch sie bedeutende Quellen zur Geschichte des Hauses und seiner Ausstattung darstellten.

Stilistische Einordnung und Datierung

Für eine Einordnung der Malerei in das späte 13. Jahrhundert spricht das dendrochronologisch ermittelte Erbauungsjahr des Hauses, denn unter ihr waren keine Ver-

---

[6]) Vgl.: Dokumentation der restauratorischen Befunduntersuchung von Linde und Karl-Heinz Saß, die die Freilegungs- und Sicherungsarbeiten durchführten und denen hier für ihre Auskünfte gedankt werden soll.

schmutzungen auf der Wandoberfläche erkennbar. Die stilistische Einordnung der Malereien läßt eine solch frühe Datierung jedoch nicht zu.

Die Malereien in der Königstraße 51 fallen im Vergleich zu den wenigen erhaltenen Lübecker Wandbildern des späten 13. und frühen 14. Jahrhunderts durch ihre außerordentliche Qualität auf; keine der in Lübeck (und Umgebung) sichtbaren Wandmalereien dieser Zeit zeigt ein derart hohes künstlerisches Niveau. Die Figuren an der Nordwand wirken realistisch und ausdrucksstark. Der Maler verstand es, ihnen verschiedene Wesensmerkmale zu verleihen. Die Gesichtszüge betonen die unterschiedlichen Charaktere. Selbst in dem überkommenen Zustand wirken die Figuren noch plastisch. Sie unterscheiden sich damit deutlich von der Ausmalung des Langhauses der St. Marien-Kirche aus der Zeit um 1330, die als „zentraler Ausgangspunkt für die Malerei im lübischen Raum"[7] galt. Bei diesen flächenhaft wirkenden Wandbildern dominiert die Zeichnung; die Konturen bestehen aus breiten schwarzen Linien. In der Folgezeit überwog in Lübeck zunächst der in St. Marien erstmals deutlich erkennbare, später weiterentwickelte „Konturenstil". Die Malereien in der Königstraße 51 müssen früher entstanden sein. Ihre stilistische Einordnung wird durch die geringe Anzahl erhaltener Vergleichsbeispiele aus den Jahrzehnten um 1300 in Lübeck sowie deren problematischer Beurteilbarkeit aufgrund von Substanzverlusten und Überarbeitungen erschwert. Dennoch ist festzustellen, daß die Malereien in der Königstraße 51 einen deutlich anderen Stil als die Wandbilder des späten 13. Jahrhunderts in Lübeck aufweisen. Die 1953 entdeckte Ausmalung in den Zwickelflächen der Chorarkaden von St. Marien aus der Zeit um 1290 sowie der etwa zeitgleich entstandene Genesiszyklus im Haus Königstraße 28[8] zeigen noch Anklänge an den Übergangsstil von der Romanik zur Gotik, der in der Königstraße 51 eindeutig überwunden ist. Es besteht eine enge Verbindung zu den 1940 freigelegten Darstellungen des heiligen Christophorus und eines Königs, der als Ludwig IX. von Frankreich gedeutet wird, im Langen Haus des Heiligen-Geist-Hospitals zu Lübeck.[9] Diese Malereien müssen baugeschichtlich und stilistisch in das frühe 14. Jahrhundert eingeordnet werden. Der Duktus der Malereien, auch Haartracht und Gesichtsausdruck stimmen mit denen in der Königstraße 51 überein.

Von großer Bedeutung für die zeitliche Einordnung sind die heraldischen Malereien. Die abgebildeten Wappen zeigen jeweils einen breiten Schild mit stark gebogenen Seiten, der sich deutlich wegentwickelt hat von der frühgotischen schmalen und spitzen Form. Es handelt sich um die typisch bauchige Schildform, die kaum vor 1300,

---

[7] Dietrich Ellger/Johanna Kolbe: St. Marien zu Lübeck und seine Wandmalereien, Neumünster 1951, S. 136 (Arbeiten des Kunsthistorischen Institutes der Universität Kiel, Bd. 2).

[8] Max Hasse: Die Marienkirche in Lübeck, München/Berlin 1983, S. 28 – Brockow, S. 45-47 – Brockow/Eickhölter/Gramatzki, S. 484-487.

[9] Hans Pieper: Frühe Wandgemälde im Heiligen-Geist-Hospital zu Lübeck, in: Der Wagen 1941, S. 81-84 – Georg Dehio: Handbuch der Deutschen Kunstdenkmäler. Hamburg, Schleswig-Holstein, bearb. v. Johannes Habich, Christoph Timm u. Lutz Wilde, München/Berlin ²1994, S. 504.

im ersten Drittel des 14. Jahrhunderts aber fast ausschließlich vorkommt.[10] Einige norddeutsche Wappendarstellungen dieser Zeit, die stilistisch den Wappen in der Königstraße 51 ähneln, z. T. auch identische Inhalte zeigen, sind erhalten: Aus dem Kloster Wienhausen stammen ein Teppich mit Darstellungen aus der Tristan-Sage und 27 Wappen sowie ein Teppich mit sechs Propheten und 21 Wappen.[11] Ohne Oberwappen sind auch die Wappen auf einem Banklaken aus dem Kloster Ebstorf, das Fürsten und Fürstinnen zeigt, abgebildet.[12] Auf dem Lüneburger Falttisch werden 20 Wappen, ergänzt durch Helme und Helmzier, präsentiert.[13] Zu nennen ist ferner ein wohl in Lübeck entstandenes Deckenfragment aus dem Klarissenkloster Ribnitz.[14] Ein Vergleich mit diesen Wappendarstellungen ermöglicht eine Datierung der heraldischen Malerei (und damit der Gesamtausmalung) in der Königstraße 51 in das erste Viertel des 14. Jahrhunderts, wobei die Mitte dieses Zeitraums am wahrscheinlichsten ist.[15] Die stilistische Einordnung der figürlichen und ornamentalen Malereien bestätigt diese Datierung. Die Wandmalereien in der Königstraße 51 belegen, daß bereits vor der Ausmalung des Langhauses von St. Marien eine hochrangige Malerwerkstatt in Lübeck tätig war.

Die Wappen

Alle Wappenschilde sind nach links geneigt und als Fries aneinandergereiht, die Helme teilweise frontal, teilweise nach links gewendet abgebildet. Es handelt sich um Topfhelme, die als älteste Helmform in der Heraldik gelten. Sie haben einen flachen oberen Abschluß und eine nach unten spitz auslaufende Spange als Teilung des Sehschlitzes, über dem eine waagerechte Verstärkung liegt. Die Helmdecken sind einfache, herabhängende Tuche. Alle Helme werden durch Helmzier geschmückt. Zu unterscheiden sind hier Schmuckkleinodien, die lediglich der Zierde dienen, und

---

[10] Wappenfibel. Handbuch der Heraldik, hg. v. „Herold", Neustadt an der Aisch [17]1981, S. 47-49. – Die Veränderung der Wappenformen läßt sich an den Lübecker Siegeln nachvollziehen; vgl.: Siegel des Mittelalters aus den Archiven der Stadt Lübeck, hg. v. dem Vereine für Lübeckische Geschichte und Alterthumskunde, 1. Heft, Lübeck 1856.

[11] Pia Wilhelm: Kloster Wienhausen. Die Bildteppiche, Kloster Wienhausen o. J., S. 7-18, 27-29 – Ortwin Meier: Die Wappen auf den mittelalterlichen Bildteppichen des Klosters Wienhausen, in: Heraldische Mitteilungen. Heraldischer Verein „Zum Kleeblatt", 37. Jg., Hannover 1929, Nr. 4, S. 1-3 – Marie Schuette: Gestickte Bildteppiche des Mittelalters, 2 Bde., Leipzig 1927, hier Bd. I, Tf. 2, 3, 12.

[12] Schuette, Bd. II – Abb. in: Horst Appuhn: Bildstickereien des Mittelalters im Kloster Lünen, Dortmund [3]1990, S. 15.

[13] Ottfried Neubecker: Die Wappen auf dem Falttisch zu Lüneburg, in: Lüneburger Blätter, hg. i. A. d. Museumsvereins f. d. Fürstentum Lüneburg v. Gerhard Körner u. Georg Winter, H. 2, 1951, S. 65-86.

[14] Leonie von Wilckens: Unbekannte Buchmalerei und Leinenstickerei des 14. Jahrhunderts im Umkreis von Lübeck, in: Niederdeutsche Beiträge zur Kunstgeschichte, Bd. 15, 1976, S. 77.

[15] Vgl.: Adolf Clasen: Heiligenbilder und trinkfrohe Sprüche. Das Frömmigkeitszeugnis eines Lübecker Kaufmanns in der Königstraße 51, in: Zs. d. Vereins für Lübeckische Geschichte und Altertumskunde, Bd. 76, 1996, S. 55-90. – Clasen, S. 64, kommt durch die Einordnung der Schriftbänder zu einer fast identischen Datierung.

Hilfskleinodien, die den Helminhalt wiederholen. Es kann aufgrund der Helmzier also nicht auf den Schildinhalt geschlossen werden. Da die Helmzier – nach der Mitte des 13. Jahrhunderts fester Bestandteil des Helms – zudem erst später unveränderlich wurde, ist eine Identifizierung aufgrund des Oberwappens nicht möglich. So lassen sich nur wenige Wappen sicher bestimmen, denn zum Teil sind nur noch winzige Fragmente erhalten.

Erst das fünfte Wappen (von links) auf der Nordwand kann eindeutig identifiziert werden. Im Schild ist vor rotem Hintergrund ein steigender Löwe mit doppeltem, gekreuztem Schwanz zu sehen, die Helmzier besteht aus einem schwarzen Adlerflug. Das Wappen muß Böhmen zugeordnet werden. Der Codex Manesse zeigt einen doppelt geschwänzten, steigenden Löwen mit Krone als das Wappen des 1305 gestorbenen Königs Wenzel II. von Böhmen. Auch Johann von Luxemburg, der 1310 durch Heirat König von Böhmen wurde, trug das Wappen mit dem doppelschwänzigen Löwen.[16] Von den anschließenden Wappen ist erst das zwölfte wieder prominent. Im Schild sind drei Leoparden vor rotem Hintergrund zu sehen, das Helmkleinod besteht aus Pfauenfedern. Obwohl drei übereinanderliegende Leoparden in der Heraldik häufig sind, ist hier mit großer Sicherheit das Wappen des Königreichs England dargestellt. Man nimmt an, daß Heinrich II. († 1189), der zunächst zwei Leoparden in seinem Wappen trug, nach seiner Heirat den dritten hinzufügte. Sicher ist, daß seine beiden Nachfolger drei Leoparden führten. Das Wappen scheint von da an erblich und fixiert gewesen zu sein. Es kann Eduard I. († 1307) zugeordnet werden, ebenso Eduard III. († 1377).[17] Das nächste Wappen zeigt im Schild einen Löwen mit Streitaxt vor rotem Hintergrund, im Oberwappen einen Schiffsrumpf mit Pfauenfedern an den Enden. Es muß mit Norwegen in Verbindung gebracht werden. Das Siegel des 1299 zum König erhobenen Herzogs Hakon V. Magnusson von 1292 enthält einen ungekrönten Löwen mit Streitaxt.[18] Das Wappen läßt die Annahme zu, die Malereien seien vor 1319 entstanden: In diesem Jahr starb Hakon V., und das selbständige norwegische Königreich endete zunächst; Magnus VII. Erikson wurde im selben Jahr erster schwedisch-norwegischer Unionskönig. Im Schild des letzten Wappens in dieser Reihe sind vor rotem Hintergrund drei Hüte dargestellt, die Helmzier besteht aus einem Hut. Hier bleibt die Identifizierung ungewiß.

Auf dem hinteren Abschnitt der Südwand können ursprünglich drei Wappen abgebildet gewesen sein, an die das erste erhaltene anschließt. Dieses zeigt im Schild einen schwarzen Adler mit einer Mondsichel über Brust und Flügel, auf dem Helm ebenfalls einen schwarzen Adler, darüber Pfauenfedern. Der Adler ist ein vielfach

---

[16] J. Siebmacher's großes und allgemeines Wappenbuch, Bd. I, 1. Abt., 2. T., Nürnberg 1909, Nachdruck Neustadt a. d. Aisch 1981, S. 137-138, Tf. 139-140.

[17] J. Siebmacher's großes und allgemeines Wappenbuch, Bd. I, 2. Abt., Nürnberg 1870, Nachdruck Neustadt a. d. Aisch 1978, S. 17.

[18] J. Siebmacher's großes und allgemeines Wappenbuch, Bd. I, 1. Abt., 2. T., Nürnberg 1909, Nachdruck Neustadt a. d. Aisch 1981, S. 28-30, Tf. 34.

auftretendes Wappentier. In der Manessehandschrift ziert den Schild des Herzogs Heinrich (IV.) von Breslau († 1290) ein schwarzer Adler mit einer Mondsichel. Das Wappen konnte auch für Herzog Konrad II. († 1302) nachgewiesen werden.[19] Das Wappen hier in der Königstraße 51 muß also dem Herzogtum Schlesien zugeordnet werden. Das anschließende Wappen enthält im Schild einen weißen Balken vor Rot; der Helm, eine Krone und Pfauenfedern bilden das Oberwappen. Dieses Stammwappen des Erzhauses Österreich geht der Legende nach auf Herzog Leopold VII. zurück, der auf einem Kreuzzug einen blutig-roten, im Bereich des Gürtels weißen Waffenrock getragen haben soll.[20] Die Helmkrone im Wappen Österreichs bezieht sich auf die Absicht Kaiser Friedrichs II., die Herzogtümer Österreich und Steiermark zu einem Königreich zu erheben; Herzog Friedrich der Streitbare übernahm damals Krone und Pfauenfedern als Helmschmuck.[21] Helm und Helmzier des nächsten Wappens sind zerstört, vom blau-weiß gerauteten Schild ist lediglich ein Randstreifen erhalten. Dieser Schild kennzeichnet das Wappen des Herzogtums Bayern. Schon Heinrich der Löwe, Herzog von Bayern, trug einen gerauteten Waffenrock. Die Wittelsbacher haben bei ihrer Belehnung mit dem Herzogtum Bayern das Wappen übernommen.[22] Rechts neben diesem Schild schlossen sich weitere, nicht mehr erhaltene Wappen an.

Von den ursprünglich mehr als 17 Wappen konnten hier sechs identifiziert werden: Wappen, die zu den Herzogtümern Bayern, Österreich und Schlesien sowie den Königreichen Norwegen, England und Böhmen gehören. Eine Differenzierung zwischen Personenwappen und Wappen der Territorien ist nicht möglich: Ursprünglich personenbezogen, wurden Wappen seit dem späten 12. Jahrhundert auch weitervererbt und seit Beginn des 14. Jahrhunderts zu Landeswappen weiterentwickelt. Es muß angenommen werden, daß in der Königstraße 51 keine Bürger- oder Niederadelswappen dargestellt waren. Bei den identifizierten Wappen handelt es sich um solche, die in (den genannten und vielen anderen) Wappensammlungen aus der ersten Hälfte des 14. Jahrhunderts häufig auftreten. Diese stellen eher ein Konglomerat verschiedener, oft beliebiger Wappen dar und folgen meist keinem eindeutigen inhaltlichen Programm. Wahrscheinlich ging es ebenfalls in der Königstraße 51 darum, gerade aktuelle Wappen zu präsentieren. Es war die Zeit, als die Heraldik sich großer Beliebtheit erfreute. Die damals „modischen" Wappenprogramme hatten immer auch eine dekorative Funktion, die unabhängig von der Möglichkeit einer

---

[19] J. Siebmacher's großes und allgemeines Wappenbuch, Bd. I, 1. Abt., 3. T., Nürnberg 1916, Nachdruck Neustadt a. d. Aisch 1981, S. 4-6, Tf. 4.

[20] J. Siebmacher's großes und allgemeines Wappenbuch, Bd. I, 1. Abt., Nürnberg 1856, Nachdruck Neustadt a. d. Aisch 1978, S. 7.

[21] Gustav A. Seyler: Geschichte der Heraldik. J. Siebmacher's großes und allgemeines Wappenbuch, Bd. A, Nürnberg 1885-1889 (1890), Nachdruck Neustadt a. d. Aisch 1970, S. 267.

[22] J. Siebmacher's großes und allgemeines Wappenbuch, Bd. I, 1. Abt., Nürnberg 1856, Nachdruck Neustadt a. d. Aisch 1978, S. 14-15.

Wappen auf der südlichen Brandwand („Schlesien", „Österreich", „Bayern")

Zuordnung war. Phantasieformen konnten so neben den damals populären Wappen stehen. Auch auf den mittelalterlichen Bildteppichen des Klosters Wienhausen tauchen Phantasieformen auf; für die heraldischen Malereien in einem Kölner Wohnhaus (13. Jh.) mit 35 Wappen (u. a. „Böhmen" und „England") wird eine willkürliche und dekorative Auswahl angenommen, ebenso für die im „Haus zum Tor" in Zürich (Mitte 14. Jh.).[23] Auch hier im Haus Königstraße 51 lassen die Wappen kein eindeutiges Programm erkennen, das etwa direkt mit dem Auftraggeber in Verbindung stehen oder sich auf einen konkreten historischen Anlaß beziehen könnte.[24] Wappenfriese in profanen Gebäuden waren eine gängige Dekorationsform im Spätmittelalter, wie auch Lübecker Beispiele zeigen: In der Diele des Hauses Königstraße 28 begleitet ein Wappenfries einen Schöpfungszyklus (Ende 13. Jh.), im Haus Fischergrube 20 eine Darstellung des biblischen Gleichnisses vom verlorenen Sohn

---

[23] Meier, S. 1. – F. C. Heimann: Frühgotische Balken- und Deckenmalerei in einem Kölner Wohnhaus, in: Zs. für christliche Kunst 8, 1906, Sp. 237-244. – Charlotte Gutscher-Schmid: Bemalte spätmittelalterliche Repräsentationsräume in Zürich, in: Nobile Turegum multarum copia rerum, hg. v. Jürg E. Schneider, Zürich 1982, S. 75-127, hier S. 85.

[24] Clasen, S. 28, übernimmt die Wappenidentifizierung von Otto Kastorff. Hier sollen lediglich Zweifel an der Identifizierung einiger Wappen angemerkt werden. Deren Richtigkeit vorausgesetzt, ist kaum nachvollziehbar, wenn Clasen von „Städte-, Fürsten- und Länderwappen im Bereich der Zielhäfen des hansischen Seehandels" auf der Nordwand spricht, da diese Deutung zum einen von einer Unterscheidung zwischen Nord- und Südwand ausgeht, zum anderen die Wappen von Böhmen und der Grafen von Schwerin dann nicht an die Nordwand gehörten.

(Mitte 14. Jh.).[25] Dennoch waren die Wappenreihen mehr als nur Dekoration, auf jeden Fall sollten sie in einem Bürgerhaus Standesbewußtsein und Exklusivität verdeutlichen. Viele Bürger Lübecks – meist als Fernhandelskaufleute Mitglieder der städtischen Führungsgruppe – trugen selber Wappen und demonstrierten damit ihre Nähe zum Adel und zu dessen Kultur.

Das Band, das unterhalb des Wappenfrieses verläuft, zeigt ein ungewöhnliches symmetrisches Ornament aus senkrechten Geraden mit Querbalken, dreieckigen Spitzen und geschwungenen Linien. Das Muster wird vor alternierend rotem und braunem Hintergrund in einem gleichmäßigen Rapport als Fries an der Wand entlanggeführt. Es handelt sich um ein sogenanntes Kufisches Band. Dieses Ornament ist abgeleitet von der islamischen Schriftkunst, insbesondere vom Kufi, einer nach der Stadt Kufa benannten arabischen Schrift, die in eckigen Formen ein rhythmisches Schriftbild zeigt.[26] Die Formen entwickelten sich aus der freien Kopie arabischer Inschriften, die dann als stilisierte Grundmuster weiterentwickelt wurden und sich als Ornamente verselbständigt haben.[27] Sie kamen vom 12. Jahrhundert bis in das 14.

Kufisches Ornament auf der nördlichen Brandwand (Ausschnitt)

---

[25] Brockow/Eickhölter/Gramatzki, S. 427-428, 484-487 – Brockow, S. 44-47, 70-71, 77-79.

[26] Ernst Kühnel: Islamische Schriftkunst, Graz ²1972, S. 10.

[27] Kurt Erdmann: Arabische Schriftzeichen als Ornamente in der abendländischen Kunst des Mittelalters, Wiesbaden 1953, S. 474-513 (Akademie d. Wissensch. u. d. Literatur, Abh. d. geistes- u. sozialwissensch. Klasse, Jg. 1953, Nr. 9).

hinein vor. So ziert ein kufisches Ornament beispielsweise das Gewand des heiligen Laurentius auf dem in einer Lübecker Werkstatt um 1310/20 hergestellten Cismarer Altar.

Die Figuren unter den Blendbögen

Wenngleich das Wandbild unter dem linken Spitzbogen die einzige Christophorusdarstellung ist, die bisher in einem Lübecker Bürgerhaus freigelegt wurde, muß ihre Präsenz hier nicht verwundern. Der heilige Christophorus gehört zu den im Spätmittelalter am häufigsten dargestellten Heiligen. Auch in St. Jakobi, St. Marien und im Heiligen-Geist-Hospital war er zu sehen. Christophorus galt als Bewahrer vor einem plötzlichen und unvorbereiteten Tod ohne die Sterbesakramente. Er wurde volkstümlich verehrt und zählte zu den 14 Nothelfern. Seit dem 12. Jahrhundert dominierte in Westeuropa das Bild des Heiligen als Christusträger, ein Motiv aus der Christophoruslegende. Zunächst zeigten die Darstellungen einen oft riesenhaften Christophorus in einem langen Gewand, den von ihm getragenen Christus meist frontal als bärtigen Erwachsenen mit Segensgestus und Buch. Auf frühen Abbildungen ist der Heilige noch sehr starr und bewegungslos zu sehen, den Blick in die Ferne gerichtet. Später, seit dem ausgehenden 13. Jahrhundert, wurden die Darstellungen allmählich volkstümlicher: Christophorus, häufig auf einen Ast gestützt, erhielt menschlichere und bewegtere Züge, wie beispielsweise ein Wandbild im Nonnenchor des Klosters Wienhausen aus der Zeit um 1330 zeigt.[28] Die Darstellung in der Königstraße 51 kommt diesem sehr nahe, wirkt allerdings noch ein wenig altertümlicher; sie läßt sich in die Entwicklung der Christophorus-Ikonographie einordnen: Der Heilige ist nicht mehr ganz frontal abgebildet, mit leicht gedrehtem Oberkörper schreitet er (allerdings wohl ohne Stab) durchs bewegte (im unteren Wandbereich noch erkennbare) Wasser, den Blick auf das Jesuskind gerichtet, das seine Rechte zum Segensgestus erhoben hat und mit der Linken das Buch trägt. Er hat frappierende Ähnlichkeit mit dem Christophorus im Langen Haus des Heiligen-Geist-Hospitals. Ikonographisch sind beide Darstellungen identisch, auch Ausdruck, Haltung und Blickrichtung stimmen überein. Ein Zusammenhang beider Wandbilder ist evident.

Während der heilige Christophorus in der Königstraße 51 überlebensgroß dargestellt ist, sind die daneben auf Thronhockern sitzenden männlichen Figuren in einem deutlich kleineren Maßstab abgebildet. Alle drei tragen jeweils ein geschwungenes Schriftband vor dem Körper, das einen Text in gotischer Majuskel zeigt. Der Schrifttyp entstand am Beginn des 13. Jahrhunderts aus den Schriften der frühen Gotik. Das Kennzeichen dieser Majuskel ist die Durchbildung der einzelnen Buchsta-

---

[28] Friederike Werner: „Christophorus", in: Lexikon der christlichen Ikonographie, Bd. 5, Rom/Freiburg/Basel/Wien 1973/1994, Sp. 496-508, hier Sp. 497-502 – Hans Aurenhammer: Christophorus, in: Lexikon der christlichen Ikonographie, Bd. I, Wien 1959, S. 436-445. – Vgl. auch: Gertrud Benker: Christophorus. Patron der Schiffer, Fuhrleute und Kraftfahrer. Legende, Verehrung, Symbol, München 1975.

ben und das Abschließen offener Buchstaben, deutlich am „E" zu erkennen.[29] Die Majuskel war in Lübeck bis in das späte 14. Jahrhundert hinein gebräuchlich.[30]

Die Person unter dem zweiten Bogen ist frontal in einer starren Sitzhaltung mit nach vorne gerichtetem Blick dargestellt. Ihr bartloses Gesicht wirkt sehr jugendlich. Auf dem Kopf, der von einem Nimbus umgeben ist, sitzt eine gewaltige Krone. Die linke Hand umfaßt das Schriftband, die rechte hält vor dem Unterkörper ein Lilienzepter, das links neben dem Kopf endet. Außer Zepter und Krone sind keine weiteren Attribute, die eine Identifikation erleichtern, zu erkennen. Aus dem Gesamtprogramm wird aber – wie im folgenden noch erläutert – deutlich, daß es sich hier um eine Darstellung Salomos handeln muß. Salomo, Sohn Davids und König von Israel, gilt als der Verfasser biblischer Sprüche, Predigten sowie Psalmen und wurde meist mit den Königsinsignien abgebildet. Das Schriftband enthält hinter dem zerstörten Satzbeginn die Buchstaben: „*...MPLETVRIA•VIRV*".[31] Lediglich vor „VIRV" ist ein Worttrennungszeichen, über dem letzten Buchstaben ein Abkürzungszeichen zu erkennen. Die ersten Buchstaben bilden also ein bis auf den Beginn komplettes Wort; für die Vervollständigung gibt es wohl nur eine Möglichkeit: „COMPLETURIA VIRUM". Die Komplet (mittellat.: Completurium oder Completorium[32]) ist das Schlußgebet nach Vollendung des Tagewerks. Man kann hier also übersetzen: „Die Abendgebete der Männer".

Auch die zweite thronende Gestalt unter dem dritten Bogen ist mit Krone und Nimbus sowie Zepter dargestellt. Die bärtige Figur erscheint bewegter als die vorhergehende: Die rechte Schulter ist leicht erhoben, der Kopf geringfügig geneigt, die Augen blicken schräg nach unten. Die rechte Hand umgreift das Schriftband, die andere hält eine Harfe. Dieses Attribut weist den Herrscher als David aus. König David, auch Prophet und Dichter der Psalmen, galt im Mittelalter als vorbildlicher und gerechter Herrscher. In Einzeldarstellungen der Zeit wurde er meist als königlicher Sänger und Psalmendichter im Königsornat gezeigt, fast immer bärtig. In Gruppen erscheint er oft unter den Propheten, im Spätmittelalter ebenfalls in der Reihe der neun Helden.[33] Auch hier ist der Beginn des Schriftbandes zerstört. Zu erkennen ist: „*...OST•PIRA•VINVM*". Ergänzt man am Anfang ein „P", ergibt sich: „POST PIRA VINUM", übersetzt: „Nach den Birnen der Wein".

---

[29] Rudolf M. Kloos: Einführung in die Epigraphik des Mittelalter und der frühen Neuzeit, Darmstadt 1980, S. 129.

[30] Rosemarie Wesnigk: Formensprache lübeckischer Inschriften, in: Der Wagen 1952/53, S. 74-83, hier S. 75.

[31] Clasen, S. 57, erkennt – mit Vorbehalten – „[I]MPLET(VR) VRNA•VIRU(M)" und übersetzt: „Es wird gefüllt der Pokal der Männer".

[32] Mittellateinisches Wörterbuch, hg. v. der Bayerischen Akademie der Wissenschaften u. d. Akademie der Wissenschaften der DDR, II. Bd., München 1976, Sp. 1079.

[33] Robert L. Wyss: „David", in: Lexikon der christlichen Ikonographie, Bd. 1, Rom/Freiburg/Basel/Wien 1968/1994, Sp. 477-490.

Heiliger Christophorus (1. Blendbogen)

Die dritte thronende Figur rechts nahe der Rückwand trägt ebenfalls einen Nimbus, jedoch keine Krone. Das bärtige, nachdenklich wirkende Gesicht blickt schräg nach unten. Die rechte Hand liegt vor dem Körper, der Zeigefinger deutet auf das Schriftband. Die linke Hand umfaßt das Schriftband von unten. Auf dem Kopf sind zwei Hörner zu erkennen, die eine Identifizierung als Moses zwingend machen. Diese Darstellung beruht auf einer mißverständlichen Übersetzung des Bibel-Urtextes in der Vulgata, die das „strahlende" Antlitz des Moses mit „cornuta" („gehörnt") beschreibt.[34] Moses gilt als Anführer und Gesetzgeber des jüdischen Volkes. Seit dem 12. Jahrhundert wird er oft als bärtiger, kraftvoller Mann abgebildet, Einzeldarstellungen zeigen ihn in der Reihe der alttestamentarischen Patriarchen und Propheten. Auf dem Schriftband sind, ebenfalls nach einem nicht mehr erhaltenen Satzbeginn, folgende Buchstaben zu lesen: „...*VES•DIVES•NO•ONI•TEPORE•VIVES*". Über „NO" und „ONI" befindet sich jeweils ein Abkürzungszeichen, ebenso über dem „E" des vorletzten Wortes. Ergänzt man den Beginn nach einem spätmittelalterlichen, in mehreren zeitgenössischen Handschriften verzeichneten Spruch[35], heißt es: „O DI-

---

[34] Hanspeter Schlosser: „Moses", in: Lexikon der christlichen Ikonographie, Bd. 3, Rom/Freiburg/Basel/Wien 1971/1994, Sp. 282-297, hier v. a. 285.

[35] Hans Walther: Proverbia sententiaeque Latinitatis medii aevi. Lateinische Sprichwörter und Sentenzen des Mittelalters in alphabetischer Anordnung, 9 Bde., Göttingen 1963-1986, Nr. 19451 – Jakob Werner: Lateinische Sprichwörter und Sinnsprüche des Mittelalters aus Handschriften gesammelt, Heidelberg 1966 – J. Eiselein: Die Sprichwörter und Sinnreden des deutschen Volkes in alter und neuer Zeit, Freiburg 1840, S. 526.

Salomo (2. Blendbogen)

VES, DIVES, NON OMNI TEMPORE VIVES".[36] Hier wird auf die Vergänglichkeit des irdischen Lebens hingewiesen, übersetzt etwa: „Du bist reich, aber lebst nicht alle Zeiten".

Das gezeigte Programm[37] erschließt sich durch die Darstellung unter dem zweiten Bogen. Das hier abgebildete, erste Schriftband weist auf das Abendgebet hin: „Completurium [...] ist derjenige Bestandteil des Breviers, welcher das Tagesofficium abschließt. Als die siebente und letzte der canonischen Tageszeiten folgt das Completurium auf die Vesper und bildet das Abendgebet [...]."[38] Obwohl vor allem eine Liturgieform des Klerus und ein Teil des Gottesdienstes in vielen Pfarrkirchen, wurde das Stundengebet (zumindest partiell) auch von Laien in ihre private Frömmigkeit übernommen. Die Komplet war ein kurzes und recht subjektiv gehaltenes Gebet am Ende des Tages. Wichtigstes Element des Stundengebets bildeten die Psalmen, die Komplet hatte ihre eigenen (Ps 4, 90, 133, oft auch 30, 1-6).[39] Angesichts der

---

[36] Clasen, S. 58, ergänzt den Satzbeginn zu „QUAMVIS" und übersetzt: „Obwohl reich, wirst du nicht allzeit leben".

[37] Clasen, S. 68-82, erkennt in den Figuren (von links nach rechts) den hl. Christophorus, den hl. Olav, David und Salomo.

[38] Wetzer und Welte's Kirchenlexikon, 2. Aufl., 3. Bd., Freiburg im Breisgau 1884, Sp. 768.

[39] „Stundengebet", in: Lexikon des Mittelalters, Bd. 8, München/Zürich 1996, Sp. 260-266, hier v. a. Sp. 261, 265.

David (3. Blendbogen)

Bedeutung der Psalmen für das Gebet – der Psalter war das Gebetbuch schlechthin – verwundert in diesem Zusammenhang die Darstellung Davids im rechts anschließenden Feld nicht: David gilt als Urheber der Psalmen. In vielen Psalterien wurde er deshalb als königlicher Sänger dargestellt. Der ihn begleitende Spruch „POST PIRA VINUM" – „Nach den Birnen der Wein" – erscheint hier zunächst beziehungslos. Ungewöhnlich ist er jedoch nicht: In ähnlicher Form wird er durch einige mittelalterliche Handschriften überliefert[40] und kann somit als damals geläufiger Sinnspruch betrachtet werden. Birnen wurde im Mittelalter eine heilsame Wirkung zugesprochen, besonders im Zusammenhang mit der Einnahme von Wein.[41] Doch nicht nur als gesundheitsfördernde Lebensweisheit, sondern eher als eine Art Trinkspruch muß der Satz verstanden werden, als eine Aufforderung zum Genuß des Weines. Damit erscheint uns der Sinnspruch zunächst wenig fromm – ob er auch einen religiösen Hintersinn enthielt, sei hier dahingestellt. Doch in der Bibel wird Wein keineswegs generell mißbilligt, so auch nicht im Psalter, wo er etwa in Psalm 4 erwähnt wird. Dieser Psalm ist der erste der Komplet und wird durch seine Überschrift David zugeschrieben! Wein galt gleichfalls als den Menschen erfreuendes Getränk, als ein Geschenk des Schöpfers (vgl. Ps 104). Wenn hier Wein und damit der Hinweis auf irdische Annehmlichkeit im Zusammenhang mit David auftaucht, dann ist dies auch

---

[40] Walther (u. a. Nr. 602, 7499, 9374, 22040, 22043) – Ludwig Herhold: Lateinischer Wort- und Gedankenschatz, Hannover 1887, S. 201.

[41] I. Müller: „Birne, Birnbaum", in: Lexikon des Mittelalters, Bd. 2, München/Zürich 1983, Sp. 225.

Moses (4. Blendbogen)

in anderer Hinsicht sinnvoll: David wurde im Mittelalter als Vorbild des adligen Dichters und Sängers gesehen.[42] Aus der Bibel wird hier die Legitimation für eine fröhliche oder auch beschauliche Runde mit Wein und Musik abgeleitet. Daß im Rahmen eines heiteren und besinnlichen Beisammenseins am Abend diese weltlichen Freuden mit einem Dank an den Schöpfer verbunden wurden, macht der Gesamtzusammenhang deutlich.

Auch Moses – unter dem rechten Bogen dargestellt – wird in den Überschriften zweier Psalmen als deren Urheber genannt. So wird ihm der zweite Psalm der Komplet (Ps 90) zugesprochen, in dem an die Vergänglichkeit des menschlichen Seins erinnert wird. Und genau diese Aussage vermittelt auch das Spruchband „O DIVES, DIVES, NON OMNI TEMPORE VIVES". Der Satz fordert dazu auf, trotz des Reichtums den Tod nicht zu vergessen; er kann gleichsam als Zusammenfassung des Psalminhalts verstanden werden. Es werden hier keineswegs die Freude am Leben und der Reichtum abgelehnt oder als nichtig betrachtet, wie dies in anderen Texten der Bibel, unter anderem in den Sprüchen Salomos, zum Ausdruck gebracht wird. Auch bei diesem Satz handelt es sich um einen damals wohl bekannten Sinnspruch.

Es liegt nun nahe, in der ersten sitzenden Figur neben Moses und David Salomo zu erkennen, der ebenfalls als Verfasser von Psalmen galt. Als in der historischen Abfolge letzte der abgebildeten alttestamentarischen Personen – als jüngster erscheint er auch

---

[42] Hugo Steger: David rex et propheta, Nürnberg 1961, hier u. a. S. 146.

hier – führt er die Reihe der Thronenden an. Schon durch das in den Bildern dargestellte Lebensalter der Figuren ergibt sich eine plausible Reihenfolge: Moses zeigt sich als bärtiger Greis, David als abgeklärter, gereifter und Salomo als sehr junger Mann. Dargestellt sind hier drei, wenn man das Christuskind einbezieht, vier Lebensalter: Kindheit, Jugend, Mannheit, Alter. Personifikationen der drei oder vier Lebensalter waren im Mittelalter häufig, viele Darstellungen der Heiligen Drei Könige vor dem Christuskind sind ein Beispiel dafür.[43] Die hier an zweiter Stelle abgebildete Figur entspricht den Bildern Salomos im hohen und späten Mittelalter: Salomo erscheint häufig, oft neben David, mit den Königsinsignien Krone und Zepter.[44] Er wurde als besonders weiser und gerechter Mann verehrt. Gleichfalls seine sprichwörtliche Weisheit begründet seine Position als einleitende Figur. Durch seinen klugen Hinweis auf die Komplet werden die Reihe und das Programm verständlich.

Wie auch David galt Salomo als königlicher Vorfahr Christi. Beide ergeben einen typologischen Bezug zu Christus. Somit entsteht ein Zusammenhang zur Darstellung des heiligen Christophorus mit Christus (obwohl der Christusträger keine biblische Gestalt ist). Hier werden – wie in vielen mittelalterlichen Handschriften – drei Gestalten des Alten Testaments als Präfiguration der Heilsgeschichte des Neuen Testaments dargestellt. Daß dieser Zusammenhang ausgerechnet durch den heiligen Christophorus angedeutet ist, läßt sich wohl nur mit der besonderen Bedeutung des Heiligen für den Auftraggeber erklären. Christophorus setzt sich, allein formal durch die Art der Darstellung, von den biblischen Gestalten ab; er gehört ja auch nicht in die Reihe, aber erst durch ihn wurde das Programm aktuell und vollständig.

Die Darstellungen unter den vier Spitzbögen im hinteren Dielenbereich müssen als eine subjektive Interpretation des liturgischen Abendgebets verstanden werden. Sie sind Ausdruck der persönlichen Frömmigkeit ihres Auftraggebers. So wie viele Gebetbücher der Zeit, die sich von den liturgischen Texten lösten, ist auch dieses Programm individuell gehalten. Zur stillen Andacht und einfühlenden Betrachtung sind die Darstellungen sicher nicht prädestiniert. Allein die Schriftbänder machen dies deutlich. In ihnen kommt die Aussage des gesamten Raumprogramms zum Ausdruck: der Hinweis auf weltliche Freuden und die Aufforderung, diese zu genießen, wie auch die Erinnerung an die darüber stehende göttliche Ordnung, der all dies zu verdanken ist. Ein verschmitzt formulierter, diesseitig ausgerichteter Sinn hinter den vordergründig gottesfürchtigen Darstellungen muß angenommen werden.

---

[43] Wilhelm Wackernagel: Die Lebensalter, Basel 1862, S. 16-17.

[44] Bernhard Kerber: „Salomo", in: Lexikon der christlichen Ikonographie, Bd. 4, Rom/Freiburg/Basel/Wien 1972/1994, Sp. 15-24.

Der Auftraggeber und seine Absichten

Die mittlere Königstraße gilt als bessere und damit „teure" Wohngegend im spätmittelalterlichen Lübeck[45]; zum Erwerb eines Hauses in dieser Lage mußte ein Vermögen ausgegeben werden, das nur wenige Bürger besaßen. Auch die Wandmalereien in der Diele des Hauses Nr. 51 waren sicher kostspielig. Der Auftraggeber dieser Ausstattung muß sehr wohlhabend gewesen sein.

In ihrem ersten Eintrag 1289 nennen die Schröderschen Topographischen Regesten der Lübecker Oberstadtbücher *Borchardus Paron* als Eigentümer des Hauses. 1303 wurde es durch seinen Sohn verkauft. Neuer Eigentümer wurde *Radolfus Campsor*. Dessen Witwe verkaufte das Haus 1325 an *Hinricus Mor*.[46] Als Auftraggeber der Malereien müssen wir – entsprechend ihrer Datierung – Radolfus Campsor betrachten. Dieser besaß (zeitweilig) noch die Häuser Mühlenstraße 62-66 und 68-70.[47] Die exklusive Lage des Hauses, der Zeitpunkt des Erwerbs (vor den anderen Häusern) sowie die prächtige Ausstattung sprechen dafür, daß Campsor in der Königstraße 51 selbst wohnte.

Viel wissen wir nicht über Radolfus Campsor. Immerhin taucht er, wie auch Hinricus Mor, im Kämmereibuch unter den von 1316 an durch die Stadt konzessionierten Wechslern auf, die dafür eine Gebühr zu zahlen hatten.[48] Die Wechsler betrieben ihre Geschäfte in Buden auf der Nordseite des Marktes.[49] Ihre Hauptaufgabe war der Tausch unterschiedlicher Geldsorten. Des weiteren boten sie wahrscheinlich bankähnliche Dienstleistungen an. Für die Tätigkeit der Wechsler war die Schriftlichkeit unverzichtbar, wichtig waren auch weitreichende Verbindungen, um Informationen über den Finanzmarkt zu bekommen. In den Wechselstuben des späten Mittelalters können die „Vorläufer der heutigen Instrumentalbanken" gesehen werden.[50]

Wie die Tätigkeit von Radolfus Campsor ablief und welche Geschäfte er im einzelnen betrieb, wissen wir nicht. Die Diele des Hauses Königstraße 51 wird eine wichtige

---

[45] Rolf Hammel: Räumliche Entwicklung und Berufstopographie Lübecks bis zum Ende des 14. Jahrhunderts, in: Lübeckische Geschichte, hg. v. Antjekathrin Graßmann, Lübeck 1988, S. 50-76, hier S. 66.

[46] Schrödersche Topographische Regesten, Johannis Quartier 880.

[47] Personenkartei im Archiv der Hansestadt Lübeck.

[48] Urkundenbuch der Stadt Lübeck, hg. v. Verein für lübeckische Geschichte u. Altertumskunde. Codex diplomaticus Lubecensis. Lübeckisches Urkundenbuch, Iste Abteilung, 2. T., Lübeck 1858, S. 1049-1050. – Eine verwandtschaftliche Beziehung Radolfus Campsors zur alten, dem Rat sehr nahestehenden Lübecker Familie Campsor ist nicht nachzuweisen. Diese stellte mit Johann (1250-1263), Gottschalk (1292-1305) und Gerhard (1322-1325) drei Ratsherren (Emil Ferdinand Fehling: Lübeckische Ratslinie, Lübeck 1925, Neudruck 1978 (Veröff. z. Gesch. d. Hansestadt Lübeck, Bd. 7, H. 1), Nr. 174, 278, 320), von denen jedoch (nach 1290) keiner Wechsler war (Lübeckisches Urkundenbuch, s. o., S. 1033, 1048-1050).

[49] Vgl.: Carl Wilhelm Pauli: Lübeckische Zustände zu Anfang des vierzehnten Jahrhunderts, sechs Vorlesungen, gehalten in den Jahren 1838 bis 1847, nebst einem Urkundenbuche, Lübeck 1847, S. 55.

[50] Wolfgang von Strohmer: Funktion und Rechtsnatur der Wechselstuben als Banken in Oberdeutschland, den Rheinlanden und den mitteleuropäischen Montanzentren im Spätmittelalter, in: Bankhistorisches Archiv. Zs. zur Bankgeschichte, 5. Jg., H. 1, Juli 1979, S. 3-35, Zitat S. 32.

Funktion im gesellschaftlichen und geschäftlichen Leben des Hauseigentümers eingenommen haben. Nur so sind die aufwendigen Malereien zu erklären. Überhaupt waren gotische Dielenausmalungen in Lübecker Häusern keine Seltenheit. Ihre Vielzahl belegt einmal mehr den repräsentativen Charakter der Diele im Lübecker Haus des späten Mittelalters. Die Diele hatte oftmals einen halböffentlichen Charakter, diente als Kaufhalle und Foyer.[51] Hier wurde gearbeitet, gehandelt, gefeiert, „gewohnt", wurden Waren gelagert und Gäste empfangen. Die Malereien, die in der Diele des Hauses Königstraße 51 zu bewundern waren, demonstrierten den Wohlstand und die Bildung, nicht zuletzt aber auch die Frömmigkeit des Auftraggebers. Die Wappen verdeutlichten den hohen gesellschaftlichen Stand des Hausherrn, seinen exklusiven Geschmack, seine mondäne Lebenshaltung und bedeuteten möglicherweise – unabhängig von ihrer Identifizierbarkeit – einen Hinweis auf seine weitreichenden Beziehungen. Die Darstellungen im hinteren Dielenbereich waren Ausdruck seiner Frömmigkeit, letztlich auch seiner Weltanschauung. Man kann sich vorstellen, daß unter den vier Spitzbögen am Ende des Tages der Hausherr mit seiner Familie oder seinen Freunden gesessen und den Tag in einer fröhlichen und geselligen, aber auch andachtsvollen Runde hat ausklingen lassen. Annehmlichkeiten des Lebens und die Freude daran wurden durch die Malereien als in Einklang mit der göttlichen Ordnung stehend dargestellt. Tatsächlich war das Verhältnis der Kirche zu Reichtum damals widersprüchlich: Armut galt als christliches, jedoch nicht der akzeptierten Lebensrealität entsprechendes Ideal. Folglich konnte es bei Kaufleuten – und erst recht bei den im Geldgeschäft tätigen Wechslern – durchaus zu seelischen Konflikten bei ihrem Streben nach Gewinn kommen. So ist hier vielleicht auch das durch Reichtum und Luxus hervorgerufene schlechte Gewissen und das Gefühl, nicht gottgefällig zu leben, durch die Darstellung eines Heiligen und dreier Gestalten des Alten Testaments, quasi den Hinweis auf Gott, kompensiert worden.[52] Die Menschen im späten Mittelalter waren sehr gottesfürchtig. Schon zu Lebzeiten etwas für das Seelenheil zu tun, erschien notwendig; Gebete, Almosen und Stiftungen boten Gelegenheiten dazu, auch fromme Bilder im Haus. Ein unvorbereiteter Tod galt als schlimmer Tod. Der heilige Christophorus versprach nach damaligen Vorstellungen Schutz vor einem unvermittelten Tod und bewahrte damit vor der Verdammnis im Jenseits. Das Heiligenbild für den Hausgebrauch kann in dieser Zeit, vor der weiten Verbreitung von Bildern durch die Tafelmalerei und die Drucktechnik, als eine Vergünstigung in bezug auf das erhoffte Seelenheil verstanden worden sein.

---

[51] Jens-Christian Holst: Beobachtungen zu Handelsnutzung und Geschoßbildung an Lübecker Steinhäusern des Mittelalters, in: Hausbau in Lübeck, hg. i. A. d. Arbeitskreises f. Hausforschung e. V. v. Konrad Bedal, Sobernheim 1986, S. 93-144 (Jb. f. Hausforschung 35, 1984/86), hier v. a. S. 101-102.

[52] Die Malereien können in diesem Sinne eine Mentalität spiegeln, die kennzeichnend für einen häufig konstatierten „besonderen Frömmigkeitsstil" des Kaufmanns sein kann (Franz Irsigler: Kaufmannsmentalität im Mittelalter, in: Mentalität und Alltag im Spätmittelalter, hg. v. Cord Meckseper u. Elisabeth Schraut, Göttingen 1985, S. 53-75, Zitat S. 60). Rational abgewogen wie seine Handelsgeschäfte waren womöglich auch seine Religiosität, die Taten für das Seelenheil und die Selbstdarstellung. – S. auch: Aaron J. Gurjewitsch: Das Weltbild des mittelalterlichen Menschen, dt. Dresden 1978, S. 247-326.

Das Programm hier in der Diele des Hauses ist nach unserem Kenntnisstand ohne Parallelen. Es ist so ungewöhnlich, daß wir es als individuelles und geistreiches Manifest seines Auftraggebers ansehen müssen. Unabhängig davon, ob dieser nun einen Berater gehabt hat, belegt es doch eine ansehnliche Bildung, nämlich Lateinkenntnisse und erhebliches theologisches Verständnis, nicht zuletzt auch eine Menge Esprit. Wie gestiftete Altäre oder oft aufwendige Gebetbücher waren die Darstellungen in der Königstraße 51 gleichermaßen eine Form der Repräsentation. Auf jeden Fall demonstrierten die Wandmalereien in der Diele, neben den vielen anderen in Lübecker Bürgerhäusern, nicht zuletzt den Stolz und die Eitelkeit der Lübecker Oberschicht, die mit aufwendigen Wandmalereien in den eigenen Häusern ihren gesellschaftlichen Status zum Ausdruck brachte.

Fazit

Die Dielenausmalung aus dem frühen 14. Jahrhundert, die im Haus Königstraße 51 entdeckt wurde, muß zu den weit über Lübeck hinaus bedeutendsten uns bekannten Wandmalereien in profanen Gebäuden gerechnet werden. Nach ihrer Freilegung lediglich gesichert, also ohne restauratorische Überarbeitung, stellt sie heute eines der wenigen authentisch erhaltenen Zeugnisse lübeckischer Wandmalerei des späten Mittelalters dar, dessen Anschaulichkeit derzeitig lediglich unter der unangemessenen Präsentation leidet. Auch kulturgeschichtlich ist die Wandmalerei von außerordentlicher Bedeutung. Weltliche Statussymbole, nämlich Wappen, stehen direkt neben einem frommen Bildprogramm. Dieses Nebeneinander verdeutlicht die enge Verbindung von weltlichen und religiösen Aspekten in der Denkweise der Menschen des späten Mittelalters. Wir haben hier einen weiteren Beleg für die Affinität der Lübecker Oberschicht zu einer adelsähnlichen Kultur. Die Malereien sind Audruck des Standesbewußtseins, nicht zuletzt aber auch der Frömmigkeit ihres Auftraggebers.

Längst ist noch nicht alles gesagt zu dieser beeindruckenden Dielenausmalung. Die vorgestellte Interpretation kann sicher noch konkretisiert werden. Die Zugänglichkeit der Malereien in einem Laden wird die Diskussion hoffentlich beleben. Vor einer Überinterpretation kann freilich nur gewarnt werden: Wir können heute die Gedanken und Intentionen der Menschen im Mittelalter nicht mehr vollständig rekonstruieren.

STROBUK UND SMETHUSEN

ZUR ÄLTESTEN GRABPLATTE IN ST. KATHARINEN UND IHRER INSCHRIFT

Adolf Clasen

„Hier liegt Herr Johannes ... und dessen Sohn ... [und] ..., Ehefrau von Thidemann Smethusen, die im Jahre des Herrn 1325 am Tag nach dem Evangelisten Lukas (19. Oktober) starb." Nur lückenhaft ist die Inschrift auf dieser frühesten Grabplatte des Gotteshauses in der Königstraße auf uns gekommen[1]. Wie bei mittelalterlichen Grabplatten üblich, verläuft sie, Buchstabe nach Buchstabe sorgfältig und mit künstlerischem Anspruch in den Stein gehauen, von schmalen Leisten oben und unten eingefaßt, parallel zum Rand und bildet so den dekorativen Rahmen für das Rechteck der Plattenoberfläche. Das Mittelfeld, von einem eingeritzten Viereck schmucklos eingefaßt, füllt das lebensgroße Bildnis einer Frauengestalt, deren Haupt auf ein rosettenverziertes Kissen gebettet ist. Unter ihren betend zusammengelegten Händen ist die Vertiefung für den - im heraldischen Sinn - rechtsgelehnten Wappenschild zu sehen, der einst eine Metalleinlage trug, die aber heute nicht mehr vorhanden ist. Die Heraldik ist im einzelnen nicht mehr zu bestimmen. Eine im unteren Mittelfeld stehende Inschrift „Marten Lowe und sinen Erben - 76" bezieht sich auf die spätere Wiederverwendung[2] dieser Grabplatte. Daß die aus dem Mittelalter stammenden Platten, die in großer Zahl unsere Kirchen füllen, im 16. und 17. Jahrhundert erneut zur Grabbedeckung genutzt wurden, war verbreitet und üblich.
Beschädigungen waren keine Seltenheit. So stellt es nichts Ungewöhnliches dar, wenn auch diese Grabplatte - man findet sie im nördlichen Seitenschiff in den Boden der sogenannten Crispin-Kapelle eingelassen - nicht in heilem Zustand auf uns gekommen ist. Dadurch ist der Familienname des zuerst genannten Verstorbenen unleserlich, und die Namen von dessen Sohn und auch noch der Name der Ehefrau sind verloren. Doch ist die Beschädigung dieser Grabplatte von anderer Art, als sie uns üblicherweise begegnet. Haben wir es sonst, von Kriegseinwirkungen einmal abgesehen, meist mit Verwitterungsfolgen zu tun, oder die Gesteinsoberfläche ist durch Generationen von Kirchgängern abgetreten und geglättet worden, hat zu den Lücken in unserer Inschrift ein wohl mutwilliges Zerstörungswerk geführt. Denn die letztgenannten beiden Namen, die ihren Platz auf der rechten Langseite nebeneinander einnahmen, sind offenbar herausgeschlagen worden, als ob die Inschrift an dieser Stelle gründlich und mit handwerklichem Können bis in die Tiefe ausgeräumt werden sollte. Die Suche nach einem Vermerk in den Akten bleibt ohne Ergebnis. So wird die

---

[1] Zum Textbefund heute vgl.: BKD 4, S. 132 f. (Faksimile-Wiedergabe).

[2] Marten Lowe war Rotlöscher in der Hundestraße. Er kaufte diese Grabstätte 1576 (AHL: Personenkartei; BKD 4, S. 133 Anm. 1).

vorsätzliche Tilgung, die hier einmal vorgenommen wurde, wohl ungeklärt bleiben müssen.

Die Namenslücken zu schließen, ist der Sinn der folgenden Überlegungen.

Zur Grabschrift

Von dem darin genannten Thidemann Smethusen ist bekannt, daß er im Besitz des Lübecker Bürgerrechts war[3]. Tätigkeiten als Testamentsvollstrecker und als Vormund erhärten diesen Tatbestand. Darüber hinaus ist es so gut wie sicher, daß er mit der Lübecker Familie Strobuk schon von seinem Vater her - zu der hier angenommenen Vater-Sohn-Beziehung unten mehr - nahestand. Jedenfalls existiert eine in dem Zusammenhang aufschlußreiche Eintragung im Städtischen Urkundenbuch, daß „Smithusen (der Schreiber bevorzugte also die Namensschreibung mit -i-) und sein Schwiegervater Johannes Strobuk" im Falle der Einberufung oder, um es in der Sprache der Zeit zu sagen: wenn der Vogt zu den Waffen rief, zur gemeinsamen Gestellung eines gezäumten Streitrosses verpflichtet waren[4]. Obschon die Grabschrift Johannes Strobuk als dominus bezeichnet, ein Titel, der den Ratsmitgliedern zustand, haben wir es hier wohl nicht mit einem Ratmann zu tun. Denn Mitgliedschaft in diesem Gremium ist für Johannes Strobuk nicht belegt[5]. Aber abgesehen davon, daß das lateinische Wort auch den Schwiegervater bezeichnen kann[6], wie offenbar in der obigen Urkunde, nahm man es im frühen 14. Jahrhundert mit diesem Titel noch nicht so genau. Er ist kein untrügliches Zeichen für Ratsmitgliedschaft. Wenn wir nun der Vermutung folgen, daß Johannes Strobuk der Schwiegervater von Thidemann Smethusens Vater war, dann deshalb, weil eine Eintragung im Oberstadtbuch, dem Register der Grundbesitzveränderungen in der Hansestadt, auf diese Spur führt. Ein Tidericus (Dietrich) Smethusen ist für 1293 als Besitzer des Hauses Braunstraße 24 bezeugt. Er stand damit in einem nicht so fernen Nachbarschaftsverhältnis zu Johannes Strobuk, dem das Haus Nr. 30 gehörte. Wenn wir in Tidericus Smethusen jenen Schwiegersohn vermuten, der mit Johannes Strobuk zu gleichem Waffendienst berufen war, entbehrt das Nachbarschaftsverhältnis zwar der unmittelbaren Zeugniskraft, bietet aber doch für eine Ehe unter Kindern einen lebensnahen Rahmen. Leider ist die Verbindung des Tidericus Smethusen mit Johannes Strobuks Tochter Elisabeth (siehe Abbildung 1) in den Quellen nicht nachzuweisen. Das Smethusensche Haus in der Braunstraße wurde übrigens im Jahre 1316 verkauft. Zu der Zeit wird Tidericus

---

[3] UBBL 1, Nr. 543 (25. Januar 1329).

[4] Vgl.: UBL 2, Nr. 1016, A und B (zu 1292): Nr. 1016 A (S. 940, Wert des Aufgebotes): „Johannes Strobuc et Smidhusen dextrarius XIX marc., duo equi X marc." (Johannes Strobuc und Smidhusen: ein Streitroß von 19 Mark, zwei Pferde von 10 Mark); Nr. 1016 B (S. 941, Gestellungspflicht): „Smithusen et suus dominus dextr(arium) fall(eratum)" (Smithusen und sein Schwiegervater (stellen) ein gezäumtes Streitroß).

[5] Fehling, Ratslinie, kennt ihn nicht.

[6] Zu dominus = socer (Schwiegervater) vgl.: Friedrich Techen, UBL - Wort- und Sachregister zu Bd. 1-11, Lübeck 1932, S. 112.

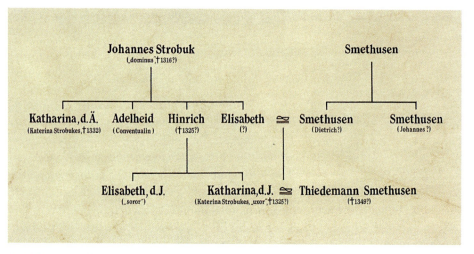

Abbildung 1: Entwurf eines Stammbaums für Thidemann Smethusen und seine Frau Katharina, geb. Strobuk

Smethusen schon verstorben gewesen sein, denn nicht er tritt als Verkäufer auf, sondern an erster Stelle Hinrich Strobuk, der Sohn des Johannes, aber nicht allein. Außer ihm werden auch seine „Kinder" genannt (wahrscheinlich handelte es sich um seine zwei Töchter, obwohl nach dem Sprachgebrauch als pueri bezeichnet; zu ihnen ausführlich unten), und außerdem Thidemann („Tideco") Smethusen. Es hat demnach den Anschein, daß das Haus von Tidericus an Thidemann Smethusen und an Hinrich Strobuk und dessen Töchter - zu gleichen Teilen? - übergegangen war. Ob auf Grund eines testamentarischen Vermächtnisses, bleibt Sache der Spekulation.

Jedenfalls ist der Besitzerwechsel, wie überhaupt bei manchen Transaktionen in den frühen Jahren der Grundbuchführung, nicht aktenkundig gemacht worden. Ein Vermerk darüber fehlt. Umso bedeutsamer erscheint uns der Verkaufseintrag von 1316 wegen der Mitwirkung Thidemanns. Denn für die Kombination, daß dieser des Tidericus Sohn gewesen ist, kommt ihm zeugnishafte Bedeutung zu. Ohne Zweifel können wir in ihm darüber hinaus auch einen zusätzlichen Beweis für die zwischen beiden Familien bestehende Verbundenheit erkennen. Sollte nun mit Johannes Strobuk der in der Grabschrift Erstgenannte zutreffend erschlossen sein, ist es so gut wie sicher, daß unter „filius eius" dessen einziger Sohn Hinrich zu verstehen ist. Die Probe aufs Exempel, ob unsere Schlüsse brauchbar sind, kann nur an der Grabplatte selbst vorgenommen werden. Wie die Lücke hinter „d(omi)n(u)s : ioh(ann)es" zeigt, war der Nachname einst zweigeteilt, und er setzte sich, von dem quadratischen Eckornament unterbrochen, auf der rechten Langseite der Platte fort, wo wir am Anfang eine entsprechende Lücke haben. Wie der Name getrennt wurde (Stro-buk? Oder, wahrscheinlicher: Str-obuk) erscheint eher unerheblich - genug, daß die sieben Buchstaben dem Lückenausmaß zu entsprechen scheinen. Was nun die Konjektur des Namens Hinrich angeht, liegt die Bestätigung vor den Augen. Da Hinricus, so die lateinische Form, nach der epigraphischen Schreibung zweimal gekürzt wurde, einmal am Ende durch einen Haken (Apostroph), und zum anderen im Wortinnern durch einen Kürzungsstrich (für das weggefallene N), kommt es einer Bestätigung der Konjektur gleich, daß der Kürzungsstrich erhalten ist. Genau dort, wo er über dem Namen hīric' zu erwarten wäre, hat der Strich - man möchte sagen „in alter Frische" (siehe Abbildung 2) - die Zeit überdauert!

Zur Familie Strobuk

Im Oberstadtbuch ist eingetragen, daß Johannes Strobuk, den wir als dominus, als Schwiegervater eines Smethusen kennengelernt haben, 1291 Eigentümer des Hauses Schüsselbuden 28 war. Das Haus fiel bei seinem Tode als Erbe - von einem Testament ist nichts überliefert - an zwei Kinder, woraus der Schluß gezogen werden kann, daß seine Frau (ihr Name ist nicht bekannt) vor ihm gestorben sein muß, sie wäre sonst zur Hälfte erbberechtigt gewesen[7]. Der Tod des Johannes Strobuk muß spätestens 1316

Abbildung 2: Die obere Hälfte der Smethusen-Grabplatte mit den Inschriftteilen: hic : iacet : dīns : ioh{es...} (oben); auf der rechten Seite jetzt nur noch: ...li' (oder: ili'?) eius : ... (Hierzu und zum Rest der Inschrift siehe Exkurs II.) – Über dem Anfang der langen Lücke rechts der Kürzugsstrich, der zu dem Namen Hinrich gehörte.

---

[7] C. W. Pauli, Lübeckische Zustände zu Anfang des 14. Jahrhunderts, Lübeck 1847, S. 105 und 110 (5. Kapitel: Zustände des Familien- und Erbrechts).

erfolgt sein, denn in dem Jahr wird über das Haus erbteilig verfügt. Die eine Hälfte fiel an die Tochter Katharina, die seit 1303 schon verwitwet war (sie ist uns durch die im St. Annen-Museum aufgerichtete Grabplatte von 1332 (siehe Abbildung 3) keine Unbekannte; zu ihr unten mehr), die andere Hälfte mußten sich der oben schon genannte Sohn Hinrich und seine beiden Töchter teilen. Hinrich indes zog es vor, sein Viertel an seine Töchter zu verkaufen, so daß diesen nunmehr das Halbhaus ungeteilt und ganz zu eigen war[8].

Im Zusammenhang mit Johannes Strobuks Erbe ist freilich darauf hinzuweisen, daß die Überlieferung zwei weitere Töchter nennt: Adelheid und Elisabeth[9]. Daß diese bei der Erbteilung unberücksichtigt blieben, erklärt sich am einfachsten dadurch, daß Adelheid wegen ihrer Zugehörigkeit zum geistlichen Stand - sie soll Nonne im St. Johannis-Kloster gewesen sein - von Grundbesitz ausgeschlossen war[10], während Elisabeth, unserer Hypothese nach die Mutter des Thidemann Smethusen, zum Zeitpunkt des Erbfalles, das heißt, zum Zeitpunkt von Johannes Strobuks Tod, wohl schon nicht mehr am Leben war.

Die beiden Töchter Hinrichs, Enkelinnen des Johannes, trugen wieder die in der Familie traditionellen Namen Elisabeth und Katharina, die wir fortan, um Verwechselungen mit den Schwestern ihres Vaters vorzubeugen, wo nötig, jeweils mit dem Zusatz „die Jüngere" (d. J.) versehen wollen. (Im anderen Fall erhält des Vaters Schwester Katharina den Zusatz „die Ältere", d. Ä.) Hinrich Strobuk ist vermutlich 1325 gestorben[11], denn in dem Jahr kann Elisabeth d. J. allein über das Halbhaus verfügen. Sie verkauft es (medietatem, wie es im Oberstadtbuch heißt) und trennt sich außerdem noch von zwei Vorratshäusern (domos frumenti), die die Schwestern in der Effengrube besaßen. Der Käufer war in beiden Fällen Thidemann Smethusen. Und hier schließt sich der Kreis, denn die Transaktionen werden noch 1325 getätigt, in dem Jahre also, das auf der Grabplatte in St. Katharinen als Sterbejahr von Thidemanns Frau genannt ist. Diese nämlich, die oben gleich erbberechtigte Schwester Katharina d. J. tritt bei diesen Geschäften nicht in Erscheinung. Von ihr ist nirgends die Rede. Darum ist es wohl kein zu gewagtes Vorgehen, wenn wir die zeitgleichen Fakten wie Elisabeths Alleinhandeln, Katharinas Abwesenheit, dazu auch den Sterbefall in der Grabschrift zueinander in Beziehung setzen. Die Kombination liegt

---

[8] „Katharina et Elizabeth filie Hinriki Strobukes emerunt ab ipso Hinrico patre eorum (!) quartam partem domus …, aliam quartam partem hujus domus dicti pueri (!) prius habuerunt, que eis fuit hereditata, et sic dimidia domus ista attinet eisdem" (Katharina und Elisabeth, die Töchter von Hinrich Strobuk, kauften von ihrem eigenen Vater ein Viertelteil des Hauses; einen weiteren vierten Teil dieses Hauses hatten die besagten Kinder vorher im Besitz, er war ihnen als Erbe zugefallen, und so gehört ihnen dieses Haus zur Hälfte): Schroeder, Marienquartier; S. 226.

[9] Nach Schnobel, S. 1596. Hier fehlt indessen der Sohn Hinrich.

[10] Man möchte in ihrem Fall eine geldliche Abfindung für wahrscheinlich halten. Da von einer solchen nichts überliefert ist, bleibt das eine Vermutung.

[11] Als eine indirekte Bestätigung für das Todesjahr 1325 kann die Erwähnung seiner Frau als Witwe im Jahr 1327 gelten (Schroeder, Marienquartier, S. 450 und 697). Ihr Name war Greta (ebd., Johannisquartier, S. 817, zu 1314). Er hatte sie, die selbst verwitwet war, wohl in zweiter Ehe geheiratet (ebd., Marienquartier, S. 450).

gewissermaßen auf der Hand, daß die in der Grabschrift genannte, am 19. Oktober 1325 verstorbene Ehefrau des Tidemann Smethusen mit Elisabeths d. J. Schwester Katharina identisch gewesen sein muß. Dazu gleich ausführlich.

Ohne Zweifel haben des Vaters und dann auch bald der Schwester Tod 1325 Elisabeths d. J. Leben von Grund auf verändert. Wenn sie sich jetzt von dem ererbten Immobilienbesitz, der ihr plötzlich zugefallen war, so rasch trennte, mögen Umstände sie getrieben haben. Aber das sind bloße Vermutungen. Auch wo sie blieb und danach Wohnung nahm, ist nicht überliefert. Ob etwa in der anderen Hälfte des Hauses Schüsselbuden 28, die ja nach wie vor im Besitz von Katharina d. Ä., Tochter des Johannes Strobuk, war, wäre eine spekulative Frage. Elisabeths Tante zog es jedenfalls vor, sich nicht von ihrem Besitzanteil an diesem Hause zu trennen. Erst nach ihrem Tode wurde das ihr gehörige Halbhaus, in dem sie aber nicht ihre Wohnung gehabt hatte, durch die Nachlaßverwalter veräußert. Wohnhaft war sie in dem Hause gewesen, welches sie als junge Witwe 1305 erworben hatte[12], das Haus Nr. 13 (heutiger Zählung) in der Königstraße, welches sie übrigens - dies als erneutes Indiz für die verwandtschaftliche Nähe - schon 1322 dem Sohn ihrer Schwester Elisabeth, Thidemann Smethusen, gegen die Zusicherung lebenslangen Wohnrechts übergeben und dann auch testamentarisch vermacht hatte.

Katharina d. J. die Ehefrau von Thidemann Smethusen?

Für die Annahme, daß Thidemann die Schwester Elisabeths d. J., Katharina, geheiratet hat und daß sich ihre Person hinter der uxor der Grabschrift verbirgt, fehlt ein eindeutiger Beleg. Doch ist es aufschlußreich, daß in den obengenannten Einträgen des Oberstadtbuches, die von Elisabeths Verkäufen handeln, sie stets als soror des Thidemann Smethusen angesprochen wird. Dieser Bezeichnung kommt in unserer Kombination die Bedeutung eines Zeugnisses zu, weil das lateinische Wort nicht allein die „Schwester" bedeutet, sondern auch in der Bedeutung von „Schwägerin" gut belegt ist[13]. Da im Oberstadtbuch Verwandtschaftsverhältnisse im allgemeinen nur dort angegeben sind, wo sie der Klarstellung bedürftig waren, ist die - wiederholte! - Angabe in diesem Fall bedeutsam. Indessen wären bei einer ehelichen Verbindung von Thidemann mit Katharina d. J., die Richtigkeit unserer Kombination vorausgesetzt, Geschwisterkinder die Ehe eingegangen, Enkelkinder beide des Johannes Strobuk (siehe Abbildung 1), eine nach kanonischem Recht zulässige, wenn auch wohl

---

[12] Katharina d. Ä., war die Witwe des 1303 verstorbenen Ratmannes Lodewicus (Ludwig) von Minden (ebd., Jakobiquartier, S. 523, zu 1294-1322). Vermutlich kann sie deshalb in ihrer Grabschrift den Titel „domina" führen. - Auch wenn Fehling, Ratslinie, Lodewicus von Minden nicht verzeichnet, könnte er identisch sein mit dem Rm. Lodewicus, der zu den am 16.11.1277 exkommunizierten „majores civitatis" gehörte (vgl.: UBBL 1, Nr. 264). Non liquet.

[13] Neben „ sororius" – Schwager. - Vgl.: Techen (wie oben Anm. 6), S. 464. - Wollte man unter soror hier die Schwester verstehen, müßte Hinrich Strobuk den Thidemann Smethusen adoptiert haben, was keine abwegige Vorstellung wäre.

nach bürgerlichem Recht der magistratischen Zustimmung unterliegende Verbindung[14]. Fazit: Der Ehe zwischen beiden werden rechtliche Hindernisse nicht im Wege gestanden haben. Wenn wir die Verbindung für wahrscheinlich ansehen, dann deshalb, weil sie unsere Fragen, die wir an die Zeugnisse zu richten haben, auf einfache Weise beantworten hilft. Es bleibt allerdings die Frage nach den epigraphischen Möglichkeiten. Anders: Läßt der Befund der Inschrift neben dem Namen Hinricus, den wir oben schon bestätigt gefunden haben, auch die Ergänzung des Namens Katharina zu?

(Exkurs I) Passen die Namen Hinricus und Katharina in die Lücke?

Zur Methode: Die oben beschriebene Lücke klafft zwischen den Wörtern „filius eius" und „Vxor thidemani smethusen" (Zum Gesamtcorpus der Inschrift siehe unten: Exkurs II). Bei den Wörtern, die eingefügt werden sollen, handelt es sich um die Namen „hinricus et katerina". Dabei wird sich herausstellen, daß auch der Familienname Strobukes[15] noch Platz gefunden hat! Zunächst gilt es, den Platzanspruch der Buchstaben rechnerisch darzustellen. Um das Vorgehen zu vereinfachen und praktikabel zu gestalten, wird der individuell unterschiedliche Platzbedarf der Buchstaben schematisiert. Je nach ihrer Gestalt, ob diese ungefähr auf Schaftbreite beschränkt (wie etwa: i, l, t; auch e, r und k sind schmal) oder mit Bogen versehen und damit breiter gestaltet ist (wie etwa: a, b, n, o, u), rechnet man in unserer Inschrift mit einer Buchstabenbreite von 3-4 cm. Bei dem Buchstaben s wird langes s (im Anlaut) und rundes s (im Auslaut) unterschieden; im Wortinnern wird die Schreibung variabel gehandhabt. Es spricht übrigens für die Qualität der Steinmetzarbeit, daß wir bei der jetzt folgenden Kalkulation nicht mit wechselnden Buchstabenabständen zu rechnen brauchen. Die Zuverlässigkeit der Kalkulation wird verbessert, wenn die Zentimeterwerte von Schwankungen unbeeinträchtigt bleiben. Zu ermitteln ist nunmehr der Platzbedarf der Namen Hinrich (epigraphisch: hīric') und Katerina, ferner des Bindewortes „et". Aber auch die vier Worttrenner (Doppelquadrate) sind zu berücksichtigen. Die Kalkulation ergibt folgende Werte:
1. hīric' (6 Buchstaben): ca. 20 cm
2. et (2 Buchstaben): 6 cm
3. katerina (8 Buchstaben): ca. 27 cm
4. 4 Worttrenner à 3 cm: 12 cm
Mithin bleibt ein Rest von 31 cm auf die Lücke von 96 cm Länge. Auch wenn der Platzbedarf nur in geschätzten Meßwerten angegeben werden kann, wird es wahrscheinlich, daß der Nachname der Frau Strobukes (9 Buchstaben = ca. 29 cm) in der Grabschrift enthalten war.

Thidemann Smethusen

Zieht man eine Bilanz aus den Zeugnissen der Überlieferung, hat er sein Vermögen mit Immobiliengeschäften erworben. Sein Name ist mit Grundbesitztransaktionen in verschiedenen Stadtquartieren verbunden (Ohne Anspruch auf Vollzähligkeit: Kö-

---

[14] So nach Ernestus Cothmann, Responsa sive consilia ac consultationes Juris, 3 Bände, Frankfurt 1610, Bd. 2, Nr. 69, §§ 12 und 13.

[15] Mutmaßliche Form von Vor- und Nachname (in Analogie zur Grabinschrift der Katharina Strobukes, siehe unten Anm. 21). - Der Nachname in der Form des (mittelniederdeutschen) Genitivs, vgl. auch oben Anm. 8: Hinriki Strobukes.

nigstraße 7, Breite Straße 54, Klingenberg 5, Dankwartsgrube 43, An der Untertrave 113)[16]. Schon das Halbhaus, Schüsselbuden 28, hatte er, nachdem er es seiner Schwägerin Elisabeth abgekauft hatte, unverzüglich weiterverkauft. Die Speicher in der Effengrube, die er auch seiner Schwägerin 1325, wie oben berichtet, abgekauft und rasch wieder verkauft hatte, kaufte er schon zwei Jahre danach (1327) wieder zurück, um sich 1336 endgültig davon zu trennen. Nach demselben Muster, Ankauf - Verkauf - Rückkauf und wieder Verkauf, verfuhr er auch mit dem Haus An der Untertrave 113. Das Haus seiner verstorbenen Tante Katharina Strobukes (so ihr Name auf der Grabplatte im St. Annen-Museum) in der Königstraße verkauft er nach ihrem Tode 1332 alsbald. Im Kämmereibuch der Stadt ist er auch als Grundbesitzer verzeichnet, mitsamt den Abgaben, die er zu leisten hatte. Mit dem Jahre 1349 hören die Einträge im Oberstadtbuch auf, nachdem er mehrere Häuser wegen Verschuldung hatte verkaufen müssen (Königstraße 7, Große Altefähre 24, Langer Lohberg 22/24, Ägidienstraße 20; auch ein „horreum", ein Speicher in der Königstraße war darunter). Vielleicht war auch er ein Opfer der schweren Depression, die in den 40er Jahren des 14. Jahrhunderts auf der Stadt lastete. Das Todesjahr ist unbekannt, wird aber wohl 1349 sein, denn im selben Jahr sind es seine Gläubiger, die über seinen Besitz verfügen.

Von seiner Grabstätte ist nichts bekannt.

„Hic jacet - Hier liegt begraben"?

Wenn die Grabschrift nicht auf die übliche, auf Grabplatten vorherrschende Weise mit „Anno Domini" und der Jahreszahl eingeleitet wird, sondern mit der in Lübeck erstmals, wie es den Anschein hat, gebrauchten Formel „Hic jacet" beginnt, könnte das zu der Annahme verleiten, daß die beiden Väter Johannes und Hinrich bereits in diesem Grab beigesetzt waren und dort „lagen", als im Oktober 1325 Katharina d. J. hier der Erde übergeben wurde. Doch steht dem die Baugeschichte der Kirche entgegen. Günther Jaacks, der die Fertigstellung des Chorumbaues auf etwa 1330 ansetzt[17], zieht aus der durch unsere Inschrift für 1325 bezeugten Bestattung wohl zu Recht den Schluß, daß die Crispin-Kapelle in dem Jahre fertiggestellt war[18]. Ob Hinrich Strobuk, der, wie oben festgestellt, wohl im selben Jahre verstorben war, in der Gruft Seite an Seite mit seiner Tochter bestattet war, muß wohl unentschieden bleiben. Immerhin lassen die beiden Worte der Eingangsformel diesen Gedanken zu. Was die Grabschrift anbelangt, erscheint es zwar spekulativ, aber nicht lebensfern, sich vorzustellen, daß Thidemann Smethusen die Absicht hatte, vielleicht ja zusam-

---

[16] Alle Einzelangaben nach: AHL, Personenkartei.

[17] Günther Jaacks, St. Katharinen zu Lübeck - Baugeschichte einer Franziskanerkirche, Lübeck 1968, S. 43.

[18] Stifter der Crispin-Kapelle war der BM (1301-1323) Segebodo Crispin (Fehling, Ratslinie, Nr. 270). Ein Grabstein von ihm ist so wenig bekannt wie Näheres über die Art der Beziehungen zwischen Crispin und Strobuk.

men mit seiner Frau, wenn ihr Vater vor ihr verstorben war[19], eine Grabplatte mit einer persönlichen Sterbeinschrift für Hinrich Strobuks Grab herstellen zu lassen, dann aber durch den Tod seiner Frau veranlaßt wurde, dieses Vorhaben aufzugeben und stattdessen den Namen seines Schwiegervaters mit der Sterbeinschrift für seine Frau zu verbinden.

Während es möglich ist, im Fall von Hinrich Strobuk für Grab und Grabschrift eine plausible Erklärung zu geben, sind die Schwierigkeiten größer, wo es um den Namen des Großvaters Johannes Strobuk geht. Daß er, der etwa 1316 verstarb, hier in der Crispin-Kapelle seine Grabstätte bekommen hat, ist wegen der in seinem Todesjahr dort zu vermutenden Bautätigkeit kaum anzunehmen. Die Formel „Hic jacet", wörtlich genommen, wird in seinem Fall bedeuten, daß er zwar in der Kirche, aber anderswo bestattet worden ist. Unterstellen wir, daß zur Zeit seines Ablebens der Neubau des aufragenden Chores in vollem Gange war, liegt die Vermutung nahe, daß er vielleicht im romanischen Langhaus des Vorgängerbaues beigesetzt wurde. Wie dem auch sei, der Verbleib seiner Grabplatte ist unbekannt, was damit zu tun haben kann, daß in der Katharinenkirche keine Grabplatte der Zeit vor 1325 erhalten ist[20]. An der Existenz einer ursprünglich eigenen Grabplatte wie auch einer eigenen Grabstätte zu zweifeln, ist aber kaum zulässig, weil das Begräbnisrecht in einer Kirche üblicherweise mit einer namhaften Zuwendung erkauft wurde, nicht selten mit der Stiftung einer Kapelle oder eines Altars. Wie seine Tochter Katharina d. Ä., die unter ihrem Namen Katharina Strobukes sich durch die Stiftung der Strobukes-Kapelle hervorgetan hat und so in die Baugeschichte der Katharinenkirche eingegangen ist (Abbildung 3)[21], wird auch Johannes Strobuk aus Sorge um sein Seelenheil sich das Begräbnis in der Kirche gesichert haben.

Sich der Voraussetzungen zu vergewissern, die zu einem Kirchengrab führten, bedeutet in unserem Fall, den Hintergrund unserer Grabschrift aufzuhellen, weil der Blick damit auf die Beziehungen gelenkt wird, die von Lübecker Familien mit den Minderbrüdern in der Königstraße zu beiderseitigem Vorteil gepflegt wurden. Wie es von anderen Geschlechtern der Stadt bekannt ist, etwa den Crispins oder den Lüneburgs, haben offenbar auch die Strobuks und Smethusens sich die Förderung des

---

[19] Da Katharina d. J. am 19. Oktober 1325 starb, spricht die Wahrscheinlichkeit für diese Reihenfolge. Wenn Elisabeth d. J. noch im selben Jahr ihr Halbhaus verkaufen und Thidemann Smethusen es seinerseits auch noch weiterverkaufen konnte, wäre der zeitliche Rahmen für beide Transaktionen eng, wenn der Vater zu einem noch späteren Zeitpunkt in diesem Jahr verstorben wäre.

[20] Wie die Strobuksche Grabplatte ist auch die des 1320 verstorbenen Bischofs Johann von Reval nicht mehr vorhanden (BKD 4, S. 77). Was mit den älteren Grabplatten geschah, ob sie erhalten und aufgerichtet oder - erst in späterer Zeit? - beseitigt worden sind, ist nicht überliefert. Dagegen sind in anderen Kirchen der Stadt (Dom, St. Marien, St. Jakobi) ältere Grabplatten aus der Zeit vor dem Umbau durchaus erhalten geblieben.

[21] Jaacks (wie Anm. 17), S. 29 ff. - Die Inschrift auf der Grabplatte dokumentiert die Stiftung: „Anno: domini :/: m: ccc : xxxii: feria : sexta : ante : michahelis : obiit :/: d(omi)na: katerina :/: strobukes: fundatrix: huj(us): capelle : orate · pro : ea /" (Im Jahre des Herrn 1332 verstarb am 25. September die Dame Katerina Strobukes, die Stifterin dieser Kapelle. Betet für sie.) Vgl.: BKD 4, S. 133; Jürgen Wittstock, Kirchliche Kunst des Mittelalters und der Reformationszeit (Lübecker Museumskataloge I, Hrsg.: Wulf Schadendorf), Lübeck 1981, S. 236, Nr. 211.

Abbildung 3: Grabplatte der am 25. September 1332 verstorbenen Katharina Strobukes (hier Katharina, d. Ä., genannt). – Zur Grabinschrift siehe Anmerkung 21

Klosters der hl. Katharina angelegen sein lassen, wobei die Bereitschaft zu Stiftungen, wenn wir das Nacheinander der Namen auf der Grabplatte richtig deuten, auch zur Familientradition werden konnte, oder anders gesagt: als Richtlinie für frommes Tun weitergegeben wurde. Auf eine der üblichen Fürbitteformeln (etwa: Orate pro anima ejus, - Betet für seine / ihre Seele) wurde in unserer Grabschrift verzichtet. Das mit einem Verzicht auf die Fürbitte selbst gleichzusetzen, wäre indessen eine Fehldeutung. Mit dem Begräbnisplatz in der Kirche war die Gewißheit fortdauernden Gebetsgedenkens seitens der Geistlichkeit verbunden. (Ebendarin lag ein wesentlicher Beweggrund für viele Stiftungen.) Nicht anders ist unsere, mit den Väternamen in ganz unüblicher Weise angereicherte Grabschrift zu deuten. Nachdem Thidemann Smethusen die Sterbeinschrift für seine Frau, wie es Brauch war, durch die Angabe des Sterbetages dem Memorienzweck gemäß gestaltet hatte, mag er sich nun entschlossen haben, der gebräuchlichen Bittformel zu entraten, um stattdessen - was der zur Verfügung stehende Platz dann erlaubte - die Namen der vorangegangenen Väter aufzunehmen. Diese waren zwar im Memorienbuch des Klosters mit ihren Sterbedaten verzeichnet, wären aber sonst wohl für Seelengebete anderer, also seitens der Gemeinde, verloren gewesen. Möglich, daß die Namen deswegen eingesetzt wurden, um sie für das fromme Gedenken von Mitbürgern zu erhalten.

Ungeachtet solcher Zusammenhänge kann dieser Grabstein unser Interesse auch als Zeuge jener Jahrzehnte auf sich ziehen, als die Katharinenkirche im Umbau war. Er erinnert daran, daß Altes dem Neuen weichen mußte, bis die Kirche in der imposanten Gestalt sich erhob, die bis heute den Eindruck bestimmt.

Zur historischen Bedeutung der Grabschrift

Im epigraphischen Sinn markiert unsere Grabschrift einen Einschnitt. Denn hier begegnet erstmals die neu aufkommende Kleinbuchstaben- oder Minuskelschrift auf einer bürgerlichen Grabstätte. Darüber hinaus macht es die Datierung (1325) nötig, die für die Minuskelrezeption und für den damit verbundenen Schriftwandel geltenden Zeitangaben zu korrigieren. Als Thidemann Smethusen sich entschied, die Grabplatte mit dem aus der Buchschrift zwar bekannten, für Denkmalzwecke aber noch kaum genutzten Minuskelduktus ausführen zu lassen, hatte er weit und breit keinen Vorgänger. Eine frühere, in Stein gehauene Inschrift in Minuskeln ist auch in Lübeck nicht zu finden. Woher er die Anregung hatte, ist unklar. Seit im Jahre 1320 in Mainz die aus Frankreich stammende Schriftform auf einer erzbischöflichen Grabplatte erstmals auf deutschem Boden verwendet worden war, hatte sie bis zum Jahre 1325, das heißt, bis zu unserer Grabplatte in der Crispin-Kapelle, in Deutschland noch keine Nachahmung gefunden[22]. So gesehen, ist Thidemann Smethusen, kein zur politischen Führungsschicht der Hansestadt gehöriger, wenn auch sicher ein

---

[22] Vgl.: Rudolf M. Kloos, Einführung in die Epigraphik des Mittelalters und der frühen Neuzeit, Darmstadt 1980, S. 136.

angesehener und nicht zuletzt auch wohlhabender Bürger, zu einem Wegbereiter des Neuen geworden, freilich nur in dieser Stadt. Trotzdem hat es nicht den Anschein, daß man seinem Beispiel bald gefolgt ist. Eher sieht es nach Zögern aus. Erst sieben Jahre später (1332) kommt auf der Grabplatte für seine Tante, die oben erwähnte Katharina Strobukes, die Minuskel wieder zur Anwendung. (Daß Thidemann hier der Auftraggeber war, möchte man, nach allem, was wir wissen, annehmen. Doch ist der auffallende Unterschied der künstlerischen Qualität beider Grabplatten wenig geeignet, die Vermutung zu stützen, er müßte denn jetzt einen anderen Meister, der künstlerisch befähigter war, gefunden haben); darauf folgen als weitere Zeugnisse für den Schriftwandel hier 1335 die Grundsteinlegungsinschrift außen an St. Katharinen und im Jahre darauf die Grabplatte für den Bischof Jakob von Ösel, ebenfalls in dieser Kirche, bevor mit der doppelten Inschrift auf der bekannten Bronzeplatte des Bischofs Hinrich von Bocholt (+ 1341) im Dom zu Lübeck[23] die neue Schriftart, nun erstmals in Erz gegossen, auch außerhalb des Klosters der hl. Katharina gebraucht wird. Es spricht viel dafür, daß in Lübeck die Bischofsgrabplatte im Dom den Durchbruch und damit den Anfang vom Ende der nun rasch abgelösten Großbuchstabenschrift bedeutete. Auf den Grabplatten in den Kirchen und Klöstern der Stadt war sie in weniger als drei Jahrzehnten, wenn wir den erhaltenen Zeugnissen folgen, verschwunden.

Welche Bewandtnis es damit hat, daß die Sympathie für das neue Angebot sich, was Lübeck anbetrifft, allem Anschein nach zuerst im Umkreis der Franziskaner Ausdruck suchte, bleibt eine offene Frage. Demgegenüber ist vor dem Hintergrund der allmählichen Ausbreitung der Minuskelschrift in Deutschland[24] nunmehr festzuhalten, daß sich hier, im Hansevorort an der Trave, der Entwicklung vorauseilend und ihren Gang antizipierend, sehr früh schon Auftraggeber fanden, die dem neuen Duktus den Vorzug gaben und ihm den Weg ebneten. Es ist so gut wie sicher, daß deren erster Thidemann Smethusen war, ein Tatbestand, der geeignet ist, unserer Grabplatte eine besondere Bedeutung zu sichern. Dennoch bleibt der Zusammenhang dunkel. Eine Erklärung für diese frühe Initiative ist beim jetzigen Stand unseres Wissens nicht möglich. Erst wenn das Umfeld des Mannes (Beziehungen? Reisen?) aufgehellt werden könnte, dürften wir hoffen, die Erklärung für die rasche Minuskelrezeption in unserer Stadt zu erfahren, für welche - auch das ein nicht unwesentlicher Aspekt - auch bereits die nötige handwerkliche Kompetenz zur Verfügung gestanden haben muß.

---

[23] Vgl. zur Grundsteinlegungsinschrift: BKD 4, S. 36; zur Grabplatte des Bischofs von Ösel: ebd., S. 123 f.; zur Grabplatte des Bischofs Hinrich von Bocholt: BKD 3, S. 236 f.; Hans Wentzel, Lübecker Plastik bis zur Mitte des 14. Jahrhunderts, Berlin 1938, S. 113 ff; 167 f.

[24] Die Ausbreitung der Minuskel in Grabinschriften: 1320 und 1328 Mainz, 1340 Fritzlar, 1341 Paderborn und Lübeck (Dom: Bischofsgrab), 1342 Göttingen, Hannover, Frauenburg/Ostpr., 1346 Donauwörth, 1348 Augsburg, 1349 Erfurt. Ab 1337 in England, ab 1349 in Dänemark.

Abbildung 4: Die Smethusen-Grabplatte (Fußende) mit den Inschriftteilen: ...Vx{or} : thi (rechte Seite von unten gesehen); demani : smethusē : que (Fußende, quer); : ø (= obiit) • in : año : dn̄i : (linke Seite, von unten gesehen). Siehe auch Exkurs II. – Im Mittelfeld abgeschnitten die Handwerksmarke des Marten Lowe

(Exkurs II) Wiederherstellung der Grabschrift

Die Richtigkeit aller Überlegungen und Ergänzungsvorschläge vorausgesetzt, war der ursprüngliche Wortlaut der folgende (runde Klammern: epigraphische Kürzungen; eckige Klammern: vorgeschlagene Ergänzungen):
oben : hic : jacet : d(omi)n(u)s : ioh(ann)[es : str] /
rechts : [obuk : et : fi]li(us) • eius : [hi(n)ric(us) : et : katerina : strobukes :] Vx[or] : thi /
unten : demani : smethuse(n) : que /
links : o(biit) . in : an(n)o : d(omi)ni : m : ccc : xx · V : seque(n)ti : die . luce · euua(n)g(e)li(st)e /
Transskription[25]: hic jacet dominus johannes str / obuk et filius eius hinricus et katerina strobukes, uxor thi / demani smethusen, que / obiit in anno domini mcccxxv (1325), sequenti die luce euuangeliste.
Übersetzung: Hier liegt (begraben) Herr Johannes Strobuk und sein Sohn Hinrich und Katerina Strobukes, Ehefrau von Thidemann Smethusen, die im Jahre des Herrn 1325 am Tag nach Lukas, dem Evangelisten, starb.

---

[25] Durch einen Fehler (des Steinmetzen? der Vorlage?) ist in dem Worte „euangeliste" der Buchstabe u verdoppelt worden.

Abkürzungen:

AHL	Archiv der Hansestadt Lübeck
BKD	Die Bau- und Kunstdenkmäler der (Freien und) Hansestadt Lübeck, Bd. 3 (Hrsg.: J. Baltzer, F. Bruns), Lübeck 1919; Bd. 4 (Hrsg.: J. Baltzer, F. Bruns, H. Rathgens), Lübeck 1928.
Fehling, Ratslinie	G. F. Fehling, Lübecker Ratslinie von den Anfängen bis zur Gegenwart, Lübeck 1925
Schnobel	Lübeckische Geschlechter, (Hrsg.: Johann Hermann Schnobel), Lübeck, o. J. (AHL: Hs. 817).
Schroeder	Dr. Hermann Schroeder, Grundstücke in Lübeck von 1284-1600, aus den Inscriptionen der Obern Stadtbücher und nach den jetzigen Hausnummern geordnet, Lübeck 1846-1848 (AHL: Hs. 900).
UBL	Urkundenbuch der Stadt Lübeck
UBBL	Urkundenbuch des Bistums Lübeck

Abbildungsnachweis: Alle Fotos Museum für Kunst und Kulturgeschichte der Hansestadt Lübeck. - Den Stammbaum zeichnete Herr Johann Manzewski, Lübeck.

DER BEGINN DER GROSSSILBERPRÄGUNG LÜBECKS UND DER STÄDTE DES WENDISCHEN MÜNZVEREINS
ANHAND DES „GROSSEN LÜBECKER MÜNZSCHATZES" VON 1533

Dieter Dummler

Am 1. Dezember 1996 hat der sogenannte Große Lübecker Münzschatz zum zweiten Male die Aufmerksamkeit einer breiten Öffentlichkeit erfahren. Anders freilich als bei seiner Aufdeckung vor dreizehn Jahren, als sein erstaunlicher Umfang[1] und die begleitenden Umstände seiner Bergung die Phantasie der deutschen Medien erregte, wurde er jetzt erstmals dem interessierten Bürger unserer Stadt zugänglich gemacht. Auch steht im Gegensatz zu den Vorjahren nicht mehr seine aktuelle Wertbestimmung im Vordergrund eines Interesses, sondern seine realistische Einbettung in Handel, Politik, Volkswirtschaft und Sozialstruktur an der Wende vom Mittelalter zur Neuzeit. In diesem Gewand ist seine Präsentation nirgends besser gewählt als in den Gewölben des Lübecker Burgklosters. Der Münzschatz selbst ist übergegangen in das Eigentum des Landes Schleswig-Holstein.

Eine Katalogisierung des Münzschatzes ist erfolgt[2]. So bereitet es wenig Mühe, die ältesten Gepräge in die zweite Hälfte des 14. Jahrhunderts einzuordnen. Mit Beginn der Neuzeit wurde die jahrhundertelang geübte Tradition einer undatierten Münzprägung aufgegeben. Folgerichtig können zwei mit der Jahreszahl 1533 gekennzeichnete Gulden die Schlußmünzen bilden[3]. Denn trotz einer bestehenden Dominanz der Lübecker Silbernominale hat sich kein einziges Exemplar der eher geringen Halbschillingprägung aus dem Jahr 36 noch der sehr umfangreichen von 1537 im Münzschatz finden lassen. Mutmaßungen über die Verbergungszeit müssen sich mit den Jahren 1533 bis 1535 begnügen. Ebenso, ob die Belagerung der Stadt mit Sperrung der Trave durch den Dänenkönig Christian III im Spätsommer des Jahres 1534 ein äußerer Anlass gewesen sein könnte.

Über die topografischen Hintergründe des Fundortes, eines bebauten Grundstückes an der Obertrave, über seine Bewohner und deren Nachfahren, ist an anderer Stelle ausführlich berichtet worden[4]. Der Eigentümer muß ein reicher Kaufmann gewesen sein, der Kontor und Warenspeicher in einem Hause unterhielt. Die Zusammenset-

---

[1] 395 Gold- und 23 608 Silbermünzen

[2] Michael North: unveröffentlicht. Da die Präsentation als Dauerausstellung konzipiert ist, bietet sich eine baldige Überarbeitung und Veröffentlichung an.

[3] Gulden von Nürnberg und Ansbach-Bayreuth

[4] Rolf Hammel-Kiesow: „An der Obertrave 16, Fundort des Lübecker Münzschatzes aus der Zeit um 1533, Historische Biographie eines Hauses am Binnenhafen", in Lübecker Schrifttum zur Archäologie und Kulturgeschichte (LSAK), Band 18, Bonn, 1992, S. 287 ff.

Auf sieben gläsernen Etagen präsentieren sich die Gold- und Silbermünzen aus vieler Herren Länder. Nicht weit von hier wurde einst Lübecks ältester Münzfund gehoben, der bis in das Jahr 1048 zurückreicht.

zung des Münzschatzes, seiner Handelskasse[5], läßt darauf schließen, daß er große und kleine Beträge jederzeit ein- und auswechseln konnte. Inwieweit unterschiedliche Sorten geordnet waren, um Übertragungen schnell und korrekt auszuführen, kann nicht rekonstruiert werden. Der Urzustand der Kasse ging unter den Bergungsumständen verloren. Dennoch gewährt der Inhalt einen zeitgerechten Einblick in die Bargeldsituation eines Kaufmanns in seinem überregionalen – wenngleich individu-

---

[5] Gerald Stefke: „Rezensionen und Hinweise, in Zeitschrift des Vereins für Hamburgische Geschichte, Band 78, 1992, S. 258 ff.

ellen – Handelsgeflecht. Der Geldumlauf in Lübeck kann damit nicht identisch sein. Es bleibt zu überprüfen, inwieweit die Struktur der Handelskasse eine aussagekräftige Analyse über den Geldumlauf in Norddeutschland zulässt. Gemeint ist das Aufkommen der Großsilbermünzen.

Vor der Reform

Ursprüngliches Zahlungsmittel im hohen Mittelalter war der silberne Pfennig, anfangs Denar genannt, mit einer Gewichtsbestimmung aus der Regierungszeit Karls des Großen. Während er in Frankreich über eine lange Periode zentrale Leitwährung blieb, führte in Deutschland die großzügige Verleihung des Münzregals zu seiner allmählichen Werteinbuße. Mit dem Erwerb des Privilegs erhoffte sich der Eigner einen fiskalischen Gewinn: Entweder als eine direkte Steuereinnahme durch seinen regelmäßigen Verruf mit anschließendem Wechselzwang, eine Ungültigkeitserklärung, die der Stadtrufer lauthals verkündete, oder – was viel schlimmer war – durch eine Reduzierung des Rauh- und Feingewichtes. Beides hat seiner Umlauffähigkeit geschadet und ihn schließlich zu einer Regionalmünze degradiert. Mit fortschreitender Entwicklung von Handel und Wirtschaft war er als willkommenes Zahlungsmittel nicht mehr ausreichend. Unter den 23608 Silbermünzen des Münzschatzes befindet sich kein Pfennig mehr. Lediglich 56 Blafferte[6], mehrheitlich aus Hamburg und Lüneburg, deckten den geringen, vermutlich geschäftsspezifischen Wechselbedarf[7].

An seine Stelle waren als Fernhandelsmünzen Mehrfachpfennige getreten, beispielsweise der Prager Groschen oder in Lübeck seit 1365 ein Vierfachpfennig, der sogn. Witten. Benachbarte Münzstände hatten sich zu Beratung und Vertrag zusammengeschlossen, um weiterer Aufsplitterung des Münzwesens zu begegnen. So wurden 1377 der oberrheinische Münzverein (später Rappenbund), 1379 in Lübeck der „Wendische Münzverein" gegründet und 1386 der „Rheinische Münzverein", der die Guldenprägung in Deutschland beherrschen sollte. Ihre Absprachen bewahrten die höheren Silbernominale zunächst vor inflationsähnlicher Entwicklung. 1502 – von diesem Datum wird noch zu sprechen sein – war der Silberfeingehalt des Witten bereits auf ein knappes Drittel gesunken. Lübecks erste datierte Kleinmünze bestand mehrheitlich aus Kupfer. Im Gegensatz dazu prägten die Hansestädte[8] Sechsling, Schilling und Doppelschilling seit 1468 mit einem beständigen Feingehalt von 12 bzw. 9 Lot aus[9]. In diesem Silbergehalt entsprachen 22 Schilling einem rheinischen Gulden. Wie beliebt die Schillingstypen im Zahlungsverkehr waren, beweist der Inhalt des

---

[6] Einseitig ausgeprägte, hohle Doppelpfennige.

[7] Hamburg 24, Lüneburg 20, Lübeck 10, Wismar und Schleswig je ein Exemplar.

[8] Hamburg, Lübeck, Lüneburg und Wismar.

[9] Sechsling ab 1492 8-lötig. Lot als Feingewichtsbestimmung des Silbers. 1 Lot = 0,0625 fein, 16 Lot = 1.000 fein, 8 Lot = 0.500 fein

Münzschatzes. Allein 811 Exemplare der Münzstätte Lübeck aus dem Vorjahrhundert lassen sich auszählen, darunter 81 Stücke, die bis zu hundert Jahren im Verkehr waren.

Zu einer erfolgreich konkurrierenden Fernhandelsmünze wurde der Gulden. 1252 in Florenz erstmals geschlagen, war er 3.537g schwer und bestand nahezu aus reinem Gold. Seine Nachahmungen in Deutschland hielten zunächst am ursprünglichen Münzbild fest. Auf der Vorderseite ein Bildnis des Täufers, die florentiner Lilie schmückt die Rückseite. Nach Verleihung des Goldprivilegs durch Kaiser Ludwig den Bayer im Jahr 1340 an Lübeck, hielt die Stadt über zweihundert Jahre an Rauh- und Feingewicht fast unverändert fest[10].

Die Geschichte des Gulden ist aber weit enger verbunden mit der des rheinischen Münzvereins, einer Koalition einzelner Münzherren u. a. aus Jülich, Köln, Mainz und Trier[11]. Sie beschlossen, einen gemeinsamen Typ des Gulden zu schaffen, wobei die Rückseite der Gulden die Wappenkombination der jeweiligen Vertragspartner trug. Diese Gulden wurden zu Leitmünzen in weiten Teilen Deutschlands. Schon gegen Ende des 14. Jahrhunderts sank der Feingehalt des Goldes. Die erste Beimischung von Silber löste die inflatorische Entwicklung aus. In der zeitgenössischen Literatur gibt es wenige Hinweise dafür. Die Entwicklung begann nicht öffentlich. Doch gibt es Berichte über ein kurzfristiges Verbot der Guldenprägung um 1403. Zur beabsichtigten Konsolidierung hat die Maßnahme nicht beigetragen. 1409 war der Feingehalt des Gulden auf 22 Karat, zehn Jahre später schon auf 19 und endlich 1488 auf 18 1/2 Karat abgesunken. Zusätzlich unterschied man den oberländischen vom niederländi-

Vorder- und Rückseite eines undatierten Gulden der Hansestadt Lübeck aus der Mitte des 15. Jahrhunderts

schen Gulden, unter denen die flämischen Postulats-Gulden[12] lediglich noch den Zweidrittelwert der rheinischen besaßen. Als der Reichstag zu Augsburg im Jahr 1500 den Feingehalt des rheinischen Gulden mit 18 1/2 Karat Gold, 4 1/2 Karat Silber und ein Karat Kupfer bestätigte, lag seine Werteinbuße gegenüber dem lübischen Gulden bei 27 %.

---

[10] 23 2/3 Karat, um 1500 23 1/2 Karat, AHL, ASA, Münzwesen 31/9

[11] Peter Berghaus: „Rheinischer Münzverein", in Lexikon des Mittelalters, LEXMA-Verlag München, Band VII, 1995, S. 783

[12] exakt 100 Exemplare im Münzschatz.

Der Münzreform des „Wendischen Münzvereins" ging eine Beratungszeit von zehn Jahren voraus. Anhand von Klagen, Einwänden und Verlautbarungen einzelner Mitglieder kann auf den „Istzustand" des Geldumlaufes und seiner damit verbundenen Probleme geschlossen werden. Nicht selten fehlen erklärende Beschreibungen der eigentlichen Beratungsgründe. Sie waren den Beteiligten so präsent, daß sie keiner Niederschrift bedurften. Eine Ausnahme stellte das konkurrierende Währungssystem von Gold und Silber dar. Hier wurden ständig Kurskorrekturen vereinbart und wiederholt der Versuch unternommen, die Systeme durch Wertfixierung in Einklang zu bringen. Zusätzlich erschwert werden mußte jede Einigung, da Hamburg und Lüneburg auf der einen und Lübeck auf der anderen Seite unterschiedliche Guldentypen ausprägten.

Zu dieser Zeit konnte man nicht übersehen, daß mit der venezianischen Lira, einer hochfeinen Silbermünze von gut 6 1/2 g und insbesondere mit dem halben und ganzen Tiroler Guldengroschen unterschiedliche Silberäquivalente zum Gulden in den Zahlungsverkehr gerieten. Diese Großsilbermünzen standen in einer korrekten Gold-Silber-Relation[13], die europäische Edelmetallströmungen, Ankaufpreis der Metalle und Münzkosten widerspiegelten. Das Verhältnis lag in Norddeutschland ungefähr bei 1:11, konnte jedoch manipuliert werden, sobald die Absicht bestand, das eine oder andere Metall zu bevorzugen. Münzpolitik kam ins Spiel und die Reform von 1501 ist davon nicht unberührt geblieben.

Ein erstes Anzeichen für den geplanten Strukturwandel wird durch eine undatierte Silbermünze nach dem Rezess von 1492 deutlich. Erstmalig ist das Aussehen verändert. Auf der Vorderseite sind die Wappenschilde der verbündeten Städte ins Dreieck gestellt; ein kleines zentrales Feld erteilt Auskunft über die vierte, produzierende Münzstätte. Die so gekennzeichneten Vereinsmünzen sind etwa vergleichbar mit der beschriebenen Guldenprägung der rheinischen Münzherren. Sie symbolisieren auch äußerlich das energische Bestreben aller Vertragspartner nach Vereinheitlichung der monetären Strukturen. Fraglich ist, ob es sich hier um einen Doppelschilling[14] handelt oder um einen echten Vorläufer aus der geplanten Münzreform, die einem unterschiedlichen Nominalsystem den Vorzug gab (8-facher Witten ?). Gewiß ist, daß zur gleichen Stunde die Ratsmänner der entsendenden Städte den Wechselkurs des rheinischen Gulden zum Schilling mit 22 notierten (1:11,05).

Einen zweiten Hinweis liefert die Emission hamburgischer Gulden nach lübischem Münzfuß[15] und datiert mit der Jahreszahl I89∧ (1497). Zwar hatten die Hansestädter schon seit 1475 das über den rheinischen Gulden erweiterte Regal zugesprochen erhalten, doch die umfangreiche Prägetätigkeit begann erst mit der Nennung der

---

[13] John H. Munro: „Gold-Silber-Relation", in „Von Aktie bis Zoll, ein historisches Lexikon des Geldes" (Michael North, Hrsg.) Verlag C.H. Beck, München, 1995, S. 142 f.

[14] Heinrich Behrens: „Münzen der Stadt und des Bistums Lübeck", Nachdruck D. Tietjen, Hamburg, 1972, Nr. 64

[15] besser ungarischer Münzfuß nach der umfangreichen Guldenprägung dortselbst.

Datierung[16]. Dem Betrachter fällt auf, wie deutlich lesbar der Stempelschneider die Jahreszahl ausprägen ließ, wenngleich dem Unkundigen die Identifizierung der arabischen Ziffern des 15. Jahrhunderts einige Mühe bereiten könnte. Die Jahreszahl sollte auch nicht so sehr auf ein präzises Prägedatum weisen, sondern vielmehr als eine bewußte Markierung aufgefasst werden. Für die lübischen Gulden war wohl schon damals eine ähnliche Maßnahme vorgesehen. Von diesem Zeitpunkt an war erkennbar, daß eine Guldenprägung der Städte nach gleichem Schrot und Korn den wichtigsten Bestandteil der Reform bilden würde. Die Fabrikation der rheinischen Gulden blieb undatiert.

Ein auf der Vorderseite mit der Jahreszahl 1497 gekennzeichneter Gulden der Hansestadt Hamburg
In Johann Tobias Köhlers Buch „Vollständiges Dukaten-Cabinett" (Bd. II, Hannover 1760) wird unter der Nr. 2980 ein Gulden mit der Abbildung des Täufers, des Doppeladlers und der Umschrift „Moneta Lubicensis" beschrieben. Die Rückseite zeigt das Bildnis der Madonna mit dem Christuskind über dem holsteinischen Nesselblatt und am Ende der Umschrift AVE. PLEN. GRATIA die Jahreszahl 1497 (Ziffer 4 kopfständig). Selbst im umfangreichen Vorkriegskabinett des Lübecker Münzarchivs war diese Münze nicht vorhanden. Dennoch scheint es nicht unglaubwürdig, daß zum genannten Zeitpunkt probeweise eine gemeinschaftliche Guldenwährung vorgenommen worden sein könnte.

Den Dreiviertelwert der lübischen besaßen Gulden, die die Hansestädte Hamburg und Lüneburg nach 1494 schlagen ließen, nachdem sie sich zuvor darauf verständigt hatten. Der Kurswert dieses Guldentyps wurde mit 24 Schilling angegeben und blieb über die Zeit der Münzreform unbeanstandet. Offiziell hat der Kurswert der Gulden nie geschwankt. Geldwechsler und Kaufleute valutierten, zahlten und handelten nach Maßgabe einer städtischen „ordinantie". Allein Hamburg verausgabte drei, Lüneburg zwei und Lübeck einen Guldentyp. (In Wismar wurde kein Gold vermünzt). Ihr unterschiedlicher Wert lag bei 22, 24 und 32 Schilling. Ungefähr 35 Jahre später weist der Lübecker Münzschatz 59[17] Gulden der verbündeten hansischen Münzstät-

---

[16] Gerald Stefke: „Der „Wendische Münzverein" und seine Nachbarn", in „Geldgeschichtliche Nachrichten", (GN), Nr. 167, 1995, S. 130 Die von ihm beschriebene Ausprägung der Gulden im nennenswerten Umfang bestätigt sich im Münzschatz. Von 14 Exemplaren tragen 13 die Jahreszahl 1497.

[17] North zählt 60. aufgelistet sind 59 Exemplare

ten aus, einen Anteil von 15 % unter den Goldmünzen, in dem sich alle sechs genannten Typen wiederfinden.

Über die Goldmünzen nur wenige statistische Daten zur Ergänzung: Ungefähr 35 % der Gesamtheit sind nach rheinischem Münzfuß ausgeprägt. Einen Anteil von gut 25 % nehmen die niederländischen Postulatsgulden ein und nach ungarischem Fuß sind 13,5 % ausgebracht, die Mehrheit von Hamburg und Lübeck. Mehr als ein Viertel wurden nach Erfahrungswerten valutiert, eine Situation die für das Jahr 1500 wohl ähnlich eingeschätzt werden darf. Gold- und Silbergeld liefen nebeneinander her. Ein Wechsel vom einen zum anderen Metall war ohne Zustimmung von Käufer und Verkäufer kaum durchführbar. Ein Dilemma war, daß die Gulden in Deutschland nicht in Teilstücken ausgebracht worden waren[18]. Die starke Präsenz der Postulatsgulden läßt auf einen Bedarf kleinerer Nominale schließen. Seit Beginn des 15. Jahrhunderts war die Reichsaufsicht über die Guldenprägung nicht mehr ausreichend gewesen. An königlichen Ermahnungen hat es nicht gefehlt. Der einzige Versuch einer Reichsguldenprägung unter der Herrschaft Kaiser Sigismunds (1410 bis 1427) war schon im Ansatz gescheitert[19].

Die Reform

In der Münzreform des Jahres 1501 stellte der lübische Gulden die feste Richtungsgröße dar. Geeinigt hatte man sich, daß

ein (1) lübischer Gulden = 32 Schilling = 2 Mark lübisch

wert sein sollte. In diesem System, in dem bislang nur die Mark nicht ausgeprägt war, freilich als Rechnungseinheit bestand, ließen sich alle traditionellen und zukünftigen Nominale der verbündeten Städte praktisch und theoretisch einbetten.

Pfennig	Schilling
Blaffert (2 Pfg)	Doppelschilling
Dreiling	Viertel Mark
Witten (4 Pfg)	Halbe Mark
Sechsling (Halbschilling)	Ganze Mark (16 Schilling)

Tatsächlich wurde diesem System aber nur unterhalb des Schillings Rechnung getragen. Es blieb erhalten im Bereich der Tageslöhne, Dienstleistungen und des innerstädtischen Kleinhandels. Über diesem entstand eine Oberwährung mit einer neuen Nominalstruktur.

Pfennig	4-facher Witten
Blaffert (2 Pfg)	8-facher Witten
Dreiling	Drittel Mark
Witten (4 Pfg)	Zweidrittel Mark
2-facher Witten	1 1/3 Mark

Der Witten war schon fast der Vergessenheit anheim gefallen, als er nun zum Basisnominal der Währungsreform erkoren wurde. Seine Multiplikation bis zum 96-fachen wird keine ernsthaften Schwierigkeiten bereitet haben, der Kaufmann war gewohnt, im Duodezimalsystem zu rechnen. Insofern war die Dreiteilung der Markgepräge nichts Ungewöhnliches. Die Struktur schuf die logischen Voraussetzungen für weitere, konsequente Beschlüsse. Problematisch wurde der Verkehr der Schillinge und Doppelschillinge. Ihre Integrationsfähigkeit in das neue System war begrenzt, ein Defizit, das bis in die zwanziger Jahre andauerte.

Die Währungsreform verdient ihren Namen durch eine münzpolitisch brisante Entscheidung: Der Abwertung der nach rheinischem Münzfuß ausgebrachten Gulden von 22 auf 21 Schilling, 4 Pfennig[20] oder nach der neuen Nomenklatur auf 64 Witten oder 1 1/3 Mark. Tatsächlich kann Lübeck für sich in Anspruch nehmen, dieses

Zweidrittel Mark der Hansestadt Lübeck, 1502, 13,95g

Eineindrittel Mark der Hansestadt Hamburg, Hamburg, 1505, 28,79g, Zweiter Guldengroschen Norddeutschlands

---

[18] Daß die Ratsmänner der vier Städte dieses Problem erörterten, beweisen die Lübecker Senatsakten (Münzwesen 31/9), in denen es u. a. heißt: „...dat alletyd VI lub Gulden so swar were alse VIII hamborger odder luneborger Gulden von dar by mosste man halve lub Gulden maken die warn III so swar alse II hamborger Gulden ..."

[19] Harald Witthöft: in „Gold- und Silberwährung vom 16. Jahrhundert bis zur Gegenwart", Hrsg. E. Schremmer, Steiner Verlag Stuttgart, S. 50

[20] Wilhelm Jesse: Der Wendische Münzverein, ND Klinkhardt & Biermann, Braunschweig, 1967, S. 127

höchste Nominal 1502 ausgeprägt zu haben. Es kann als erster Guldengroschen Norddeutschlands gelten. Zudem gibt Jesse den klugen Hinweis, daß es sich bei der 1 1/3 Mark um das Doppelstück der Zweidrittelmark handelt, ebenso wie die Zweidrittelmark (32 Witten) wiederum das Zweifache der Drittelmark (16 Witten) darstellt. Folgerichtig beruht die Nominalstruktur der Markstücke auf dem Zweifachen des Drittels, einer einfachen mathematischen Steigerung innerhalb des Duodezimalsystems. Von einem ähnlichen System wird aus Bern berichtet[21], nur mit dem Unterschied, daß die Hansestädte beabsichtigten, den ungarischen und rheinischen Münzfuß amtlich zu statuieren und inhaltlich in die Reform einzufügen, nämlich in Drittelwerten für den lübischen und Viertelwerten für den rheinischen Gulden.

Valutierungstabelle Witten / Mark / Gulden[22]

Witten	Schilling	Mark	rheinischer Gulden	lübischer Gulden
96	32	2	1 1/2	* 1 #
64	21 1/3	* 1 1/3 #	* 1 #	2/3
32	10 2/3	* 2/3	1/2	1/3
16	5 1/3	* 1/3	1/4	1/6
* 8	2 2/3	1/6	1/8	1/12
* 4	1 1/3	—	—	—
* 2	2/3	—	—	—
* 1	1/3	1/48	1/64	1/96

* ausgeprägt   # keine Vereinsmünze

Die Tabelle verdeutlicht die kritische Situation der Schillinggepräge. Sechsling, Schilling und Doppelschilling sind nur über die (ganze) oder über die Doppelmark valutierbar und umgekehrt muß beim Wechsel immer der Witten als Ausgleichsmünze akzeptiert werden. Der hier nicht berücksichtigte Postulatsgulden entsprach 12 Schilling.

Das artifizielle Konzept einer 2:3 Relation des lübischen zum rheinischen Gulden mußte zwangsläufig bei Kaufleuten und Reisenden zu einigen Irritationen führen. Mit dem unterschiedlichen Feingewicht beider Typen war dies nicht zu begründen. Dieses Verhältnis lag damals bei 2.175:3, was bei einer Rückrechnung auf 2 einer realen Abwertung des rheinischen Gulden um 8 % gleichkam. Es ist daher höchst unwahrscheinlich, daß Hamburg und Lüneburg unter diesen mitverantworteten

---

[21] Hans-Dietrich Kahl: „Die Münzreform des Wendischen Münzvereins von 1500 -1506 als Symptom geldgeschichtlicher Grundprobleme ihrer Zeit", in Actes du 9ème Congres International du Numismatique, Bern, 1979, Louvainla-Neuve, 1982, S. 930

[22] ebenda, S. 934, ergänzt durch die Gulden nach rheinischem Fuß

Ein auf seiner Rückseite durch den Doppeladler gestempelter Gulden der Lübecker Münze

Umständen noch die Absicht verfolgten, die Guldenprägung nach rheinischem Fuß fortzusetzen. Während sich Hamburg verstärkt der Ausprägung der datierten Gulden zuwandte, war sich offensichtlich der Rat der Stadt Lüneburg einig, einer reinen Silberwährung den Vorzug zu geben[23]. Ein Rätsel bleibt der Versuch einer alternativen Guldenprägung mit der Jahreszahl 1502! Die Gulden mit dem Lüneburger Löwen auf der Vorderseite und der dreitürmigen Stadtburg auf der anderen haben existiert, gelten aber derzeit als verschollen. Nur ein Probeabschlag in Silber ist in Lüneburg archiviert[24]. Da eine Gewichtsbestimmung ausgeschlossen ist, gewinnt die Datierung eine besondere Bedeutung. Sie korrespondiert mit der Hamburger Guldenprägung von 1497 und beweist hinreichend, daß eine Prägung nach diesem Vorbild ernsthaft in Erwägung gezogen worden war.

Es ist bis heute nicht belegt, zu welchem Zeitpunkt die Lübecker Guldenprägung im 15. Jahrhundert wieder aufgenommen wurde[25]. In den Rezessniederschriften wird ihre Relation zum Schilling seit 1403 aufgezeichnet. Gemessen an der Zahl der in Sammlungen und Handel befindlichen Stücke, muß der Umfang der Prägetätigkeit das Vorjahrhundert weit übertroffen haben und in die Millionen gegangen sein. Wertbeständigkeit und Bekanntheitsgrad hatten schließlich das erforderliche Vertrauensdepot geschaffen, um ihn zur Richtgröße der Währungsreform zu bestimmen. Aber auch der Lübecker Rat mußte eine gemeinschaftliche Maßnahme tolerieren: abgegriffene, beschnittene und untergewichtige Gulden wurden aus dem Verkehr gezogen. Sie konnten von der Bevölkerung nach Maßgabe ihres Gewichtes eingetauscht werden[26]. Nicht aussortierte Exemplare wurden gegengestempelt, in Lübeck seit 1501 mit dem Doppeladler, in Hamburg mit dem Nesselblatt und in Lüneburg

---

[23] Eberhardt Schnuhr: „Lüneburg als Münzstätte", in „Aus Lüneburgs 1000-jähriger Geschichte", Heliand Verlag, Lüneburg, 1956, S. 164

[24] Christian Stoess: „Studium der Münzgeschichte der Stadt Lüneburg von der Mitte des 16. Jahrhunderts bis zum Ende der Prägungen", Magister-Arbeit, 1985, Universität Münster, Nr. 2 und 7

[25] Gerald Stefke: wie Anmerkung [16], nennt 1406

[26] Johann C. H. Dreyer: Verordnungen, Mandaten, Normalien, Decreten, bei Christian Gottfried Donatius, Lübeck, 1769, pag. 183, E. E. Raths zu Lübeck Edict, 1501, …"in Figuren abgezeichnete Gulden in Lübeck gangbar seyn"…

mit dem Löwen[27]. Hier schließt sich der Kreis der gekennzeichneten Gulden, die im weitesten Sinne zu Vereinsmünzen wurden. Diese Art der Tarifierung hatte jedoch zur Folge, daß die undatierten Guldenemissionen Lübecks aus dem ersten Drittel des 16. Jahrhunderts schon bei ihrer Fabrikation gegengestempelt werden mußten!

Lübeck und Lüneburg haben sofort begonnen, die neuen 1/3 und 2/3 Markstücke zu verausgaben, ebenso die mittleren und kleinen Nominale bis zum einfachen Witten. Alle Münzen tragen die Jahreszahl 1502. Hamburg, das sich, mit Ausnahme der Witten, zögerlich verhielt, ließ sich 1504 ein zweites Mal die Abwertung der rheinischen Gulden auf 21 1/3 Schilling bestätigen und folgte erst danach mit seinen Emissionen mit der Jahreszahl 1505. Hypothetisch wurden die Stückzahl und das Feingewicht vom 8-fachen Witten bis zur 2/3 Mark über die Ganze Mark, (die nicht ausgeprägt wurde!), ermittelt: nämlich 11 1/2 Mark/Stück aus der feinen kölnischen Mark (233,855 g) auszuprägen. Diese sollten folglich ein Feingewicht von 20, 33 g und – 15 lötig ausgebracht – ein ungefähres Höchstgewicht von 21,6g haben. Nach diesen Konditionen wurden von den Münzstätten geschlagen:

Der 8-fache Witten zu 69 Stück aus der feinen kölnischen Mark mit 3.39 g fein und 3.61 g rauh.

Die 1/3 Mark zu 34 1/2 Stück aus der feinen kölnischen Mark mit 6.78 g fein und ca. 7.22 g rauh.

Die 2/3 Mark zu 17 1/4 Stück[28] aus der feinen kölnischen Mark mit 13.55 g fein und ca. 14.44 g rauh.

Über die Guldengroschen sind keine Absprachen bekannt. Hamburg hat 1505 ein Doppelstück der 2/3 Mark folgen lassen, den zweiten norddeutschen Guldengroschen[29]! Man kann davon ausgehen, daß beide Gepräge nach dem 11 1/2 Markfuß entstanden sind. Im Rauhgewicht weichen sie ebenso ein wenig von einander ab wie die zeitgleichen kursächsischen von den landgräflich hessischen Guldengroschen. Als Facit bleibt, daß die Großsilbermünzen der Städte über eine beachtliche Qualität in Schrot und Korn verfügten und die Abwertung der rheinischen Gulden auf diese Weise ausglichen.

Einen Feinsilbergehalt von 0.423 g hätten die 1.08 g schweren Witten enthalten müssen, um sie problemlos gegen die Markstücke einzuwechseln. Der tatsächliche Gehalt von 0.354 g bescherte dem Wechsler einen unübersehbaren Verlust, falls er genötigt war, Witten für Mark einzubehalten. Widersprüchlich und unverständlich mutet dieser Vorgang an, der jedesmal mit einem Verlust von 16.3 % geendet hätte. Praktisch ist dieser Umtausch wohl kaum zustande gekommen. Tradierte

---

[27] 23 Exemplare im Münzschatz, davon 15 mit Gegenstempel Lübeck, zweimal Hamburg, einmal Lüneburg. Drei Exemplare ohne Gegenstempel, einmal der Versuch einer Gegenstempelung. Durchschnittliches Rauhgewicht 3.569 g (North).

[28] Wilhelm Jesse: wie Anmerkung [19], S. 211, nennt irrtümlich 17 1/2.

[29] C. F. Gaedechens: Hamburgische Münzen und Medaillen, Hamburg, 1876, Nr. 698a

Zahlungsgewohnheiten sind durch die Währungsreform nicht beseitigt, sondern eher bestätigt worden. Weiterhin gab es einen Fernhandelsmarkt, in dem die Gulden das dominierende Zahlungsmittel darstellten mit nunmehr gleichwertig und systemgerecht integrierten Großsilbermünzen, zusätzlich versehen mit dem amtlichen Status der vier Städte. Auf der anderen Seite gab es, weiterhin und parallel, den intra- und interstädtischen Handel, in dem nur mit Silber gezahlt wurde, und wie vormals mit geringerer Qualität der Nominale. Die Gold-Silber-Problematik wurde beseitigt und durch eine marktspezifische ersetzt. Sie frakturierte die Silbernominale unterhalb der 8-fachen Witten.

Massenweise hat die Fabrikation der Witten in den vier Städten eingesetzt. Im Lübecker Münzschatz nehmen ausgezählte 13 270 Exemplare einen quantitativen Anteil von knapp 57 % ein[30], während der qualitative Wert mit 25,8 % berechnet ist[31]. Sie tragen größtenteils die Jahreszahl 1502. Seit 1512 wurde mit verändertem Münzbild, der ins Dreieck gestellten Wappen geprägt. Die Neuauflage des Witten wurde zu einem vollen Erfolg. Die jährliche Vermögenssteuer, der Schoß, die vom Kämmerer in Mark und Schilling ausgewiesen wurde, wurde von den Bürgern sackweise in Blafferten, Dreilingen (mecklenburgische Witten?) und Witten bezahlt. Ein Travemünder Münzfund, der mit der Jahreszahl 1515 abschließt, weist einen Anteil von 50 % Witten aus. Und dennoch ging die Wittenprägung bald danach zu Ende. Dagegen enthält der Münzschatz nicht ein einziges Markstück aus der Drittelperiode der Währungsreform.

Mit der Einstellung der Drittelmarkproduktionen wurde der erste Teil der Reform unsanft beendet. Die Skepsis gegenüber dem Großsilber schien unüberwindbar. Die starre Bindung der Mark an die Guldensysteme erweckte an den nordischen Handelsplätzen wenig Vertrauen. Offensichtlich hatte man das konservative Verhalten der Kaufleute und Stände unterschätzt. Mit der Ausgrenzung des lübischen Gulden aus diesem System wurde der „status marce lubicensis" eingeleitet. In der Rückschau bleibt bemerkenswert, in welch hohem Maße die erste Phase der Reform von Intellekt und Pragmatismus ihrer Schöpfer getragen wurde. Es gibt nichts Vergleichbares im Deutschland jener Tage, war es doch im Münzwesen der erste Ansatz neuzeitlichen Denkens. Zeit und Umstände waren noch nicht reif dafür. Die zweite Phase der Reform wurde ausschließlich durch die Forderung nach einer praktikableren Umsetzung bestimmt, nämlich sich zukünftig am rheinischen Gulden zu orientieren. Ihr Inhalt beschränkte sich auf eine Kurskorrektur des Silbers. Die Drittelstücke der Mark wurden nicht aus dem Verkehr gezogen, sie blieben davon zunächst unberührt.

Ausgangspunkt war die Abwertung der Ganzen Mark um 11 1/3 %. Aus dieser resultiert rechnerisch eine Aufwertung der rheinischen Gulden einschließlich ihrer

---

[30] Lübeck 4048, Lüneburg 3898, Hamburg 2910 und Wismar 2414 Expl.
[31] Michael North: Geldumlauf und Wirtschaftskonjunktur im südlichen Ostseeraum an der Wende zur Neuzeit (1440-1570), Thorbecke Verlag, 1990, S. 79

Nicht realisierter Entwurf für die Markgepräge der Lübecker Münze von 1506 (Senatsakten, Münzwesen 31/9)

Silberäquivalente um 12 1/3 %. Infolge dieser Maßnahme erreichte der rheinische Gulden glatte 24 Schilling oder anderthalb Mark, (ebenso wie die wegen ihrer geringen Anzahl eher symbolisch ausgebrachten Guldengroschen Lübecks und Hamburgs). Gleiches galt für die geläufigen 2/3 und 1/3 Markstücke und der 8-fachen Witten, die nun einer Neueinstufung in die Zahlenstruktur der Witten bedurften. So avancierte der 8-fache Witten zum 9-fachen, ohne den Wert von drei Schilling zu erreichen (2 2/3), da diese mitaufgewertet waren. Das Einwechseln der Schillinge gestaltete sich – mit Ausnahme zum rheinischen Gulden – als zunehmend schwierig und kompliziert. Berechnet auf die Ganze Mark verbesserten sie sich um zwei Schilling, in der Silbervaluta der Witten führte das zu Brüchen, die mit Pfennigen ausgeglichen werden mußten.

Für das Jahr 1507 ergibt ein Vergleich des Feinsilbergehaltes aller Markgepräge untereinander, daß die neuen zu 11 3/4 Stück aus der 14 1/2 lötigen Mark ausgebracht wurden[32]. Der lübische Gulden positionierte nicht länger als Richtungseinheit. Er

Valutierungstabelle Witten/Mark 1507-1512

Witten	Mark 1502	Mark 1506	AG-fein g
* 72	1 1/3	1 1/2	27,11
48	—	1	18,03
36	2/3	—	13,55
24	—	1/2	9,02
18	1/3	—	6,78
12	—	1/4	4,51
9	8 Witten	—	3,39
1	—	1/48	# 0,354

* äquivalent rh. Gulden/ # ideal 0,375

---

[32] Wilhelm Jesse: wie Anmerkung [19], S. 130, auch leichtere rauh 19,21 g, Feinsilberdifferenz 0,37 g

schied quasi aus dem System aus und mußte fortan frei valutiert werden. Im gleichen Jahr (1507) erweiterte Kaiser Maximilian das Goldprivileg und erlaubte der Stadt, Gulden nach rheinischem Fuß zu schlagen[33]. Es ist bislang ungeklärt, ob die Lübecker davon unmittelbar Gebrauch gemacht haben. Wahrscheinlich fand die Guldenprägung nach ungarischem Fuß ihr vorläufiges Ende.

Ganze Mark der Hansestadt Hamburg, 1506, 18,45g

Unverzüglich begannen die vier Städte 1507 (mit der Jahreszahl 1506) mit der Ausprägung der Ganzen Mark und ihrer Teilstücke. Gegenüber den Geprägen von 1502 bzw. 1505 war ihr Aussehen leicht verändert. Fest hielt man an der Wappenkombination. Hamburg wählte für die Vorderseite die Abbildung der Madonna in mandelförmiger Umrandung. Die Lübecker entschieden sich für den Doppeladler, ein Sinnbild ihrer direkten Beziehung zum kaiserlichen Hof in Wien. Die Vorderseite der Lüneburger Mark gibt die dreitürmige Stadtburg mit dem Löwenschild wieder, während sich Wismar zunächst für den Stadtheiligen St. Lorenz entschied. In benachbarten Münzständen gab es Nachahmungen der Mark, beispielsweise in Mecklenburg (mit der Jahreszahl 1502, geprägt 1508), oder in Holstein 1514, von denen aber im Münzschatz kein Exemplar vorkommt. Die Teilstücke wurden nun als Halbe (semis) bzw. als Viertel Mark (quadrans) und im Gewicht im exakten Verhältnis tarifiert. Im Lübecker Münzschatz befinden sich folgende Markgepräge:

aus Hamburg

9 Ganze Mark mit einem durchschnittlichen Rauhgewicht von 18.13g
4 Halbe Mark mit einem durchschnittlichen Rauhgewicht von 8.96g
3 Viertel Mark mit einem durchschnittlichen Rauhgewicht von 4.22g

---

[33] Die Urkunde wurde am 27. Juli 1507 in Konstanz ausgestellt. Gemeinsam mit anderen Archivalien wurde sie 1990 von Russland an die Hansestadt Lübeck zurückgegeben. Maximilian verfügte auch das Aussehen der Gulden: Die Vorderseite sollte das Bildnis Johannes des Täufers zeigen, bekleidet mit Kamelhaar und auf seinem linken Arm das Lämmlein haltend, über dem Haupt den Doppeladler mit ausgebreiteten Flügeln und mit der Umschrift MONETA CIVITATIS. Die Rückseite sollte das Bildnis eines römischen Kaisers in kunstvoll sitzender Haltung und die Umschrift IMPERIALIS LUBICENSIS ausweisen. (AHL, ASA, Münzwesen, Caesarea 227)

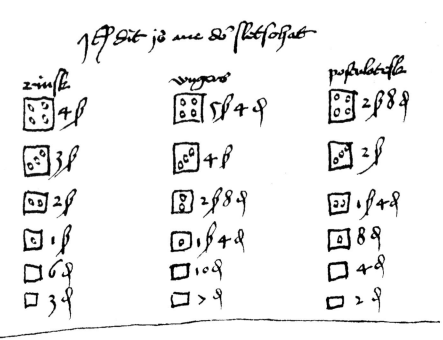

Anweisung der Lübecker Münze für den An- und Verkauf der rheinischen (linke Spalte), ungarischen (Mitte) und Postulatsgulden (rechte Spalte). Das Piktogramm ist im Sinne eines countdown von 16 (4 Augen) bis zu einem Gulden (kleines Quadrat) zu lesen. Die Weschselgebühr lag zwischen 1.1 und 1.5%, beim Verkauf wurden durchweg 6 Pfg. mehr berechnet (1 Schilling = 12 Pfg.). vgl. AHL, ASA, Münzwesen 31/17

rheinisch	Wechsel Gebühr	ungarisch	Wechsel Gebühr	Postulat / Gulden	Wechsel Gebühr
16 Gulden =4608 Pfg	48 Pfg	16 Gulden =6144 Pfg	64 Pfg	16 Gulden =3072 Pfg	32 Pfg
12 Gulden =3456 Pfg	36 Pfg	12 Gulden =4608 Pfg	48 Pfg	12 Gulden =2304 Pfg	24 Pfg
8 Gulden =2304 Pfg	24 Pfg	8 Gulden =3072 Pfg	32 Pfg	8 Gulden =1536 Pfg	16 Pfg
4 Gulden =1152 Pfg	12 Pfg	4 Gulden =1536 Pfg	16 Pfg	4 Gulden =768 Pfg	8 Pfg
2 Gulden =576 Pfg	6 Pfg	2 Gulden =768 Pfg	10 Pfg	2 Gulden =384 Pfg	4 Pfg
1 Gulden =288 Pfg	3 Pfg	1 Gulden =384 Pfg	7 Pfg	1 Gulden =192 Pfg	2 Pfg

Transkription und Übertragung des Wechsels auf den Pfennig im Wendischen Münzverein (= oberer Teil der nebenstehenden Tabelle).

ferner aus Lübeck

eine Ganze Mark von 18.03 g Rauhgewicht und 2 Halbe Mark von 7.93 und 9.1 g, insgesamt 19 Exemplare, die sämtlich das Idealgewicht der Ausprägungen von 1506 verfehlen. Daraus darf geschlossen werden, daß alle Stücke nach 1512 ausgeprägt wurden. Zu diesem Zeitpunkt hat die Mark ein drittes Mal unterschiedlich in Schrot und Korn die Münzstätten verlassen. Das Rauhgewicht für die Ganze Mark wurde auf gut 18g reduziert, dagegen der Silberfeingehalt von 14 1/2 Lot (0.906 fein) auf 15 Lot (0.937 fein) erhöht. Insgesamt betrug die Abwertung dennoch 6 1/3 %. Der Silberpreis war angestiegen und selbst in Köln, wo man den Gulden favorisierte, rechnete man 26.8g Feinsilber auf den rheinischen Gulden (1:10,4)[34]. Die Jahreszahl auf den Markstücken blieb unverändert. Die Markstücke der ersten und zweiten Generation verschwanden allmählich aus dem Verkehr. In öffentlichen und privaten Sammlungen stellen sie eine Rarität dar.

Nach der Reform

Einer allgemeinen Auffassung zufolge haben die Guldengroschen erst nach der Jahrhundertwende ihren Geldcharakter angenommen. Ausschlaggebend war wohl, daß die sächsischen durch eine eigene Landesmünzordnung gestützt wurden. Die

---

[34] Bernd Sprenger: Das Geld der Deutschen, Schöningh-Verlag, Paderborn, 1991, S. 89, Tabelle 5

knapp 30 g schweren Münzen besaßen ein Feingewicht von 27,4 g, exakt das Äquivalent zu den 2,5 g Feingold der rheinischen Gulden. In den nachfolgenden Jahren sank das Rauhgewicht und pendelte sich Mitte der zwanziger Jahre bei etwa 27 1/2 g ein. Ein sächsischer Klappmützentaler[35], geprägt in Annaberg zwischen 1511 und 1523, könnte der älteste Guldengroschen im Lübecker Fund sein. Einen relativ großen Anteil (13 Stück) nehmen die Taler ein, die dem Silber der südlichen Hänge des Erzgebirges entstammen. Dort wurden 1516 in der Grafschaft Schlick nahe der Ortschaft Konradsgrün reichhaltige Silbervorkommen entdeckt und ausgebeutet. Aus Dankbarkeit wurde der Flecken nach seinem Ortsheiligen und in Anlehnung an das nördliche Annaberg in Joachimsthal umgetauft. Um 1523 sollen die Grafen bis zu zwölftausend Bergleute beschäftigt und in nur acht Jahren 8.8 Millionen Joachimstaler geschlagen haben[36]. Die Joachimstaler überschwemmten die Leipziger Messen und andere Handelsplätze, so daß sich um 1525 anstelle der Guldengroschen oder Guldiner die Bezeichnung Taler allgemein durchsetzte. Die restlichen Taler des Schatzfundes teilen sich in ihrer Provenienz die Grafschaft Mansfeld (4 Stück), die Münzstätte Kuttenberg in Böhmen (3 Stück), Braunschweig-Wolfenbüttel (ein Taler) und weitere vier Taler aus Sachsen, teils datiert teils undatiert, insgesamt alle aus Münzstätten, deren Eigner das bedeutende Bergrecht besaßen und das Silber ihrer eigenen Gruben zu Münzen verarbeiteten.

Allmählich begann sich die Reichsaufsicht zu beleben. 1522 wurden die vier Städte der niedersächsischen Kreisaufsicht unterstellt und 1524 bestimmte die Münzordnung Kaiser Karls V. in Eßlingen erstmalig Schrot und Korn der Großsilbermünzen, allerdings so realitätsfern, daß sie fast nirgends Beachtung fand. Die neu bezeichneten Güldener hielten an der Relation zum rheinischen Gulden fest, die Taler – im Feingehalt ebenbürtig – waren schon leichter und unaufhaltsam auf dem Weg zu einer eigenständigen Münzsorte.

Ohne erkennbaren Anlass, aber nach Eßlinger Gebot und datiert mit der Jahreszahl 1528, hat Lübeck einen solchen Güldener ausgebracht[37]. Obgleich die kaiserliche Münzordnung detaillierte Anweisungen für die einzelnen Reichskreise, wie mindere Sorten auszumünzen seien, enthielt, finden die in den vier Hansestädten zur Ausgabe gelangten Doppelschillinge keine Erwähnung[38]. Zieht man aber den Realwertvergleich zwischen Güldener und Doppelschilling, so gehen gut 30 Stück auf den

---

[35] benannt nach der auffälligen, modischen Kopfbedeckung der abgebildeten Fürsten.

[36] Herbert Rittmann: Deutsche Geldgeschichte 1484-1914, Battenberg-Verlag, München, 1975, S. 4c 93

[37] Heinrich Behrens: wie Anmerkung [14], Nr. 87

[38] Johann Christoph Hirsch: Des Teutschen Reichs Münz-Archiv, Erster Teil, Nürnberg, 1756, pag. 240 ff. In den §§ der Eßlinger Münzordnung findet sich kein Hinweis, in welcher Weise die Güldener äußerlich zu gestalten und daß Vorschriften für die Verwendung einer Abbildung des Kaisers zu beachten seien. Nur so sind drei um 1/8 bzw. 1/4 leichtere Gepräge zu erklären. (Behrens Nrm. 81,82). Sie stellen keine Geldmittel dar und dienten vermutlich Donationszwecken.

Lübeck, Güldener nach Eßlinger Gebot, 1528, 29g

Ersteren, was unter Berücksichtigung der Prägekosten der Hamburger Stadtrezess von 1529 mit 29 Schilling bestätigte.

2908 Doppelschillinge der vier Städte lassen sich aus dem Münzschatz auszählen[39]. Die Lübecker Doppelschillinge sind datiert mit 1522, Hamburg mit 1524. Die Jahreszahlen stellen jedoch kein exaktes Prägedatum dar. Wismar weist Exemplare datiert mit 1523, 1530 und 1532 aus, Lüneburgs Doppelschillinge sind auf 1530 datiert. (Der Jahrgang 35 ist nicht mehr im Schatzfund vorhanden). Nach langer Zeit gelang es nicht mehr, eine Einigung über den Münzfuß zu vereinbaren. Dennoch weichen die Münzen nur unerheblich voneinander ab. Aus der kölnischen Mark schlugen[40]

    Hamburg 58 Stück, 4.08g rauh, 462/1000 fein = 1.86g Feingewicht
    Lübeck und
    Wismar 60 Stück, 3.89g rauh, 465/1000 fein = 1.80g Feingewicht
    Lüneburg 61 Stück, 3.839 rauh, 470/1000 fein = 1.80g Feingewicht.

Noch dreißig Jahre vorher hatte der Doppelschilling im Wendischen Münzverein ein durchschnittliches Rauhgewicht von 3.31 g, war 750/1000 fein und hatte ein Feingewicht von ca. 2.48 g. Der Wertverlust lag folglich zwischen 25-27 %. Für den Geldwechsler um 1533 kein Problem, er valutierte nach dem Realwertprinzip und gab für 4 alte Doppelschillinge 5 neue oder umgekehrt.

Mit den Beschlüssen von 1507 war die Münzreform im Wendischen Münzverein zu Ende. Der Anteil, den die verbündeten Städte an der Entwicklung des spätmittelalterlichen Münzwesens in Norddeutschland hatten, ist nie unterschätzt worden[41]. An diesen schließt sich die Reform von 1501/02 an, in dem sie versuchte, die täglichen

---

[39] Lübeck 2002, Hamburg 843, Wismar 52 und Lüneburg 20 Exemplare, alle einschließlich der Fragmente. Der quantitative Anteil im Münzschatz beträgt 12.32 %.

[40] Wilhelm Jesse: wie Anmerkung [19], S. 137

[41] Wilhelm Jesse: „Lübecks Anteil an der deutschen Münz- und Geldgeschichte", SD aus „Zeitschrift des Vereins für Lübecker Geschichte und Altertumsforschung", LZGA, Band 40, 1960

Probleme des konkurrierenden Gold- und Silbergeldes zu ordnen. Dabei waren die Voraussetzungen in einem Städtebund ungleich komplizierter als in einem von Fürsten regierten Land, wie sie noch zwanzig Jahre später der Eßlinger Münzordnung zugrunde lagen. Die Verknüpfung der Gulden des rheinischen Münzfußes mit der neuen Silbermark entsprach dem zeitgenössischen Wunsch, den Bimetallismus zu beseitigen. Die zusätzliche Fixierung der lübischen Gulden, verbunden mit einer Abwertungsstrategie der rheinischen Gulden und einer entsprechenden Aufwertung der neuen Silbernominale, strapazierte das Realwertsystem und führte den Mißerfolg der Drittelperiode herbei. Das anfängliche Mißtrauen gegen das Großsilber konnte dessen Siegeszug – repräsentiert durch den Taler – nicht aufhalten. Um 1533 hatten sich die Großsilbermünzen noch nicht durchgesetzt. Die Anzahl von 395 Goldmünzen gegenüber nur 45 Talern, Markgeprägen oder deren Teilstücke führen den deutlichen Beweis. Schon bis zur Mitte des 16. Jahrhunderts hatte sich dieses Bild gewandelt. Die Guldenprägung ging zu Ende und der Versuch, unterschiedliche Edelmetallsysteme in Einklang zu bringen, wurde im Städtebund nicht wiederholt. Die Münzreform von 1501/02 blieb das letzte bedeutsame, münzpolitische Unternehmen im Wendischen Münzverein.

Als man den Schatz verbarg, steckte Lübeck in einer innen- und außenpolitisch tiefen Krise. Die Stadt gehörte mit fast 25 000 Bewohnern zu den fünf größten Städten des Reiches und war besonders im Norden noch ohne charismatische Konkurrenz. Der Niedergang der hansischen Kontore in Brügge und Novgorod zeigte jedoch negative wirtschaftliche Auswirkungen. Als freie Reichsstadt war Lübeck allein dem Kaiser untertan, doch geriet die Stadt infolge der massiven Hausmachtpolitik Karls V. in den Niederlanden in dessen Interessensphäre. So war die traditionelle Politik Lübecks gegen eine freie Sunddurchfahrt der Holländer gegen die Interessen des Kaisers gerichtet.

Die Reformation hatte die Reichsstände in altgläubige und protestantische Parteien getrennt. Der Kaiser als Stadtherr und die altgläubigen Bürgermeister und Ratsherren standen der protestantischen Bürgerschaft gegenüber. Hinzu fügte sich das traditionelle Konfliktfeld des Rates als Obrigkeit gegen die bürgerliche Mitbestimmung der Ausschüsse. Das alles ergab die reichs- und stadtbezogene explosive Lage der Jahre 1530 bis 1534, die durch den Eingriff der Stadt in den dänischen Thronfolgestreit europäische Dimensionen erhielt[42].

Der Geldbedarf durch den Krieg und seine Folgekosten war beträchtlich. Die Vermögenssteuer – der Schoß – wuchs in den Jahren 1532 bis 1540 um das Vierfache. Dagegen beklagte die Stadtkämmerei einen Rückgang von jährlich 20 000 Mark lübisch aus der Verbrauchssteuer u. a. für Getreide und Bier. 1533 wurde das Lübecker Kirchensilber konfisziert und zu Doppelschillingen verarbeitet. Wahrscheinlich

---

[42] Rolf Hammel-Kiesow: Ausstellungstext zu „Versteckt und ans Licht gebracht", Der Große Lübecker Münzschatz, vom Geld vom Handel und den Münzen, Lübeck, Burgkloster, 1996

stammen 194 Exemplare des Münzschatzes aus dieser jüngsten Prägeperiode. Die Münze selbst ist weitgehend der Maxime gefolgt, Währungsstabilität unter den befreundeten Städten zu erhalten. Das Schicksal des Geldes liegt letztlich nicht in den Händen von Kriegsparteien, sondern in denen des Kaufmanns und des Kunden. Ein funktionsfähiger Markt hängt von einem Konsens ab, in dem die sichtbare Existenz des städtischen Marktgeschehens dem festgestellten Rauh- oder Feingewicht einer Münze ebenbürtig ist. Umfang und Inhalt des Münzschatzes führen diesen Beweis.

INHALT

Arndt, Hans-Jochen:	Auf Wachstum programmiert – Die Entwicklung der Lübecker Häfen von 1946 bis 1996	29
Brockow, Thomas:	Die mittelalterliche Dielenausmalung im Lübecker Haus Königstraße 51	235
Clasen, Adolf:	Strobuk und Smethusen – Zur ältesten Grabplatte in St. Katharinen und ihrer Inschrift	254
Dummler, Dieter:	Der Beginn der Großsilberprägung Lübecks und des wendischen Münzvereins anhand des „Großen Lübecker Münzschatzes" von 1533	268
Fligge, Jörg:	Seit 375 Jahren im Dienste der Lübecker Bürger – Zum Jubiläum der Lübecker Stadtbibliothek	61
Graßmann, Antjekathrin:	Lübeck und die Brautschau am Hof der Zarin Katharina II. im Jahre 1773	213
Harder, Jürgen:	Luther rügt die Herren in Lübeck – Zugleich ein Beitrag zur Geschichte des Widerstandsrechts	184
Harder, Jürgen:	800 Jahre Rat und Senat in Lübeck – Abschied von einer Institution	6
Jonas, Klaus W.:	Über meine Thomas-Mann-Bibliographie	138
Luchmann, Fritz:	La Rue – Le Café – Le Restaurant – C. A. Overbeck erlebt das Paris des Jedermann während der napoleonischen Jahre	226
Saltzwedel, Rolf:	Zwei bedeutende Präsides der Industrie- und Handelskammer zu Lübeck	37
Schnoor, Arndt:	Briefe von Felix Mendelssohn Bartholdy in der Stadtbibliothek Lübeck – Ein Beitrag zu seinem 150. Todesjahr	111
Schnoor, Arndt:	Wilhelm Stahl zum 125. Geburtstag	107
Schweitzer, Robert:	Aus dem Alltag einer alten Bibliothek – Erwerbungen und Entdeckungen in der Abteilung „Sammlungen und alte Bestände" der Stadtbibliothek Lübeck	80
Stolz, Gerd:	Von Lübeck fort und nach Lübeck zurück – Der Lebensweg des Kantors Berthold Katz	169
Thomsen, Hans Peter:	Das Schlutuper Taufbuch 1734 - 1853	191
Zschacke, Günter:	Ouvertüre con brio – Aus Lübecker Sicht: Die Gründerjahre des Schleswig-Holstein Musik Festivals	160

DIE AUTOREN DER BEITRÄGE

Hans-Jochen Arndt, Syndikus der Industrie- u. Handelskammer zu Lübeck,
Wulfsdorfer Heide 15, 23562 Lübeck

Thomas Brockow, Kunsthistoriker M. A.,
Mundsburger Damm 36, 22087 Hamburg

Adolf Clasen, Studiendirektor a. D.,
Bonnusstraße 6, 23568 Lübeck

Dr. Dieter Dummler, Kieferorthopäde,
Weberkoppel 23, 23562 Lübeck

Dr. Jörg Fligge, Direktor der Stadtbibliothek Lübeck,
Hermann-Löns-Weg 24, 23562 Lübeck

Dr. Antjekathrin Graßmann, Direktorin des Archivs der Hansestadt Lübeck,
Bleichenweg 8, 23564 Lübeck

Dr. Jürgen Harder, Landgerichtspräsident a. D.,
Wachtelschlag 14, 23562 Lübeck

Prof. Dr. Klaus W. Jonas, Universitätsprofessor emer.,
Helene-Mayer-Ring 10/1403, 80809 München

Fritz Luchmann, Oberstudienrat a. D.,
Am Herrnacker 9, 63303 Dreieich

Dr. Rolf Saltzwedel, Oberstudiendirektor a. D.,
Tempelburger Str. 8, 23611 Bad Schwartau

Arndt Schnoor, Ltr. d. Musikabtlg. der Stadtbibliothek Lübeck,
Rittersspornweg 14, 23566 Lübeck

Dr. Robert Schweitzer, Stellv. Direktor der Stadtbibliothek Lübeck,
St. Jürgenring 11, 23560 Lübeck

Gerd Stolz, Oberrechnungsrat,
Vaasastraße 14, 24109 Kiel

Hans Peter Thomsen, Oberstudienrat a. D.,
Dorfstraße 20, 23689 Techau

Günter Zschacke, Redakteur,
Wakenitzmauer 206, 23552 Lübeck

Umschlagentwurf: Georg Dose, Am Brink 7, 23564 Lübeck

Herausgeber: Dr. Rolf Saltzwedel, Tempelburger Str. 8, 23611 Bad Schwartau